新编法律基础

主　编　李　玲　吴坤埔
副主编　王晓君　郑瑞平

北京理工大学出版社
BEIJING INSTITUTE OF TECHNOLOGY PRESS

版权专有 侵权必究

图书在版编目（CIP）数据

新编法律基础 / 李玲，吴坤埔主编. —北京：北京理工大学出版社，2022.4 重印
ISBN 978-7-5682-0248-0

Ⅰ. ①新… Ⅱ. ①李… ②吴… Ⅲ. ①法律-中国-高等学校-教材 Ⅳ. ①D92

中国版本图书馆 CIP 数据核字（2015）第 023631 号

出版发行 /	北京理工大学出版社有限责任公司
社　　址 /	北京市海淀区中关村南大街 5 号
邮　　编 /	100081
电　　话 /	（010）68914775（总编室）
	82562903（教材售后服务热线）
	68944723（其他图书服务热线）
网　　址 /	http：//www.bitpress.com.cn
经　　销 /	全国各地新华书店
印　　刷 /	北京虎彩文化传播有限公司
开　　本 /	787 毫米×1092 毫米　1/16
印　　张 /	18.5
字　　数 /	437 千字
版　　次 /	2022 年 4 月第 1 版第 8 次印刷
定　　价 /	42.00 元

责任编辑 / 王俊洁
责任校对 / 周瑞红
责任印制 / 李志强

图书出现印装质量问题，请拨打售后服务热线，本社负责调换

前　言

法已全面融入现代生活秩序，所有人或被动或主动接收着法律的调整。众多人希冀与法亲近，了解法律的精神，进而明确作为一名公民所应了解的规则及禁忌，所应享有的权利及边界。但法学书籍过于专业的面貌，令人望而生畏。

本书在语言表达方面进行了突破，考虑到专业和非专业人士的理解能力，适度兼顾法言法语与生活化表达的关系，编者有意添加了综述性理解，使学习者阅读起来更为顺畅，并能在最短的文字表达内了解相关知识概貌。

在内容方面作了倾向性选择，以法学基础理论为指导，架构了以民法为主的教材体系，以满足市民社会需求，同时兼顾了刑法和诉讼法等主要内容。在部门法内容的选择及编排上亦用心良苦，以期拨开层层"法网"，将一些适用面更广的知识呈现给学习者，突出教材的实用型。

在组织编排方面，通过插图拉近法律条文与社会生活的距离，加深学习者对法律条文的生活化思考，以提升学习兴趣。

总之，本书在语言表达、内容选择和组织编排等方面作了大胆的探索，希望能为广大读者提供一本可读性较强的法学专业书籍。本书不仅适用于高校非法学专业学生作为通识课、拓展课教材选用，也适用于社会各类人士作为培训、普法教材，还可供从事法学教学和实务工作的人士作为参考用书。

本教材得到了重庆市高等教育教学改革研究重点项目资助（项目编号：1202102）。全书由李玲、吴坤埔担任主编，李玲和谭淦（西南政法大学）参与了全文的审稿。同时，本书在主题策划、资料搜集以及各章内容研讨过程中，得到了谭淦、熊志海、廖颖、衡庆华、廖拥军等的大力支持与帮助，在此表示深深的感谢。

教材编写分工如下：（以撰写章节的先后顺序排列）

吴坤埔（重庆广播电视大学，副教授）：第一章、第二章
蒙瑞华（西南政法大学民商法学院，讲师、博士生）：第三章第一节至第七节
郑瑞平（重庆广播电视大学，副教授、博士）第四章、第九章
黄　建（重庆广播电视大学，助教）第五章
李　玲（重庆广播电视大学，副教授）第三章第八节至第九节、第六章
凌泽涵（重庆广播电视大学，讲师）：第七章
王晓君（重庆广播电视大学，副教授）：第八章

当然，在浩渺的法律星空中遴选内容进行本教材的编写并非易事，加之法学理论及实践发展速讯、编者学术水平亦有限，本书可能会存在一些错误和缺点，不当之处希望各位读者不吝批评指正。

编　者

2014 年 12 月

目 录

第一章 法学基础理论：俗世的"理想国" ... 1
第一节 法学初探 ... 1
一、法与法律 ... 1
二、法律渊源 ... 3
第二节 法律关系和法律效力 ... 3
一、法律关系 ... 3
二、法的效力 ... 6
第三节 法与社会 ... 6
一、法与几种基本社会关系 ... 6
二、法系与法治 ... 9

第二章 宪法和行政法基础知识：国家的"本分" ... 12
第一节 宪政基础 ... 12
一、宪法的词源 ... 12
二、宪法的特征 ... 13
三、宪法的本质 ... 14
四、宪法的基本原则 ... 14
五、宪法的历史发展 ... 15
第二节 我国的国体及基本制度 ... 17
一、国体——人民民主专政 ... 17
二、政体——人民代表大会制度 ... 18
三、基本政治制度 ... 19
四、基本经济制度 ... 22
第三节 公民基本权利与义务 ... 23
一、基本权利和基本义务的概念 ... 23
二、我国公民的基本权利 ... 24
三、我国公民的基本义务 ... 27
第四节 国家机构 ... 28
一、国家机构的概念和分类 ... 28
二、全国人民代表大会 ... 29
三、全国人民代表大会常务委员会 ... 30
四、中华人民共和国主席 ... 31
五、国务院 ... 31

六、中央军事委员会 ··· 32
　　七、地方国家机构 ··· 32
　　八、审判机关和检察机关 ·· 33
第五节　行政法概述 ··· **34**
　　一、行政与行政法 ··· 34
　　二、行政法基本原则 ··· 34
第六节　行政行为 ·· **35**
　　一、行政行为的概念和成立要件 ··· 35
　　二、行政行为的分类 ··· 36
　　三、行政立法 ·· 37
　　四、行政许可 ·· 37
　　五、行政处罚 ·· 38
　　六、行政复议 ·· 40

第三章　民法总论：权利的"温柔乡" ·· 42
第一节　民法概貌 ·· **42**
　　一、什么是民法——民法的内涵 ··· 42
　　二、民法的调整对象——平等主体之间的财产关系和人身关系 ············· 43
　　三、民法兴衰史 ··· 44
　　四、民法在我国 ··· 45
第二节　民法的基本原则 ·· **45**
　　一、平等原则 ·· 46
　　二、意思自治原则 ··· 47
　　三、公平原则 ·· 48
　　四、诚实信用原则 ··· 48
　　五、公序良俗原则 ··· 48
　　六、禁止权利滥用原则 ·· 49
第三节　民事法律关系 ·· **49**
　　一、什么是民事法律关系 ··· 49
　　二、民事法律关系的构成要素 ·· 50
　　三、民事法律事实 ··· 51
第四节　自然人 ··· **52**
　　一、自然人含义 ··· 52
　　二、自然人的民事能力 ·· 52
　　三、自然人的监护制度 ·· 55
　　四、宣告失踪和宣告死亡制度 ·· 58
第五节　法人 ·· **60**
　　一、法人概貌 ·· 60
　　二、法人与自然人 ··· 62

三、法人的构成要素 …………………………………………………… 63
　　四、法人的民事责任 …………………………………………………… 63
第六节　个体工商户、农村承包经营户与个人合伙 …………………… **65**
　　一、个体工商户 ………………………………………………………… 65
　　二、农村承包经营户 …………………………………………………… 65
　　三、个人合伙 …………………………………………………………… 65
第七节　民事行为 …………………………………………………………… **66**
　　一、什么是"民事行为" ………………………………………………… 66
　　二、民事行为的分类 …………………………………………………… 67
　　三、民事行为的成立及生效要件 ……………………………………… 68
　　四、民事法律行为 ……………………………………………………… 71
　　五、无效民事行为 ……………………………………………………… 71
　　六、可变更、可撤销的民事行为 ……………………………………… 73
　　七、效力待定民事行为 ………………………………………………… 74
第八节　代理制度 …………………………………………………………… **76**
　　一、如何理解"代理" …………………………………………………… 76
　　二、代理的类型 ………………………………………………………… 78
　　三、代理权的行使与消灭 ……………………………………………… 79
　　四、无权代理 …………………………………………………………… 81
第九节　诉讼时效与期限 …………………………………………………… **82**
　　一、时效制度概述 ……………………………………………………… 82
　　二、诉讼时效 …………………………………………………………… 83
　　三、期限 ………………………………………………………………… 86

第四章　物权法：物欲的"避风港" ……………………………………… **87**
第一节　物权法概述 ……………………………………………………… **87**
第二节　物权 ……………………………………………………………… **88**
　　一、物权的概念和特征 ………………………………………………… 88
　　二、物权的分类 ………………………………………………………… 89
　　三、物权的效力 ………………………………………………………… 91
　　四、物权的变动 ………………………………………………………… 92
第三节　所有权 …………………………………………………………… **92**
　　一、所有权的概念与特征 ……………………………………………… 92
　　二、所有权的权能 ……………………………………………………… 93
　　三、所有权的种类 ……………………………………………………… 95
　　四、所有权的取得与转移 ……………………………………………… 97
　　五、善意取得制度 ……………………………………………………… 98
第四节　物权的保护 ……………………………………………………… **98**
　　一、物权的自我保护 …………………………………………………… 98

二、物权的诉讼保护 ··· 99

第五章　合同法：交易的"通行证" ·· 100
第一节　合同法概述 ·· 100
一、合同的含义及分类 ··· 100
二、合同法的概念及基本原则 ·· 101
第二节　合同的订立 ·· 103
一、合同订立概述 ··· 103
二、合同订立的过程——要约与承诺 ··· 103
三、格式条款 ··· 106
四、合同的成立 ·· 107
五、缔约过失责任 ··· 108
第三节　合同的效力 ·· 108
一、合同效力概述 ··· 108
二、无效合同 ··· 109
三、可撤销合同 ·· 111
四、效力待定的合同 ·· 112
第四节　合同的履行 ·· 113
一、合同履行的概念 ·· 113
二、合同履行的原则 ·· 113
三、合同履行的内容 ·· 114
第五节　合同的变更、转让和终止 ·· 115
一、合同的变更 ·· 115
二、合同的转让 ·· 115
三、合同的终止 ·· 116
第六节　合同保全与担保 ·· 117
一、合同保全与担保概述 ·· 117
二、代位权 ·· 118
三、撤销权 ·· 120
四、定金制度 ··· 120
第七节　违约责任 ··· 121
一、违约责任概述 ··· 121
二、违约责任的承担方式 ·· 122
第八节　几类主要的合同 ·· 123
一、买卖合同 ··· 123
二、供用电、水、气、热力合同 ··· 128
三、赠与合同 ··· 129
四、运输合同 ··· 130

第六章　婚姻家庭继承法：家亦有"道" …… 132
第一节　婚姻关系 …… 132
一、婚姻法的概念及基本原则 …… 133
二、结婚制度 …… 135
三、夫妻关系 …… 138
四、离婚制度 …… 142
五、无效婚姻与可撤销婚姻 …… 149
六、求助措施与法律责任 …… 151
第二节　家庭关系 …… 153
一、家庭的职能 …… 153
二、亲属制度 …… 153
三、父母子女关系 …… 155
四、收养关系 …… 157
五、祖孙关系与兄弟姐妹关系 …… 160
第三节　继承制度 …… 161
一、继承法概述 …… 161
二、法定继承 …… 162
三、遗嘱继承 …… 163
四、遗产的处理 …… 166

第七章　经济法基础：和谐社会的"交响乐" …… 168
第一节　经济法律基础知识概述 …… 168
一、经济法的词源 …… 168
二、经济法的兴起 …… 169
三、经济法的历史轨迹 …… 169
四、经济法的概念、调整对象和特征 …… 171
五、经济法基本原则 …… 172
六、经济法律关系 …… 174
第二节　消费者权益保护法律制度 …… 178
一、消费者权益保护法概述 …… 178
二、消费者的权利 …… 181
三、经营者的义务 …… 186
四、违反消费者权益保护法的法律责任 …… 188
第三节　劳动法律制度 …… 190
一、劳动法概述 …… 190
二、劳动合同 …… 193
三、劳动争议 …… 194
四、违反劳动法的法律责任 …… 195
五、当前劳动法热点问题解析 …… 196

第八章 刑法：最是无情亦"有情" ·· **199**
第一节 刑法概述 ·· **199**
一、刑法的概念 ·· 199
二、刑法的目的和任务 ·· 200
三、刑法的效力范围 ··· 201
四、刑法的体系 ·· 202
五、刑法的基本原则 ··· 203
第二节 犯罪 ·· **205**
一、犯罪概述 ··· 205
二、犯罪构成 ··· 207
三、排除犯罪性的行为 ·· 217
四、故意犯罪的停止形态 ·· 220
五、共同犯罪 ··· 223
第三节 刑罚 ·· **225**
一、刑罚的概念和目的 ·· 226
二、刑罚的体系和种类 ·· 226
三、刑罚裁量制度 ·· 228
四、刑罚的执行制度 ··· 234
五、刑罚消灭制度 ·· 235
第四节 刑法分则与常见犯罪 ··· **236**
一、刑法分则概述 ·· 236
二、常见的具体犯罪 ··· 237

第九章 诉讼法：正义的"路径" ··· **252**
第一节 概述 ·· **252**
一、诉讼与诉讼法的含义 ·· 252
二、民事诉讼法、刑事诉讼法、行政诉讼法的关系 ··············· 253
第二节 诉讼法中通用的基本原则 ·· **254**
一、司法机关依法独立行使职权原则 ································ 254
二、以事实为根据、以法律为准绳原则 ····························· 256
三、使用本民族语言、文字进行诉讼原则 ·························· 256
第三节 诉讼法中通用的基本制度 ·· **257**
一、合议制度 ··· 257
二、公开审判制度 ·· 258
三、回避制度 ··· 259
四、两审终审制度 ·· 260
第四节 证据制度 ·· **260**
一、证据的概念和特征 ·· 260
二、证据的种类 ·· 262

三、证据的分类 ·· 264
　四、证明责任 ·· 265
第五节　民事诉讼法 ··· **267**
　一、民事诉讼法概述 ··· 267
　二、民事诉讼法特有的原则 ·· 267
　三、审判管辖制度 ·· 268
　四、民事诉讼代理制度 ·· 270
　五、民事诉讼程序 ·· 270
第六节　刑事诉讼法 ··· **274**
　一、刑事诉讼法概述 ··· 274
　二、刑事诉讼法特有的原则 ·· 274
　三、立案管辖与审判管辖制度 ··· 275
　四、辩护制度 ··· 279
　五、刑事诉讼程序 ·· 281
参考文献 ·· 284

第一章

法学基础理论：俗世的"理想国"

> 法就是最高的理性，并且它固植于支配应该做的行为和禁止不应该做的行为的自然中。当这种最高的理性，在人类的理智中稳固地确定和充分发展了的时候，就是法。
>
> ——西塞罗[①]

人类在不断改造客观世界、创造辉煌物质文明的同时，也在不断探索深邃的主观世界，逐渐形成了哲学、道德、宗教等规范体系。而在人类创造的各种精神文明成果中，法律因为集中而突出地反映着人类认识自身、改造社会、形成秩序的思想和行动，因而成了社会的调节器和权利的保障书。法律，在现代生活中对人们的重要性无须赘述，如果想使自己实施的社会行为更有意义，人们首先便应知道法律是什么。

第一节 法学初探

（西塞罗）

一、法与法律

（一）词义探究

在中国古代，法字古体为"灋"，它是中国古代传说中的一种神兽，又名獬豸，据说其能辨别曲直，在审理案件时，它会用角去触理屈的人。东汉许慎在《说文解字》中说："灋，刑也。平之如水，从水。廌所以触不直者去之，从［廌］去。"所以"灋"具有法的

[①] 西塞罗（Marcus Tullius Cicero，公元前106—公元前43年），古罗马最杰出的演说家、教育家，古典共和思想最优秀的代表，罗马文学黄金时代的天才作家。

（獬）

意思，这也是中国古代最早明文记载表示法律含义的字之一。法与刑、律的含义在我国古代是相通的。刑，是夏、商、周三代法律的总称；春秋战国时期，各国的法律基本以法相称；律，最早起源于乐器，战国时的商鞅改法为律，以后各代封建王朝除宋元外多以律命名。比如唐律，大明律，大清律等。

西方语言中对"法"与"法律"予以严格区分，若具有权利、公平、正义等含义时，称为"法"（Jus）；仅指具体规则时，称为"法律"（Lex）。西文"法"字在起源上包含权利、理性和正义等意义，侧重于民法；中文"法"字只有刑罚、禁止等意义，性质上偏重于刑法。

> **思考：**
> 为什么中国法律有"重刑轻民"的传统，而西方法律则重在强调个体的权利？

（二）法和法律的含义

法是表现为国家意志，以权利义务为主要内容，具有普遍约束力和国家强制性的社会行为规范。

法律有广义和狭义之分，广义的法律和法含义相近，狭义的法律则是指全国人民代表大会及其常务委员会所制定的规范性文件。本文如无特别说明，通常采用广义。

（三）法的特征

(1) 法是调整人们的行为或者社会关系的规范，具有规范性。

法只能针对行为，不能针对思想，即"思想犯不为犯"。法必须是针对不特定的对象提出的准则，以规范的形式存在。

(2) 法是由国家制定或认可的，体现了国家对人们行为的评价，具有国家意志性。

法不是随着人类的产生而产生的，它出现于阶级社会，国家的存在是法存在的前提条件。一切法的产生都要通过制定和认可这两种途径，而且都要由国家颁行，具有国家权威性。

(3) 法是由国家强制力（军队、警察、监狱）为最后保证手段的规范体系，具有国家强制性。

法是以国家强制力为后盾，由国家强制力保证实施。不管人们的主观愿望如何，人们都必须遵守法，否则将招致国家强制力的干涉，受到相应的法律制裁。国家的强制力是法实施的最后保障手段。

(4) 法在国家权力管辖范围内普遍有效，因而具有普遍性。

法作为一般的行为规范在国家权力管辖范围内具有普遍适用的效力和特性。在一国范围内，任何人和组织的合法行为都受法的保护，任何人和组织的违法行为，都要受法的制裁。法对人们的同类行为还具有反复适用的效力。在同样的情况下，法可以反复适用，而不仅适用一次。

(5) 法是有严格的程序规定的规范，具有程序性。

法是强调程序、规定程序和实行程序的规范。也可以说，法是一个程序制度化的体系或者制度化解决问题的程序。程序是社会制度化的最重要的基石。

二、法律渊源

（一）法的渊源的概念

法的渊源是指由不同国家机关制定或认可的，具有不同法律效力和地位的法的各种表现形式。

（二）法的渊源的历史发展

奴隶社会时期，在古代东方国家（如夏、商时期的中国）主要是习惯法，成文法并不发达。而同一社会形态的西方国家（如古希腊、古罗马），虽然也存在习惯法，但却较早开始了成文法的探索。

封建社会时期，中国由于实行中央集权、皇权统治的需要，形成了以成文法典为主的传统。西方社会的中世纪因长期处于封建割据状态，日耳曼法、教会法、地方习惯法等各行其道，法律分散，形式杂乱。

资本主义时期，西方国家开始出现了民刑分立的部门立法现象，而且法的渊源得到进一步发展。

（三）当代中国法的渊源的种类

我国法的渊源主要由各种国家机关制定的规范性法律文件组成，包括宪法、法律、行政法规、军事法规和军事规章、地方性法规、自治条例和单行条例、部门规章和地方政府规章、特别行政区法、国际条约和国际惯例等。经国家认可的习惯在法的渊源中只是一种补充。

除香港特别行政区外，判例不作为我国法的渊源之一。

第二节　法律关系和法律效力

一、法律关系

"人生而自由，但无往不在枷锁之中"（卢梭语）。人作为社会成员，必然在形形色色的关系中纵横捭阖。其中，法律关系又是社会关系中重要的组成部分。弄清楚法律关系的相关知识，对于我们更好的处理社会成员的身份，维护自身的合法权益，明确社会责任，具有十分重要的意义。

（一）法律关系的概念

法律关系是在法律规范调整社会关系的过程中所形成的人们之间的权利和义务关系。主体、客体、内容是法律关系三要素。

（二）法律关系主体

1. 法律关系主体的概念

法律关系主体是法律关系的参加者，即在法律关系中权利的享有者和义务的承担者。在每一具体的法律关系中，主体的多少各不相同，但大体上都归属于相互对应的双方：一方是权利的享有者，称为权利人；另一方是义务的承担者，称为义务人。

我国法律规定的主体有自然人、法人、社会组织、国家。

2. 法律关系主体的能力：权利能力和行为能力

自然人和法人要能够成为法律关系的主体，享有权利和承担义务，就必须具有相应的能力或资格。

（1）权利能力，亦称法律人格，是指法律关系主体依法享有权利和承担义务的能力或资格。

自然人是基于出生而享有民事权利和承担民事义务的个人。

民事权利能力，是民事法律赋予民事主体从事民事活动，从而享受民事权利和承担民事义务的资格。自然人的民事权利能力始于出生，终于死亡。自然人的出生以胎儿脱离母体并存活为标志，死亡则以呼吸停止为标准。因此，通常的脑死亡（即"植物人"）并不在法律上认定为死亡。

> **思考：**
> 对"植物人"实施"安乐死"是否构成刑法上的故意杀人罪？

法人是具有民事权利能力和民事行为能力，依法独立享有民事权利和承担民事义务的组织。法人的民事权利能力和民事行为能力，从法人成立时产生，到法人终止时消灭。

（2）行为能力，是指法律关系主体能够以自己的行为依法行使权利和承担义务的能力。具有行为能力的人必须首先具有权利能力，但具有权利能力的人不一定都有行为能力。

根据行为能力制度可将自然人分为完全行为能力人、限制行为能力人和无行为能力人三类。法人的行为能力由其宗旨、经营范围决定。

> **思考：**
> 8岁的小明逛商场时喜欢上了一款价值3 000元的游戏机，让售货员送到家里，货到后其父母拒绝付款，请问：如何看待小明的行为及其后果？

（三）法律关系的内容

法律关系的内容就是法律关系主体之间的法律权利和法律义务。它是法律规范所规定的法律权利与法律义务在实际社会生活中的具体落实。

权利，就是指在一定社会关系中，权利主体所拥有的、正当的行为自由与行为控制。义务，就是指在一定社会关系中，义务主体应当根据权利主体的要求而必须承担的行为约束。

权利与义务是处于对立统一关系之中。一方面，权利与义务是人类交互行动中两个相互分离、内容对立的成分和因素。另一方面，权利与义务之间还具有不可分割的联系。首先，权利主体的权利实现离不开义务主体的配合。其次，权利主体享有行动自由的同时往往也要承担一定的义务。没有无限度的义务，也没有无限度的权利。再次，权利与义务具有价值的一致性和功能的互补性。

（四）法律关系客体

1. 法律关系客体的概念

法律关系客体是指法律关系主体之间权利和义务所指向的对象。

2. 法律关系客体的种类

常见的法律关系客体有：物、人身、智力成果、行为。

（1）物。法律意义上的物是指法律关系主体支配的、在生产上和生活上所需要的客观实体。物要成为法律关系客体，须具备以下条件：第一，法律认可其地位。第二，为人类所认识和控制。第三，能够给人们带来某种物质利益，具有经济价值。第四，须具有独立性。可以成为法律关系客体的物的范围，由法律予以规定，我国法律禁止以下几种物成为法律关系的客体：人类公共之物或国家专有之物，如海洋、山川、水流、空气；军事设施、武器（枪支、弹药等）；危害人类之物（如毒品、假药、淫秽书籍等）。不允许其进入国内商品流通领域。

> **思考：**
> 某甲从某乙处购买海洛因，后发现实为面粉，请问：某甲是否可以向法院起诉某乙实施了诈骗行为？

（2）人身。人身是由各个生理器官组成的生理整体（有机体）。但要注意：第一，活人的身体（含器官），不得视为法律上之"物"，不能作物权、债权和继承权的客体，即不得买卖、租赁、赠与。第二，权利人对自己的人身不得进行违法或有伤风化的活动，不得滥用人身，或自残人身和人格。因此卖淫行为属于非法行为，自杀、自伤等行为不为社会所提倡。第三，对人身行使权利时必须依法进行，不得超出法律授权的界限，严禁对他人人身非法强行行使权利，因此非法拘禁和限制人身自由属于违法行为。

> **思考：**
> 人才市场的交易对象是什么？

（3）智力成果。智力成果是人通过某种物体或大脑记载下来并加以流传的思维成果。智力成果不同于有体物，其价值和利益在于物中所承载的信息、知识、技术、标识（符号）和其他精神文化。同时它又不同于人的主观精神活动本身，是精神活动的物化或固定化。智力成果属于非物质财富，知识产权是其典型代表。

（4）行为。指权利主体的权利和义务所共同指向的作为（积极的行为）或不作为（消极行为或抑制一定行为）。

二、法的效力

（一）法律效力概述

法律效力就是指法律所蕴含的、相对于一定的对象（与范围）的作用力。法律对人、事项，在时间、空间上的适用问题。

（二）法律效力的范围

1. 时间效力

时间效力是指法律开始生效的时间和终止生效的时间。

2. 空间效力

空间效力是指法律生效的地域（包括领陆、领空、领水及其底土，以及延伸意义上的领土，如我国驻外使领馆，在中国领域外航行的我国船舶及飞机等）。通常全国性法律适用于全国，地方性法规仅在本地区有效。

3. 对人的效力

对人的效力是指法律对什么人生效。主要有以下原则：

（1）属人主义，即法律只适用于本国公民，不论其身在国内还是国外；非本国公民即便身在该国领域也不适用。

（2）属地主义，即法律适用于该国管辖地区内的所有人，不论是否本国公民，都受法律约束和法律保护；本国公民不在本国，则不受本国法律的约束和保护。

（3）保护主义，即以维护本国利益作为是否适用本国法律的依据；任何侵害本国利益的人，不论其国籍和所在地域，都要受该国法律的追究。该原则不得滥用，否则易产生干涉别国内政和司法主权的行为。

（4）混合主义，即以属地主义为主，与属人主义、保护主义相结合。这是近代以来多数国家所采用的原则。我国也是如此。采用这种原则的原因是：既要维护本国利益，坚持本国主权，又要尊重他国主权，照顾法律适用中的实际可能性。

4. 法的溯及力

法的溯及力又称法溯及既往的效力，是指新法颁布以后对其生效以前所发生的事件和行为是否适用的问题。如果适用，该法就有溯及力；如果不适用，该法就不具有溯及力。

第三节 法与社会

一、法与几种基本社会关系

（一）法与经济的关系

在中国古代，"经济"是"经邦济世""经国济民"之意，指治理国家，管理百姓。西方国家的"经济"则包含有家庭治理、管理计算等意思。而现在提到的"经济",不仅指生产关系的总和,还包括生产的物质技术基础和劳动过程,即生产力。

(1) 经济基础决定法。经济基础不仅决定法的产生,也决定法的演进。法作为上层建筑的一部分,它的产生、本质、特点和发展变化等,由经济基础决定或在很大程度上由经济基础决定。

(2) 法服务于一定的经济基础,对经济基础具有反作用。

法可帮助执政阶级摧毁或改造旧的经济基础,并可致力于消灭或改造旧经济基础的代表者。用法来确认一定的经济基础,可使经济基础具有不可侵犯的性质,惩治破坏或危害经济基础的行为,维护一定的经济关系和经济秩序。法制约社会组织和个人对经济基础的任性行为,使经济基础具有稳定性、连续性,不因人事的变迁而中断或变动。

法对经济基础有反作用,但这种反作用对社会的发展和进步并不都是积极的。当法为先进的经济基础服务时,就是促进经济发展和社会进步的积极力量;当服务于落后的经济基础时,就成为阻碍经济发展和社会进步的反动力量。

(二) 法与政治的关系

中国古代认为"政治"是统治者处理各种关系的一种措施与手段,西方则强调"政治"是处理公众事务。法与政治都是一定经济基础的上层建筑,都反映一定阶级的意志和利益,两者相互作用、密切关联。政治对法有直接的制约作用,法又确认和调整政治关系,通过打击违法犯罪活动调整公共事务关系,维护公共秩序,以直接影响政治发展。法与政治两者的相互作用来说,政治对法的作用更明显、更直接,政治在与法发生关系的过程中经常居于主导地位。政治制约着法的内容,特别表现在政治的发展变化,直接导致法的发展变化。

(三) 法与科学技术的关系

1. 科学技术对法的影响

科学技术的发展极大地丰富和完善了法律的内容,出现了科技法这一新的立法领域,比如航空法、原子能法;深刻地影响了法律的运行机制,借助于计算机技术、生物技术、摄影技术等高科技手段,司法机关和人员能迅速地查获证据,认定事实;向传统法律观念和法律思想提出了新的挑战,比如试管婴儿带来的扶养和继承问题,数字技术发展对版权的冲击;使法学研究方法取得了根本性的突破,比如科学家利用概率论解决了法律领域统计数据的准确性问题,运用控制论和系统论方法研究法官行为。

2. 法对科学技术的作用

法律对科学技术活动有组织和管理作用,以确立国家科技事业地位和国际合作与竞争的准则;通过确定政府部门在科学技术推广中的地位和作用,出台保护知识产权的法律和技术交易规则实现对科学技术发展的推动和促进作用;通过立法起到对科学技术发展所产生的负面效应的抵制和防范作用。

(四) 法与道德的关系

1. 法与道德的一般关系

道德是关于人们思想和行为的善与恶、美与丑、正义与非正义、公正与偏私等观念、原则、规范和标准的总和。在法与道德的关系上,法与统治阶级的道德在根本上是一致的,它们互相影响，互相作用，而法与被统治阶级的道德则是根本对立的。

2. 道德和法的区别

（1）表现形式不同。法是国家制定或认可的，明确权利义务关系的规范性文件。而道德是存在于人们思想中，社会舆论中的，是不成文的。

（2）实现方式不同。法由国家强制力保证实施，而道德主要依靠社会舆论的力量，靠人们自觉遵守。

（3）调整对象和范围不同。道德所涉及的范围是极其广泛的，可以说是包罗万象，涉及生活的各个方面，包括人们的行为，思想等。而法律则只调整人们有关法律的行为，没有行动只有思想不构成犯罪。

> **思考：**
> 如何理解"法律不外乎人情"？

（五）法与习俗的关系

1. 法与习俗的一般关系

习俗是人们在长期的生产和生活中形成的共同信守的习惯和风俗。各国和各民族因历史背景、文化传统、社会和自然环境的不同，各有不同的习俗。习俗和法都是社会规范和社会调整手段，都担负着调整社会关系、维护社会秩序的功能。

2. 法与习俗的区别

①产生的社会条件不同：人类社会早期，习俗就已经产生，来源于人们共同生活的社会实践之中；法是伴随着私有制和阶级的出现而产生的。②形成的方式不同：法的创制必须有国家权力的参与；习俗则是在人们的社会实践中自发形成的。③体现的意志不同：法体现了国家意志；习俗体现了一定民族和地区的人群的共同意志。④稳定程度不同：习俗的稳定性比法要强。⑤实施的方式不同：法由国家强制力保证实施；习俗的实施依靠社会成员的认同、社会舆论的影响等。

3. 法与习俗的相互作用

法和习俗是两种社会控制手段，是相互影响、相互作用的。习俗是法律的重要渊源之一，习俗经国家机关认可，赋予其法律效力，成为习惯法。习俗对法的实施有重要影响。同样，法对合理的、合法的习俗有确认和保障作用。法对不合理、不合法的习俗有否认和抵制作用。

（六）法与宗教的关系

1. 法与宗教规范的一般关系

宗教规范是宗教团体制定的或在宗教活动中自发形成的适用于宗教团体内部的行为规则。政教合一国家法律与宗教规范互相渗透和融合，宗教规范是法律的渊源之一。社会主义国家实行彻底的政教分离原则，禁止宗教干预国家政治和教育。

2. 法与宗教的区别

（1）产生方式不同。法是社会系统强制性的产物，以一定的社会物质生活条件为内容，通过相应的国家机关制定和认可，其基础是人的理性的自觉力量；宗教是在社会生活中自行萌发或对先知学说经典化的产物,是不同于科学的力量,其基础是信仰。

(2) 调控范围和作用不同。法只调整那些对社会生活秩序的稳定有较高价值的社会关系,而宗教规范则覆盖了几乎全部的社会关系;法律规范一般只规范人的外部行为;宗教规范不但规范人的外部行为,而且更侧重于规范人的内心活动。

(3) 调整方式和实现的方式不同。宗教和法虽然都是人们的行为规范,但法是通过国家强制力来进行调控;宗教主要通过控制人的良心来控制、调节人的行为,通过说教和人的内心感悟来达到社会调控的目的。

(4) 适用的范围不同。法律具有"属地"性质,适用于该国国民;宗教具有"属人"性质,适用于该教派的全部教徒。

思考:

宗教与迷信的区别?

提示:第一,宗教是一种社会意识形态,有严格的宗教仪式,有相对固定的宗教活动场所,有严密的宗教组织和宗教制度。而迷信既没有共同一致的崇拜物,也没有既定的宗旨、规定或仪式,也不会有共同的活动场所。

第二,宗教在其形成和发展过程中不断吸收人类的各种思想文化,与政治、哲学、法律、文化相互渗透、相互包容,迷信不具有这些特点。

第三,宗教有依法成立的社会组织,依法进行管理,开展规范的宗教活动。而迷信只是少数迷信职业者图财害命的骗术,甚至进行违法犯罪活动。

二、法系与法治

(一) 法系

法系是根据若干国家和地区基于历史传统原因在法律实践和法律意识等方面所具有的共性而对法律进行的一种分类,它是这些具有共性或共同传统的法律的总称。通常我们将法系分为大陆法系和英美法系。

1. 大陆法系

大陆法系,又称民法法系(civil law system)、罗马-日耳曼法系或成文法系。指以罗马法为历史渊源,以《法国民法典》和《德国民法典》为主要标志或与其有继受关系并因此具有某些相似性、不变性的各国家和各地区法律的总称。大陆指欧洲大陆。分布范围以欧洲大陆为中心,包括法国、德国、意大利、西班牙、土耳其等。

2. 英美法系

英美法系又称普通法系、判例法系、海洋法系。是指以普通法为基础,以判例法为主要标志或与其有继受关系并因此具有某些相似性、不变性的各国家和各地区法律的总称。包括英国、美国、加拿大、澳大利亚、印度等。

（反映1776年美国《独立宣言》签署场景的油画）

3. 两大法系比较

（1）法律渊源不同。大陆法系是成文法系，其法律以成文法即制定法的方式存在，它的法律渊源包括立法机关制定的各种规范性法律文件、行政机关颁布的各种行政法规以及本国参加的国际条约，但不包括司法判例。英美法系的法律渊源既包括各种制定法，也包括判例，而且，判例所构成的判例法在整个法律体系中占有非常重要的地位。

（2）法律结构不同。大陆法系习惯于用法典的形式对某一法律部门所涉及的规范做系统规定，法典构成了法律体系结构的主干。英美法系很少制定法典，习惯用单行法的形式对某一类问题做专门的规定，因而，其法律体系在结构上是以单行法和判例法为主干而发展起来的。

（3）法官的权限不同。大陆法系强调法官只能援用成文法中的规定来审判案件，法官对成文法的解释也需受成文法本身的严格限制，故法官只能适用法律而不能创造法律。英美法系的法官既可以援用成文法也可以援用已有的判例来审判案件，还可以在一定的条件下运用法律解释和法律推理的技术创造新的判例，从而，法官不仅适用法律，也在一定的范围内创造法律。

（4）诉讼程序不同。大陆法系的诉讼程序以法官为重心，突出法官职能，具有纠问程序的特点，而且，多由法官和陪审员共同组成法庭来审判案件。英美法系的诉讼程序以原告、被告及其辩护人和代理人为重心，法官只是双方争论的"仲裁人"而不能参与争论，与这种对抗式（也称抗辩式）程序同时存在的是陪审团制度，陪审团主要负责做出事实上的结论和法律上的基本结论（如有罪或无罪），法官负责做出法律上的具体结论，如判决。

（亚里士多德）

（二）法治

1. 法治的概念

"法治"一词很早就出现在古书中。《晏子春秋·谏上九》：

"昔者先君桓公之地狭于今，修法治，广政教，以霸诸侯。"《淮南子·氾论训》："知法治所由生，则应时而变；不知法治之源，虽循古终乱。"古希腊思想家亚里士多德①提出"法治应当优于一人之治"。他认为法治应包含两重含义：已成立的法律获得普遍的服从，而大家所服从的法律又应该是良好的法律。

法治是民主社会依据法律管理国家和民众的各种事务的一种政治结构。包含两个部分，即形式意义的法治和实质意义的法治，是两者的统一体。形式意义的法治，强调"依法治国""依法办事"的治国方式、制度及其运行机制。实质意义的法治，强调"法律至上""法律主治""制约权力""保障权利"的价值、原则和精神。形式意义的法治应当体现法治的价值、原则和精神，实质意义的法治也必须通过法律的形式化制度和运行机制予以实现，两者均不可或缺。

2. 法治与法制的关系

法制是法律制度的简称，包括法的制定、法的实施、法律监督等一系列活动和过程，是立法、执法、司法、守法和法律监督等内容的有机统一体，其中心环节是依法办事。两者的区别在于：

（1）法制是法律制度的简称，属于制度的范畴，是一种实际存在的东西；而法治是法律统治的简称，是一种治国原则和方法，是相对于"人治"而言的，是对法制这种实际存在东西的完善和改造。

（2）法制的产生和发展与所有国家直接相联系，在任何国家都存在法制；而法治的产生和发展却不与所有国家直接相联系，只在民主制国家才存在法治。

（3）法制的基本要求是各项工作都法律化、制度化；而法治的基本要求是严格依法办事，法律在各种社会调整措施中具有至上性、权威性和强制性。

（4）实行法制的主要标志，是一个国家从立法、执法、司法、守法到法律监督等方面，都有比较完备的法律制度；而实行法治的主要标志，是一个国家的任何机关、团体和个人，包括国家最高领导人在内，都严格遵守法律和依法办事。

二者的联系在于：法制是法治的基础和前提条件，要实行法治，必须具有完备的法制；法治是法制的立足点和归宿，法制的发展前途必然是最终实现法治。

> **思考：**
> 法治与人治、德治的关系。

---

① 亚里士多德（公元前384—前322年），古希腊斯吉塔拉人，世界古代史上最伟大的哲学家、科学家和教育家之一。

第二章

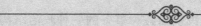

宪法和行政法基础知识：国家的"本分"

> 不能指望一部由品德优良的人士制定的宪法必定是一部好宪法，反之，因为有了一部好宪法，我们才能指望出现一个由良好品德人士组成的社会。
>
> ——康德[①]

（康德）

宪法确认公民权利，明确公民义务，给我们设定最基本的行为准则和规范，宪法给人们展示的是充满智慧的知识宝库，不断满足着人类追求幸福生活的内在需求。

第一节　宪政基础

一、宪法的词源

宪法一词来源于拉丁文 constitutio，本是组织、确立的意思。古罗马帝国用它来表示皇帝的"诏令""谕旨"，以区别于市民会议通过的法律文件。欧洲封建时代用它表示在日常立法中对国家制度的基本原则的确认，含有组织法的意思。英国在中世纪建立了代议制度，确立了国王没有得到议会同意就不得征税和进行其他立法的原则。后来代议制度（代议制是指公民通过选举代表，组成代议机关行使国家权力的制度。如西方国家的议会，我国的人民代表大会都是代议制的表现形式）普及于欧美各国，人们就把规定代议制度的法律称为宪法，指确认立宪政体的法律。宪法词义发生质的飞跃，始于17、18世纪欧洲文艺复兴时期人文主义思潮产生巨大影响以后，特别是随着近代资产阶级革命的不断发展，近代意义的宪法才最终形成。

"宪""宪令""宪法"等词在中国古代典籍中与"法"同义，包括一般的法律制度，优于刑法等一般法律的基本法，颁布法律、实施法律等意思，但都与现代"宪法"一词含义不

---

① 康德（Immanuel Kant，1724—1804年），德国哲学家、天文学家、星云说的创立者之一、德国古典哲学的创始人，唯心主义，不可知论者，德国古典美学的奠定者。

同。将"宪法"一词作为国家根本法的用词始于 19 世纪 80 年代。

郑观应①在《盛世危言》中，首次使用宪法一词。1898 年戊戌变法期间，以康有为为首的维新派要求清廷制定宪法，实行君主立宪。1908 年清政府颁布《钦定宪法大纲》，从此"宪法"一词在中国就成为国家根本法的专用词。

古代中国和西方在运用宪法一词的时候，既有相同之处，如都具有法律的意义，都有优于普通法的某种倾向；但又有不同之处，古代西方的宪法往往侧重于组织法方面的意义，而古代中国的宪法却没有此意。

（郑观应）

二、宪法的特征

（一）宪法是国家的根本法

（1）在内容上，宪法规定一个国家最根本、最重要的问题。如国家的基本政治、经济制度，公民的基本权利和义务。

（2）在法律效力上，宪法具有最高法律效力。任何法律与宪法内容冲突均属无效，宪法是一切国家机关、社会组织、公民个人的根本活动准则。

（3）在制定和修改的程序上，宪法比其他法律更加严格。如我国《宪法》第 64 条第 1 款规定："宪法的修改，由全国人民代表大会常务委员会或者 1/5 以上的全国人民代表大会代表提议，并由全国人民代表大会以全体代表的 2/3 以上的多数通过。"

2014 年《中共中央关于全面推进依法治国若干重大问题的决定》中指出，坚持依法治国首先要坚持依宪治国，坚持依法执政首先要坚持依宪执政。

> **思考：**
> 宪法是国家的根本大法，为什么在现实生活中却总是觉得它离我们很远？

（约翰签署《自由大宪章》）

---

① 郑观应（1842—1921 年），本名官应，字正翔，号陶斋，别署罗浮偫鹤山人等，祖籍广东香山县（今中山市）三乡镇雍陌村。他是中国近代最早具有完整维新思想体系的理论家，揭开民主与科学序幕的启蒙思想家，也是实业家、教育家、文学家、慈善家和热忱的爱国者。其著《盛世危言后编·自序》：欲攘外，亟须自强；欲自强，必先致富；欲致富，必首在振工商；欲振工商，必先讲求学校，速立宪法，尊重道德，改良政治。

（二）宪法是公民权利的保障书

从历史上看，宪法或者宪法性文件最早是资产阶级在反对封建专制制度的斗争中，为了确认取得的权利以巩固胜利成果而制定出来的①。

作为国家根本法的宪法最重要、最核心的价值是保障公民权利与自由。1789年的法国《人权宣言》明确宣布，凡权利无保障和分权未确立的社会就没有宪法。列宁也曾指出：宪法就是一张写着人民权利的纸。宪法的基本内容分为国家权力的规范和公民权利的有效保障两个部分，其中，公民权利的有效保障居于核心与支配地位。所以，宪法的基本出发点就是保障公民的权利和自由。

（三）宪法是民主事实法律化的基本形式

宪法与民主紧密相连，民主主体的普遍化，或者说民主事实的普遍化是宪法得以产生的前提。而且基于宪法在整个国家法律体系中的根本法地位，以及宪法确认的基本内容主要是国家权力的正确行使和公民权利的有效保障，可以说宪法是民主事实法律化的基本形式。正如毛泽东同志指出："世界上历来的宪政，不论是英国、法国、美国或者是苏联，都是革命成功有了民主事实以后，颁布一个根本大法，去承认它，这就是宪法。"

三、宪法的本质

宪法是各种政治力量对比关系的集中表现。在政治力量对比中，阶级力量的对比居于首要地位。所以，宪法是规定国家的根本制度和根本任务、集中体现各种政治力量对比关系、保障公民基本权利的国家根本法。

四、宪法的基本原则

（一）人民主权原则

人民主权是指国家或政府的最高权力来源于和最终属于人民，即国家或政府的最高权力的"民有"，并且这种来源是政府或国家权力的合法化依据或前提。人民主权学说的出现是资产阶级反对封建专制主义的锐利思想武器，是资产阶级民主思想的核心。法国资产阶级学者卢梭②在《论民主》中明确提出主权在民的思想，从1776年美国《独立宣言》、1789年法国《人权宣言》以来，西方资产阶级国家宪法在形式上一般都承认人民主权。在社会主义国家的宪法规范中，"一切权力属于人民"实质上也是人民主权原则的体现。

（卢梭）

（二）基本人权原则

人权是指作为一个人所应该享有的权利，天赋人权是指自然界生物普遍固有的权利，并不由法律或信仰来赋予。人权观念古已有之，但人权口号却是西方资产阶级启蒙思想家在17

---

① 1215年6月15日，英王约翰在封建领主、教士、骑士和城市市民的联合压力下签署《自由大宪章》，共63条，主旨是限制王权，保障教会和领主的特权以及骑士和市民的某些利益。《自由大宪章》被公认为是世界宪政史和人权发展史上的一个里程碑式的文件。

② 让-雅克·卢梭（Jean-Jacques Rousseau，1712—1778年），法国伟大的启蒙思想家、哲学家、教育家、文学家，是18世纪法国大革命的思想先驱，启蒙运动最卓越的代表人物之一。

世纪率先提出的。在资产阶级革命过程中以及革命胜利后,人权口号逐渐被政治宣言和宪法确认为基本原则。

人权在各国宪法文本中有不同的含义与表述方式,从《共同纲领》开始,我国宪法也规定了公民的基本权利与义务,特别是 2004 年宪法修正案规定"国家尊重和保障人权"的原则后,基本人权原则成为我国宪法的基本价值观。

(三) 法治原则

法治是相对于人治而言的概念,基本价值在于限制国家权力、保障人权,其核心思想在于依法治国,法律面前人人平等,反对任何组织和个人享有法律之外的特权。资产阶级革命胜利后,各资本主义国家一般都在其宪法规定和政治实践中贯彻了法治精神。

我国 1993 年宪法修正案规定"中华人民共和国实行依法治国,建设社会主义法治国家"正式确认了该原则。

(四) 权力制约原则

权力制约原则是指国家权力的各部分之间相互监督、彼此牵制,以保障公民权利的原则。它既包括公民权利对国家权力的制约,也包括国家权力对国家权力的制约。在资本主义国家的宪法中,权力制约原则主要表现为分权原则,即三权分立①,如下图所示。在社会主义国家的宪法中,权力制约原则主要表现为人大、政府、法院、检察院之间相互监督的原则。

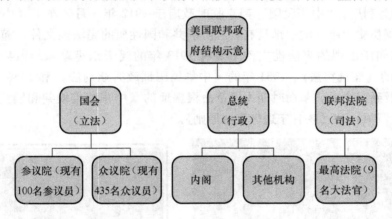

> **思考:**
> 为什么我国不能实行西方国家的"三权分立"?

五、宪法的历史发展

(一) 资本主义国家宪法的发展

近代宪法是资产阶级革命胜利的产物,从 17 世纪开始,资产阶级在各主要西方国家通过革命取得政权后将其在革命过程中建立的民主制度以法律的形式予以确认,形成了各自的宪法。

---

① 法国的启蒙思想家、著名法学家孟德斯鸠(1689—1755 年)在《论法的精神中》明确提出了"三权分立"学说(议会有立法权、国王有行政权和法院有司法权,用这种方法来限制王权,防止国王暴政。"三权"相互分开、互相制衡,并保持平衡),该学说奠定了近代西方政治与法律理论发展的基础。

17世纪的英国宪法是近代宪法的先驱,被誉为"宪政之母"。但由于英国资产阶级革命的不彻底性和妥协性使得英国的宪法既有体现资产阶级意志和利益的规范,也保留体现封建贵族意志和利益的规范。英国也没有制定统一的宪法典,其宪法是在资产阶级革命过程中陆续制定的、反映不同时期革命成果的宪法性文件,以及宪法惯例和宪法性的法院判例等构成。

1787年美国宪法是世界上第一部成文宪法。该宪法确立了有限政府原则、三权分立原则、联邦与州的分权原则以及文官控制军队的原则。它有7条正文,经过200多年,美国宪法增加了27条修正案。美国宪法的内容和形式为很多国家所效仿。

1789法国国民议会通过了著名的《人和公民权利宣言》,即《人权宣言》,明确宣告了"主权在民""天赋人权""权力分立"和"法律面前一律平等"等资产阶级民主法治原则。1791年的法国宪法就是以《人权宣言》作为序言的。1791年法国宪法是欧洲大陆上的第一部资产阶级成文宪法。

(二) 新中国成立之前我国宪法的历史发展

清政府于1905年派5名大臣出洋考察西方各国宪法,于1908年颁布以"君上大权"为核心的《钦定宪法大纲》,它是中国历史上第一部宪法性文件。1911年清政府出台了宪法性文件《重大信条十九条》,这是清政府颁布的最后一部宪法性文件。

辛亥革命胜利后,"中华民国"南京临时政府于1912年3月颁布了《中华民国临时约法》,它是中国历史上唯一的一部具有资产阶级共和国性质的宪法性文件。随后,直到新中国成立这一期间所出现的宪法性文件主要有1913年的《天坛宪草》、1914年的《袁记约法》、1923年的《贿选宪法》、1931年的《中华民国训政时期约法》和1946年的《中华民国宪法》,以及新民主主义革命时期人民革命根据地的《中华苏维埃共和国宪法大纲》《陕甘宁边区施政纲领》和《陕甘宁边区宪法原则》。

(油画《美国1787年宪法的签署》)①

(1905年五大臣考察各国宪政与预备立宪)

(三) 新中国宪法的产生与发展

1949年9月中国人民政治协商会议制定了起临时宪法作用的《中国人民政治协商会议共同纲领》。1954年9月第一届全国人民代表大会第一次全体会议在《共同纲领》的基础上

---

① 油画《美国1787年宪法的签署》:这幅油画由美国著名画家霍华德·克里斯蒂(1873—1952)创作,画面展现出1787年制宪会议上乔治·华盛顿主持宪法签署的情景,画面右上方昂首站立者为华盛顿,中部持杖者为本杰明·富兰克林。

制定了我国第一部社会主义类型的宪法。1975 年、1978 年分别颁布了两部宪法①。

现行的 1982 年宪法由第五届全国人大第五次全体会议于 1982 年 12 月 4 日通过。这部宪法以四项基本原则为指导思想，继承和发展了五四宪法的基本原则，全面总结了我国社会主义建设正反两方面的经验，反映了改革开放以来我国各方面取得的巨大成就，规定了国家的根本制度和根本任务。

1982 年宪法继承和发展了 1954 年宪法，除序言外，分为总纲，公民的基本权利和义务，国家机构，国旗、国徽、国歌、首都，共 4 章 138 条。迄今为止，1982 年宪法于 1988 年、1993 年、1999 年、2004 年进行过修正。

第二节 我国的国体及基本制度

一、国体——人民民主专政

（一）我国的国家性质

国体即国家的性质，它是由社会各阶级、阶层在国家中的地位所反映出来的国家的根本属性。我国《宪法》第 1 条规定："中华人民共和国是工人阶级领导的、以工农联盟为基础的人民民主专政的社会主义国家。"这表明我国的国体即国家性质是人民民主专政。

（二）人民民主专政制度的内涵

人民民主专政是一种对人民实行民主和对敌人实行专政有机结合的一种国家制度。在我国现阶段，人民的范围包括以工人、农民和知识分子为主体的全体社会主义劳动者、社会主义事业的建设者、拥护社会主义的爱国者和拥护祖国统一的爱国者，人民在数量上占了我国人口的绝大多数。而人民的敌人只包括极少数敌视和破坏社会主义制度的敌对势力和敌对分子。

人民民主专政最早由毛泽东提出，毛泽东说，"人民民主专政"即"人民民主独裁"。他指出，"对人民内部的民主方面和对反动派的专政方面，互相结合起来，就是人民民主专政"。把专政同民主联系在一起，这是对无产阶级专政最本质的概括。在新民主主义革命阶段，中国共产党在广大农村建立的革命根据地政权，就是人民民主专政的雏形。1949 年 10 月中华人民共和国成立，标志着人民民主专政政权的正式建立。

（三）人民民主专政实质上是无产阶级专政

（1）领导力量一致。两者都是由工人阶级（通过中国共产党）来领导的。

（2）阶级基础一致。工人阶级要推翻剥削阶级、建设和完善社会主义，都必须与广大的农民阶级结成牢固的联盟。

（3）专政职能一致。无产阶级专政和人民民主专政都担负着保障人民当家做主的地位，不断扩大社会主义民主的范围；维护社会主义制度；组织社会主义经济建设和精神文明建设等职能。

（4）历史使命一致。无产阶级专政和人民民主专政的最终目的和历史使命都是要消灭

---

① 1954 年 9 月 15—28 日，第一届全国人民代表大会第一次会议在京召开，20 日通过了《中华人民共和国宪法》。这是我国第一部社会主义宪法。

阶级，消灭剥削，建设社会主义，实现共产主义。

> **思考：**
> 　　人民民主专政在实质上是无产阶级专政，我国宪法为什么还要采用人民民主专政的提法？

二、政体——人民代表大会制度

（一）政体

政体即国家政权的组织形式，即统治阶级采取何种形式来组织自己的政权机关。

现代国家的政体主要包括君主制和共和制。君主制又可以分为二元君主制和议会君主制；共和制包括总统制、议会制、委员会制和半总统制。

人民代表大会制度是中国人民民主专政的政权组织形式，是中国的根本政治制度，即我国的政体。

（二）人民代表大会制度

中华人民共和国的一切权力属于人民。人民行使国家权力的机关是全国人民代表大会和地方各级人民代表大会。全国人民代表大会和地方各级人民代表大会都由民主选举产生，对人民负责，受人民监督。国家行政机关、审判机关、检察机关都由人民代表大会产生，对它负责，受它监督。全国人民代表大会是最高国家权力机关；地方各级人民代表大会是地方国家权力机关。

人民代表大会制度是适合我国国情的根本政治制度，它直接体现我国人民民主专政的国家性质，是建立我国其他国家管理制度的基础。

（全国人民代表大会）

第一，有利于保证国家权力体现人民的意志。人民不仅有权选择自己的代表，随时向代表反映自己的要求和意见，而且对代表有权监督，有权依法撤换或罢免那些不称职的代表。

第二，有利于保证中央和地方的国家权力的统一。在国家事务中，凡属全国性的、需要在全国范围内做出统一决定的重大问题，都由中央决定；属于地方性问题，则由地方根据中央的方针因地制宜地处理。这既保证了中央集中统一的领导，又发挥了地方的积极性和创造性，使中央和地方形成坚强的统一整体。

第三，有利于保证我国各民族的平等和团结。依照宪法和法律规定，在各级人民代表大会中，都有适当名额的少数民族代表；在少数民族聚集地区实行民族区域自治，设立自治机关，使少数民族能管理本地区、本民族的内部事务。

三、基本政治制度

(一) 中国共产党领导的多党合作和政治协商制度

中国共产党领导的多党合作和政治协商制度是我国人民民主专政的突出特点和优点，也是我国的基本政治制度之一。

中国多党合作制度中包括中国共产党和八个民主党派。见表2-1。

表2-1 8个民主党派

民主党派	成立时间	首任主席	人数（截至2013年）
中国国民党革命委员会（简称"民革"）	1948年1月1日	李济深	10.1万多人
中国民主同盟（简称"民盟"）	1941年3月19日	张澜	24.7万多人
中国民主建国会（简称"民建"）	1945年12月16日	黄炎培	13万多人
中国民主促进会（简称"民进"）	1945年12月30日	马叙伦	13.3万多人
中国农工民主党（简称"农工党"）	1930年8月9日	邓演达	12.6万多人
中国致公党（简称"致公党"）	1925年10月	陈炯明	4万多人
九三学社	1946年5月	许德珩	13.2万多人
台湾民主自治同盟（简称"台盟"）	1947年11月12日	谢雪红	2 700多人

（数据来源：各民主党派官方网站）

在中国多党合作制度中，中国共产党与各民主党派长期共存、互相监督、肝胆相照、荣辱与共，共同致力于建设中国特色社会主义，形成了"共产党领导、多党派合作，共产党执政、多党派参政"的基本特征。在这种制度体系中，中国共产党是社会主义事业的领导核心，是执政党；各民主党派是参政党。中国共产党对各民主党派的领导是政治领导。1993年第八届全国人大第一次会议通过的宪法修正案规定，"中国共产党领导的多党合作和政治协商制度将长期存在和发展"。从此，该制度成为一项重要的宪法制度。

我国新时期的爱国统一战线是由中国共产党领导的，有各民主党派和各人民团体参加的，包括全体社会主义劳动者、社会主义事业的建设者、拥护社会主义的爱国者和拥护祖国统一的爱国者的广泛的政治联盟。爱国统一战线的组织形式是中国人民政治协商会议，政协是中国共产党领导的多党合作和政治协商的重要机构。从本质上讲，政协不是国家机关，但是，政协也不同于一般的人民团体，它同我国国家权力机关的活动有着极为密切的联系。

(二) 民族区域自治制度

1. 民族区域自治制度的概念

民族区域自治地方是指我国境内少数民族聚居并实行区域自治的行政区域，分为自治区、自治州、自治县三级。

民族乡不属于民族自治地方，其人民代表大会和人民政府不属于自治机关，也不享有宪法和有关法律规定的自治权。但民族乡可以依据法律的规定，可以结合本民族的具体情况和民族特点，因地制宜发展经济、文化、教育和卫生等事业。

（新中国成立以来我国共建立了五大民族自治区）

（图片来源：新华网）

2. 民族自治地方的自治机关

民族自治机关包括自治区、自治州、自治县的人民代表大会和人民政府。具有以下特点：

（1）除实行区域自治的民族外，其他少数民族代表也应当在人大有适当的名额和比例。

（2）人大常委会应当由实行区域自治的民族的公民担任主任或副主任。

（3）自治区主席、自治州州长、自治县县长由实行区域自治的民族的公民担任。

（4）人民政府的其他组成人员和自治机关所属工作部门的干部中，要尽量配备实行区域自治的民族和其他少数民族的人员。

3. 民族自治地方的自治权

（1）制定自治条例和单行条例。

根据宪法和法律的规定，自治区制定的自治条例和单行条例须报全国人大常委会批准后才能生效；自治州、自治县制定的自治条例和单行条例，须报省或者自治区的人大常委会批准后生效，并报全国人大常委会备案。

（2）根据当地民族的实际情况，贯彻执行国家的法律和政策。

如果上级国家机关的决议、决定、命令和指示，有不适合民族自治地方实际情况的，自治机关可报经该上级国家机关批准，变通执行或者停止执行；该上级国家机关应当在收到报告之日起60日内给予答复。

(3) 自主管理地方财政。

民族自治地方的自治机关有管理地方财政的自治权。凡是依照国家财政体制属于民族地方的财政收入，都应当由民族自治地方的自治机关自主地安排使用。在执行国家税法的时候，除应由国家统一审批的减免税收项目以外，对属于地方财政收入的某些需要从税收上加以照顾和鼓励的，可以实行减税或者免税。自治州、自治县决定减税或者免税，须报省或者自治区人民政府批准。

(4) 自主地管理地方性经济建设。

民族自治地方的自治机关可以开展对外经济贸易活动，经国务院批准可以开辟对外贸易口岸。与外国接壤的民族自治地方经国务院批准，可以开展边境贸易。

(5) 自主地管理教育、科学、文化、卫生、体育事业。

(6) 组织维护社会治安的公安部队。

民族自治地方的自治机关依照国家军事制度和当地的实际需要，经国务院批准，可以组织维护社会治安的公安部队。

(7) 使用本民族的语言文字。

民族自治地方的自治机关在执行职务的时候，使用当地通用的一种或者几种语言文字，必要时，可以以实行区域自治的民族的语言文字为主。

(三) 特别行政区

有学者认为，特别行政区已成为我国基本政治制度之一。在此对特别行政区介绍如下：

1. 特别行政区的概念

特别行政区是指根据宪法规定，在中华人民共和国行政区域范围内设立的，享有特殊法律地位、实行资本主义制度和资本主义生活方式的地方行政区域。

2. 特别行政区的特点

(1) 特别行政区直辖于中央人民政府，是与省、自治区、直辖市处于同等级而又享有高度自治的一种新的地方行政区域；

(2) 特别行政区所实行的制度与内地不同，它可以保留原有的资本主义社会、经济制度和生活方式，50年不变；

(3) 特别行政区实行"高度自治"，即"港人治港""澳人治澳"。特别行政区享有行政管理权、立法权、独立的司法权和终审权。特别行政区通用自己的货币，财政独立，收入全部用于自身需要，不上缴中央人民政府。

3. 特别行政区的自治权

(1) 行政管理权。凡属于特别行政区自治范围内的行政事务，均由特别行政区政府负责管理或处理。

(2) 立法权。除了有关外交、国防和其他按基本法规定不属于特别行政区自治范围的法律，特别行政区不能自行制定外，其余所有民事的、刑事的、商事的和诉讼程序方面的法律都可以制定。特别行政区制定的法律要报全国人大常委会备案，如果报备案的法律被发回，则自然失效。

(3) 独立的司法权和终审权。特别行政区各级法院依法行使审判权，不受任何干涉；终审权属于特别行政区终审法院。

4. 中央与特别行政区的关系

负责管理与特别行政区有关的外交事务；负责管理特别行政区的防务；任命行政长官和主要官员；决定特别行政区进入紧急状态；解释特别行政区基本法，全国人民代表大会常务委员会授权特别行政区在审理案件时对基本法关于特别行政区自治范围内的条款自行解释；修改特别行政区基本法，特别行政区内实行的制度按照具体情况由全国人民代表大会以法律规定。

> **解析：**
>
> 居港权问题。
>
> 《基本法》第 24 条规定，香港永久性居民在香港以外所生中国籍子女，均为香港居民，在香港特别行政区享有居留权。但《基本法》却没有列明他们在获得永久居民身份之前所生子女和非婚生子女是否可以成为永久性居民。1999 年 1 月 29 日，香港特区终审法院裁定，任何在港居留达 7 年的港人，他们的子女无论何时出生，都应享有居港权。6 月 28 日，全国人民代表大会常务委员会释法，否决了终审法院的裁定内容。给回归后的香港带来了第一次人大释法，为香港以后解决类似争端开了一个至今仍争议不断的先例。

四、基本经济制度

经济体制即国家的经济管理体制，1993 年《宪法》修正案，明确规定"国家实行社会主义市场经济"；1999 年《宪法》修正案，将"发展社会主义市场经济"作为一项重要的国家任务写进宪法。

（一）社会主义公有制是我国经济制度的基础

我国《宪法》第 6 条第 1 款规定："中华人民共和国的社会主义经济制度的基础是生产资料的社会主义公有制，即全民所有制和劳动群众集体所有制。"

1. 全民所有制经济

国有经济包括国有企业，矿藏、水流，除法定属于集体所有的森林、山林、草原、荒地、滩涂等自然资源，城市市区的土地，不属于集体所有的城市郊区的土地和农村的土地，国家机关、事业单位、部队等全民单位的财产。

《宪法》修正案第 5 条规定："国有经济，即社会主义全民所有制经济，是国民经济中的主导力量。国家保障国有经济的巩固和发展。"

> **思考：**
>
> 国有经济和国营经济有什么区别？

2. 集体所有制经济

《宪法》修正案第 15 条规定："农村集体经济组织实行家庭承包经营为基础、统分结合的双层经营体制。"此外，宪法还规定，法律规定属于集体所有的森林、山岭、草原、荒山和滩涂属于集体所有；农村和城市郊区的土地，除法律规定属于国家所有的以外，属于集体所有；宅基地和自留地、自留山，也属于集体所有。

（二）非公有制经济是社会主义市场经济的重要组成部分

《宪法》修正案第16条规定："在法律规定范围内的个体经济、私营经济等非公有制经济，是社会主义市场经济的重要组成部分。"

《宪法》修正案第21条规定："国家保护个体经济、私营经济等非公有制经济的合法的权利和利益。国家鼓励、支持和引导非公有制经济的发展，并对非公有制经济依法实行监督和管理。"

（三）我国现阶段的分配制度

《宪法》规定，我国的分配原则是"国家坚持按劳分配为主体、多种分配方式并存的分配制度"。

按劳分配是指，在各尽所能的前提下，由代表人民的国家或集体经济组织按照每个公民劳动的数量和质量分配给公民应得的劳动报酬。在我国目前现阶段，存在着多种所有制形式，在分配方式上也不可能是单一的。目前除了按劳分配这一主要分配方式外，其他分配方式还有：企业发放债券筹集资金，因此而出现凭债券取得利息；随股份经济的产生，相应出现股份分红；企业经营者收入中，包含部分风险补偿；私营企业雇用一定数量的劳动力，给企业主带来部分非劳动收入。

（四）国家保护社会主义公共财产和公民合法私有财产

1. 社会主义公共财产的宪法保障

我国《宪法》第12条规定："社会主义公共财产神圣不可侵犯。国家保护社会主义的公共财产。禁止任何组织或者个人用任何手段侵占或者破坏国家的和集体的财产。"

2. 公民合法私有财产权的宪法保障

2004年《宪法》修正案明确规定："公民的合法的私有财产不受侵犯""国家依照法律规定保护公民的私有财产权和继承权""国家为了公共利益的需要，可以依照法律规定对公民的私有财产实行征收或者征用并给予补偿"。

第三节 公民基本权利与义务

一、基本权利和基本义务的概念

公民是指具有一个国家国籍的人。国籍是指一个人属于某个国家的一种法律上的身份或资格。我国《宪法》规定，"凡具有中华人民共和国国籍的人都是中华人民共和国公民"。

公民的基本权利是指由宪法规定的公民享有的主要的、必不可少的权利。公民的基本义务也称宪法义务，是指由宪法规定的公民必须遵守和应尽的根本责任，是公民对国家具有首要意义的义务，构成普通法律所规定的义务的基础。

在我国，公民和人民是两个不同的概念。它们的区别是：①范畴不同，公民是与外国人（包括无国籍人）相对应的法律概念；人民是与敌人相对应的政治概念。人民在不同的历史时期有着不同的内容，现阶段，人民指全体社会主义劳动者和拥护祖国统一的爱国者。②范围不同，我国全体公民的范围要比人民的范围广，公民中除人民外，还包括人民的敌人。③后果不同，公民中的人民，享有宪法和法律规定的一切权利并履行全部的义务；公民中的敌人，则不能享有全部权利，也不能履行公民的某些义务。④公民所表达的是一种个体概念，人民所表达的是一种群体概念。

二、我国公民的基本权利

（一）平等权

平等权是指公民平等地享有权利，不受任何差别对待，要求国家同等保护的权利。在现代宪政国家中，平等权首先表现为法律面前人人平等原则。具体内容有：

（1）我国公民不分民族、种族、性别、职业、家庭出身、宗教习惯、教育程度、财产状况、居住期限，都一律平等地享有宪法和法律规定的权利，都平等地履行宪法和法律规定的义务。

（2）任何人的合法权益都一律平等的受到保护，对违法行为一律依法予以追究。

（3）在法律面前，不允许任何公民享有法律以外的特权，任何人不得强迫任何公民承担法律以外的义务，不得使公民受到法律以外的处罚。

公民在法律面前一律平等既包括公民在适用法律上一律平等，又包括守法上的平等。而不包括立法上的平等，在立法上，统治阶级与被统治阶级无法平等。另外，法律面前的平等只是法律范围内的平等，而不是事实上的平等。

（二）政治权利和自由

政治权利和自由是公民作为国家政治主体而依法享有的参加国家政治生活的权利和自由。包括公民的选举权与被选举权、言论、出版、集会、结社、游行和示威的自由。

1. 选举权与被选举权

选举权与被选举权是指选民依法选举或被选举为代议机关代表和特定国家机关公职人员的权利。在我国，凡是年满18周岁的公民，不分民族、种族、性别、职业、家庭出身、宗教信仰、教育程度、财产状况、居住期限，都有选举权与被选举权，但是依法被剥夺政治权利的人除外。

2. 政治自由

政治自由是指公民表达自己政治意愿的自由，如我国宪法第35条规定的，公民享有言论、出版、集会、结社、游行、示威的自由。

言论自由是公民对于政治和社会的各项问题，有通过语言的方式表达其思想和见解的自由。语言的方式有口头的和书面的两种方式。我国公民的言论自由应该在法律规定的范围内行使：不得利用言论自由煽动群众反对政府，危害国家和社会安宁；不得利用言论自由对他人的人格尊严进行侮辱诽谤。

出版自由是公民以出版物形式表达其思想和见解的自由。出版自由也要按法律的规定享有和行使，除了遵守对言论自由的法律规定外，不得利用出版物来传播剥削阶级的腐朽思想。我国现在施行的是预防制和追惩制相结合的管理办法，预防制是事前干预的办法，追惩制是事后发现违法予以追究的办法。

结社自由是公民为一定宗旨，依照法定程序组织或参加具有连续性的社会团体的自由。公民因结社的目的不同而分为营利性结社和非营利性结社，非营利性结社又分为政治性结社和非政治性结社。各国法律通常对政治性结社予以严格限制。1998年10月国务院通过的

《社会团体登记管理条例》就是行使结社自由应遵循的主要法律。

集会、游行、示威自由是公民表达其意愿的重要表现形式，直接反映了公民的宪法地位。公民在行使这些自由权利时，既要符合法律规定的要求，又要注意不得损害国家的、社会的、集体的利益和其他公民的合法自由与权利。

（三）宗教信仰自由

宗教信仰自由是指每个公民都有按照自己的意愿信仰宗教的自由，也有不信仰宗教的自由；有信仰这种宗教的自由，也有信仰那种宗教的自由；在同一宗教里，有信仰这个教派的自由，也有信仰那个教派的自由；由过去不信教而现在信教的自由，也有过去信教而现在不信教的自由；有按宗教信仰参加宗教仪式的自由，也有不参加宗教仪式的自由。宗教信仰自由作为公民的一项基本权利，受宪法和法律的保障。任何国家机关、社会团体和个人不得强制公民信仰宗教或者不信仰宗教，不得歧视信仰宗教的公民和不信仰宗教的公民。

国家保护正常的宗教活动。任何人不得利用宗教进行破坏社会秩序、损害公民身体健康、妨碍国家教育制度的活动。

宗教团体必须坚持自主、自办、自传的"三自"原则。

（四）人身自由

1. 人身自由不受侵犯

（1）任何公民非经人民检察院批准或决定，或者非经人民法院决定，并由公安机关包括国家安全部门执行，不受逮捕。

（2）禁止非法拘禁或者以其他方法限制、剥夺公民的人身自由。

（3）禁止非法搜查公民的身体，司法机关违反法律规定的程序或者依法不享有搜查权的组织和个人，对公民的身体强行搜查，都属于非法搜查。

2. 人格尊严不受侵犯

公民的人格，就是公民作为人所具有的资格。从法律上讲就是指作为权利和义务主体的自主的资格。人格权主要指生命权、健康权、姓名权、名誉权、荣誉权、肖像权和人身自由权等。我国《宪法》明文规定："中华人民共和国的人格尊严不受侵犯。禁止用任何方法对公民进行侮辱、诽谤和诬告陷害。"

3. 住宅不受侵犯

公民的住宅不受侵犯是指任何机关、团体或者个人，非经法律许可，不得随意侵入、搜查或者查封公民的住宅。公安机关、检察机关为了收集犯罪证据、查获犯罪人，侦察人员需要对被告人及有关场所进行搜查时，必须严格依照法律规定的程序进行。我国刑法规定，非法搜查他人住宅，或者非法侵入他人住宅的，处3年以下有期徒刑或者拘役。

4. 通信自由和通信秘密受法律保护

《宪法》规定公民的通信自由和通信秘密受法律保护，任何组织或个人不得以任何理由侵犯公民的通信自由和通信秘密，公民的通信，他人不得隐匿、毁弃、拆阅或者窃听。在一定条件下，公安机关和检察机关为了国家安全或追查刑事犯罪的需要，可以依法对公民的通信进行检查。

（五）社会经济权利

1. 公民财产权

《宪法》规定："国家保护公民合法的收入、储蓄、房屋和其他合法财产的所有权。国家依照法律保护公民的私有财产的继承权。"

2. 劳动权

劳动权是指一切有劳动能力的公民，有获得工作和取得劳动报酬的权利。劳动就业权是劳动权的核心内容，是公民行使劳动权的前提。劳动报酬是公民付出一定劳动后所获得的物质补偿。

3. 劳动者的休息权

休息权是劳动者有休息和修养的权利。休息权是劳动权存在和发展的基础。休息权是劳动者享受文化生活，自我提高的重要权利。

4. 物质帮助权

《宪法》规定："中华人民共和国在年老、疾病或丧失劳动力的情况下，有从国家和社会获得物质帮助的权利。"物质帮助权是指公民因失去劳动能力或者暂时失去劳动能力而不能获得必要的物质生活资料时有从国家和社会获得生活保障，享受集体福利的一种权利。主要有生育保障权、伤残保障权、死亡保障权与退休保障权等具体权利构成。

（六）文化教育权利

1. 受教育权

受教育权是公民在教育领域享有的重要权利，是公民接受文化、科学等方面教育训练的权利。它包括公民按能力受教育的权利、享受教育机会平等的权利、受教育通过不同阶段和不同形式得到实现的权利。在我国，受教育也是公民应尽的义务。

2. 文化权

中华人民共和国公民有进行科学研究、文学艺术创作和其他文化活动的自由。国家对于从事教育、科学、技术、文学、艺术和其他文化事业的公民的有益于人民的创造性工作，给以鼓励和帮助。

（七）监督权和获得赔偿权

监督权是公民监督国家机关及其工作人员活动的权利。公民根据监督权客体的实际情况，自行选择适宜的方式。

1. 批评、建议权

批评权是指公民对国家机关和国家工作人员在工作中的错误和缺点，有提出批评意见的权利。建议权是指公民对国家机关、国家机关工作人员的工作提出建设性意见的权利。批评建议权的行使有利于反对官僚主义，提高工作效率。

2. 控告、检举权

控告权就是公民对任何国家机关和国家工作人员的违法失职行为，有向有关机关进行揭发和指控的权利。检举权是指公民对于违法失职的国家机关和国家工作人员，有向有关机关揭发事实，请求依法处理的权利。两者的区别就在于，控告人往往是受害者，而检举人一般与事件无直接联系；控告是为了保护自己的权益而要求依法处理，而检举一般是出于正义感和维护公共利益的目的。

3. 申诉权

申诉权就是指公民的合法权益，因行政机关或司法机关做出的错误的、违法的决定或判决，或者因国家工作人员的违法失职行为而受到侵害时，受害公民有向有关机关申诉理由，要求重新处理的权利。申诉权有诉讼上的申诉权与非诉讼上的申诉权。

4. 取得国家赔偿权

由于国家机关和国家机关工作人员侵犯公民权利而受到损失的人，有依照法律规定取得赔偿的权利。《国家赔偿法》对此作了更为详细的规定。

三、我国公民的基本义务

（一）维护国家统一和民族团结

维护国家统一是指维护国家主权独立和领土完整。国家主权是国家最重要的属性，是国家独立自主地处理国内、外交事务，管理自己国家的权力。在我国，维护国家统一的重要内容与标志是维护民族团结。我国是统一的多民族国家，能否正确处理民族关系对国家的统一和稳定将产生重要的影响。根据我国宪法和民族区域自治法的规定，一切破坏民族、制造民族分裂的行为都将受到法律的追究。

（二）遵守宪法和法律，保守国家秘密，爱护公共财产，遵守劳动纪律，遵守公共秩序，尊重社会公德

1. 遵守宪法和法律

公民有忠于宪法和法律，维护宪法和法律尊严，保护宪法和法律实施的义务。一切违反宪法和法律的行为必须予以追究。

2. 保守国家秘密

国家秘密是指关系国家的安全和利益，依照法定程序确定，在一定时间内只限一定范围的人知悉的事项。保守国家秘密就是要保护国家秘密不被泄露和遗失。

3. 爱护公共财产

公共财产是指全民所有制财产和劳动群众集体所有制财产，《宪法》第12条规定："社会主义的公共财产神圣不可侵犯，国家保护社会主义的公共财产，禁止任何组织或者个人用任何手段侵占或者破坏国家和集体的财产。"

4. 遵守劳动纪律

劳动纪律是指劳动者在从事社会生产和进行工作的时候，必须遵守和执行的劳动秩序和劳动规则及其工作程序。

5. 遵守公共秩序

公共秩序包括社会秩序、生产秩序、教学科研秩序。遵守公共秩序是保证安定团结的政治局面，进行现代化建设的重要条件。

6. 尊重社会公德

宪法规定的社会公德，是人们在生产、工作和生活中必须遵守的道德标准。其核心内容是爱祖国、爱人民、爱劳动、爱科学、爱社会主义。开展爱国主义教育是加强社会公德教育的重要内容。

（三）维护祖国的安全、荣誉和利益

1. 维护祖国安全

维护祖国安全是指国家的领土完整和主权不受干扰，国家政权不受威胁。任何组织和个人进行危害中华人民共和国国家安全的行为都必须受到法律追究。

2. 维护祖国荣誉

维护祖国荣誉是指国家的声誉和荣誉不受损害，对有辱祖国荣誉，损害祖国利益的行为给予法律制裁。

3. 维护祖国利益

祖国利益是国家共同利益的集中体现，是相对集体利益和个人利益而言的。公民在享受宪法规定的权利的同时，必须自觉地维护祖国利益，与损害祖国利益的行为作斗争。

（四）保卫祖国，依法服兵役和参加民兵组织

国家的主权独立，领土完整是我国现代化建设和其他事业能够顺利进行的关键，它不仅关系到祖国的前途和命运，而且关系到人民生活的安定和幸福。因此，保卫祖国、依法服兵役和参加民兵组织是每一位公民的光荣职责。

（五）依法纳税

纳税义务是指纳税人依法向税收部门按一定比例缴纳税款的义务。纳税作为法律义务，具有强制性。国家对拒绝纳税或者偷税、骗税、抗税的行为，要给予法律制裁。在法治国家，纳税额是根据纳税者的能力来确定的，社会各阶级普遍接受，可以缓解收入不公造成的矛盾，维护社会稳定。税收作为国家进行宏观调控的经济杠杆，有利于调节经济运行，而且政府可以通过税收为纳税人提供公共设施和公共服务。

（六）其他方面的义务

除以上谈到的公民的基本义务外，我国宪法还规定了公民的四项义务：①劳动的义务；②受教育的义务；③计划生育的义务；④父母的抚养义务和子女的赡养义务。

思考：

为什么劳动和受教育既是权利又是义务？

第四节　国家机构

一、国家机构的概念和分类

（一）国家机构的概念

国家机构是指一定社会的统治阶级按照行使职权的性质和范围建立起来的、进行国家管理和执行统治职能的国家机关体系。国家机构是一整套系统的国家机关的总和，而不是国家

机关的简单相加。

(二) 我国国家机构结构图

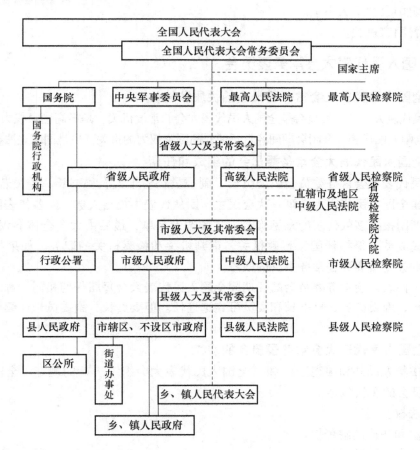

二、全国人民代表大会

(一) 全国人民代表大会的性质和地位

全国人民代表大会是最高的国家权力机关，也是最高的国家立法机关。

全国人民代表大会统一行使全国人民赋予的最高权力，最高国家行政机关、审判机关、检察机关都由它产生，对它负责。全国人民代表大会制定的法律、通过的决议和决定，一切国家机关和武装力量、各政党和各社会团体、各企事业组织以及所有公民都必须遵守。

(二) 全国人民代表大会的产生和任期

全国人民代表大会由省、自治区、直辖市和军队选出的代表组成。代表的选举由全国人民代表大会常务委员会主持。特别行政区出席全国人民代表大会的代表选举办法另有法律规定。中国人民解放军出席全国人民代表大会的代表，按照全国人民代表大会常务委员会分配的名额，由军人代表大会产生。

全国人民代表大会每届任期为5年。

(三) 全国人民代表大会的职权

(1) 修改宪法、监督宪法的实施。

(2) 制定和修改国家的基本法律。
(3) 选举、决定、罢免国家机构组成人员。
(4) 决定国家的重大事项。
(5) 监督国家机关。

三、全国人民代表大会常务委员会

(一) 全国人民代表大会常务委员会的性质和地位

全国人民代表大会常务委员会是全国人民代表大会的常设机关,是最高国家权力机关的组成部分,是在全国人民代表大会闭会期间经常行使最高国家权力的机关,也是国家立法机关。

(二) 全国人民代表大会常务委员会的组成和任期

全国人民代表大会常务委员会由委员长、副委员长若干人、秘书长、委员若干人组成。他们都由每届全国人民代表大会第一次会议主席团从代表中提出人选,经各代表团酝酿协商后,再由主席团根据多数代表的意见确定正式候选人名单,最后由大会全体会议选举产生。常委会的组成成员不得担任国家行政机关、审判机关和检察机关的职务。如果担任上述职务,必须向常务委员会辞去常务委员的职务。

全国人民代表大会常务委员会的任期同全国人民代表大会每届任期相同,都是5年。常委会的委员长、副委员长、秘书长和委员可连选连任。但委员长、副委员长连续任职不得超过两届。

(三) 全国人民代表大会常务委员会的职权

根据《中华人民共和国宪法》和《全国人民代表大会组织法》的规定,全国人民代表大会常务委员会的职权包括:

(1) 立法权。
(2) 宪法和法律的解释权。
(3) 宪法实施的监督权。
(4) 对其他国家机关工作的监督权。
(5) 对其他国家机关工作人员的人事任免权。
(6) 对国家生活中重要问题的决定权。
(7) 全国人民代表大会授予的其他职权。

(四) 全国人民代表大会各专门委员会

1. 全国人民代表大会各专门委员会的性质和组成(如下图所示)

各专门委员会是由全国人民代表大会产生,受全国人民代表大会领导,闭会期间受全国人民代表大会常务委员会领导的常设性工作机构。它没有独立的法定职权,其主要职责是在全国人民代表大会及其常委会的领导下,研究、审议和拟定有关议案。

全国人民代表大会各专门委员会由主任委员1人、副主任委员若干人、委员若干人组成。他们都是全国人民代表大会主席团从代表中提名,由大会通过。

2. 全国人民代表大会专门委员会的工作职责

审议全国人民代表大会或人大常委会交付的议案;提出议案;审议违宪的规范性文件;审议质询案;对于本委员会有关的问题,进行调查研究,提出建议。

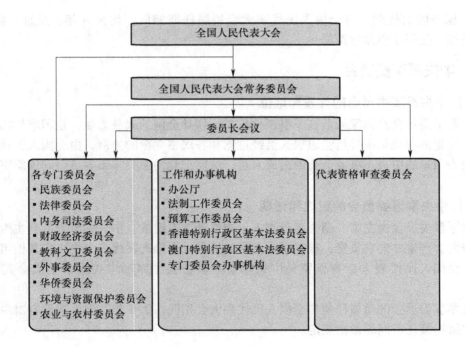

四、中华人民共和国主席

（一）国家主席的性质和地位

国家元首是国家的首脑，是国家对内对外的最高代表。中华人民共和国主席是我国的国家元首，是我国国家机构的重要组成部分，对内对外代表中华人民共和国。

（二）产生和任期

中华人民共和国主席、副主席由全国人民代表大会选举产生。在我国，"有选举权和被选举权的年满45周岁的中华人民共和国公民可以被选为中华人民共和国主席、副主席"。

国家主席、副主席的任期同全国人民代表大会每届任期相同，都是5年，连续任职不超过两届。

（三）国家主席的职权

国家主席一般根据全国人民代表大会常务委员会的决定行使职权：公布法律、发布命令、任免国务院的组成人员和驻外全权代表、外交权、荣典权。

五、国务院

（一）国务院的性质和地位

中华人民共和国国务院，即中央人民政府，是最高国家权力机关的执行机关，是最高国家行政机关。

（二）国务院的组成和任期

（1）国务院的组成：国务院由总理、副总理若干人、国务委员若干人、各部部长、各委员会主任、审计长、秘书长组成。国务院由国家主席提名，全国人民代表大会决定；其他组成人员，由总理提名，全国人民代表大会决定，闭会期间由全国人民代表大会常务委员会决定。

(2) 国务院的任期：与全国人民代表大会每届任期相同，均为 5 年，总理、副总理、国务委员连续任职不得超过两届。

六、中央军事委员会

（一）中央军事委员会的性质和地位

中央军事委员会是国家的最高军事领导机关，领导全国的武装力量，是国家机构的重要组成部分。党的中央军事委员会组成人员经过党和各民主党派的协商，由全国人民代表大会通过，成为国家的中央军事委员会的组成人员，这就把党的中央军事委员会同国家军委统一起来了。

（二）中央军事委员会的组成和任期

中央军事委员会由主席、副主席若干人，委员若干人组成。中央军事委员会主席由全国人民代表大会产生并向它负责，根据军委主席的提名，全国人民代表大会决定其他组成人员的人选。全国人民代表大会有权罢免中央军事委员会会主席和中央军事委员会其他组成人员。

中央军事委员会的每届任期与全国人民代表大会相同，为 5 年。但宪法没有对中央军事委员会主席连续任职问题做出规定。

七、地方国家机构

（一）地方各级人民代表大会

地方人大是地方国家权力机关，本级的地方国家行政机关、审判机关和检察机关都由人民代表大会选举产生，在本行政区域内要对它负责，受它监督。地方各级人大在本级国家机构中处于首要的地位。

省、自治区、直辖市、自治州、设区的市的人民代表大会代表由下一级的人民代表大会选举产生；县、自治县、不设区的市、市辖区、乡、民族乡、镇的人民代表大会代表由选民直接选举产生。

乡、民族乡、镇的人民代表大会每届任期为 3 年，其余的地方各级人民代表大会每届任期都为 5 年。

（二）地方各级人民政府

地方各级人民政府是地方各级国家权力机关的执行机关，是地方各级国家行政机关。由本级人大选举产生，并对人大负责并报告工作，人大闭会期间，对本级人大常委会负责并报告工作。地方各级人民政府的任期与本级人民代表相同，除乡镇一级为 3 年外，其余都为 5 年。

（三）基层群众自治组织

村民委员会和居民委员会是在农村或城市，由居民以居民区为纽带建立起来进行自我教育、自我管理、自我服务的基层群众自治组织。

思考：

村长的身份是什么？

八、审判机关和检察机关

（一）人民法院

1. 人民法院的性质、地位与任务

我国《宪法》第 123 条规定："中华人民共和国人民法院是国家的审判机关。"这一规定明确了人民法院的性质。根据这一规定，在我国，审判权必须由人民法院统一行使，即只有人民法院才有审判权，其他任何机关、团体和个人都无权进行审判活动。

2. 人民法院的组织体系与职权

全国设立最高人民法院、地方各级人民法院和专门人民法院；地方各级人民法院分为高级人民法院、中级人民法院、基层人民法院；专门人民法院包括军事法院、海事法院、铁路运输法院。

我国《宪法》第 127 条第 2 款规定："最高人民法院监督地方各级人民法院和专门人民法院的审判工作，上级人民法院监督下级人民法院的审判工作。"这表明上下级人民法院之间的关系不是领导关系，而是监督关系。根据这一规定，上级人民法院不能直接指挥命令下级人民法院如何进行审判，只能对下级人民法院在审判活动中是否正确适用法律进行审查监督。这种监督主要体现在上级人民法院按照上诉程序、审判监督程序及死刑复核程序对下级人民法院审判的具体案件的监督，纠正错误的判决和裁定。

（二）人民检察院

1. 性质

我国《宪法》第 129 条规定："中华人民共和国人民检察院是国家的法律监督机关。"这一规定明确了人民检察院的性质。从人民检察院的法律监督实践来看，人民检察院的法律监督主要是对国家机关、国家机关工作人员是否违反刑法实行监督，以及对在刑事诉讼中公安机关、人民法院和监狱等机关的活动是否合法实行监督，并包括对人民法院的民事审判和行政审判活动的事后监督。

2. 人民检察院的组织体系与职权

全国设立最高人民检察院、地方各级人民检察院和专门人民检察院。地方各级人民检察院分为省、自治区、直辖市人民检察院，省、自治区、直辖市人民检察院分院，自治州和设区的市人民检察院，县、不设区的市、自治县和市辖区人民检察院。专门人民检察院包括军事检察院、铁路运输检察院[①]等。

最高人民检察院是国家最高检察机关。最高人民检察院领导地方各级人民检察和专门人民检察院的工作，上级人民检察院领导下级人民检察院的工作。这表明，在人民检察院系统内上下级人民检察院之间的关系是领导与被领导的关系，最高人民检察院领导地方各级人民检察院和专门人民检察院，上级人民检察院领导下级人民检察院，下级人民检察院必须接受上级人民检察院的领导和最高人民检察院的领导，对上级人民检察院负责。垂直领导体制表现为：人事任免、业务领导。

[①] 2009 年 7 月，中央编办发布《关于铁路公检法管理体制改革和核定政法机关编制的通知》，明确"铁路检察院、法院与企业分离，一次性整体纳入国家司法管理体系，一次性移交给驻在地的省、自治区、直辖市党委和省高级人民法院、省级人民检察院，实行属地管理"。

> **思考：**
> 为什么要实行铁路运输法院和铁路运输检察院划归地方的司法体制改革？

第五节　行政法概述

> 如果行政权力的膨胀是现代社会不可避免的宿命，那么为了取得社会的平衡，一方面必须让政治充分反映民众的意愿，另一方面在法的体系中应该最大限度地尊重个人的主体性，使他们能够与过分膨胀的行政权力相抗衡。
>
> ——棚濑孝雄（日本法学家）

1992年，电影《秋菊打官司》在全国红火上映。影片中，巩俐饰演的秋菊挺着大肚子在雪地上蹒跚前行的镜头令无数人动容，而她迷茫却倔强的眼神，同样让人印象深刻。"讨个说法"这几个字，从秋菊口中反复说出，很快成为当时社会的流行语。从"民不告官"的古训中抽身而出，行政立法正以颠覆者的姿态让人侧目。当一介草民与公权力对簿公堂时，一个真正的法治社会正渐行渐近。

（电影《秋菊打官司》）

一、行政与行政法

行政，主要是指国家行政机关为实现国家的目的和任务，进行的组织、管理、决策与调控活动，同时也包括国家行政机关所进行的准立法与准司法活动。

行政法是调整国家行政关系，配置并控制行政权，确认和保障公民合法权益的各种法律规范的总和。行政法的表现形式主要有：宪法、法律、行政法规、规章、地方性法规。

二、行政法基本原则

行政法基本原则，是指指导和规制行政法的立法、行政行为的实施和行政争议的处理的基础性规范。行政法基本原则贯穿于行政法具体规范之中，同时又高于行政法具体规范，体现行政法基本价值观念。

（一）行政合法性原则

1. 行政合法性原则的含义

行政合法性原则是行政法治的核心内容。它是指行政权的存在和行使必须依据法律、符合法律，不得与法律相抵触。

2. 行政合法性原则的具体要求

（1）行政职权必须基于法律的设定和授予才能存在。

（2）行政职权必须依据行政法律规范行使。

（3）行政授权、行政委托必须有行政法律规范的依据。

（二）行政合理性原则

1. 行政合理性原则的含义

行政合理性原则是指行政主体不仅应当按照行政法律规范所规定的条件、种类和幅度范围做出行政行为，不得滥用行政权，而且要求行政行为的内容要符合立法精神和目的，符合公平正义等法律理性。

2. 行政合理性原则的具体要求

（1）行政行为的动因应符合立法目的。

（2）行政行为应建立在正当考虑的基础上，不得考虑不相关因素，适用法律规范平等，不得对相同事实给予不同对待。

（3）行政行为的内容合乎情理。

思考：
《道路交通安全法》规定对违章停车，妨碍其他车辆、行人通行的，处20元以上200元以下罚款。张三和李四因违章停车分别被罚款50元和200元，请用行政合法性和行政合理性原则进行分析。

第六节 行政行为

一、行政行为的概念和成立要件

（一）行政行为的概念

行政行为是行政法律行为的简称，是指行政主体依法行使行政职权进行行政管理，直接或间接产生行政法律效果的行为。

（二）行政行为的成立要件

（1）主体要件。行政行为必然是行政主体的行为。行政主体包括行政机关以及法律法规授权的组织。

（2）职权要件。行政行为是行政主体行使行政职权的行为。行政职权是行政行为的核心要素。如果具备行政主体资格，但是没有行使行政职权，也不是行政行为。例如行政机关购买办公大楼的行为是民事行为，而不是行政行为。

（3）法律要件。行政行为是产生一定法律后果的行为。这种法律后果主要表现为行政行为对于相对人的权利义务发生影响。如行政许可赋予相对人某种资格、行政处罚剥夺相对人的权利等。

二、行政行为的分类

（一）抽象行政行为和具体行政行为

抽象行政行为是指行政机关制定具有普遍约束力的规范性文件的活动，例如国务院制定行政法规的行为。

具体行政行为是指行政主体针对特定的对象，就特定的事项做出的处理决定。例如行政处罚、行政许可等属于具体行政行为。

思考：

某市颁布"禁狗令"，王某养的一只狼犬在街上被打狗队打死，如何看待该事件中的法律关系？

（二）羁束行政行为和自由裁量行政行为

根据法律规定的行政主体的权限范围不同，可以将行政行为分为羁束行政行为与自由裁量行政行为。羁束行政行为是指法律明确规定了行政行为的范围、条件、形式、程序等，行政机关没有自由选择的余地而做出的行政行为。

自由裁量行政行为是指法律仅仅规定行政行为的范围、条件、幅度和种类等，由行政机关根据实际情况决定如何适用法律而做出的行政行为。

（三）应申请的行为和依职权的行为

根据行政主体行使职权的前提条件不同，可以将行政行为分为应申请的行政行为和依职权的行政行为。应申请的行为是行政机关以相对人的申请为前提条件，行使行政权力而做出的行政行为。没有相对人的申请，行政机关不能主动为之，如行政许可。

依职权的行政行为是行政机关主动行使行政权力而做出的行政行为，不需要有相对人的申请启动行政程序，而是行政机关根据自己的判断主动行使权力。行政行为大多都是依职权的行为，如行政处罚等。

（四）单方行政行为和双方行政行为

按照行政行为能否因为行政机关单方意思表示发生效力为标准，可将其分为单方行政行为和双方行政行为。单方行政行为是指行政机关单方意思表示就能够产生法律效力的行为，具有强制力、确定力和拘束力。大部分行政行为都是单方行政行为，例如行政许可、行政强制执行、行政处罚等。

双方行政行为是指必须经过行政主体和行政相对人双方意思表示一致才能成立的行为。其主要表现形式是行政合同。

（五）要式行政行为和非要式行政行为

按照是否必须具备法定的形式为标准，行政行为可分为要式行政行为和非要式行政行为。要式行政行为是指法律、法规规定必须具备某种方式或形式才能产生法律效力的行政行为，如行政许可必须以颁发许可证和执照的方式表现出来，才能具备许可的效力。

非要式行政行为是指法律没有明确行政行为的具体形式，行政机关根据实际需要做出的行政行为。非要式行政行为在行政法上表现的情况不多，一般出现在法律授予行政机关行使紧急权力的情况，如行政机关紧急封锁、戒严、交通管制等。只要能够向相对人表达这样的意思，无论通过何种形式表现出来，都具有法律效力。

三、行政立法

（一）行政立法的概念

行政立法是制定并颁布行政法规与行政规章的活动。

（二）行政立法体制

（1）行政立法主体：国务院、国务院各部门、省、自治区、直辖市人民政府和较大市的人民政府。

（2）行政立法权限：行政机关行使行政立法权必须严格遵循法律保留原则。

（3）行政立法的效力等级：宪法具有最高法律效力，法律、法规、规章不能同宪法相抵触；法律的效力高于行政法规、地方性法规、规章；行政法规的效力高于地方性法规、规章；地方性法规高于本级和下级地方规章；省级人民政府规章的效力高于本行政区域较大市的人民政府的规章。

（三）行政立法程序

行政立法程序主要包括：立项、起草、审查、决定与公布、备案与解释。

四、行政许可

（一）行政许可的概念

行政许可是指行政机关根据公民、法人或者其他组织的申请，经过依法审查，准许其从事特定活动的行为。

（二）行政许可的实施机关

（1）具有行政许可权的行政机关，在其权限范围内实施行政许可。

（2）法律、法规授权的具有公共管理职能的组织，在法定授权范围内以自己的名义实施行政许可。

（3）行政机关可以依法委托的其他行政机关实施行政许可。

（4）行政许可权的相关集中行使。由一个行政机关行使其他行政机关的许可权，是关于行政许可权的转移，根据职权法定原则，行政许可权的转让应受到严格的限制，因此，只有经国务院批准，由省级人民政府可以决定一个行政机关行使有关行政机关的行政许可权。

（5）行政许可实施中的统一办理或者集中、联合办理。这是行政许可的便民举措，此规定是统一办理、联合办理，并不是行政许可权的转移。

（三）行政许可的设定事项

根据《行政许可法》规定，下列事项可以设定行政许可：

（1）直接涉及国家安全、公共安全、经济宏观调控、生态环境保护以及直接关系人身健康、生命财产安全等特定活动，需要按照法定条件予以批准的事项。

（2）有限自然资源开发利用、公共资源配置以及直接关系公共利益的特定行业的市场准入等，需要赋予特定权利的事项。

（3）提供公众服务并且直接关系公共利益的职业、行业，需要确定具备特殊信誉、特殊条件或者特殊技能等资格、资质的事项。

（4）直接关系公共安全、人身健康、生命财产安全的重要设备、设施、产品、物品，需要按照技术标准、技术规范，通过检验、检测、检疫等方式进行审定的事项。

（5）企业或者其他组织的设立等，需要确定主体资格的事项。

（6）法律、行政法规规定可以设定行政许可的其他事项。

以上事项通过下列方式能够予以规范的，可以不设行政许可：①公民、法人或者其他组织能够自主决定的；②市场竞争机制能够有效调节的；③行业组织或者中介机构能够自律管理的；④行政机关采用事后监督等其他行政管理方式能够解决的。

五、行政处罚

（一）行政处罚的概念

行政处罚是指具有行政处罚权的行政主体为维护公共利益和社会秩序，保护公民、法人或其他组织的合法权益，依法对行政相对人违反行政法律法规而尚未构成犯罪的行政行为所实施的法律制裁。

（二）行政处罚的种类

根据《中华人民共和国行政处罚法》第8条的规定，行政处罚有以下7种：

（1）警告。是国家对行政违法行为人的谴责和告诫，是国家对行为人违法行为所作的正式否定评价。从国家方面说，警告是国家行政机关的正式意思表示，会对相对一方产生不利影响，应当纳入法律约束的范围；对被处罚人来说，警告的制裁作用，主要是对当事人形成心理压力、不利的社会舆论环境。适用警告处罚的重要目的，是使被处罚人认识其行为的违法性和对社会的危害，纠正其违法行为并使其不再继续违法。

（2）罚款。是行政机关对行政违法行为人强制收取一定数量金钱，剥夺一定财产权利的制裁方法。适用于对多种行政违法行为的制裁。

（3）没收违法所得、没收非法财物。没收违法所得，是行政机关将行政违法行为人占有的，通过违法途径和方法取得的财产收归国有的制裁方法；没收非法财物，是行政机关将行政违法行为人非法占有的财产和物品收归国有的制裁方法。

(4) 责令停产停业。是行政机关强制命令行政违法行为人暂时或永久地停止生产经营和其他业务活动的制裁方法。

(5) 暂扣或者吊销许可证，暂扣或者吊销执照。是行政机关暂时或者永久地撤销行政违法行为人拥有的国家准许其享有某些权利或从事某些活动资格的文件，使其丧失权利和活动资格的制裁方法。

(6) 行政拘留。是治安行政管理机关（公安机关）对违反治安管理的人短期剥夺其人身自由的制裁方法。

(7) 法律、行政法规规定的其他行政处罚。

(三) 行政处罚的适用条件

(1) 行政处罚适用的前提是公民、法人或其他组织的行政违法行为客观存在。

(2) 行政处罚适用的主体是享有法定的行政处罚权的行政机关或法律法规授权的组织或行政机关委托的组织。

(3) 行政处罚适用的对象是违反行政管理秩序的行政违法者，且具有一定的责任能力。

(4) 行政处罚适用的时效，是指对行为人实施行政处罚，还需其违法行为未超过追究时效。行政处罚的追诉时效一般为两年，法律另有规定的除外。治安处罚与税收征收的处罚时效有特别规定。

(四) 行政处罚的程序

行政处罚决定程序包括简易程序、一般程序、听证程序。简易程序和一般程序是两个独立程序，行政处罚决定适用这样的程序即可完成，而听证程序是一种特殊的程序阶段。在处罚的各种程序中，下列程序内容必不可少：查明违法事实；说明理由、告知权利；允许陈述和申辩。

(五) 听证制度

听证是行政机关在做出影响行政相对人合法权益的决定前，由行政机关告知决定理由和听证权利，行政相对人表达意见、提供证据以及行政机关听取意见、接纳证据的程序所构成的一种法律制度。

听证制度在我国是个"舶来品"。1993年深圳在全国率先实行价格审查制度，此后，有关省市相继建立了价格听证制度。1996年3月通过的《行政处罚法》，首次从国家层面对听证制度做了规定。1997年通过的《价格法》和2000年3月通过的《立法法》，又对价格决策和地方立法听证做了规定。法律法规关于听证制度的规定，加速了听证程序建设和听证制度的实施推广。中央和地方的很多政府部门制定了专门的听证程序或规则、办法。听证在价格决策、地方立法、行政处罚、国家赔偿等诸多领域被广泛采用。

（水价听证会）

思考：
近年来，价格听证会逢听必涨似乎成为惯例，广大公众颇有微词，为什么听证会会成为"涨价会"？

六、行政复议

（一）行政复议的概念

行政复议是指行政管理相对人认为行政主体的具体行政管理行为侵犯其合法权益，依法向有权的行政复议机关提出复议申请，受理申请的复议机关依照法定程序，对引起争议的具体行政行为进行审查并做出裁决的活动。

（二）行政复议的受案范围

（1）对行政处罚不服。
（2）对行政强制不服。
（3）对行政不作为不服。
（4）对行政侵权行为不服。

（三）行政复议的程序

根据《中华人民共和国行政复议法》的规定，行政复议的具体程序分为申请、受理、审理、决定四个步骤。

1. 申请

（1）申请时效。申请人申请行政复议，应当在知道被申请人行政行为做出之日起 60 日内提出（法律另有规定的除外）。因不可抗力或者其他正当理由耽误法定申请期限的，申请期限自障碍消除之日起继续计算。

（2）申请条件。①申请人是认为行政行为侵犯其合法权益的相对人；②有明确的被申请人；③有具体的复议请求和事实根据；④属于依法可申请行政复议的范围；⑤相应行政复议申请属于受理行政复议机关管辖；⑥符合法律法规规定的其他条件。

（3）申请方式。申请人申请行政复议，可以书面申请，也可以口头申请。口头申请的，行政复议机关应当当场记录申请人的基本情况、行政复议请求、申请行政复议的主要事实、理由和时间。采取书面方式向行政复议机关申请行政复议时，应提交行政复议申请书。

2. 受理

行政复议机关收到行政复议申请后，应当在 5 日内进行审查，对不符合行政复议法规定的行政复议申请，决定不予受理，并书面告知申请人；对符合行政复议法规定，但是不属于本机关受理的行政复议申请，应当告知申请人向有关行政复议机关提出。除上述规定外，行政复议申请自行政复议机构收到之日起即为受理。公民、法人或者其他组织依法提出行政复议申请，行政复议机关无正当理由不予受理的，上级行政机关应当责令其受理；必要时，上级行政机关也可以直接受理。

3. 审理

（1）审理行政复议案件的准备。

（2）行政复议期间原具体行政行为的效力。根据《行政复议法》的规定，行政复议期间原具体行政行为不停止执行。

（3）复议申请的撤回。在复议申请受理之后、行政复议决定做出之前，申请人基于某种考虑主动要求撤回复议申请的，经向行政复议机关说明理由，可以撤回。撤回行政复议申请的，行政复议终止。

4. 决定

（1）复议决定做出的时限。行政复议机关应当自受理行政复议申请之日起 60 日内做出行政复议决定，但是法律规定的行政复议期限少于 60 日的除外。情况复杂，不能在规定期限内做出行政复议决定的，经行政复议机关的负责人批准，可以适当延长，并告知申请人和被申请人，但是延长期限最多不超过 30 日。

（2）复议决定的种类：决定维持具体行政行为；决定撤销、变更或者确认原具体行政行为违法；决定被申请人在一定期限内履行法定职责；决定被申请人在一定期限内重新做出具体行政行为；决定赔偿；决定返还财产或者解除对财产的强制措施。

（3）对抽象行政行为的处理。申请人在申请行政复议时，对做出具体行政行为所依据的有关规定提出审查申请，或者行政复议机关认为具体行政行为依据不合法的，行政复议机关可依法做出：有权处理的，应当在 30 日内依法处理；无权处理的，应当在 7 日内按照法定程序转送有权处理的国家机关依法处理。

（4）制作行政复议决定书。除法律规定的终局行政复议决定外，申请人对行政复议决定不服，可以在收到行政复议决定书之日起 15 日内，或法律法规规定的其他期限内，向人民法院提起行政诉讼。除法律、法规有特殊规定的情况外，行政复议不是提起行政诉讼的必经前置程序。

第三章

民法总论：权利的"温柔乡"

> 在民法慈母般的眼里，每一个人就是整个国家——孟德斯鸠①
>
> 西方人一手一部圣书：一书是《圣经》，以求心灵的净化、精神的寄托；另一书是《民法典》，以求财产的安全、人格尊严的保障——李静冰
>
> 民法是人民自由的圣经——马克思

第一节　民法概貌

一、什么是民法——民法的内涵

民法，简言之即"市民社会"之法律。所谓市民社会，即由平等的市民参与，自由行使权利的社会。如果将市民社会比作一个城堡，高高的城门上则必然悬挂着"权利"之剑。城内市民人人平等，为自由权利而生，国家只扮演"守夜人"的角色，仅当有市民滥用权利或者侵害他人权利时才出面予以干涉制止。和"市民社会"相对应的是"政治社会"或曰"政治国家"，在"政治社会"里，国家作为管理者行使国家权力，与作为被管理者的公民或者组织发生管理与服从的法律关系。在"政治社会"的城门上，高悬的剑不再是"权利"而是"权力"，国家手执权杖，命令人们应当做什么，禁止做什么。个人在政治国家里仅仅只作为义务主体存在。相应地，规范市民社会关系的法律被称为市民法，它以保护市民社会中个人的权利即私权为己任，它是"私

（孟德斯鸠）

---

① 查理·路易·孟德斯鸠（Charles de Secondat, Baron de Montesquieu）（1689—1755），出生于法国波尔多附近的拉伯烈德庄园的贵族世家。法国伟大的启蒙思想家、法学家。

法"——非"公法";是"权利法"——非"义务法";是"实体法"——非"程序法"。而规范政治社会关系的法律就是公法,它以保障国家权力的行使为目的。所以说,民法(市民法)是关于市民社会的法。

根据我国《民法通则》第二条的规定"中华人民共和国民法调整平等主体的公民之间、法人之间、公民和法人之间的财产关系和人身关系",我们可以给民法定义如下:民法即调整平等主体之间财产关系和人身关系的法律规范的总称。也即所有调整平等主体之间的财产关系和人身关系的法律规范都属于民法。

二、民法的调整对象——平等主体之间的财产关系和人身关系

为深入理解民法的含义,有必要进一步明确其调整对象,何谓平等主体?什么是法律上的财产关系与人身关系?下面分别叙述。

(一) 平等主体

我们社会中的每一分子,不管是个人还是组织,都要在社会中进行各种活动,因此都必然要结成各种社会关系,成为社会关系的主体。但在市民社会中,无论社会成员结成何种社会关系,其地位都是平等的,其相互之间没有管理与被管理的关系,没有命令服从的关系,没有高低贵贱之分。正是由于社会成员具有平等的地位,相互间没有隶属关系,因而其意志也是平等和自由的,各自得以独立的表达自己的意愿,自愿的结成各种关系。这种平等反映在民法上,也就是具有平等的法律地位,平等的享有权利和履行义务,平等的受法律保护。

(二) 财产关系

财产关系是指人们之间基于财产而形成的相互关系,或者说是人们在社会财富的生产、分配、交换和消费过程中形成的以经济利益为内容的社会关系。财产是指对人具有经济价值的一切事物。在现代社会,财产可以分为两类:第一类是为人类所掌握和控制,可以被人类在生产和生活中加以利用的物质资料,包括土地、矿藏、水流等天然资源和人类通过劳动创造的各种物质产品;第二类是对人具有经济价值的非物质事物,包括智慧财产(如作品、技术发明等)、具有经济价值的权利(如物权、债权、知识产权、股权等)、劳动力等。需要注意的是,财产关系在实质上不是指人与财产的关系,而是人与人之间就财产问题发生的权利义务关系。

(三) 人身关系

人身关系,又称为人身非物质关系,是指人与人之间基于彼此的人格和身份而形成的,不以经济利益为内容而是以人身利益为内容的社会关系。人之为人,其幸福需要物质条件(财产权)和精神条件(人身权)的双重满足,民法调整财产关系的同时也调整人身关系,就是为了让人的人格尊严得以维护,身份关系得到尊重。

人身关系具体包含人格关系和身份关系,人格关系是指人与人之间基于彼此的人格而形成的以人身利益为内容的社会关系。所谓人格,是指社会成员作为独立主体所必须具备的条件。自然人的人格主要有身体、生命、健康、姓名、名誉、自由、隐私、肖像等;法人的人格主要有名称、名誉、自由等。身份关系是指人与人之间基于彼此的社会身份而形成的以人身利益为内容的社会关系。所谓身份,是指人基于先天的血缘或后天的社会活动,在一定的社会组织结构体系中所处的地位。换言之,身份是人在其置身的社会组织结构中所处地位的标志。如亲属身份、配偶身份等。

（四）财产关系与人身关系的比较

二者就像人的两条腿，共同支撑起主人的幸福人生。虽然二者的重要性相当，但是特征却迥异。

（1）财产关系以财产为客体；人身关系以主体的人身为其发生和存在的基础；

（2）财产关系以经济利益为内容；人身关系则具有非财产性，其人格与身份不能估价。

（3）财产关系所体现的经济利益可以与特定主体相分离（劳动力除外）。人身关系所体现的人身利益却具有专属性，即人身利益只能由其主体享有，不能转让也不能继承。如人的生命、健康、名誉、隐私及配偶身份等不能交易，不能继承，只能由当事人专有。

三、民法兴衰史①

博大的民法浩如烟海，贯穿从罗马法以来的 3000 多年的人类历史，它如同一个精灵，在一个个生死循环中漫步于文明的进程。

（一）民法的第一次勃兴与转折

德国法学泰斗耶林有一段名言："罗马帝国曾三次征服世界，第一次以武力，第二次以宗教，第三次以法律。武力因罗马帝国的灭亡而消灭，宗教随着人民思想觉悟的提高和科学的发展而缩小了影响，唯有法律征服世界是最为持久的征服。"这里说的法律，指的就是罗马法中的民法。罗马法指从公元前罗马国家产生时至公元后 7 世纪以前罗马奴隶制国家的全部法律。辉煌的罗马帝国是民法的天堂，罗马法是大陆法系国家民法的真正渊源，因此今天人们在研习民法时总是言必称罗马。一系列的法学概念都从此发端，人格、物、占有、债、时效、要式买卖、诺成契约、诚信诉讼等，都或多或少成为现代民法奠基石。罗马法学家乌尔比安对公法和私法的划分至今仍然是法的基本划分标准之一。如果说罗马帝国代表了古代奴隶制国家的最高成就，那么罗马法无疑代表了古代奴隶制国家私法的最高水平。

民法的不幸伴随着罗马私法的衰落而映刻在历史上，中世纪的教会法带给人们的，虽然有法律的人道主义，但更多的是市民社会被压迫，民法的空间被压缩，人屈从于缥缈的神的屈辱史。教会法打破了宗教与世俗的界限，人人时时处处都受到来自法外宗教的影响，使得一股宗教恐怖撒播在了整个中世纪黑暗年代。教会法与世俗法共存成了那个时代法渊源的重要特征。

（二）民法的第二次转折——近代民法理念的确立

随着近代资产阶级革命的兴起，人文主义、文艺复兴、罗马法复兴等以人的本性和人文精神为归依而产生的运动，再次把"人"（而不是"神"）带到了世界的中心。对"人"的自我认同和关怀把人的视野从中世纪的"神"再次转移到"人"身上来，同时科技的迅速发展也使人们沉浸于"人"创造的一个又一个伟大的科学发现中，人类惊喜地发现自己的力量如此巨大。这些对"人"的理性认识而非对"神"的简单膜拜给法学界也注入了新的活力，人们陶醉在那些新兴而又振奋人心的名词中：天赋人权、平等自由、财富以及公平等等。

1804 年是人类历史上的里程碑，《法国民法典》在拿破仑的呵护下诞生在那个动荡的年代。它无疑是给全世界热火朝天的资产阶级革命打了一针兴奋剂。法国民法典确立了 19 世

---

① 本部分参考了西南政法大学民法精品课程教案中的相关内容。

纪民法的三大原则：所有权绝对、契约自由和过错责任。意思自治成了民法的最基本的原则，并与个人本位、权利至上等思想共同成为自由资本主义时期私法制度的理论支柱和基石。

（三）民法的第三次转折——现代民法的变迁

在各种思想的交错碰撞中，民法迎来了20世纪。20世纪是一个唯科学主义与人本主义的时代，也是一个全面关注人和社会、人和自然的世纪，所有这些都使得20世纪成了一个动荡的世纪、一个变革的世纪。科学技术和法学研究的发展使得我们能关注社会中更加本质的内容而不仅是表象。

实质正义取代了形式正义成为民法所追求的目标，机会公平和结果公平也走入了人们的视野。同时民法也从单一的价值追求发展成在诸多价值中寻求平衡点。诚实信用原则、公序良俗原则、权利滥用禁止原则都是社会矛盾的调和剂，社会因素进入了民法。由此，私法的本位开始向社会本位位移。1907年《瑞士民法典》首次将诚实信用原则提升到了民法基本原则的地位，从而标志着现代意义上的诚信原则的确立。而在制度层面，民法各个制度领域都或多或少的开始变迁。消费者和劳动者群体的出现，法律的天平开始向弱者倾斜；格式合同的大量使用使契约自由成了强者压迫弱者的帮凶，而对格式合同的规制也再次挑战了契约自由的绝对权威；无过错责任的广泛运用和责任保险及社会保障给侵权法的过错原则带来的巨大冲击等等，无不暗示我们，又一个民法的新纪元正在到来。

四、民法在我国

我国从清末改制引进欧洲大陆法系民法，至1929—1931年民国政府颁布了正式的民法典。新中国建立，废除了民国政府的法律，转而继受苏联的民法。因长期实行权力高度集中的计划经济体制，使民法失去物质基础，直到20世纪70年代末，谈不上有真正的民法。改革开放以来，由于推行社会主义的市场经济体制，为民法的存在和发展奠定了物质基础。现在，民事立法正在逐步健全，民法学术研究、教学和实务均有很大的发展。中国在这样一个历史时刻走上民主法治之路，推进民事立法和建立自己的民法理论，不得不同时担负回归和重建近代民法及超越近代民法和实现民法现代化的双重使命。

我国1986年发布，1987年生效的《中华人民共和国民法通则》是我国现行的民法基本法，随后我国陆续颁布了《合同法》《物权法》《侵权责任法》《知识产权法》《婚姻法》《公司法》《票据法》《破产法》以及《保险法》等。它们以《民法通则》为基础，构建出我国的民商事法律体系，共同调整着平等主体之间的财产关系和人身关系。

《民法通则》的颁布在我国意义重大，它明确承认和保护私权、尊重个人权利（包含人身权利）、尊重当事人自由意思、肯定市场的价值和交易的正当性。这既为我国从计划经济过渡到市场经济打下了法律基础，也为个人权利的保护开了先河，正是在它的思想基础上，我国私权保护及私法立法进入了迅速发展的新时代。

第二节 民法的基本原则

每个部门法都有其基本原则，该基本原则构成立法者要保护和尊重的根本思想，是司法活动必须遵循的核心理念，也是当事人的基本行动准则。我国《民法通则》开宗明义的规定了民法的基本原则。

据此漫画思考"基本原则"的作用。

第3条　当事人在民事活动中的地位平等。
第4条　民事活动应当遵循自愿、公平、等价有偿、诚实信用的原则。
第5条　公民、法人的合法的民事权益受法律保护，任何组织和个人不得侵犯。
第6条　民事活动必须遵守法律，法律没有规定的，应当遵守国家政策。
第7条　民事活动应当尊重社会公德，不得损害社会公共利益，破坏国家经济计划，扰乱社会经济秩序。

一、平等原则

平等原则，是指民事主体享有独立和平等的法律人格，在民事法律关系中互不隶属，各自能独立地表达自己的意志，其合法权益平等地受到法律保护。简言之，即参与民事法律关系的资格平等、平等的享有权利承担义务、平等的受到法律保护。

平等原则是民法最基础、最根本的一项原则，它集中反映了民事法律关系的本质特征，是民事法律关系区别于其他法律关系的主要标志。我国民法明文规定这一原则，同样旨在强调民事活动中一切当事人的法律地位平等，任何一方不得把自己的意志强加给对方。这是发展市场经济的内在要求。

值得一提的是，随着社会的发展，对保护劳动者、消费者及妇女儿童等弱势群体的呼声日益提高，人们已不再满足抽象的法律地位平等，而是更关注特定法律关系中的具体平等和实质平等。如禁止用人单位与劳动者用劳动合同形式限制劳动者自由，就意在用实质平等纠正双方事实上的地位悬殊导致的劳动者的被动局面，以让二者的权利处于真正平等状态。

思考下列现象是否有违民法平等原则？

1. 甲公民（年满25周岁）可以结婚，而乙公民（13周岁）不能结婚。
2. 甲公民（经登记为综合类证券公司）可以从事证券经纪业务，而乙公司（登记为房地产公司）则不能从事证券经纪业务。
3. 国家税务机关可以在税收征收法律关系中使用强制手段，无视纳税人的意志而依法进行税收征收。
4. 市政府决定重修政府办公大楼，指令某房地产公司以成本价完成此项工程，并申明房地产公司不得有任何异议，更不得拒绝。

二、意思自治原则

通俗的说，意思自治原则即指民事行为须是当事人自愿为之（法律考量行为人的本意），一切行为由当事人自己安排决定，并自行承担其意思决定的后果和责任。如跟谁缔结合同，缔结什么样的合同，跟谁结婚或者离婚等等事项，第三人或者法律本身均不得干涉。欺诈、胁迫或者重大误解下所作的违反当事人真意的民事行为可能无效或者被撤销。

意思自治原则是私法精神的灵魂，是市民社会国家扮演"守夜人"的直观体现；是市场经济主体得以自由交易、讨价还价的基础；是贯彻平等原则的必然结果；也是当事人承担"自己责任"的法律原因。意思自治与个人本位、权利至上等思想共同成为自由资本主义时期私法制度的理论支柱和基石。在我国，法律上由于缺乏私法传统，经济上由于长期实行计划经济，文化上人性与人权观念长期受到压抑，故强调意思自治原则的私法基本理论地位具有更重要的意义。我们须强调在民事生活领域，要获得权利、承担义务，进行一切民事行为，应由独立、自由、平等的个人通过协商完成，不受国家和他人的干预。只有在当事人发生纠纷不能解决时，国家才以法院的身份出面进行裁决，而法院进行裁决时仍然以当事人的约定为基准，不得对当事人的约定任意变更。[①]

思考下列行为是否正当，其法律原因何在？

1. 甲误将其家的名贵古碗当作普通饭碗以10元卖给了邻居，事后要求邻居双方返还，邻居不答应，说此是双方意思自治的结果，甲应自己负责。
2. 张三决定将其女儿嫁给隔壁李四，女儿不从，张三以死相逼。
3. 精神病人甲将其家中所有存款赠与了隔壁邻居，妻子得知后向邻居索要，邻居说自己非抢非盗，故拒不返还。
4. 甲乙订立了一份粮食买卖协议，后来粮食涨价，甲作为卖方不愿再以合同价发货给乙。乙不答应，要求甲必须按照合同履行，否则便向法院起诉追究甲的责任。

---

① 参见梁慧星：《从近代民法到现代民法》，载于《民法判例与学说》（第二册），国家行政学院出版社，1999年版。

三、公平原则

公平原则，是指民事主体应依据社会公认的公平观念从事民事活动，以维持当事人之间的利益均衡。公平原则是正义公平的道德观在法律上的体现，其具体内容为：

（1）民事主体参加民事活动的机会要公平，不得欺行霸市，搞独家垄断。

（2）民事主体在民事权利的享有及民事义务的承担上要对等，不能显失公平。

（3）民事主体在经营活动中公允，不得非正当经营，搞不公平竞争。

（4）民事主体在承担民事责任上要合理，一般是有过错才承担；一方过错则由单方承担；双方都有过错各自相应承担；双方都无过错可合理分担。

（5）司法机关调整处理民事纠纷案件要公正，依法保护民事主体各方的合法民事权益。

思考本案例该如何处理：

一日张三在路上行走，见前面一老农费力拉着煤炭车艰难上坡，于是不由分说在后面推车以助老农一臂之力。不料老农不知后面来了帮手，内心一惊之余拉车的绳索脱手，致使三轮车后滑压伤张三，花去医疗费若干。关于医疗费该由谁承担，二人发生分歧，你认为本案该如何处理？

四、诚实信用原则

诚实信用原则，是指民事主体进行民事活动必须意图诚实、善意，行使权利不侵害他人与社会的利益，履行义务信守承诺和法律规定，最终使得当事人之间、当事人与社会之间利益处于平衡状态。

诚实信用原则被称为民事领域的"帝王法则"，贯穿于整个民商事具体法律规范中，它要求当事人必须以诚信之心参与民事活动，若有违反则会承担不利法律后果。例如签订合同时必须如实告知对方对其不利之事项，提醒对方需要注意的环节，不得隐瞒更不得欺诈，否则其合同可能无效或者被撤销，并会承担因此给对方造成的损失。

五、公序良俗原则

公序良俗，顾名思义即公共秩序善良风俗。公序良俗原则要求行为人参与民事活动必须尊重社会公共利益和社会、国家存在和发展所必要的一般道德和起码的伦理要求。我国《民法通则》第 7 条规定："民事活动应当尊重社会公德，不得损害社会公共利益，破坏国家经济计划，扰乱社会经济秩序。"这即是对公序良俗原则的立法宣告。

公序良俗原则的作用在于限制意思自治，即行为人意思自治时必须尊重社会基本伦理和道德秩序，否则可能被课以一定法律责任。上述诚实信用原则和公序良俗原则都是道德法律化的表现，都是现代民法确立的对近代民法上私法自治与权利神圣原则的修正，其目的在于维护社会公益，实现实质正义。

> **思考下列行为是否合法，依据何在？**
> 断绝父子关系、委托杀人、包二奶协议、卖身葬父、赌博行为、倒卖黄金外汇以及脸部广告位招租。

六、禁止权利滥用原则

禁止权利滥用，是指权利人行使权利必须正当善意，不得专以损害他人和社会为目的。例如张三家喜得一孙子，以行使姓名权（自主决定姓名的权利）为由，将世仇邻居李四作为孙子的名字，每天在院子里呼叫"孙子李四、孙子李四"。同样女人不得以行使婚姻自主权为由，甘愿放弃结婚权以作他人情妇并签署"情人协议"。这些行为皆是权利滥用，损害了他人或者社会利益。权利滥用虽有行使权利的表征或与行使权利有关；但实质却违背权利本旨或超越权利正当界限，故是一种违法行为应当遭到禁止。

第三节 民事法律关系

一、什么是民事法律关系

以前我们把青年男女未婚同居的行为叫"非法同居"，现在我们称此关系叫"非婚同居"，即法律不再对此种关系进行调整，不再对其作法律评价。人在社会生活中，每天都和他人发生往来，产生各种社会关系，不是所有社会关系都受法律调整具有法律意义，受法律调整的社会关系也并非只受民法调整，有些还受刑法、行政法、经济法或者国际法等法律调整。其中受民法调整的社会关系就形成民法上的权利义务关系，即民事法律关系。民事法律关系是整个民法逻辑体系展开与构建的基础。

所以，民事法律关系即指由民事法律规范调整所形成的以民事权利和民事义务为核心内容的社会关系，是民法所调整的平等主体之间的财产关系和人身关系在法律上的表现。根据民法调整的对象不同，民事法律关系相应的也有不同类别，如民事财产法律关系、民事人身法律关系等。

> **思考1：**
> 　　下列哪些情形在当事人之间构成民事法律关系，即在当事人之间产生民法上的权利义务关系。（BCD）
> A. 甲对乙说：我儿子如果考上重点大学，我一定请你喝酒
> B. 潘某在寻物启事中称，愿向送还失物者付酬金500元
> C. 孙某临终前在日记中写道：若离人世，愿将个人藏书赠与好友汪某
> D. 何某向一台自动售货机投币购买饮料

> **思考2：**
> 　　思考本案例所包含的法律关系。
> 　　某甲夜间驾驶汽车在公路上行驶，因事先饮酒过量，精神恍惚，汽车失去控制，将相向而行的路人乙撞死。
> 　　**解析：** 本案例包含三种法律关系，即民事、刑事及行政法律关系。第一，乙被撞死，乙的近亲属得以甲侵犯乙的生命权（人身权）为由主张损害赔偿，此时系民事案件，由民法调整。第二，甲违章驾车致乙死亡，甲构成交通肇事罪，得按照刑法相关规定追究其刑事责任，此时由刑法调整。第三，甲酒后驾车，违反《道路交通安全法》，得处以相应行政处罚，此时由行政法调整。

二、民事法律关系的构成要素

　　民事法律关系不是空洞的社会关系，它起码包括"谁"因为什么"对象"产生了怎样的法律上的"权利义务"。其中"谁"是该法律关系的主体；"对象"是该法律关系的指向即客体；"权利义务"即为该法律关系的具体内容。例如"张三拥有一套房屋"这一客观事实，就在张三和世界上其他所有人之间就"房屋"产生所有权法律关系。该法律关系的主体是张三和世界上其他所有人，其中张三是权利人，权利内容为拥有对房屋的所有权，可以占有、使用、处分和收取房屋收益；其他所有人都是义务人，义务内容为不得侵夺张三房屋或者妨碍张三行使所有权。二者权利义务的指向是"房屋"，构成该法律关系的客体。综上，民事法律关系包含三要素：主体、客体和内容。民事法律关系的主体，简称民事主体，是指参加民事法律关系的人。在我国，民事主体包括自然人、法人、其他组织和国家等。民事法律关系的内容主要包括民事主体所享有的权利、负担的义务，它是民事法律关系的核心要素。民事法律关系的客体指民事权利和民事义务所指向的对象，若民事权利和民事义务没有具体的对象，就将成为无法落实、毫无意义的东西。

三、民事法律事实

（一）什么是民事法律事实

民事法律事实，是民法的基本概念，指民法认可的能够引起民事法律关系产生、变更和消灭的客观现象。并非所有的客观现象都是民事法律事实，都能引起民事法律关系的产生、变更、消灭，只有为民法规范规定或承认并能产生民事后果的那些事实才能成为民事法律事实。法律事实出现时，产生如下法律后果：

第一，引起民事法律关系的产生。例如胎儿出生，引起人身权、继承权发生；结婚导致配偶权、继承权发生。

第二，引起民事法律关系的变更。例如双方合同显失公平时，法院判决变更。

第三，引起民事法律关系消灭，使主体之间的权利义务不再存在。例如人死亡，导致其人身权终止，继承权产生。委托人撤销对其代理律师的委托，委托关系终止。

（二）民事法律事实的分类

根据是否与当事人的意志有关，法律事实可以分为事件和行为两大类。事件是指与当事人的意志无关，能够引起民事法律后果的客观现象。如胎儿出生、人的死亡、时间经过、自然灾害以及意外事件等。如时间经过可能导致权利过诉讼时效、自然灾害导致合同不能履行，但是不用承担违约责任。

行为是指是指当事人的有意识的活动。包括事实行为和表意行为，前者指人的行为一经作出，即直接根据法律规定产生相应后果，而不问当事人内心意愿如何。例如当事人创作小说即产生著作权，而不问创作行为的本意是娱乐还是产生经济利益；同样，只要拾得遗失物，不论当事人是否愿意返还，法律都规定其负有返还义务；类似地，只要一个人有侵权行为即要承担侵权责任，而不问其侵权本意是否想得到不法利益。而表意行为，顾名思义，即行为人必须对外表示其意思，并按照其意愿追求相应法律后果。如：缔结合同、订立遗嘱等。

简单地说，事实行为的法律后果是"法定"，而表意行为的后果是当事人"意定"。

案例分析

> 甲承包本村水库，用来养殖大量鱼苗，一年夏天，连降暴雨，甲承包的水库蓄洪功能有限，最终被水冲垮。甲水库中放养长大的成鱼全部顺水而下，流入下流乙承包的邻村水库中，甲于是要求乙返还自己水库中流入乙水库中的全部成鱼，乙认为该部分成鱼是自己流入其承包的水库中的，自己没有做任何违法侵权之事，拒绝返还。为此双方发生纠纷，经两村干部调解不成，甲将乙诉至该县人民法院。你认为本案应该如何处理？为什么？
>
> **解析**：在本案例中，因为连降暴雨，甲承包水库中的成鱼流入乙承包的水库中，产生了乙的受益行为，对甲而言这是与其自身行为无关的他方当事人行为，这属于民事法律事实中的事件，该事件与《民法通则》第92条（不当得利的规定）结合产生民事法律关系，引起甲、乙之间财产关系的变化，构成民法上的不当得利之债。因此，乙应该返还甲因此受到的损失。

第四节 自 然 人

接下来，从本节开始，我们要对民法这本最精妙、最严谨的"权利圣经"的主人翁展开了解，即了解民法保护谁（权利主体有哪些），这些人在现实生活中有着各种什么样的形态，如果更深入一步，了解法律把我们的主角划分为不同形态的社会原因。总的说来，受民法保护的"人"包括自然人、法人以及其他组织。我们会在下面的内容中一一予以介绍。

一、自然人含义

自然人即生物学意义上的人，是基于出生而取得民事主体资格的人。其外延包括本国公民、外国公民和无国籍人。"自然人"概念和"法人"概念相对，因为民法上的人并不限于生物意义上的人，法律可以赋予无生命的社会组织以法人资格，使其也成为独立的民事主体。至此，我们在"人"前面加上"自然"二字，使其成为与法人相对称的民事主体。

值得一提的是，自然人与公民是两个不同概念。公民，是一个宪法概念，是指具有一国国籍的人。一个国家的公民当然都是自然人，但是在该国的自然人并不限于其国内的公民，还包括外国人和无国籍人。

> 《民法通则》第8条第2款规定："本法关于公民的规定，适用于在中华人民共和国领域内的外国人、无国籍人，法律另有规定的除外。"

二、自然人的民事能力

所谓自然人的民事能力，指自然人在民法上具备什么样的资格，能独立开展什么行为，能享有什么权利。即权利资格和行为资格，前者我们称之为自然人的权利能力，后者我们称之为自然人的行为能力。在奴隶制国度里，奴隶虽然是自然人，但是却没有权利能力，不能成为权利主体，不能取得任何权利。它们像牲口一样被作为法律关系客体予以交易。所以我们有必要关注现代法律对自然人的权利能力的规定。同样根据经验，我们知道精神病人和很小的孩子不能从事大宗买卖，不能自主决定其权利义务。所以我们要关注自然人在不同状态下有什么样的行为能力。

（一）自然人的民事权利能力

自然人的民事权利能力，是指法律赋予自然人的享有民事权利、承担民事义务的资格。它是自然人参加民事法律关系，取得民事权利、承担民事义务的法律依据，也是自然人享有民事主体资格的标志。该能力始于出生，终于死亡。

（1）自然人的民事权利能力是自然人作为民事主体的资格。

若自然人缺乏此资格或者条件，就不能参加某种民事活动，也就不能为自己取得某项民事权利，承担某项民事义务。即不能成为民事法律关系的主体。

（2）自然人的民事权利能力包括享有民事权利和承担民事义务两方面的资格。

民法上，自然人通常既是民事权利的享有者，同时也是民事义务的承担者。没有只享有权利不承担义务的人，也没有只有义务不享有权利的人。所以，民事权利能力的科学含义应该是"民事权利义务能力"，但是为了体现民法的权利本位思想和表达习惯，我们一律称其为民事权利能力，但我们不能因此忽略权利主体的义务资格身份。

(3) 自然人的民事权利能力是法律赋予的，而不能根据个人意志取得。

自然人的主体资格（即权利能力）的赋予是由法律完成的，不同时代，法律赋予自然人不同的权利能力，如古罗马只赋予"家父"以完全的主体资格，而妻子或者"家子"只能参与有限的民事法律关系，取得的权利也非常有限。但是在文明时代的今天，法律无任何附加条件的赋予所有自然人（不论性别、年龄及健康状态）平等的主体资格，即平等地享有法律权利，履行法律义务。而这些，都不是当事人个人可以自己赋予的。

(4) 民事权利能力不同于民事权利。

权利能力只是讲取得权利的资格或曰可能性，但不意味着就实际取得权利；同时，每个人的权利能力平等，但是取得的具体民事权利却各不一样；此外，人的权利能力不能转让，但是很多民事权利却可以转让，例如房屋所有权。

> **思考：**
> 根据上面知识分析为什么人口买卖是违法的？分析为什么要求人跟狗道歉、要求人狗对桌而食是对人的人格尊严的侵犯？

(5) 自然人的民事权利能力始于出生，终于死亡。

> 《民法通则》第9条规定："公民从出生时起到死亡时止，具有民事权利能力，依法享有民事权利，承担民事义务。"

出生指胎儿顺利娩出，"出生的时间以户籍证明为准。没有户籍证明的，以医院出具的出生证明为准，没有户籍证明和医院证明的，参照其他有关证明认定"。据此，未出生的胎儿是不具有民事权利能力的，但是为了保护胎儿的利益，我国《继承法》第28条规定："遗产分割时，应当保留胎儿的继承份额。胎儿出生时是死体的，保留的份额按照法定继承办理。"

死亡包括生理死亡和宣告死亡。生理死亡也叫自然死亡，指的是自然人生理机能的绝对终止，生命归于绝对消灭，其中包括因病死亡、被害死亡，因意外事件而死亡和被依法剥夺生命权的死亡等。我国对于生理死亡的认定以心脏停止跳动为标准，所以脑死亡了的植物人依然享有生命，具备权利能力。宣告死亡是法院在特定情形下宣告某人在法律上死亡，从而终结其民事法律关系的法律活动，对此本书后文会有专门讲解。

死亡时间的认定一般以医院出具的死亡时间为准，相互有继承关系的几个人在同一事件中死亡，如不能确定死亡先后时间的，推定没有继承人的人先死亡；死亡人各自都有继承人的，如几个死亡人辈分不同，推定长辈先死亡；几个死亡辈分相同，推定同时死亡。

(二) 自然人的民事行为能力

民事行为能力，指自然人得以自己的行为取得权利，承担义务的能力。虽然婴儿是民事主体，具备权利能力，但是其行为能力却是欠缺的，即其不能凭借他自己的行为取得和保护自己的权利和承担义务，如缔结和履行合同。根据自然人的年龄和精神状态，法律将人的行为能力分为三类：

1. 完全民事行为能力

完全民事行为能力是指自然人能够通过自己的独立的行为取得民事权利和承担民事义务的能力。完全行为能力人包括两种：一是年满18周岁以上精神健康者；二是虽然未满18周岁，但是已经达到16周岁，并且以自己的劳动收入为主要生活来源的人，视为完全民事行为能力人。

2. 限制民事行为能力

限制民事行为能力是指自然人有部分民事行为能力，以自己的行为取得民事权利和承担民事义务的资格受到一定的限制。该类自然人只能进行与他的年龄、智力状况或者精神健康状况相适应的民事活动，不相适应的民事活动不能自主进行，否则无效。

> 《民法通则》第12条第1款规定："十周岁以上的未成年人是限制民事行为能力人，可以进行与他的年龄、智力相适应的民事活动；其他民事活动由他的法定代理人代理，或者征得他的法定代理人的同意。"
>
> 《民法通则》第13条第2款规定："不能完全辨认自己行为的精神病人是限制民事行为能力人，可以进行与他的精神健康状况相适应的民事活动；其他民事活动由他的法定代理人代理，或者征得他的法定代理人的同意。"

3. 无民事行为能力

无民事行为能力指完全不具备独立参与民事活动的能力。该类人参与民事活动只能通过其法定代理人进行。根据我国《民法通则》规定：不满10周岁的未成年人，以及不能辨认自己行为的精神病人属于无民事行为能力人。所谓不能辨认自己行为的人指"没有判断能力和自我保护能力，不知其行为后果的精神病人（包括痴呆症人）"。

值得注意的是，虽然无民事行为能力者实施的民事行为，限制民事行为能力人依法不能独立实施的民事行为，原则上不发生法律效力。但下列情况例外：

（1）社会公允的。例如，不满10周岁的未成年人买根冰棍、买支铅笔。

（2）事先征得法定代理人同意或者事后经法定代理人追认的。

（3）接受奖励、赠与、报酬。因为此类既不影响他人利益，也不损害无民事行为能力人和限制民事行为能力人的自身利益。

> 《民法通则若干意见》第6条规定："无民事行为能力人、限制民事行为能力人接受奖励、赠与、报酬，他人不得以行为人无民事行为能力、限制民事行为能力为由，主张以上行为无效。"

最后，就自然人行为能力的判定，未成年人根据其实际年龄直接判断即可；而精神病人则需要利害关系人向法院申请，由法院以宣告形式确定。法院首先判断该当事人是否为精神病人，其次判断其精神病的程度，即确定他为无民事行为能力者还是限制民事行为能力者。

思考题：
1. 取得权利是否必须以具备行为能力为前提？
2. 自然人为任何行为是否都要求必须具有行为能力？

三、自然人的监护制度

鉴于无民事行为能力人和限制民事行为能力人由于未成年或者精神有障碍，不能独立自主的取得并保护自身权利，也有可能缺乏自制侵害他人权利，所以法律创设了监护制度，即确定他人对未成年人和精神病人的人身、财产及其他合法权益进行监督和保护的一种民事法律制度。履行监督和保护职责的人，称为监护人；被监督、被保护的人，称为被监护人。

（一）监护人的设定

1. 未成年人监护人的设定——法定监护和指定监护

法定监护指是由法律直接规定而设置的监护。根据《民法通则》第16条的规定，未成年人的父母是未成年人的监护人。未成年人的父母已经死亡或者没有监护能力的，应由下列有监护能力的人担任监护人：①祖父母、外祖父母；②兄、姐；③与未成年人关系密切的、愿意承担监护责任，又经未成年人父、母的所在单位或者未成年人住所地的居民委员会、村民委员会同意的其他亲属和朋友。没有以上监护人的，由未成年人父、母的所在单位或者未成年人住所地的居民委员会、村民委员会或者民政部门担任监护人。

指定监护指没有法定监护人，或者对担任监护人有争议的，监护人由有关部门或人民法院指定而设置的监护。根据《民法通则》第16条的规定，对担任未成年人的监护人有争议的，由未成年人父、母的所在单位或者未成年人住所地的居民委员会、村民委员会在近亲属中指定。对指定不服提起诉讼的，由人民法院裁决。

2. 精神病人监护人的设定——法定监护和指定监护

（1）法定监护。根据《民法通则》第17条的规定，无民事行为能力或者限制民事行为能力的精神病人，应由下列人员担任监护人：①配偶；②父母；③成年子女；④其他近亲属；⑤与精神病人关系密切、愿意承担监护责任，又经精神病人的所在单位或者住所地的居民委员会、村民委员会同意的其他亲属和朋友。没有以上监护人的，应由精神病人的所在单位或者住所地的居民委员会、村民委员会或者民政部门担任监护人。

（2）指定监护。根据《民法通则》第 17 条的规定，对担任精神病人的监护人有争议的，由精神病人的所在单位或者住所地的居民委员会、村民委员会在近亲属中指定。对指定不服的，可向人民法院提起诉讼，由人民法院依法裁决。

需要注意的是，监护人的设置有顺序限制，只有在没有前一顺序监护人，或者前一顺序有监护资格的人无监护能力，或者前一顺序监护人对被监护人明显不利的，人民法院才可以根据对被监护人有利的原则，从后一顺序有监护资格的人中择优确定。被监护人有识别能力的，应视情况征求被监护人的意见。监护人可以是一人，也可以是同一顺序的数人。

> 《民法通则意见》12 条规定："民法通则中规定的近亲属，包括配偶、父母、子女、兄弟姐妹、外祖父母、孙子女、外孙子女。"

（二）监护人的职责及责任

> 《民法通则》第 18 条规定："监护人应当履行监护职责，保护被监护人的人身、财产及其他合法权益，除为被监护人的利益外，不得处理被监护人的财产。"

1. 监护人的主要职责

（1）保护被监护人的人身、财产及其他合法权益。

监护人应当保护被监护人人身方面的合法权益，主要包括被监护人的生命健康权、姓名权、肖像权、名誉权、荣誉权等。监护人为了被监护人的利益，可以合理利用或处分被监护人的财产。

（2）担任被监护人的法定代理人。

> 《民法通则》第 14 条规定："无民事行为能力人、限制民事行为能力人的监护人是他的法定代理人。"

被监护人可以进行与他的年龄、智力、精神健康状况相适应的民事活动，其他民事活动由他的法定代理人代理，或者征得他的法定代理人的同意。遭到侵害时，由其法定代理人代为参加民事诉讼。

（3）教育和照顾被监护人。

监护人应当教育被监护的未成年人，使他们在品德、智力、体质等方面全面发展。我国《义务教育法》第 11 条规定："父母或者其他监护人必须使适龄的子女或者被监护人按时入学，接受规定年限的义务教育。"监护人应当关心照顾被监护人的生活，使他们健康成长或者维持正常生活，不得虐待和遗弃被监护人。

> **思考：**
> 菲菲是一著名童星，收入颇丰，其父可否从菲菲财产中取出部分资助贫困山区儿童呢？

2. 监护责任

监护责任指监护人不履行或者不当履行其监护职责应承担的不利法律后果。需要承担责任的情形主要包括监护人侵害被监护人合法权益、被监护人致人损害以及特殊情况下的监护责任。

（1）监护人不履行监护职责，或者侵害了被监护人的合法权益的，其他有监护资格的人或者单位可以向人民法院起诉，要求监护人承担民事责任或者要求变更监护关系。人民法院可以根据有关人员或者有关单位的申请，撤销监护人的资格。

（2）被监护人致人损害的，监护人要承担民事责任，尽了监护职责的，可适当减轻其的责任。监护人在承担赔偿责任时，应首先从被监护人财产中支付赔偿金，不足部分，由监护人适当赔偿，但单位担任监护人的除外（即单位担任监护人的，单位不承担民事责任）。

（3）父母离婚后的责任分担。

夫妻离婚不影响双方的监护职责，离婚后未成年子女侵害他人权益的，同该子女共同生活的一方应当承担民事责任；如果独立承担民事责任确有困难的，可以责令未与该子女共同生活的一方共同承担民事责任。

（4）委托监护时的责任承担。

监护人可以将监护职责部分或者全部委托给他人。因被监护人的侵权行为需要承担民事责任的，应当由监护人承担，但另有约定的除外；被委托人确有过错的，承担相应的民事责任。

（5）监护人不明时的责任承担。

被监护人造成他人损害时，监护人明确的，由监护人承担民事责任；监护人不明确的，由顺序在前的有监护能力的人承担民事责任。

（6）被监护人在学校或者医疗机构致人损害或者遭受损害的民事责任。

在幼儿园、学校生活、学习的无民事行为能力人或者在精神病院治疗的精神病人，受到伤害或者给他人造成损害，单位有过错的，可以责令这些单位适当给予赔偿。没有过错的，仍然由其监护人承担责任。

> **思考**
>
> 甲乙为夫妻，有一子丙12岁，甲乙离异，丙随母乙生活。一天，丙致小朋友丁伤害，花去医疗费8万元。经查：
> 题A：乙有个人财产20万元，甲有个人财产200万元。
> 题B：乙有个人财产7万元，甲有个人财产200万元。
> 题C：乙有个人财产1万元，甲有个人财产200万元。
> 问：以上三种情形下，甲乙如何承担上述8万元的赔偿金？

（三）监护的终止

监护关系可因为下列事项终止：

（1）对于未成年人的监护，自被监护人成年之日起，监护关系自然终止。

（2）对于精神病人的监护，只有当精神病人痊愈，由人民法院作出撤销其监护的裁决时，监护关系才能终止。

（3）监护人不宜继续担任监护人或者监护人不履行监护职责，人民法院可以根据有关人员或者有关单位的申请，经查明事实，撤销监护人资格，监护关系终止。

（4）监护人或被监护人一方死亡或者监护人成为无民事行为能力人或限制民事行为能力人，监护关系终止。

四、宣告失踪和宣告死亡制度

故事里，某穷书生上京赶考竟一去杳无音信，妻子王妹妹住破窑养幼子，苦等十几载却不见故人还。王妹妹终究韶华不再，人生凋敝，恨只恨自己生错了时代。如果她生在今日之中国，即可在等待数年之后向法院宣告负心人死亡，从而结束婚姻关系另觅新生活所在。宣告失踪和宣告死亡制度正是针对现实生活中，有人失去音信导致其利害关系人权利义务持续处于悬而未决状态而设计的。

（一）宣告失踪

1. 宣告失踪的含义

宣告失踪是指自然人离开自己的住所，下落不明达到法定期限，经利害关系人申请，由人民法院宣告其为失踪人的法律制度。它是人民法院在法律上以推定方式确认自然人失踪的事实，结束失踪人财产无人管理、所负担的义务得不到履行的不正常状态，从而维护自然人的合法权益和社会经济秩序稳定的重要制度。

2. 宣告失踪的条件

在我国，依据《民法通则》第20条的规定，宣告自然人失踪须具备以下条件：

（1）须有自然人下落不明满2年的事实。其中下落不明的时间应从最后获得该自然人消息之日起计算，战争期间下落不明的时间应从战争结束之日起计算。

（2）须由利害关系人向人民法院提出申请。利害关系人则包括被申请宣告失踪的人的配偶、父母、子女、兄弟姐妹、祖父母、外祖父母、孙子女、外孙子女以及其他与被申请人有民事权利义务关系的人，如自然人的债权人和债务人。

（3）须由人民法院依照法定程序宣告。法院宣告自然人失踪前必须对受理案件予以公告，根据《民事诉讼法》的规定，公告期为3个月。

3. 宣告失踪的法律后果

自然人被宣告失踪后，其民事主体资格仍然存在，因而不发生继承，也不改变与其人身有关的民事法律关系。宣告失踪所产生的法律后果主要是为失踪人设立财产代管人。由其代为行使财产方面的权利，履行相关义务。"被宣告失踪的人重新出现或者确知他的下落，经本人或者利害关系人申请，人民法院应当撤销对他的失踪宣告。"

（二）宣告死亡

1. 宣告死亡的含义

宣告死亡，是指自然人离开自己的住所，下落不明达到法定期限，经利害关系人申请，由人民法院宣告其死亡的法律制度。

2. 宣告死亡的条件

在我国，宣告自然人死亡须具备以下条件：

（1）自然人下落不明须达到法定的期间。

一般情况下，自然人离开住所下落不明满4年的；或因意外事故下落不明，从事故发生之日起满2年的；或者因意外事故下落不明，经有关机关证明不可能生还的（如美国2001年"9.11"事件）。利害关系人可以申请宣告他死亡。战争期间下落不明的，申请宣告死亡的失踪期间适用4年的规定。

（2）须有利害关系人的申请。

不同于申请宣告失踪，申请宣告死亡的利害关系人有顺序要求，即前一序位的人不申请，后一序位的人不得申请。根据《民法通则意见》规定，其顺序为：①配偶；②父母、子女；③兄弟、姐妹、祖父母、外祖父母、孙子女、外孙子女；④其他有民事权利义务关系的人。但申请撤销死亡宣告则不受上述顺序限制。同一顺序的利害关系人，有的申请宣告死亡，有的不同意宣告死亡，则应当宣告死亡。

（3）须由人民法院进行宣告。

宣告死亡的案件只能由人民法院审理，其他任何单位和个人都无权宣告自然人死亡。人民法院受理宣告死亡的案件后，须发出寻找失踪人的公告。死亡宣告的公告期间为1年，因意外事故下落不明，经有关机关证明不可能生还的公告期为3个月。公告期间届满仍不能确定失踪人尚生存的，人民法院才能依法对其做出死亡宣告。人民法院发出寻找失踪人的公告的期间，不包括在被宣告死亡的自然人下落不明所须达到的法定期间之内。在我国，被宣告死亡的人，宣告判决之日为其死亡的日期。

3. 宣告死亡的法律后果

（1）被宣告死亡人丧失民事主体资格。

（2）婚姻关系自然解除。

> 《民法通则意见》第36条规定："被宣告死亡的人与配偶的婚姻关系，自死亡宣告之日起消灭。死亡宣告被人民法院撤销时，其配偶尚未再婚的，夫妻关系从撤销死亡宣告之日起自行恢复；其配偶再婚以及再婚后又离婚或者再婚后配偶又死亡的，则不得认定夫妻关系自行恢复。"

（3）个人合法财产变成遗产开始发生继承。

（4）夫妻的另一方可以自己决定送养子女给他人。

> 《民法通则意见》第37条规定："被宣告死亡的人在被宣告死亡期间，其子女被他人依法收养，被宣告死亡的人在死亡宣告被撤销后，仅以未经本人同意而主张收养关系无效的，一般不应准许，但收养人和被收养人同意的除外。"

值得说明的是，被宣告死亡人可能实际并未死亡，或者自然死亡时间与宣告死亡时间不一致。此时，死亡宣告判决所引起的法律后果仍然有效；但是，如果该后果与该人自然死亡前所实施的民事法律行为相抵触，则以后者为准。

> **案例思考[1]:**
> 　　甲被宣告死亡,日期为 2002 年 3 月 1 日。3 月 15 日遗产被妻子乙、子女丙等共 5 名第一顺序继承人分割完毕。经查,甲实际上是 2002 年 4 月 1 日死亡的,并曾于 2002 年 3 月 20 日自书遗嘱,规定遗产留给其丙。
> 问:1. 甲与妻乙的婚姻关系是否自然解除?甲的遗产该如何处理?
> 　　2. 假设本案中甲未立遗嘱,但在 2002 年 3 月 1 日至 4 月 1 之间经商又赚了 6 万元,则谁为这 6 万元遗产的继承人?
> 答案:1. 婚姻自然解除;遗产只能给其子丙,其余 4 名继承人应将分得的遗产返还给丙。
> 　　2. 4 个子女为这 6 万元的继承人,原妻已不是。

第五节　法　人

凭经验,我们知道社会生活中不只自然人之间相互往来,我们每天还和学校、医院、政府机关、公司等组织打交道,这些组织的法律性质如何,他们是如何建构的,谁代表这些组织行事,这些组织的权利义务及责任如何分配。这是本节我们将要学习的"法人"制度。

一、法人概貌

(一) 什么是法人

法人,简单地说就是法律拟制的"人",是指根据法律规定取得独立民事主体资格,有自己独立财产、能独立承担民事责任的组织体。这种组织既可以是人的结合团体,如法学会、公司等;也可以是依特殊目的所组织的财产集合,如寺庙、宋庆龄基金会等。

值得注意的是,实践中并非所有组织都是法人,还有一些非法人类的组织,如后面要讲的合伙组织、法人的无独立地位的分支机构等。识别法人和非法人的关键在于把握法人的内涵。

(1) 法人是有独立人格的组织体。这是其区别于自然人主体的显著特征。一个自然人投资设立一公司,该一人公司依然是独立法人,是不同于其自然人股东的组织体。

(2) 法人必须有自己独立财产。不同于自然人取得主体资格无任何条件限制(有生命即可),组织要成为法人,必须有自己独立财产。无财产即无人格,财产用尽则人格终止,这是组织体取得独立人格的前提,也是能独立承担责任的基础。所谓独立的财产就是独立于其投资人、设立人或者捐赠人的个人财产,法人享有对其名下财产的独立所有权,可以在其目的范围内自由安排。无论是法人的出资人对法人的出资还是法人经营积累的财产都归法人所有,而非其设立人所有。

(3) 法人能独立承担责任。这是我国法人独立人格和独立财产的自然逻辑结果。法人独立责任意味着,法人的债权人只能向法人主张债权而不能向法人的组成人员(即出资人)主张该债权,也即法人的组成人员对法人的债权人不承担任何责任。若法人没有足够财产独立承担责任,法人就解散(主体条件因为缺乏财产丧失),债权人只能无奈承担对方不能履

---

[1] 引自李建伟编著:《民法 60 讲》,人民法院出版社 2009 年版,第 59 页。

行债务的不利后果。

法人的独立人格、独立财产及独立责任是其区别非法人组织体的核心特征,当不能独立承担责任的非法人组织对外负债超过自己清偿能力的,债权人可以要求该组织成员清偿,因为该组织没有独立人格(人格跟其成员混同)、无独立财产(财产混同),自然不能独立承担责任(故其成员要连带承担责任)。

(4)法人能够以自己的名义参加民事活动。作为独立主体,以自己名义而非成员名义对外开展民事活动应当不难理解。这也是我们跟公司,而不是跟公司股东,也非公司经理个人形成权利义务关系的原因。

> **思考1:**
> 如果你是债权人,你是愿意和法人型企业发生交易还是和非法人型企业发生交易?和他们交易各有什么利弊?

> **思考2:**
> 如果你是投资人,你是愿意投资法人型企业还是非法人型企业,二者各有什么利弊?

(二)法人的类型(如下图所示)

(1)以法人设立的目的及所依据的法律不同,可以将法人区分为公法人和私法人。依据公法所设立的行使公权力的法人为公法人。国家管理机关是典型的公法人,如政府、法院及公安局等。追求私人目的及利益,依据私法所设立的法人为私法人,如公司、妇联等。

(2)以法人成立的基础为标准,可以把私法人分为社团法人和财团法人。社团法人是以人的组合作为法人成立基础的私法人,例如各种公司、合作社、各种协会、学会等。财团法人是以一定的目的财产作为成立基础的私法人,主要是各种基金会、寺庙等。

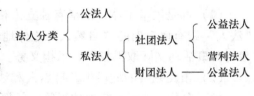

(3)以法人的设立目的为标准,可将私法人区分为公益法人和营利法人。以营利为目的所设立的法人是营利法人,以公共利益为其目的事业的为公益法人。所谓营利,是指进行连续性的经营,并将该利益分配给成员。仅仅营利而不能将利益分配给出资人的法人,不能称为营利法人。

> **思考:**
> 社团法人是否均为营利法人,财团法人是否均为公益法人?

(4)我国《民法通则》规定的法人分类:企业法人、机关法人、事业单位法人、社会团体法人。

企业法人是从事商品生产经营活动,以赚取利润、创造社会财富或社会积累为目的,实行经济核算制的法人。企业法人根据所有制性质,可以分为全民所有制企业法人、集体所有制企业法人、私营企业法人、中外合资经营企业法人以及外资企业法人;根据企业的设立依据是否为《公司法》及组织形式分为公司制企业法人和非公司制企业法人。

机关法人是指从中央到地方的具备法人的条件的各级各类国家机关。机关法人按照法律的规定设立,行使国家立法权、行政权、审判权及监督权。机关法人按经济预算从国家财政或者地方财政取得活动经费,并以此作为承担民事责任的物质基础。

事业单位法人是指依法设立,具备法人条件的,从事文化、教育、卫生、体育、科学技术等公益事业的社会组织,如学校、医院等。事业单位法人多是由政府以行政命令的方式设立,其活动经费及责任财产也主要是从国家财政或者地方财政中获取。

社会团体法人,是指人民群众根据宪法赋予的结社自由,按照法律规定的程序自愿组织起来进行非生产经营活动的一类社会组织。如工会、妇联、学联、作家协会及各类财团(捐赠)法人如李连杰壹基金等。

> **思考:**
> 社团法人与社会团体法人的联系与区别。

二、法人与自然人

法人与自然人均是我国《民法通则》承认的"人",是我国"权利圣经"的主人翁,民法的所有制度都是围绕二者取得、行使和保护权利进行。二者有诸多共性及区别。

(一)法人与自然人的共性

(1)都是民事主体,都享有独立人格。在作为"人"的法律资格问题上,没有血肉的"法人"跟有血有肉的"自然人"主体地位没有任何不同。他们都具有民事权利能力,都能参与民事活动实际取得权利,承担义务。

(2)市民社会的城堡中,自然人和法人两类民事主体怀揣各自的权利与财产,穿梭往来,相互交易。二者法律地位平等,任何一方均不得命令强制他方。

(3)二者在财产权利的取得及保护上地位平等,例如对房屋的所有权,法律不会因所有权人是自然人还是法人而有任何不同。

(二)法人与自然人的区别

(1)法人是组织体,自然人是血肉体。法人作为"人"是法律为了特定目的拟制的产物。

(2)法人权利能力不同于自然人的权利能力。首先二者权利能力起止时间不一样,自然人始于出生终于死亡,属于民事法律事实的"事件",不依人的意志为转移。法人权利能力则始与设立,终于撤销或者解散。设立与解散属于民事法律的"人的行为"。其次,法人不具有自然人生命体所享有的一些权利能力,如不得结婚、继承,不享有生命权等。再次,所有自然人的权利能力平等,但是不同法人因其设立目的的不同仅得在其各自业务范围内做事。

(3)二者在财产权利的取得及保护上地位平等,例如对房屋的所有权,法律不会因所有权人是自然人还是法人而有任何不同。

三、法人的构成要素

> 名称——住所——机构——财产——章程——依法设立（登记）

法人得成为法律上的"人"，必须满足法人的构成条件，根据我国相关规定，法人必须包含下列要素：

（1）名称。名称是法人的脸谱，如同自然人的姓名一样，名称是法人表彰身份，参与社会活动的基础。

（2）住所。住所是法人的立足地，是法人的根基。民事主体的住所在法律上有重要意义，其是法律文书送达地、诉讼管辖确定地等。自然人的住所是其户籍所在地，经常居住地与住所不一致的，经常居住地视为住所。法人一般以其登记地或者主要办事机构所在地为住所。

（3）组织机构。组织机构是法人的骨骼，没有机构的法人如同没有骨骼架构的人体。法人作为组织体，只能依靠其组织机构具体地开展民事活动。法人组织机构包括意思机关、执行机关、监督机关及代表机关。意思机关是法人的权力机关，决定法人的重大事项；执行机关负责执行意思机关的决策；监督机关监督执行机关的执行行为；代表机关对外代表法人，如学校校长、公司法定代表人代表公司缔结合同、起诉应诉等。这些机关的行为就是法人自己的行为，法人对其机关的民事行为承担自己责任。

（4）财产。财产是法人的血液，没有血液或者供血不足，法人生命即会消亡。企业法人财产源于出资人的出资；社会团体财产源于会员的会费或者捐赠；机关法人和事业单位法人的财产源于国家拨款。不管是什么类型的法人，都必须有相应的财产作为其独立人格和独立责任的基础。

（5）章程。章程是法人的大脑，法人的一切行为都要听从它的指令，在它安排下实现既定目的。国家有宪法，法人有章程，法人以及法人的各机关均须按照章程规定的目的、业务范围及运行模式行事。章程体现了法人的生存意义及行为方式，如果法律上的法人是看不见摸不着的话，章程则是法人的有形载体。例如公司必须按照章程规定的内容出资、设立和运转组织机构，按照章程规定解散公司、分配公司盈利等；基金会则必须为实现章程规定的目的努力。

（6）依法设立（登记）。我国对法人大多规定了登记成立制度，登记程序就像国家颁布的"准生证"，没有准生证，即便法人的大脑、骨骼等都已长成，法人依然难以从母体中娩出，或者虽然娩出，但是有人格瑕疵。

四、法人的民事责任

> 《民法通则》第43条：企业法人对它的法定代表人和其他工作人员的经营活动，承担民事责任。

现代社会，我们每天不断地和大量法人形成交易或者被法人侵害权利，此时，我们该找谁承担什么样的责任以及如何承担责任便是个非常实务的问题。具体说来，法人承担责任包括两种情形：一是对它组织机构的行为承担自己责任；二是对它的工作人员的职务行为承担使用人责任。

（一）法人的自己责任

所谓自己责任，即是法人对它组织机构的行为承担法律责任。法人组织机构没有独立地位，组织机构行为即是法人行为，二者人格合一。例如公司意思机构股东会的决议违法，公司自然要承担违法后果。又如公司代表人对外代表公司缔结合同，即便超越经营范围，公司也要承担合同后果等。这是民法上"每个人须对其行为负责"的自然结果。法人在对外承担责任后，对内可以向违反其"大脑"——章程给公司造成损害的机构担当人追偿。

（二）法人的使用人责任

众所周知，法人除了其组织机构之外，还有众多不构成组织机构成员的工作人员，如公司营业员、业务员及司机等。法人对它的工作人员的职务行为依然要承担法律责任，如必须履行其业务员在职务范围内缔结的合同，承担司机工作中致人伤害的赔偿责任等。此时，法人承担的责任为使用人责任。须强调的是法人只对工作人员的职务行为承担责任，工作人员的私人事务由工作人员自己承担，法人概不负责。同样，法人在对外承担责任后，可以根据法律规定以及法人与工作人员的相关合同（如劳务合同）予以追偿。

案例分析

甲乙共同出资设立一运输公司，其中甲出资现金10万元，乙出资价值6万元的货车一辆。公司任命甲为法定代表人兼公司总经理，主要对外拓展业务。乙作为出资人同时兼任公司司机。根据公司章程规定，甲对外签署金额为5万元以上的合同时必须征得乙书面同意。一年后，公司因经营管理不善向张三负债20万元，而自有财产仅仅10万元。请根据案情回答下列问题：

1. 甲乙出资后，10万元现金和货车应归谁所有？
2. 张三在公司用10万元清偿债务后，余下10万元能否要求甲乙按出资比例清偿？
3. 公司在用所有财产清偿张三债务后，其人格还有无继续存在的正当性？
4. 若甲未征得乙同意，擅自代表公司与他人缔结了一份金额为8万元的运输合同。乙能否以此为由主张合同无效，拒绝履行。
5. 若甲在考察市场时发现大蒜行情看好，于是代表公司与他人签订了一份大蒜购买合同，问公司可否以甲的行为超越公司经营范围为由拒绝履行合同？
6. 若公司履行了大蒜购买合同后，大蒜价格却猛跌导致公司巨额亏损。此项损失该由谁承担？
7. 若乙在工作中违章驾驶，碾伤路人张三。张三的损失由谁承担？

解析 1. 甲乙的出资构成公司的独立财产。甲乙丧失财产所有权，取得股权。

2. 不能。公司是法人，对自己债务独立承担责任。股东不对公司债务负责。本案债权人张三损失10万元得不到清偿。

3. 法人没有财产即没有人格，公司在用全部财产清偿债务后必须申请注销，终止其人格。因此，公司在没有任何财产的情况下已失去继续存在的正当理由。

4. 不能。甲作为公司代表机关，对外代表公司。他的行为即是公司行为。乙可以以甲违反章程为由追究甲相关责任。

> 5. 不能。理由同上。公司机关的行为即公司的行为，超越经营范围只是违反章程，除非合同违反法律的强制性规定，否则均须履行。
> 6. 追究甲违反章程给公司带来损害的赔偿责任
> 7. 由公司承担，因为法人须对其工作人员的职务行为承担民事责任。

第六节 个体工商户、农村承包经营户与个人合伙

不难发现，现实生活中除了单纯的自然人和法人之外，我们还知道有个体工商户（如农贸市场个体摊贩）、农村承包经营户以及几人合伙的简单组织存在。需要注意的是，这些人并非一类新的民事主体，个体工商户和农村承包经营户属于自然人的变体，被规定在《民法通则》自然人章节中；合伙则包括自然人之间的个人合伙或者法人之间的联营，同样是自然人和法人这两类民事主体的衍生，《民法通则》也是将这两种合伙分别规定在"公民"和"法人"两章中。鉴于合伙企业有《合伙企业法》专门调整，且理论界对其性质还没有明确统一的认定，本节只介绍民法通则所规定的个人合伙。

一、个体工商户

自然人在法律允许的范围内，依法经核准登记，从事工商业经营的，为个体工商户。个体工商户经当地工商行政管理机关核准登记，领取营业执照后方为成立。

个体工商户并非一类独立的民事主体，而是包含在自然人这种民事主体中。

个人经营的个体工商户，以全部个人财产承担无限清偿责任，而不是以全部家庭财产对其债务承担责任。他的债权人只能就经营者的个人财产提出债权请求。家庭经营的个体工商户，应以家庭共有财产来承担清偿责任。

二、农村承包经营户

农村承包经营户，是指以户为单位的农村集体经济组织的成员，在法律允许的范围内，按照农村土地承包合同规定从事土地耕作和相关经营的自然人民事主体。

农村承包经营户与个体工商户一样，都是包含在自然人这种民事主体中。

以个人名义承包经营的，应以个人财产承担无限责任；以家庭名义承包经营的，应以家庭共有财产承担无限责任。虽然以个人名义承包经营，却由其他家庭成员从事生产，或其经营收益为家庭成员分享，这种情况应视为家庭承包经营，对其债务应以家庭共有财产承担无限责任。

三、个人合伙

（一）个人合伙的含义

个人合伙指两个以上的自然人相互约定共同出资、共同经营、共享利益、共担风险的一种协议。它具有下列特征：

（1）个人合伙首先是作为合同而存在的。
（2）合伙的关键在于合伙人共享利益与共担风险。
（3）至少有一个合伙人对合伙组织的债务承担无限连带责任。

(4) 承担无限连带责任的各合伙人均有权参与合伙组织的经营管理活动。
(5) 合伙不是法人因此没有独立的财产权，其财产为全体合伙人共有。

（二）个人合伙与合伙企业的区别

(1) 是否必须签订书面协议不同。合伙企业必须签订书面合伙协议；个人合伙可以签订书面协议也可以不签订书面协议。

(2) 是否必须经过登记不同。合伙企业作为企业必须经过注册登记才能成立，而个人合伙可以登记也可以不登记。

(3) 是否必须有名称不同。合伙企业作为主体必须有名称，而个人合伙可以起字号也可以不起字号。

(4) 在财产归属上也有所不同。合伙企业的财产无论是合伙人投入的还是合伙企业经营积累的财产均归全体合伙人共有；而个人合伙只有经营积累的财产才归全体合伙人共有。

(5) 目的事业有所不同。合伙企业作为企业只能以营利为目的而进行经营活动，而个人合伙则可以基于任何合法目的而成立。

> **思考：**
> 个人合伙与法人有哪些区别？

第七节　民事行为

黑恶势力下交易合同的效力该如何认定？

大陆法系区别于英美法系，其特点之一就是其精妙的成文法逻辑结构和对社会生活高超的抽象归类能力，这样的能力体现在民事法律行为制度上，尤其让人叹为观止。大陆法系民法正是通过民事法律行为制度来贯穿整个民法体系，使得法条丰富，思想浩瀚的民法得以前后相承，一脉相通。"民事行为"这一概念是我国民法创造，也被很多学者诟病。虽然体系和概念外延上有所不同，但同样体现了大陆法系民事法律行为制度的思想精神。

一、什么是"民事行为"

通过下图所示结构图可知，构成民事法律事实之一的"行为"分两大类：一大类是事实行为，此类行为虽然也包含了人的意志，但是当事人却不需要对外表达其意志，或者法律不问其意思如何，直接规定其权利义务。如拾得遗失物，不管当事人是否对外宣告，也不管其真实意思是归还还是据为己有，法律直接规定他有返还的义务；类似地，创作行为，不论作者是否告知社会大众，也不论其创造目的是为了个人欣赏、发泄情绪还是为了取得著作权谋取经济利益，法律皆直接规定其创作完成即享有著作权。

生活中除了这类行为之外，我们还会发现通知、传达信息、缔结合同、结婚、遗嘱以及收养等需要当事人表达意思的行为，这类行为我们称之为表意行为。排除通知、传达信息等没有法律意义的单纯意思传达行为之外，表意行为还包括当事人表达其意思并愿意按照其意思形成、变更或者终止当事人间权利义务关系的行为，即民事行为。如甲男向乙女求婚，在二者间形成夫妻关系；又如甲向乙请求变更他们之间显失公平的合同关系，或者甲向乙提出解除双方的合同关系。

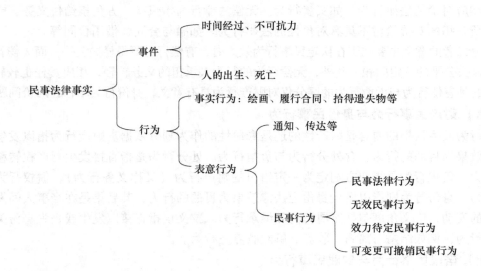

二、民事行为的分类

（一）单方民事行为、多方民事行为

以民事行为的成立所需意思表示的数量为标准，可以把民事行为区分为单方民事行为和多方民事行为。单方民事行为，又称一方行为、单独行为，是指根据一项意思表示就可成立的民事行为，如遗嘱、悬赏公告等。多方民事行为是指通常需要两项以上意思表示才可成立的民事行为。多方民事行为包括双方民事行为、共同行为和决议，如缔结合同、结婚及收养等。

（二）要式民事行为与不要式民事行为

以民事行为是否应当或者必须依据法律或行政法规采用特定的形式，可以把民事行为区分为要式行为和不要式行为。要式行为指依法律或行政法规的规定，应当或者必须采用特定形式的民事行为，如必须以书面方式、必须经登记或者公证等要求。不要式行为指法律或行政法规对其形式并无特别要求的民事行为，此类行为根据当事人意思即完成，大多数合同都是不要式行为。

（三）主民事行为与从民事行为

根据民事行为之间的相互依从关系为标准，可以把民事行为区分为主民事行为和从民事行为。主民事行为指不需要有其他民事行为的存在就可独立成立的民事行为，从民事行为指从属于其他民事行为而存在的民事行为。如抵押贷款行为，贷款行为是主民事行为，抵押行为是从民事行为，若无贷款或者贷款无效，抵押自然无独立存在的可能。

（四）单务民事行为与双务民事行为

以民事行为的内容是否使当事人双方都享有权利都承担义务为标准，可以将民事行为分为单务民事行为与双务民事行为。单务民事行为指一方只享有权利不承担义务，而另一方只承担义务不享有权利的行为,如赠与合同;双务民事行为则指双方均互负义务,均享有权利的行为,如买卖合同,一方义务是付钱,对方义务是交货。

(五) 有偿民事行为与无偿民事行为

此系以法律行为有无对价为标准,有偿法律行为是当事人一方享有利益,须向对方当事人支付相应对价的法律行为,如买卖行为。无偿法律行为指只有一方负担给付义务,或双方当事人所负担的对待给付不具有对价性的法律行为。如赠与合同、借用合同等。

区分二者的意义主要在于在认定民事行为效力时,有偿行为不得显失公平,而无偿行为则不存在显失公平的认定问题。此外,无偿行为的行为人承担的义务较轻,相应责任也较轻。值得一提的是有偿行为与无偿行为的区分仅对财产行为具有意义,身份行为不存在对价问题。

(六) 财产民事行为与身份民事行为

以行为发生效果的内容是财产性的还是身份性的作为划分依据。财产行为指以发生财产上法律效果为目的的行为,含处分行为与负担行为。处分行为是指直接发生财产权转移或消灭的行为;负担行为是指双方约定为一定给付的财产行为(又称义务行为),债权行为均为负担行为。身份行为则指以发生身份上法律效果为目的的行为,其后果是在当事人间发生身份关系的变动,广义角度包括亲属行为和继承行为。狭义仅指直接以发生或丧失身份关系为目的的行为,例如结婚、离婚、收养、解除收养等行为。

(七) 诺成民事行为与实践民事行为

根据法律行为成立要件的不同区分民事行为分为诺成行为与实践行为,诺成民事行为,指仅以意思表示一致为成立要件的法律行为,如收养行为。实践民事行为,又称要物行为,指除意思表示一致外,还须有一方当事人履行合同义务或交付标的物的行为才可成立的法律行为,如借用合同等。

(八) 民事法律行为、无效民事行为、效力待定民事行为以及可变更可撤销的民事行为

这是以民事行为的效力为划分依据,其中民事法律行为是合法有效的民事行为;无效民事行为是当事人的民事行为不发生其追求之法律后果的行为;效力待定行为则指民事行为成立后效力仍处于不确定状态,其生效与否有待第三人决定,第三人追认的行为有效,第三人否认的行为无效,如12岁小孩签订的房屋买卖合同效力有待其法定代理人确定;可变更可撤销民事行为指已成立的民事行为因为当事人意思表示有瑕疵或者显失公平,而允许特定当事人事后予以撤销或者变更的行为,只有在该当事人不申请变更或者撤销的情况下该民事行为才能生效。后三者皆是效力有瑕疵的民事行为,下文我们将对此一一介绍,此不赘述。

三、民事行为的成立及生效要件

民事行为的成立及生效既是一个重要的理论问题,也是一个重大的实务问题。民事行为的成立关注人的行为是否构成有法律意义的表意行为;生效则关注已经成立的民事行为是否能经受法律评价,能否实现当事人所追求的法律效果。已经成立的民事行为不一定必然生效,还存在附条件或者附期限生效的情形。此外,已成立的民事行为若不符合生效条件,则可能构成无效民事行为或者其他有瑕疵的行为。

(一) 民事行为的成立要件

(1) 必须有当事人。

（2）必须有意思表示。意思表示指表意人将其期望发生某种法律效果的内心意思以一定方式表现于外部的行为，如愿赠与某物与某人、愿将遗产留给国家等。

（3）必须有标的。法律行为的标的乃是指法律行为的内容，或者说是意思表示的内容。无目的无内容的胡言乱语自然没有任何法律意义。

除此一般要件外，还必须满足特定行为中法律要求的特别要件。如在双方民事行为或多方民事行为中，各方的意思表示必须一致，即形成合意；实践性民事行为，物之交付就是特殊要件，民事行为在交付完成前不成立；以及要式行为必须具备法定的形式等。

（二）民事行为的生效要件

依据《民法通则》第55条的规定，任何民事行为欲生效，从而成为民事法律行为，皆须符合如下一般有效要件。

1. 行为人具有相应的行为能力

民事行为是行为人追求预期法律效果的表意行为，故要求行为人必须有相应的行为能力，对自己的行为及后果有恰当的判断。否则，其民事行为可能无效或者效力待定。如没有相应意思能力（即不能明白其意思和行为的法律后果者）的5岁小孩和完全的精神病人缔结的合同就无效。

> **判断分析题：**
> 人的所有行为都有行为能力要求，对吗？

2. 当事人的意思表示真实一致

意思表示真实即要求当事人表示出来的意思是其内心的真实反映，而不是在欺诈、胁迫、重大误解或者乘人之危情形下作出的。欺诈指一方当事人故意告知对方虚假情况，或者故意隐瞒真实情况，诱使对方当事人作出错误意思表示。胁迫指给自然人及其亲属的生命健康、荣誉、名誉、财产等造成损害或者以给法人的荣誉、名誉、财产等造成损害为要挟，迫使对方作出违背真实的意思的表示。乘人之危则指一方当事人乘对方处于危难之机，为牟取不正当利益，迫使对方作出不真实的意思表示，严重损害对方利益。

3. 内容不违反法律或行政法规

赌博行为、人口贩卖行为以及毒品交易等行为即便当事人行为能力健全，买卖意思真实，也会因其违反法律或者行政法规不生法律效力。

（三）附条件及附期限的民事法律行为

一般来说，民事法律行为只要具备了成立要件即可能成立，并按照民法通则第57条的规定，从成立时起即生效，具有法律约束力。但在现实生活中，有的行为人希望自己所实施已成立的民事法律行为暂不生效，而在符合自己的某种特殊需要时再生效，或者希望已生效的民事法律行为在出现一定的情况时，便失效。因此，行为人在实施某个民事法律行为同时，又规定或约定一定的条件或期限对民事法律行为的效力进行限制，以约定的条件或期限的是否成就（或叫发生）作为确定民事法律行为的效力根据。从而就产生了附条件的民事法律行为和附期限的民事法律行为。

> 上图表达的是附条件的民事法律行为吗?

1. 附条件的民事法律行为

当事人为民事法律行为设定一定的条件,把设定的条件的是否成就,作为确定作为民事法律行为的效力发生或者消灭的前提,这种效力的发生与消灭取决于一定条件的民事法律行为,就是附条件的民事法律行为。

民事法律行为所附的条件,除法律有特别规定外,都由当事人自由决定。但应符合下列要件:

(1) 必须是将来发生的事实。

(2) 必须是能否发生尚不确定的事实。如果某一事实已确定将来必然发生,那么这只涉及时间早晚问题,该法律行为则只有附期限而不是附条件。如果某一事实已确定将来必然不会发生,那么等于没有附条件,该法律行为的效力在行为实施时即可确定,已无限制的必要。

(3) 应当是当事人自行协商选定而不是法定的事实。所附条件是当事人意思表示的一个有机组成部分,它是当事人意思表示一致的结果。对于法定的事实,如计划变更、不可抗力、继承人一死亡,保险合同中保险事故等,当事人已无必要重复约定。

(4) 必须是合法的事实。如许婚不能以索取财礼为条件。

(5) 所附的条件可以是延缓条件,也可以是解除条件。延缓条件,又叫生效条件,指民事法律行为确定的民事权利义务在所附条件成就时才发生法律效力的条件。这种条件的作用在于推迟民事法律行为的效力,故叫延缓条件。又因在条件成就以前,已确定的民事权利义务权利不能行使,义务也不必履行,权利义务处于停止的状态,故又叫作停止条件。解除条件,又称失效条件,指民事法律行为不确定的民事权利义务在所附条件成就时便失去法律效力的条件。这种附条件的民事法律行为,在条件成就前发生法律效力,只有所附条件成就时才失去效力。所以称解除条件。

(6) 当事人不得为了自己的利益以不正当手段恶意促使或阻碍所附条件的成就。而应当让作为所附条件的一定事实自然发展。否则发生与其意愿相反的效果。

2. 附期限的民事法律行为

为民事法律行为设定一定的期限,把期限的到来作为民事法律行为效力发生或消灭的前提，这种效力的发生与消灭取决于一定期限的民事法律行为，就是附期限的民事法律行为。包括附生效期限和解除期限的民事法律行为，与附条件不同，期限是必然到来和发生的。《民法通则若干意见》第76条规定："附期限的民法法律行为，在所附期限到来时生效或者解除。"

四、民事法律行为

> 《民法通则》第54条：民事法律行为是公民或者法人设立、变更、终止民事权利和民事义务的合法行为。

民事法律行为是指以意思表示为要素并按照该意思表示发生私法上效果的合法行为。它具有如下特征：

（1）民事法律行为属于合法民事行为。
（2）民事法律行为以意思表示为要素，因此属于表意行为，和事实行为相对。
（3）民事法律行为能够引起法律关系的发生、变更和消灭的法律效果。而且该法律效果跟当事人意愿一致。
（4）民事法律关系的究竟是发生、变更还是消灭取决于当事人的所表达的效果意思。

五、无效民事行为

> 现实中可能发生的五岁小孩签订的房屋买卖合同、人口贩卖协议及赌博协议等民事行为是否有效，该如何处理？为回答这些问题，我们必须掌握无效民事行为的相关规定。

无效民事行为指因欠缺民事行为的根本性生效要件，从而自始、当然、确定地不发生当事人所追求之法律效力的表意行为。

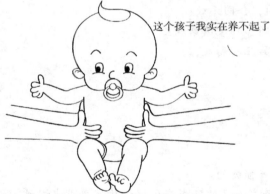
这个孩子我实在养不起了

（一）无效民事行为的特征

（1）无效民事行为因为违反法律规定，故不发生当事人追求的法律效果。

（2）无效民事行为虽不发生当事人追求的法律后果，但是可能导致其他后果。如枪支买卖合同因为违反法律的强制性规定而无效，双方依据合同所协商的权利不受保护，义务不得履行。但是双方可能因为缔结该无效合同受到法律处罚。所以无效民事行为并非指不生任何效力，而是指不生当事人所追求的行为内容效力。

（3）无效民事行为是当然、自始、确定地不生效力。无效民事行为多因为行为人没有相应行为能力或者行为内容违法而不生效力，故其无效的法律后果是法定的，肯定的，明确的。不以当事人同意、法院判决为条件。行为自作出之日起就确定地不生效力。

(二) 无效民事行为的类型

民事行为多因为两大原因无效,一是当事人缺乏相应行为能力:根据我国立法规定,无民事行为能力者所为民事行为无效;限制民事行为能力者从事的与其意思能力不相适应的行为无效,如11岁小孩子不得独自签订房屋买卖合同(其法定代理人追认的除外)。但是纯获利益的行为,不得以当事人欠缺行为能力为由主张行为无效。如张三将百万元财产赠予其5岁侄女的赠与合同仍然有效,张三即便反悔也不得以侄女为无民事行为能力人为由主张该合同无效。二是当事人之间的行为内容违反法律、行政法规,对他人及社会不利而无效。

就民事行为无效的具体原因,《民法通则》与《合同法》规定不同。

1. 《民法通则》规定的无效民事行为

> 《民法通则》第58条:下列民事行为无效:
> (一)无民事行为能力人实施的;
> (二)限制民事行为能力人依法不能独立实施的;
> (三)一方以欺诈、胁迫的手段或者乘人之危,使对方在违背真实意思的情况下所为的;
> (四)恶意串通,损害国家、集体或者第三人利益的;
> (五)违反法律或者社会公共利益的;
> (六)经济合同违反国家指令性计划的;
> (七)以合法形式掩盖非法目的的。
> 无效的民事行为,从行为开始起就没有法律约束力。

2. 《合同法》规定的无效合同

> 《合同法》第52条:有下列情形之一的,合同无效:
> (一)一方以欺诈、胁迫的手段订立合同,损害国家利益;
> (二)恶意串通,损害国家、集体或者第三人利益;
> (三)以合法形式掩盖非法目的;
> (四)损害社会公共利益;
> (五)违反法律、行政法规的强制性规定。
> 第53条 合同中的下列免责条款无效:
> (一)造成对方人身伤害的;
> (二)因故意或者重大过失造成对方财产损失的。
> 第54条 下列合同,当事人一方有权请求人民法院或者仲裁机构变更或者撤销:
> (一)因重大误解订立的;
> (二)在订立合同时显失公平的。
> 一方以欺诈、胁迫的手段或者乘人之危,使对方在违背真实意思的情况下订立的合同,受损害方有权请求人民法院或者仲裁机构变更或者撤销。
> 当事人请求变更的,人民法院或者仲裁机构不得撤销。

3. 《民法通则》与《合同法》相关规定的比较

比较上述立法规定，下列事项需要重点注意：

（1）《民法通则》将限制行为能力人依法不能独立实施的行为一律认定为无效民事行为，而《合同法》规定限制行为能力人订立的合同为效力待定合同，即如果其法定代理人追认，合同则有效，否则无效。

（2）《合同法》规定以欺诈、胁迫等手段订立的合同只有损害了国家利益的时候才为无效，损害非国家利益时合同为可变更、可撤销的合同。但是民法规定欺诈、胁迫情形下所为的民事行为一律无效。

（3）《合同法》取消了经济合同违反国家指令性计划的规定。

（4）就《合同法》与《民法通则》的适用关系，合同法有规定的优先适用合同法，合同法没有规定的，或者合同行为之外的其他民事行为适用《民法通则》。

> **思考题：**
> 1. 限制民事行为能力人实施的与其能力不相适应的单方民事行为是效力待定民事行为还是无效民事行为？
> 2. 欺诈、胁迫情况下签订的收养协议效力如何认定？

（三）无效民事行为的后果

无效法律行为并非指不发生任何法律效果，所谓无效乃是指不发生当事人所预期的效果，但是却发生以下后果：

（1）无须履行，也不得履行。

（2）已经履行的应当返还财产，即当事人因为无效的或被撤销的民事行为所取得的财产，应当返还给对方。

（3）赔偿损失，即有过错的当事人应当赔偿对方的损失，如果双方都有过错，按过错的程度分担损失。

（4）追缴财产，即双方恶意串通，实施民事行为损害国家的、集体的或第三人的利益的，应以追缴双方取得的财产（包括双方当事人已经取得和约定取得的财产），收归国家、集体或返还第三人。

六、可变更、可撤销的民事行为

（一）可变更、可撤销的民事行为的内涵

可变更、可撤销的民事行为指由于不完全具备民事行为的有效要件，但仍然暂时基于意思表示的内容发生法律效力，同时赋予一方当事人以变更、撤销权，如果当事人行使此权利，则民事行为将变更其效力或归于无效。如果当事人不行使此项权利，则民事行为原来的效力不变。它具有下列特征：

（1）该法律行为已经生效，但是相关当事人有请求法院变更或者撤销的权利。

（2）一方当事人享有的变更或者撤销请求权只能向法院或者仲裁机构提起，不得以通知方式向对方当事人径行作出。此外，该请求权有时间限制，《民法通则》司法解释要求当

事人必须在行为成立之日起一年内向法院提起请求,《合同法》规定具有撤销权的当事人自知道或者应当知道撤销事由之日起一年内没有行使撤销权的,撤销权消灭。

(3) 若有撤销权人行使其撤销权则该法律行为溯及自始无效,反之若不行使其撤销权则法律行为将确定自始有效。

(4) 可变更、可撤销法律行为的原因主要是当事人意思表示有瑕疵。

(二) 可变更、可撤销民事行为的类型

根据《民法通则》,重大误解的民事行为以及显失公平的民事行为是可变更可撤销的民事行为。《合同法》在此基础上增加规定了下列两类合同:一是因欺诈、胁迫而订立的不损害国家利益的合同;二是因乘人之危而订立的合同。

> 《民通意见》第71条:行为人因对行为的性质、对方当事人、标的物的品种、质量、规格和数量等的错误认识,使行为的后果与自己的意思相悖,并造成较大损失的,可以认定为重大误解。
>
> 《民通意见》第72条:一方当事人利用优势或者利用对方没有经验,致使双方的权利与义务明显违反公平、等价有偿原则的,可以认定为显失公平。

> **思考题:**
>
> 下列哪些民事行为是可变更可撤销民事行为?
> A. 张三误将家传民代古碗当作普通碗具以五元卖给了李四
> B. 张三将从李四处借来的电视卖给王五,李四得知后要求撤销张三与王五的买卖合同
> C. 张三允诺美女李四:"若你三年不结婚做我情人,三年后我赠予100万现金给你"
> D. 新疆之张三与重庆之李四签订了一"亚麻"买卖合同,但是事后双方始知二人所说的"亚麻"在新疆话和重庆话并不是同一物品
> E. 张三知道李四急需用钱且别无他法,于是压价从李四处以10万元购得一套价值18万的房子

七、效力待定民事行为

除了无效民事行为、可变更可撤销的民事行为外,现实中还有一类行为成立以后,效力尚不确定而有待第三人决断。如17岁少年私自签订的房屋买卖合同效力即需其法定代理人决定;又如借用人把借用物当作自己之物擅自出卖等,要明晰此类民事行为的效力,我们须对效力待定民事行为有所掌握。

(一) 什么是效力待定民事行为

效力待定的民事行为是指由于欠缺同意权人的事前同意,因此法律行为是否有效暂时不能确定,有待于该同意权人的追认,若该同意权人追认则法律行为确定生效,否则确定无效的表意行为。理解该类行为要注意几个关键问题:一是该行为已经成立;二是该行为是否生效还不能确定;三是该行为之所以是否生效不能确定其原因是欠缺了同意权人的同意;四是若同意权人同意则该行为确定有效,否则溯及自始无效。

（二）效力待定民事行为的类型

效力待定民事行为包括下列行为：

1. 无权处分行为

即无处分权人以自己名义对他人权利标的所为之处分行为，该行为若经有权利人同意，效力溯自处分之时起有效；若有权利人不同意，则效力确定为无效。前述借用人把借用的他人之物出卖，该出卖行为即为效力待定之无权处分行为。

2. 欠缺代理权的代理行为

代理权是指代理他人为民事行为，并由该他人承担行为后果的权利。如取得授权委托的律师即有代理委托人为诉讼行为的权利。若代理人没有代理权或者超越代理权范围而代理他人为民事行为，该行为即为欠缺代理权的效力待定行为，若被代理人追认，该行为始对被代理人发生效力，被代理人否认的，该行为对被代理人不生效力。如甲委托乙购买棉花，乙却为甲购回食盐，对乙擅自签署的食盐购买协议，甲追认的，才对甲发生效力，若甲不追认，则对其不生效力，该食盐购买协议的相关后果由乙自己承担。

3. 限制行为能力人所为的与其行为能力不相适应的民事行为

10周岁以上的未成年人或者不能完全辨认自己行为的精神病人是限制民事行为能力人，可以进行与他的年龄、智力及精神状况相适应的民事活动；其他民事活动由他的法定代理人代理，或者征得他的法定代理人的同意。该类人若擅自进行与其能力不相当的民事行为，其效力则需其法定代理人确认。但纯获利益的合同或者与其年龄、智力、精神健康状况相适应而订立的合同，不必经法定代理人追认。

4. 债权人同意之前的债务承担行为

债务承担是债的效力不变而由第三人承受债务的民事法律行为。由于债务承担的效果是更换债务人，而新债务人的清偿能力影响到债权人利益，故债务承担须经债权人同意始对债权人生效，在债权人同意之前，债务承担行为处于效力不确定状态。

思考题：

下列行为该如何定性。

1. 15岁少年阿甘自杀前自书遗嘱，将其个人财产50万元遗赠给小女朋友阿恬，该行为无效还是可以经由追认成为有效民事行为？
2. 旺财走失小狗一只，悬赏10万元招领，五岁小童来福送回小狗，旺财却以对方是无民事行为能力拒绝支付报酬，问旺财理由是否成立？
3. 9岁儿童阿聪完成一幅高水平绘画，问其能否不经其法定代理人同意取得该绘画的著作权？
4. 欠缺代理权的食盐购买协议，若被代理人拒绝追认，是否该食盐购买协议即为无效协议？

（三）效力待定民事行为的效果

效力待定民事行为发生之后，会产生如下后果。

（1）产生追认权：追认权性质上属形成权，由权利人单方意思表示决定。在无权处分中追认权归属于处分权人（所有权人）；在无权代理中追认权由被代理人享有；在限制行能力人订立合同的情形中追认权人是其法定代理人；在债权人同意之前的债务承担中追认权由债权人享有。

（2）产生催告权：效力待定之民事行为的相对人在知道行为有瑕疵后享有催告权，相对人可以确定一个追认权人追认的期限，该期限内追认权不追认或者不作任何表示的，该民事行为即不生效力。催告权的设置是为了使相对人的权利义务不因追认权人的拖延长期处于悬而未决的状态。

（3）产生撤销权：即效力待定行为的相对人在追认权人追认之前可单方撤销该效力待定民事行为的权利。此权利的赋予显然是为了使相对人在知道行为对方有瑕疵后能主动予以撤销，而不置于完全陷入由追认权人决定走势的被动局面。

案例分析

> 旺财今年17岁，是市体育队羽毛球员，文化课学习时常代表体育队参加比赛，每个月工资3 500元（本市平均工资2 800元），2008年1月1日旺财逛新世界百货时购买了一套标牌为日本原产，价格为2万元的单反相机。事后，其父亲以旺财未满18岁为由撤销该民事行为。问：
> 1. 父亲的请求是否有法律依据？
> 2. 2008年5月，旺财好朋友来福到家里玩，来福是摄影发烧友，并立即发现该单反相机并非如商场所言产自日本并列举了相关理由，问若来福所说属实，旺财现在可做何处理救济自己权利？
> 3. 假设2009年10月1日，旺财向法院提起诉讼要求撤销或者变更该单反相机的购买协议，能否得到法院支持？
> 4. 假设旺财败诉，遂委托来福出卖之。来福遂以5 000元与某电器行签订了买卖合同。交货前旺财不甘心遂委托专业机构鉴定相机真伪，鉴定结论却为正宗日本原产，问：旺财现在可否拒绝交货？
> 5. 若旺财规定来福必须以不低于1万元的价格出售，来福却以5 000元价格对外签订销售合同，该销售合同的效力如何（暂不考虑合同相对方是否知情）？

第八节　代理制度

事实上，我们不可能作为全才，事事亲力亲为，我们委托律师代理我们诉讼；委托营业员代我们销售产品；委托专业商标代理机构代我们注册商品；委托国外的亲友在国外给我们采购我们喜欢的产品。代理制度扩张了我们参加民事活动的空间，不仅延伸了我们的手足，更重要的是延伸了我们的"意志"。代理人在代理活动中独立思考，独立判断和选择。

但是哪些行为可以代理，代理如何设置，代理行为后果的归属，代理人没有代理权却以他人名义为民事行为该如何处理，本节正是要解决这些问题。

一、如何理解"代理"

借刀杀人、代写家书、代为通知及传达、代为怀孕是代理？

代理指代理人在代理权限范围内，以被代理人的名义与第三人实施民事法律行为，所产生的法律后果直接归属于被代理人的行为。理解代理要注意以下问题：

（1）代理必须涉及三方当事人：本人（被代理人）、代理人、第三人（相对人）。代理人所代理的行为必须是代本人与第三人为民事法律行为。代理人与被代理人之间的关系构成代理的内部关系；代理人与第三人、第三人与被代理人之间的关系构成代理的外部关系。

（2）代理人须以被代理人的名义实施民事法律行为。这是代理关系存在的外观，若代理人以自己名义为法律行为则行为后果多由该行为人自己承担。

（3）代理的对象是"民事法律行为"，即合法的表意行为。这意味着：一是不法行为不得代理，旺财若委托来福杀人，二人均构成犯罪，来福不能主张此系代理行为，行为后果应由旺财一人承担。二是事实行为不适用代理，事实行为非意思表示之表意行为，没有相对人，不构成三方代理关系，如代写书写，代为整理书稿等。

代理主要适用于法律行为，但实践中还包括申请行为、申报行为、诉讼行为。

（4）不是所有的"民事法律行为"都可以代理。虽然代理的对象只能是民事法律行为，但是并非所有的民事法律行为都可以代理。法律行为中的身份行为不得代理，如结婚、离婚、订立遗嘱、收养子女等；此外，如果依照法律规定或按照双方当事人的约定，应当由本人亲自进行的民事法律行为不得代理。如，2011年4月张学友的重庆演唱会必须由本人亲自进行。

（5）代理人在代理权限范围内独立进行代理行为。这是代理区别于代作通知及代传信息的根本特征。代理人可在代理权限范围内独立的作出意思表示，接受或者拒绝接受相对人的意思表示，如商场营业员在代理商场与顾客签订合同时，可以独立的与顾客讨价还价，同意或者拒绝顾客的价格条件。而代为通知及传达信息，通知人或者传达人不能有自己的意志，其只是他人的"传声筒"。

思考：
　　无民事行为能力人或者限制行为能力人可以做他人代理人吗？为什么？

（6）代理人进行的民事法律行为的法律后果归属于被代理人。即代理人与第三人所为的民事法律行为的权利义务及相关责任均由本人承担，该民事法律行为当事人是本人与第三人，代理人不承担行为后果。前述营业员代理商场与顾客签订的买卖合同，如货物质量有瑕疵，是商场而非营业员应对顾客承担违约责任。

二、代理的类型

人跟人之间结成代理关系,是因为有下列不同情态,这些情态构成代理的不同类型。

(一) 委托代理、法定代理和指定代理——根据代理权产生的依据划分

(1) 委托代理。又称意定代理,是基于被代理人的委托授权所发生的代理。被代理人之所以授权,多因为双方存在委托合同。如犯罪嫌疑人与其代理律师之间的委托合同;用人单位与劳动者之间存在的劳动合同等。但是需要注意的是委托合同不同于授权行为,尽管前者多是后者发生的原因或者基础,但是前者是双方法律行为,后者则是被代理人对代理人的单方授权行为,依被代理人的单方意思作出,也可依被代理人的单方意思撤销。

> **思考:**
> 律师在代理当事人调查取证时,你认为他会出示他与当事人的《委托合同书》还是当事人单方签字的《授权委托书》证明其身份?

(2) 法定代理。指基于法律的直接规定而发生的代理。如我国民法规定无民事行为能力人或者限制行为能力人的监护人是其法定代理人,代其对外为民事法律行为。

(3) 指定代理。指定代理指基于法院或有关机关的指定行为发生的代理。"有关机关"指依法对被代理人的合法权益负有保护义务的组织,如未成年所在地的居民委员会、村民委员会等。

(二) 本代理和复代理——根据代理权的来源划分

代理人的代理权来源于被代理人直接授予代理权的行为,或来源于法律的规定以及有关机关的指定,这种代理称为本代理。复代理又称为再代理,是代理人为了实施代理权限内的全部或部分行为,以自己的名义选定他人担任被代理人的代理人,该他人称为复代理人。

需要注意的是复代理人是被代理人的代理人,而不是代理人的代理人,因此,他只能以被代理人的名义为民事行为,其行为的法律效果直接归属于被代理人。选任复代理人之后,代理人仍可继续行使代理权。复代理人的行为,受代理人的监督。代理人对复代理人还享有解任权,可取消其代理权限。

委托代理中,代理人要转委托的必须经本人同意或者追认,紧急情况为了本人利益必须转委托的除外。

> **思考:**
> 转委托行为(复代理)的效力。

案 例

养鱼专业户甲从鱼塘里捕捞400千克鱼准备去市场上卖。出发时接到朋友家里电话有急事需要帮忙,甲遂委托乙代售,言明卖完鱼后,甲付给乙5%的报酬。进城路上,乙突发急性阑尾炎需立即手术治疗。乙担心天气变热，鱼变坏，遂委托丙代其出售，随行就市。丙将鱼拉到市场，鱼已不新鲜，于是降价1/3出售。回来后将鱼款交给乙，乙从中抽出200元作为丙的报酬。乙将鱼款交给甲，甲发现降价损失近千元，遂不同意给丙300元报酬。问：乙的转委托行为是否有效？

提示：《民通意见》第80条规定，由于急病、通讯联络中断等特殊原因，委托代理人自己不能办理代理事项，又不能与被代理人及时取得联系，如不及时转托他人代理，会给被代理人的利益造成损失或者扩大损失的，属于《民法通则》第68条中的"紧急情况"。

（三）直接代理和间接代理——根据代理人的行为方式和结果划分

（1）直接代理。代理人在进行代理活动时以被代理人的名义，进行代理活动的法律效果直接由被代理人承受的代理制度，即是直接代理制度。我国《民法通则》只承认直接代理制度。

（2）间接代理。代理人在进行代理活动时以自己的名义，进行代理活动的法律效果并不当然由被代理人承受的代理制度，即是间接代理制度。

（四）单独代理与共同代理——根据代理人数划分

《民通意见》第79条：数个委托代理人共同行使代理权的，如果其中一人或者数人未与其他委托代理人协商，所实施的行为侵害被代理人权益的，由实施行为的委托代理人承担民事责任。

被代理人为数人时，其中一人或者数人未经其他被代理人同意而提出解除代理关系，因此，造成损害的，由提出解除代理关系的被代理人承担。

三、代理权的行使与消灭

代理人应当如何正当行使代理权？代理权因为什么原因消灭？这是我们关注代理制度，处理代理实务必须明晰的内容。

（一）代理权的行使

1. 代理权行使须遵守的基本原则

（1）亲自行使代理权。以委托代理为例，被代理人之所以委托特定的代理人为自己服务，是基于对该代理人知识、技能、信用的信赖。因此，代理人必须亲自实施代理行为，才合乎被代理人的愿望。除非经被代理人同意或有不得已的事由发生，不得将代理事务转委托他人处理。

（2）谨慎、勤勉、忠实地行使代理权。代理制度为被代理人的利益而设，代理人为代理行为时不得为自己或者第三人利益打算。而应以增进被代理人的利益为出发点，谨慎、勤勉、忠实地处理好被代理人的事务。违反该义务给被代理人造成损失的，代理人需承担赔偿责任。

2. 代理权行使的限制——禁止滥用代理权

（1）禁止自己代理。所谓自己代理，是指代理人代被代理人与自己为民事法律行为。在这种情况下，交易双方的交易行为实际上只由一个人实施，依据代理制度，代理人需为被代理人考虑，但是在他本人即为该交易行为的相对方时，很难避免代理人为自己的利益牺牲被代理人利益的情况，因此，除非事前得到被代理人的同意或事后得到其追认，法律禁止自己代理行为。

> **思考题：**
> 旺财委托来福尽量以高价出卖其收藏多年之古碗，来福得碗后爱不释手有意自己收藏，尽管虽有人愿意出价3万购买此碗，但来福以2万自己买下，并对旺财谎称此碗是卖给市场上出价最高的某河南人，问来福行为是否合法？

（2）禁止双方代理。双方代理又称同时代理，指一个代理人同时代理双方当事人为民事行为的情况。在交易中，当事人双方的利益总是互相冲突的，通过讨价还价，才能使双方的利益达到平衡。而由一个人同时代表两种利益，难免顾此失彼，因此，对于双方代理，除非事先得到过双方当事人的同意或事后得到了其追认，法律应不予承认。

（3）禁止恶意串通。即禁止代理人和第三人串通，损害被代理人的利益的，否则，由代理人和第三人承担连带责任。

(二) 代理权的消灭

不同类型的代理关系，消灭原因不同。

1. 委托代理关系消灭的原因

> 《民法通则》第69条：
> 有下列情形之一的，委托代理终止：
> （一）代理期间届满或者代理事务完成；
> （二）被代理人取消委托或者代理人辞去委托；
> （三）代理人死亡；
> （四）代理人丧失民事行为能力；
> （五）作为被代理人或者代理人的法人终止。

> 《民通意见》第82条：被代理人死亡后有下列情况之一的，委托代理人实施的代理行为有效：（1）代理人不知道被代理人死亡的；（2）被代理人的继承人均予承认的；（3）被代理人与代理人约定到代理事项完成时代理权终止的；（4）在被代理人死亡前已经进行、而在被代理人死亡后为了被代理人的继承人的利益继续完成的。

2. 法定代理和指定代理关系的消灭原因

> 《民法通则》第70条：
> 有下列情形之一的，法定代理或者指定代理终止：
> （一）被代理人取得或者恢复民事行为能力；
> （二）被代理人或者代理人死亡；
> （三）代理人丧失民事行为能力；
> （四）指定代理的人民法院或者指定单位取消指定；
> （五）由其他原因引起的被代理人和代理人之间的监护关系消灭。

四、无权代理

(一) 无权代理概述

无权代理,是指不具有代理权的人所实施的代理行为。包括未经授权的代理、超越代理权限的代理以及代理权终止后继续代理三种情形。

广义的无权代理包括表见代理和狭义的无权代理,表见代理,是指行为人虽然没有代理权,但相对人有理由相信行为人有代理权,从而能够产生与有权代理相同法律后果的代理。

无权代理发生后,如果被代理人追认或者代理行为若构成表见代理,则发生有权代理的法律后果,也即由被代理人承担代理行为的法律后果。反之,若被代理人拒绝追认或者相对人撤销法律行为(相对人的撤销权,必须在本人追认前行使),则被代理人不承担任何责任,由行为人即无权代理人自己承担行为后果。

(二) 表见代理制度

前已述,表见代理是指行为人虽然没有代理权,但相对人有理由相信行为人有代理权,从而能够产生与有权代理相同法律后果的代理情形,理解该制度必须明确下列行为:

(1) 表见代理人不具代理权。

(2) 表见代理人与被代理人之间有某种足以使相对人相信代理人有代理权的事由。这是表见代理区别狭义无权代理的显著特征。例如公司业务员辞职后,公司没有及时收回业务员手上的盖有公司公章的空白合同和介绍信等,若该业务员持该介绍信和空白合同与第三人缔结合同的,构成表见代理,公司必须履行该合同。

(3) 表见代理的效力不需要本人追认,本人就应当承担其法律后果。不同于狭义无权代理是为了保护被代理人利益,表见代理的制度功能是为了保护交易安全和善意相对人的利益,在善意相对人有理由相信行为人有代理权而与之为民事法律行为的情况下,不因其实际没有代理权而利益落空。故此制度不问本人是否愿意,是否追认,一律以法定的方式要求本人承担责任。本人承担责任后,可以向无权代理人进行追偿。

(4) 表见代理发生与有权代理相同的法律后果。因为表见代理具有有权代理的全部外观,如行为人以被代理人名义为法律行为,行为人看起来具有代理权,独立的作出和接受意思表示等。当然,如果善意的交易相对人在知道行为人实际没有代理权后,不愿该无权代理发生与有权代理同样的法律效果,也可经由撤销权的行使,使其归于无效。

(5) 相对人是善意的且无过错。表见代理意在保护善意相对人,若相对人有过错的自然不受保护,相关行为则不能成立表见代理。我国《民法通则》第66条第4款也有类似规定:"第三人知道行为人没有代理权、超越代理权或者代理权已终止,还与行为人实施民事行为给他人造成损害的,由第三人和行为人负连带责任。"

所谓"相对人善意且无过错",包括两个方面的含义:第一,相对人相信代理人所进行的代理行为属于代理权限内的行为。第二,相对人并无过错,即相对人已尽了充分的注意,仍无法否认行为人的代理权。

案例思考题1

> 旺财是某食品公司总经理,根据公司规定,若总经理缔结价款50万元以上的合同必须经公司董事会决议同意。某日,旺财见大家纷纷高价囤积抢购食盐,遂立即以公司名义与某商场签订了2吨食盐购买协议以图高额回报,合同总价款200万元。旺财在合同上盖了公司公章并签署了自己的名字,很快食盐抢购风波过去,价格回落,公司以旺财未经公司董事会同意为由拒绝履行合同,请问:公司主张是否成立,本案应如何处理?

案例思考题2

> 甲公司保险柜某夜失窃,柜内公司用章、空白合同书以及往来客户名单均被盗走,盗贼以该些文书印章与某家电公司签订了巨额家电销售协议,在骗取对方定金后卷款逃跑,现家电公司持相关合同请求甲公司履行合同,问甲公司有无履行义务?

第九节　诉讼时效与期限

本章第三节在讨论民事法律事实时,我们已经知道"时间经过"作为"法律事实"分类中"事件"的一种,可能引起当事人之间权利产生、变更或者终止的法律后果。此"时间经过"所产生的法律后果即民法上的时效制度,现在我们需要进一步明确时间经过有哪些具体法律后果以及此时间期限具体是多少等相关知识。

一、时效制度概述

(一) 立法规定时效制度的意义

时效,即时间在法律上的效力,是指法律所规定的一定事实状态持续满法定期间,即依法发生当事人取得权利或权利效力减损等法律后果的法律制度。时效制度属于立法强制性规定,当事人不得约定不受时效限制或变更法定的时效期间。

时效制度有如下功能:

(1) 稳定法律秩序。一定的事实状态,如果长期持续存在,必然以此事实状态为基础发生种种法律关系,时过多年之后,若允许原权利人主张权利,则将不仅推翻长期持续存在的事实状态,而且势必一并推翻多年以来以此为基础而形成的各种法律关系,结果使社会经济秩序大乱。实行时效制度,因法定期间的通过而使原权利人的权利丧失,或使长期存在的事实合法化,有利于稳定社会经济秩序。

(2) 促进权利人行使权利。实行时效制度,使长期不行使权利之人丧失权利,可以起到督促权利人行使权利的作用,有利于更大的发挥财产的效用,促进社会经济流转正常进行,推动社会经济的发展。

(3) 作为证据之代用。一定事实状态长期存在,必然证据资料淹没,证人死亡,此事实状态是否合法,殊难证明。实行时效制度,凡时效期间届满,即认定不行使权利之人丧失权利,或占有他人财产之人取得财产,此乃以时效作为证据之代用,可以避免当事人举证及人民法院法庭调查之困难。

（二）时效的分类

根据时间经过所发生的后果不同，时效可分为取得时效和诉讼时效。

取得时效指占有人以和平、善意并公开的方式占有他人财产达一定期限，即取得该财产所有权的制度。诉讼时效又称消灭时效，指权利人持续的不行使权利达一定期间，则该权利人丧失胜诉权，权利不再受法律保护的制度。诉讼时效为我国民法承认，下面重点论之。

二、诉讼时效

理解诉讼时效制度，必须注意以下问题：

（一）诉讼时效与除斥期间的区别

除斥期间指权利人在一定时间不行使权利，则权利丧失的制度。如本章第七节讨论可变更可撤销行为时，介绍过无过错当事人行使撤销权的期间为一年，该期限内未行使撤销权的，撤销权丧失，该民事行为确定生效。该一年期间即为除斥期间。较之诉讼时效，二者有如下区别：

(1) 诉讼时效的期间是可变期间，可以中止、中断、延长；除斥期间为不变期间，不能中止、中断或延长。

(2) 诉讼时效经过并不会使权利本身消灭，而只是消灭附着于其上的胜诉权；除斥期间使权利本身消灭。

(3) 诉讼时效期间自权利人能行使请求权之时起算；除斥期间一般自权利成立之时起算。

(4) 诉讼时效制度主要适用于请求权，除斥期间制度主要适用于形成权。

（二）诉讼时效的法律效果——丧失胜诉权

丧失胜诉权，即丧失受法律强制保护的权利，诉讼时效经过后，若债务人不履行义务，权利人不得请求法院强制执行债务人的财产，债务人是否履行义务，由其自由决定。理解此问题要注意：

(1) 丧失胜诉权不意味着丧失诉权。首先，起诉是否超过诉讼时效期间，需法院在受理案件的基础上，通过民事审判程序才能查清；其次，即便过诉讼时效，法院也要在查明有无时效中断、中止的情况从而决定应否驳回诉讼请求；再次，大多数学者认为诉讼时效经过的抗辩应由债务人提出，法院不能主动适用，若债务人放弃时效利益不以此抗辩的，法院不能直接剥夺权利人诉权主动适用该制度。

(2) 丧失胜诉权不意味着丧失实体权利。和除斥期间不同，诉讼时效经过并不丧失实体权利，仅仅是指此种权利不再受法律强制保护。该权利作为自然权利依然存在，若债务人自愿履行的，权利人可得受领，不构成不当得利。

案例分析

> 旺财向来福借款10万未还且已经过诉讼时效，问：
> 1. 来福此时还可否要求旺财还款，若旺财拒绝归还，还能否将其告到法院？
> 2. 若旺财不知道诉讼时效的道理，在时效经过后主动将钱还给了来福。看了咱们教材后，后悔不已，遂以来福债权已过诉讼时效为由，要求来福退还他10万元，旺财的主张能否得到支持？

（三）诉讼时效的类别

（1）普通诉讼时效。指由民事基本法统一规定的，普遍适用于法律没有作特殊诉讼时效规定的各种民事法律关系的时效。除特别法另有规定外，所有的民事法律关系皆适用普通时效。《民法通则》第135条规定了普通诉讼时效的期间为2年，从知道或者应当知道权利被侵害之日起计算。

（2）特别诉讼时效。指由民事基本法或特别法就某些民事法律关系规定的短于或长于普通诉讼时效期间的时效。特别诉讼时效不具有普遍性，只适用于特殊的民事法律关系。

> 《民法通则》第136条规定了下列1年期的诉讼时效：
> （1）身体受到伤害要求赔偿的；
> （2）出售质量不合格的商品未声明的；
> （3）延付或拒付租金的；
> （4）寄存财物被丢失或者损毁的。

另外，我国《合同法》第129条规定，因国际货物买卖合同和技术进出口合同发生纠纷，要求保护权利的诉讼时效期间为4年。

（3）关于权利的最长保护期限。

《民法通则》第137条规定：诉讼时效期间从知道或者应当知道权利被侵害时起计算。但是，从权利被侵害之日起超过20年的，人民法院不予保护。其意思是若权利被侵害已经客观超过20年，不问权利人是否知道权利被侵害，也不问其何时才知道权利被侵害，其权利均失去法律的强制性保护。也即权利的最长保护期限为20年。

> **思考题：**
> 1. 李女士原住于重庆九龙坡区，2007年搬往重庆江北区。2011年3月接到电信局工作人员催交欠款通知，称其原住处2007—2008年的电话费、座机费和滞纳金1 500元需要交清。问：李女士能否拒交？

2. 旺财 1980 年 5 月 1 日在公司车间工作时被车间设备砸伤了腿，当时简单治疗后觉得无恙即回到了工作岗位，现在年纪大了老觉得腿痛，最初以为是风湿。2000 年 1 月 1 日去医院体检时才知是当年工伤留下的后遗症，问旺财必须最迟多久之前行使权利才能得到保护。（　　）
   A. 2000 年 5 月 2 日
   B. 2001 年 1 月 2 日
   C. 2002 年 1 月 2 日
   D. 1982 年 5 月 2 日

（四）诉讼时效期间的中止、中断和延长

1. 诉讼时效期间的中止

诉讼时效期间的中止，指在诉讼时效期间进行中，因发生一定的法定事由使权利人不能行使请求权，暂时停止计算诉讼时效期间，待阻碍时效期间进行的法定事由消除后，继续进行诉讼时效期间的计算。依《民法通则》第 139 条的规定，不可抗力和其他障碍为使诉讼时效中止的法定事由，但是这些障碍必须发生在诉讼时效期间的最后六个月内，因为此时发生中止事由，可能导致权利人无足够的时间行使权利。反之，在时效期间最后 6 个月前发生法定中止事由的，权利人还可能有足够的时间行使权利，不需要中止时效。

2. 时效期间的中断

诉讼时效期间中断，指在诉讼时效进行期间，因发生一定的法定事由，使已经经过的时效期间统归无效，待时效期间中断的事由消除后，诉讼时效期间重新计算。中断的法定事由包括权利人提起诉讼、当事人一方提出要求或者同意履行义务。这些事由都表明权利人并非"懒汉"而不应受到保护。如旺财对来福的债权 2010 年 1 月 1 日到期，来福到期没履行的，旺财债权诉讼时效则应该 2012 年 1 月 2 日到期，若旺财在 2010 年 12 月 1 日向来福主张过债权，则诉讼时效中断，时效期间重新计算。到期日则为 2012 年 12 月 2 日，依此类推，诉讼时效可以无数次中断，时效期间可以无数次重新计算，但是权利从侵害之日起超过 20 年的不再受保护，所以即便时效因中断而得到保护，但是权利过了 20 年也不再受保护。

3. 诉讼时效期间中止与中断的比较

第一，发生的事由不同。中止的法定事由出自当事人的主观意志所不能决定的事实；中断的法定事由为当事人的主观意志所能左右的事实。

第二，发生的时间不同。中止只能发生在时效期间届满前的最后 6 个月内；中断可发生于时效期间内的任何时间。

第三，法律效果不同。中止的法律效果为不将中止事由发生的时间计入时效期间，中止事由发生前后经过的时效期间合并计算为总的时效期间；而中断的法律效果为于中断事由发生后，已经经过的时效期间全部作废，重新开始计算时效期间。

4. 诉讼时效期间的延长

通常情况下，权利人在诉讼时效期间内不行使权利，于时效期间届满后，向法院要求保护权利的，法院不予支持。但有的权利人在诉讼时效期间内未能行使权利确有正当原因，其原因不包括在使时效期间中止、中断的法定事由内，严格适用诉讼时效将造成不公。针对这种情况，依据《民法通则》第 137 条规定，有特殊情况的，法院可以延长时效期间，以便

保护特殊情况下权利人由于特殊原因未能及时行使的权利,避免造成不公平的结果。

> **思考:**
> 　　旺财与来福签订货物买卖合同,合同约定旺财应于2008年6月1日履行交货义务,但是到期旺财一直没履行。2010年3月1日,旺财至来福处的必经之路因泥石流垮塌无法通行,三个月后道路打通。2010年6月2日,来福以传真方式要求旺财履行交货义务,问来福请求交货的权利是否已过时效,如果没过,什么时候到期?

三、期限

(一) 期限的含义

期限,指权利义务产生、变更和终止的时间,分为期日和期间。我国《民法通则》只规定了期间,未规定期日。期间即自某期日始至另期日止的时间段。如自某年某月某日至某年某月某日。

(二) 期限的确定和计算

1. 期限的确定
(1) 规定日历上的某一具体时刻为期限。
(2) 规定一定的具体时间段为期限。
(3) 规定某一必然发生的事件的发生时刻为期限。
(4) 规定以当事人提出请求的时间为期限。

2. 期限的计算

期日为不可分的特定时间点,不发生计算问题。

期间为一定的时间段,存在计算方法问题。就期间的计算,有自然计算法和历法计算法两种方法。前者以实际的精确时间计算,以时、分、秒为计算单位,一天为24小时;后者以天为计算单位,以日历所定的日、月、年计算。依《民法通则》第154条的规定,我国民法的期间计算法兼采二者。

(1) 以小时为单位的期间计算法。以规定时为起点,经过规定的期间所达到的时为届满点。

(2) 以日、月、年为单位的期间计算法。期间开始的当天不算入,从次日开始计算,期间的最后一天算至当日的第24时。有业务时间的,算至业务活动停止之时。最后一天为星期日和其他假日的,以其次日为期间的最后一天。若星期日和其他法定假日有变通,则以实际休假日的次日为期间的最后一天。

(3) 当事人非以月、年的第一天为起算点的,则一个月以30天计,一年以365天计。在期限的计算中,有"以上、以内"用语的,均包括本数;有"不满""以外"用语的,均不包括本数。当事人对期间的起算时间有约定的,从其约定。

第四章

物权法：物欲的"避风港"

> 私有财产的真正基础即占有，是一种事实。一个不可解释的事实，而不是权利。只是由于社会赋予实际占有以法律的规定，实际占有才具有合法占有的性质。
>
> ——马克思

第一节 物权法概述

人虽说是"赤条条来去无牵挂"，但在我们的生存环境中总是需要一些物的支持以满足生活需要的。简单的如衣物，复杂的如房屋。对这些特定的物的支配关系的调整，法律交由物权法完成。

在德国的波茨坦地区，有着一座令人敬仰的小磨坊，这间磨坊作为德国私权神圣和司法独立的象征而始终屹立。1866年，在波茨坦行宫度假的德国国王威廉一世认为一座民间破旧的磨坊遮挡了他的视线，下令予以强制拆除。磨坊主将国王告上法庭，法院认为国王滥用王权侵犯了私人财产，判令国王恢复原状。最终威廉国王服从判决，为老磨坊主重修了磨坊，并支付赔偿金。后来这座磨坊被德国政府永久性地保留了下来，并流传下来一句广为传颂的法治名言——风能进，雨能进，国王不能进。

物权法是调整人（自然人、法人，特殊情况下可以是国家）对物的支配关系的法律规范的总和。物权法的设立，是为了规范和保护权利主体对物进行合理利用的行为，使物的效用能够充分发挥出来。通常认为，物权法是民法的重要组成部分。我

（波茨坦皇宫边的旧磨坊至今还在）

们知道，民法是调整平等主体之间的财产关系和人身关系的法律部门。经济法是调整纵向的经济管理关系和横向的经济协调关系的法律规范的总称，是对社会主义商品经济关系进行整体、系统、全面、综合调整的法律部门。经济法与民法是保护市场经济秩序和调整市场经济关系的重要法律，二者相互渗透，相互影响，共同成为构建经济法律关系框架的重要支柱。

物权本质上是财产权利，是权利人在法律准许的范围内支配其财产，并承担相应支配结果的权利。物权的经济本质集中体现在了支配性、排他性、绝对性和可转让性这四个方面。物权的经济意义就在于其为人们利用财产的行为设定了一定的边界。因此，研究物权、研究物权法就成为我们在研究经济法律关系时需要特别关注的一个基本问题。

保护私有财产是《物权法》的一个亮点。《物权法》承认不同类型的所有权都具有合法性，并给予平等保护，否定某种所有权神圣，另一种所有权卑贱的做法，并废除某种所有权拥有优先保护的特权，给予其平等的保护机会。

第二节 物　　权

一、物权的概念和特征

（一）物权的概念

物权是权利人在法定的范围内直接支配一定的物，并排斥他人干涉的权利。物权作为一个法律范畴，是由法律确认的主体对物依法享有的支配权利。

物权一词，首先由中世纪注释法学派提出，于1900年的《德国民法典》上得到法律的正式确认。从那以后，很多国家的民法典规定了物权制度，物权法逐渐成为民法的重要组成部分。但是，在各国的民法典中基本没给物权作出一个明确的定义。我国的《民法通则》中也没有使用物权这一概念，不过在第五章中以"财产所有权和与财产所有权有关的财产权"表述了土地使用权等物权性质的权利，学界普遍认为这类权利实际上就是物权。我国《物权法》于2007年通过并施行，并在第2条中明确规定："本法所称物权，是指权利人依法对特定的物享有直接支配和排他的权利，包括所有权、用益物权和担保物权。"

在理解物权的概念时，我们不能停留在它的表面，认为物权反映的是人对物的关系，从其本质上来看，物权反映的是人与人之间的关系。在整个社会关系中，个人不是孤立的人，而是社会的人，人们对物的支配需要他人的尊重并严禁他人侵犯。每个人都应遵从法律的规定享受物的利益，而不能为所欲为。因此，物权这一法律概念背后隐藏的是一种秩序，是特定社会的所有制关系和阶级关系。

物权与债权共同构成民法中最基本的财产形式。在商品经济条件下，人与物的结合表现为物权，财产进入流通领域后，不同主体因为物的交换产生债权。可见，主体享有物权是进行交换的前提,到了交换过程中则体现为债权,交换的结果是物权主体的变更——物权从一个主体转移给另一个主体。民法对物权和债权的规定构成了商品经济运行的基本规则。

(二) 物权的特征

与债权相比,物权具有以下特点:

(1) 物权的权利主体是特定的,义务主体是不特定的。物权是由特定主体享有的、排除一切不特定的人的侵害的财产权利。物权的权利主体是特定的,而义务主体是权利主体之外的其他任何人,是不特定的。物权因此又被称为"对世权"。债权与此不同,是一种"对人权"。因为在债权关系中,作为主体的债权人和债务人都是特定的,债权人只能请求特定的债务人为一定行为或不为一定行为。

(2) 物权的客体是物。物权是民事主体对物质财富的占有关系在法律上的反映,所以物权的客体是物而不是行为。这里的物必须是特定化了的物。因为如果客体不特定化,物权人就无法进行支配,在物权转移时,也就无法进行登记和交付。这个物可以是独一无二的物,也可以是特定化了的种类物。除了这个特点,物权的客体一般是独立物、有体物。独立物,即能够单独、个别地存在的物。有体物,一般指可以看到、可以触摸的物体。而债权的客体因债权的种类不同而各不相同。一般来说,债权直接指向的是行为,间接涉及物。

(3) 物权的内容表现为对物的直接支配。物权的内容是权利主体对物直接进行支配而不受他人干涉。所谓直接支配,是物权人无须得到他人的允许或者无须借助他人的协助就能够行使自己的权利。例如,房屋所有人依照自己的意思选择自行居住、出卖、出租、抵押等。物权的义务主体的义务是不作为,只要不妨碍权利人行使权利就是履行了义务。债权的内容与物权相反,债权人的债权的实现,必须依赖于债务人的行为,否则就不能也不得直接支配标的物。例如租赁合同虽然已经成立,但是在出租人交付出租物之前,承租人就不能实际使用租赁物。

(4) 物权具有排他性。物权的排他性是在同一物上不能同时存在两个以上内容互不相容的物权。例如同一间房屋上不能同时有两个所有权(这叫一物一权原则),同一块土地上不能同时设定两个地上权。但是,物权的排他性并不排斥同一财产为多数人共有,因为几个共有人对于一物享有的所有权,是数量受到限制的物权,是几个人共同享有一个所有权,并非一物之上有几个所有权。债权则不具有排他性,同一物上可以同时或先后设立数个债权。

二、物权的分类

在我国民法理论上,对物权通常作如下分类:

(一) 自物权与他物权

自物权是权利人对自己的财产享有的权利,也就是所有权。所有人依法对物进行包括占有、使用、收益、处分在内的全面支配,又称为完全物权。

他物权是财产非所有人根据法律的规定或所有人的意思对他人所有的财产进行有限支配的物权。

自物权与他物权的区别表现在:

第一,对象不同。自物权是对自己的财产享有的物权,他物权是对他人的财产享有的物权。

第二,获得的利益不同。自物权人对物享有独占性的利益,他物权人则不享有这种利益。自物权人在使用其物时,除了在公法范围内可能向国家负担一定税、费之外,在私法范围内无须向任何人支付对价。而他物权人使用所有人的财产一般需要向所有人支付相应的对价。

第三，自物权是原始物权，他物权是派生物权。自物权的原始性是法律直接确认财产归属关系的结果，并非从其他财产权派生而来。他物权是所有权的派生物权，是所有权的部分权能让渡的结果。

第四，自物权是完全物权，他物权是限制物权。自物权囊括了占有、使用、收益、处分这四项物权的全部权能，是"完全物权"。而他物权只在一定程度上具有所有权的权能，没有法律的依据和所有人的授权，他物权人不能行使处分权，所以是"限制物权"。一般而言，自物权的内容只受法律的限制，不受他人意志的限制；他物权的内容除了受法律限制以外，还受他人意志的限制。

第五，自物权有回归力，他物权没有回归力。当一定的法律事实发生（如所有人依法收回其标的物）时，他物权人对物的支配权能丧失，他物权亦随之永远消灭，说明他物权不具有回归力；当他物权设定时，所有权因暂时丧失部分权能而处于不圆满状态，日后他物权消灭，离去的权能复归，所有权遂回归圆满，这说明了自物权具有回归力。

（二）用益物权与担保物权

传统民法将他物权分为用益物权和担保物权。用益物权是以物的使用收益为目的的物权，如德国、日本民法典中规定的地上权、地役权、永佃权，《民法通则》中的自然资源使用权等等。担保物权是以保证债务的履行、债权的实现为目的而设立的物权，如抵押权、质权、留置权、典权等。

用益物权和担保物权的区别表现在：

第一，二者追求的物的价值不同。用益物权追求物的使用价值，担保物权以标的物的价值和优先受偿为内容，追求物的交换价值。

第二，用益物权具有独立性，担保物权具有从属性。担保物权的存在以担保物权人对担保物的所有人或其关系人享有债权为前提，债权消灭担保物权亦随之消灭。而用益物权则根据法律的规定或与财产所有人的约定而独立存在。

第三，担保物权具有物上代位性，用益物权不具备这一性质。在担保物因非归责于担保物权人的原因灭失时，担保物权人可以请求担保人以其他物来代替。而用益物权的标的物一旦灭失，用益物权就随之消灭，该物权人也不能请求所有人以其他物来代替。

（三）动产物权与不动产物权

这是按照物权的客体为动产或不动产而作的分类。

两者的区别在于：

第一，二者可设立的物权类型不同。主要是在他物权的设定上。不动产是用益物权制度的基础。用益物权的出现根本上是为了解决不动产（特别是土地）的利用问题。而动产一般不能成为用益物权的客体，除非是与不动产共同成为经营权的客体。在设立担保物权时，不动产不能转移占有，而动产一般应当转移占有。

第二，二者在公示方法和对抗第三人的效力方面有所不同。不动产物权的设立及转让以国家主管机关的登记作为向社会昭示的方法，如果不登记，即使占有了不动产，也不能产生对抗第三人的效力。而动产物权的享有和转让则以占有和交付作为向社会昭示的方法，动产一经占有和交付即可对抗第三人。

（四）独立物权与从属物权

独立物权是不以主体享有其他民事权利为前提，能够独立存在的物权。所有权、地上权、自然资源使用权、经营权等用益物权都是独立物权。从属物权是本身不能独立存在，必须以主体享有的其他民事权利的存在为其存在前提的物权。抵押权、质权、留置权等担保物权从属于债权，是从属物权，相邻权和地役权从属于主体的不动产所有权或使用权，也是从属物权。

三、物权的效力

物权的效力是物权人基于其对物的支配权和排他性而产生的特殊法律效力。支配权是物权人享有的对其财产进行支配、享受其利益的权利。所有权人对物享有占有、使用、收益和处分的全面的支配权利；他物权人的权利有限，只能在法定或约定的范围内对他人的财产享有占有、使用和收益的权利。

物权的效力包括物权的优先效力、追及效力和物上请求权效力。

（一）物权的优先效力

物权的优先效力包括两方面：

（1）在同一标的物上物权与债权并存时，物权优先于债权。又有两种情况：①物权破除债权。例如甲同意将一幅国画卖给乙，乙就取得了请求甲交付该画的债权。后来甲又将这幅国画卖给丙，并交付给了丙。动产的所有权从交付时起转移，丙就取得了这幅国画的所有权，此时乙就只能要求甲承担债务不履行的责任。②优先受偿权。一般情况下，享有担保物权的人比普通债权人具有优先受偿的权利。比如甲将房屋借给乙居住，后来又为丙设定了抵押权，此时丙的抵押权具有优先效力，他可以不顾及乙的权利而对房屋进行处置。在破产程序或强制执行程序中，作为债务人的财产中存在他人所有的物时，该物权优先于一般债权人的债权。例如，甲厂一直借乙厂的汽车使用，后来甲厂因资不抵债宣告破产。此时这辆汽车应当归还给乙厂，而不能作为甲厂的资产来偿还债务。

（2）在同一标的物上有数个物权并存时，先设立的物权优先于后设立的物权。因彼此性质不同，有的物权可以并存，有的不能并存。一般而言，以占有为内容的物权的排他性较强，大多不可以并存。各类物权是否可以并存，大致分为以下几种情况：①用益物权与担保物权原则上可以并存，例外情况是以占有为要件的质权、留置权与用益物权不能并存。②担保物权与担保物权一般能够并存，例外情况是留置权不能并存，当事人有特别约定时也不能并存。③用益物权与用益物权之间不管种类是否相同，一般难以并存。但地役权有时可以并存，比如两个通行权就可以共存于同一供役地上。与物权相比，债权就不具有这种优先效力。在同一标的物上可以设立多个债权，各个债权具有平等效力，在依法受偿时是平等的。假如标的物的价值少于各债权的总和，则每个债权按照比例受偿。

（二）物权的追及效力

物权的追及效力，是物权的标的物不论辗转落入何人之手，除法律另有规定外，物权人均可追及至物之所在行使物权的法律效力。与物权不同，债权原则上不具有追及效力。如，在上述两卖国画的案例中，标的物（国画）的所有权没有转移之前，债务人（甲）将画卖给丙并移转占有的，债权人（乙）不能请求占有人（丙）返还财产，只能要求债务人（甲）承担违约责任。反之，若甲的国画被乙窃取并转赠于丙，则甲可行使物权之追及力，予丙处索回。

(三) 物上请求权效力

物上请求权是以物权为基础的一种独立的请求权。物上请求权是物权人对物的支配因受到他人妨害时，权利人享有的请求侵害人排除其妨害的权利。包括请求返还原物、排除妨害、消除危险、恢复原状等。法律赋予物权人以物上请求权的目的在于恢复物权人对物的圆满支配状态。

物权人在其物权受到妨害后，可以直接请求侵害人为一定的行为或不为一定的行为。例如，甲把汽车停放在乙的家门口，挡住了乙的通行，乙就可以请甲将汽车移往别处。又如，甲借用乙的牛车，说好第二天归还，结果过了一个星期仍然没有还给乙，乙就可以直接向甲要求返还牛车。实践中大部分的妨害物权人权利的行为，都是因物权人直接向侵害人行使物上请求权而了结的。物权人在法律允许范围内采取积极的自我保护措施，是保证物上请求权得以实现的有效途径，有利于避免或减轻自己的财产遭受损害。

如果侵害人不理会物权人的请求，继续妨害物权人的合法权利，物权人就可以求助于公力救济。物权人可以直接向法院提出诉讼，请求法院责令侵害人停止侵害、返还原物、排除妨碍、消除危险、恢复原状。此时物上请求权的内容就转变成了对侵害人的法律制裁，具有强制效力。

四、物权的变动

(一) 物权变动的概念

物权的变动指物权的产生（取得）、变更和消灭（丧失）。物权的产生即物权人取得物权。物权的消灭指特定主体的物权不复存在。物权的产生与消灭讲的是主体的变更，物权的变更讲的是物权的内容和客体的变更。

(二) 物权变动的原因

(1) 物权取得的原因。以是否基于他人的权利和意志为标准，物权取得的原因有两种：原始取得和继受取得。非基于他人的权利和意志而取得物权是原始取得。原始取得的具体情形有以下几种：①生产；②收取物的天然孳息；③税收、国有化、征收、征用、没收；④国家取得无人继承的遗产、无人认领的遗失物、所有人不明的埋藏物、隐藏物；⑤集体组织取得其成员的无人继承的遗产；⑥先占；⑦添附；⑧时效；⑨即时取得。基于他人的权利和意志而取得物权是继受取得。继受取得的具体情形有以下几种：①转移，如买卖、互易、赠与、遗赠、继承等；②创设，如划拨、特许等。

(2) 物权消灭的原因。物权的消灭包括绝对消灭和相对消灭。绝对消灭指物权与特定主体分离，而他人又未取得其权利。具体情形有：标的物的消灭、抛弃、他物权与所有权混同等等。相对消灭指物权与原主体分离而归于新主体，例如转让。

第三节 所　有　权

一、所有权的概念与特征

(一) 所有权的概念

财产所有权是所有人依法对自己的财产享有占有、使用、收益和处分的权利。

财产所有权在本质上是一定社会的所有制形式在法律上的表现。马克思主义法学认为，法律作为一种上层建筑"根源于物质的生活关系""都只是标明和记载经济关系的要求而已"。所有权与所有制的关系本质上是上层建筑与经济基础的关系。有何种性质的所有制，便要求有与之相适应的何种所有权制度，这是阶级社会中国家在法律调整方面所遵循的共同规律，古今中外，概莫能外。所有制作为一定社会的基本经济制度，是该社会生产关系的核心和基础，所有制决定着所有权的性质、内容和形式。但是所有权法律制度作为一定社会的上层建筑，并不是被动地反映该社会的所有制，而是要主动为确认、保护和促进特定社会的所有制服务。私有制社会的所有权将维护私有制作为立法的根本任务；社会主义公有制国家的所有权制度是要维护公有制，保护多种经济形式的发展，促进市场经济的繁荣。

需要注意的是，所有权的客体仅限于财物。民事法律关系的客体十分广泛，包括物、行为和智力成果等。行为是债权等法律关系的客体，智力成果是知识产权的客体，物则仅限于是所有权的客体。

（二）所有权的特点

第一，所有权是绝对权。所有权的权利主体是特定的，义务主体是不特定的。与债权不同，债权的实现必须依靠特定的债务人积极作出一定行为；而所有权不要求他人的积极行为，相反，义务主体的义务仅在于不去干涉所有权的行使，这是一种特定的不作为的义务。基于所有权与债权的这种区别，法学上把所有权称为绝对权，把债权称为相对权。

第二，所有权是完全物权。与他物权不同，所有权人在法律许可的范围内，得就标的物为占有、使用、收益和处分等全面的支配。而他物权人只能依照与所有权人的约定或法律的规定，在一定范围内就标的物行使支配权。所有权作为一种最完全的权利，是他物权的源泉。与之相比较，地上权、地役权、抵押权等他物权，仅仅是就占有、使用、收益某一方面对物的支配权利，只是享有所有权的部分权能。

第三，所有权是原始物权。所有权不是从其他物权中派生出来的，而是法律直接确认的结果。所有权是他物权和债权的发生根据和归宿。

第四，所有权具有弹性力。当所有人为他人在所有物上设定他物权时，所有权的内容即受到限制。而一旦他物权消灭，分离出去的权能复归于所有人，所有权即恢复其圆满状态，这是所有权具有弹性力的表现。

第五，所有权具有永久性。所有权的存在没有预定的存续期间，除非有法定或约定的原因，所有权不会消灭。而他物权和债权的存续皆有期限的限制。

二、所有权的权能

权能是权利人在实现权利时所能实施的行为。所有权的权能包括四项：占有、使用、收益、处分。

（一）占有

占有是民事主体对财产的实际占领和支配。占有分为所有人占有和非所有人占有两种情形，二者的内容和法律后果是不同的。

1. 所有人占有

所有人占有，是所有人在事实上直接控制属于自己所有的财产，亲自行使占有权能。

如，公民对于自己所有的房屋、家具、生活用品的占有，集体企业对厂房、机器的占有等。占有所有物是所有人行使其他权能的前提。国家法律充分保护财产所有人对自己财产的占有，严格禁止他人的妨碍和侵害。

2. 非所有人占有

非所有人占有，是所有人以外的其他人占有不属于其所有的财产。包括两种情况：

（1）合法占有。合法占有是非所有人根据法律规定或所有人的意思而占有他人的财产。如承租人根据承租合同占有出租人的财产，保管人根据保管合同占有寄存人的财产，国家机关、国有企、事业单位等根据法律规定或行政命令占有国有资产等等。合法占有是受法律保护的。在合法占有期间，占有人有权对抗包括所有人在内的任何人的不法干涉。比如，国有土地使用权出让给某公司后，在有效使用期内，出让人不能随意收回使用权。否则，该公司可以要求出让人给付应有的赔偿。

（2）非法占有。非法占有是非所有人没有法律根据或合同依据或者非根据所有人的意思而占有他人的财产。以非法占有人是否知道占有属于非法为标准，可以把非法占有分为善意占有和恶意占有。占有人不知道或无法知道其占有是非法的为善意占有，如牧羊人将他人走失的羊误以为自己的羊加以管理；占有人知道或应当知道其占有是非法的为恶意占有，如出租车司机将乘客落在车上的钱包据为己有，拒不返还。

区分善意占有和恶意占有有着不同的法律后果。法律保护前者而不保护后者。如果是善意占有，那么在返还财产时，占有人因该物获得的孳息无须返还；若财产受到损失，则对损失不负责任，只需返还现存利益；善意占有人可以请求所有人返还为保管、保存、改良财产所支付的必要费用。如果是恶意占有，那么在返还财产时，恶意占有人必须返还已经取得的该物的孳息；财产受到损失的，要赔偿所有人的损失；其保管、保存、改良财产所支付的必要费用都由自己承担，不能向所有人"报账"。可见，善意占有人比恶意占有人享有的利益要大得多。

（二）使用

使用是依照物的性能和用途，在不损害和变更其性质的前提下对物加以利用。使用是为了实现物的使用价值，满足人们的需要。使用也可以分为所有人使用和非所有人使用两种情形。

（1）所有人使用。所有人使用是所有人对其财产的利用。如公民住自己的商品房，开自己的小轿车，用购买的滚筒洗衣机清洗衣物，企业开动机器进行生产活动。若他人非法干涉所有人行使使用权，则所有人可以请求对方排除妨碍并赔偿损失。

（2）非所有人使用，这也有合法使用和非法使用之分。非所有人根据法律或者约定使用他人财产的，为合法使用。例如承租人依照租赁合同使用租赁物，房地产开发商在经批准使用的国有土地上修建房屋等。非所有人无法律根据或合同约定使用他人财产的为非法使用。比如未经批准在国家或集体所有的土地上进行建筑等。

（三）收益

收益就是收取所有物的利益，包括孳息和利润。孳息分为天然孳息和法定孳息。天然孳息是果实、动物的产物和其他依照物的用法收取的利益，如土地上收获的粮食，果树上结出的苹果，母牛生产的牛奶，母鸡孵化的小鸡等等。法定孳息是依据法律关系取得的利益，如利息、租金等。利润是将物投入社会生产、流通过程所取得的利益。

在现代商品经济高度发达的社会，收益权能已经成为所有权的核心权能，行使收益权能的方式也越来越多样化。民事主体获取物的收益已经不限于所有人对自己的财产的收益，非所有人经过与所有人协商，亦可独享或者与所有人分享财产收益。比如国家允许集体经济组织使用国有荒山造林并由造林者获得直接经济收益；企业的承包人与企业按照协议分成收益等等。

（四）处分

处分是民事主体在法律允许的范围内对财产进行的处置。处分可以分为事实上的处分和法律上的处分。事实上的处分是在生产或生活中直接消耗财产，使其物质形态发生变更或消灭。例如，吃掉粮食，拆除房屋，原材料经过加工变成产品等等。法律上的处分，是通过某种法律行为处置财产。例如，出卖房屋，赠与财物、在所有物上设定他物权（如质权、抵押权）等。

由于处分是决定财产事实上和法律上命运的权能，所以传统民法理论认为，处分权能通常只能由所有人自己行使，非所有人不得染指。如保管人、承租人将保管物或承租物出卖都是不允许的，是侵权行为。但是，非财产所有人亦可根据法律的规定或者合同的约定对财产进行处分。例如，在加工承揽关系中，定作方超过领取期限不领取定作物的，承揽方有权依法处理。在债务人以其财产设立抵押的情况下，如果债务人超过履行期限不履行债务的，债权人就有权依法将抵押财产折价变卖或拍卖，并从变卖或拍卖的价款中优先受偿。

占有、使用、收益和处分构成了所有权完整的四项权能。实际生活中，财产所有人既可以将这四项权能集于一身统一行使，也可以将部分权能分离出去交给他人，自己从中受益。因此，权能的暂时分离并不意味着丧失，相反却是所有权人行使权利的有效形式。在社会生活中，财产所有人正是通过经常将这四项权能与自己分离与回复的方式，尽情发挥财产的效益，来满足自己生产和生活的需要。

三、所有权的种类

（一）国家所有权

1. 国家所有权的概念和特点

国家所有权是全民所有制在法律上的表现，是中华人民共和国对国家财产享有的占有、使用、收益和处分的权利。国家所有权具有以下特征：

（1）国家所有权的主体具有唯一性和统一性。国家是国家所有权的唯一主体，国家对国有财产享有排他的支配权，任何个人和组织都不能以国家财产在经济上属于全民所有为根据，而在法律上主张对国有财产的所有权。国家代表全民享有并行使国家所有权，非经国家授权，任何单位和个人都无权行使国家财产权。

（2）国家所有权的客体具有广泛性。任何财产都可以成为国家所有权的客体，包括土地、矿藏、水流等自然资源；由全民所有制企业占有的固定资产和流动资金；交通、通信、传媒等资源；军事设施、水库、电站；还有科技文化卫生体育、旅游等资源。国家专有的财产受法律保护，集体组织和公民个人不能享有。这些专有财产有：矿藏、水流、邮电通信、军事设施与物资等等。此外，国家可以根据建设需要，依法对不属于国家所有的财产实行征用，比如土地等财产。

(矿藏、水流、邮电通信、军事设施与物资等属于国家的专有财产)

需要强调的是，任何财产都可以成为国家所有权的客体，并不是说任何财产都是国家所有权的客体。有的财产属于集体组织所有或者公民个人私有。国有财产的广泛性的特征并不意味着对集体组织或者公民个人所有的财产可以随意"拔高升级"，使之转化为国有财产，更不意味着对于集体组织或者公民个人的财产，国家可以任意通过国有化而取得。

2. 国家所有权的取得和保护

国家所有权的取得方式包括：没收和国有化、赎买、扩大再生产、税收，参与国内民事活动和对外贸易，征收、征购、征用，罚金、罚款，接受赠予和遗赠，接受无主财产等。对国家所有权的保护，应当注意以下几点：①未授权给公民、法人经营、管理的国家财产受到侵害的，不受诉讼时效期间的限制；②所有权人不明的财产推定为国家所有；③当国家与集体、个人之间因财产所有权的归属发生争议又无法查证时，推定财产为无主财产，收归国家所有。

(二) 集体所有权

集体所有权是劳动群众集体所有制在法律上的表现，是劳动群众集体组织对国家财产享有的占有、使用、收益和处分的权利。集体所有权在法律上有着自己的特点：

(1) 主体的独立性和广泛性。集体所有权的主体没有全国性的统一主体。各个集体组织都有法人资格，彼此之间相互独立又平等合作。集体所有的财产和集体组织成员的个人财产是分开的。集体组织的某个成员或部分成员都不能成为集体所有权的主体。

(2) 客体的限定性。与国家所有权相比，集体所有权的客体不如前者广泛。集体组织的财产主要有：除法律规定属于国家所有以外的农村和城市郊区的土地；宅基地、自留地、自留山；集体所有的企业商店、农场、林场、牧场、建筑物、水利设施、文化教育设施等。掌握在集体组织手中的财产是除了国家专有财产以外的一般的生产资料和生活资料。

(三) 公民个人所有权

公民个人所有权是公民对其个人财产依法享有的占有、使用、收益和处分的权利。公民个人所有权的客体有两个：生活资料和生产资料。前者主要包括公民依法取得的收入、储蓄、自有的房屋等等。后者主要指个体工商户、农村承包经营户和私营企业的投资者拥有的生产资料，他们通过法律允许的生产经营来行使生产资料所有权。

四、所有权的取得与转移

（一）所有权的取得

所有权的取得，是民事主体获得财产所有权的合法方式和根据。所有权的取得方式有两种情况：原始取得和继受取得。

1. 原始取得

原始取得是不以他人的所有权和意志为基础而取得某物的所有权。原始取得的根据有：

（1）生产，是公民或法人通过自己的劳动生产获得获取劳动产品，以及通过扩大再生产取得所创造的劳动产品。

（2）收益，是民事主体通过合法途径取得的物质利益，包括天然孳息和法定孳息。

（3）添附，民事主体把不同所有人的财产或者劳动成果合并在一起，从而形成另一种新形态的财产，如果要恢复原状在事实上不可能或者在经济上不合理，在此情况下，则要确认该新财产的归属问题。添附有三种情况：①混合。混合是不同所有人的物混在一起而不能分开的状态，如水跟酒混在一起。混合物既可以由当事人共有，也可以由一方所有。如果双方协商不能解决，则由原物价值较大的一方取得所有权，但须给予对方相当的补偿。②附合。附合是一物与他物结合在一起而不能分离，若分离则会毁损该物或花费较大的事实状态。对于符合物的所有权的归属，应区分不同情况而论：如果是动产附合于不动产之上，由不动产所有人取得所有权；如果是动产附合于动产之上，如果附合的动产有主从之别，由主物的所有人取得附合物的所有权；如果没有主从之别，则由各动产所有人共有附合物。③加工。加工是一方使用他人财产加工改造为具有更高价值的新的财产，比如将他人的大米酿成酒。加工物一般由原材料所有人取得所有权，但是如果因加工增加的价值大于原材料的价值时，加工物可以归加工人所有。

（4）先占。对于无主之动产，占有人以先占之事实而取得其所有权，如渔人捕获河鱼、农妇摘取野果。

（5）无主财产收归国有，指国家取得所有人不明的土地、埋藏物、隐藏物、无人认领的遗失物及无人继承的财产。

（6）国家采取强制手段取得所有权，如征税、国有化、征收、没收等。国家在什么情况下可以采取这些强制措施呢？只有在因维护社会公益所必要的情况下，国家方可采取这些手段，而且，对于因此受到损失的公民，还须给予一定的补偿。

2. 继受取得

继受取得，又称传来取得，是通过某种法律行为从原所有人那里取得对某项财产的所有权。继受取得的根据主要有：

（1）买卖，是一方以支付价为对价而取得他人之物的所有权的双方民事法律行为。

（2）赠与，是一方无偿转让财产于他方的双方民事法律行为。

（3）继承和接受遗赠，公民、集体组织或者国家作为受遗赠人，按照被继承人生前订立的合法有效遗嘱或遗赠的指定，取得遗产或遗赠财产。

（4）互易，民事主体一方以金钱以外的某种财产与他方的另一财产相互交换，彼此相互取得对方财产的所有权。在古代商品流转的最初阶段，人们普通以物易物，《诗经·卫风·氓》中就有"抱布贸丝"（一解为怀抱布匹来交换真丝）的记载。当货币出现以后，互

（二）所有权的转移

所有权的转移以交付为动产所有权的转移时间，以登记作为不动产（主要是房屋，机动车辆和船舶也适用）所有权的转移时间。

拿到房屋的钥匙，并不意味着你拥有了房屋的所有权。买方需要到房地产管理局进行登记，领取了房屋所有权证书，才能证明自己是房屋的合法主人。

五、善意取得制度

（房地产权证书）

善意取得是无权处分他人财产的占有人，在不法将财产转让给第三人以后，如果受让人取得该财产是出于善意，就可以依法取得对该财产的所有权。受让人在取得财产的所有权以后，原所有人不得要求受让人返还财产，而只能请求转让人（占有人）赔偿损失。善意取得制度是适应商品经济的发展，重在保护交易安全。它通过协调物质所有人与善意第三人的利益冲突，达到稳定财产流转关系，维护现实经济秩序的目的。

善意取得制度的成立条件是：

（1）取得的财产是法律允许流通的动产和不动产。善意取得的动产必须是法律允许自由流通的财产。动产的范围，包括除不动产以外的其他一切财产，而货币和无记名有价证券也包括在内。法律禁止或限制流通的物，如爆炸物、枪支弹药、毒品等，不适用这一制度。不动产构成善意取得的情况较少，主要是不动产的共有人之一擅自处分不动产，未经其他共有人同意的情况。

（2）受让人的主观心理必须是善意的。即受让人在获取财物时，误以为财产的让与人是财产的所有人。

（3）受让人基于一定的法律行为获得财产。如果受让人是通过事实行为，如拾得遗失物、发现埋藏物等取得财产，则不适用该制度。

（4）受让人取得的财产必须是依所有人的意思而与所有人分离的。即无权处分人是按照所有人的意思获得该物的。因此，盗赃、遗失物等不适用善意取得制度。

第四节 物权的保护

物权是一项非常重要的财产权利，在我国，对物权进行保护的任务由宪法、行政法、刑法、民法等各个法律部门共同完成。相比较而言，民法对物权的保护最为直接，主要通过民事诉讼程序和民法方法来实现。依据权利人是否通过诉讼程序而分为物权的自我保护和诉讼保护。

一、物权的自我保护

物权的自我保护是物权人在其物权受到侵害以后，直接请求侵害人为一定行为或不为一定行为，主要有四种方法：请求侵害人返还原物、请求排除妨害、请求恢复原状和请求赔偿损失。其中前三种以物权的存在为前提，当物权受到侵害时，法律强制侵害人恢复物权的权利状态和原物的自然形状，故又称为物权的保护方法。请求赔偿损失是发生侵害时，确定侵害人对物权人的赔偿义务,从而补偿物权人的损失,因此又称为债权的保护方法。这两种保护方法有三点不同:①前提不同。债权的保护方法已造成实际损失为前提,而物权的保护方法以侵害事实的发生和存在为前提,不论是否有损害后果。②目的不同。物权的保护方法旨在恢复物权的完整状态;而债权的保护方法旨在补偿物权人因侵害造成的损失。③依据不同。物权的保护方法来源于民法中对物权的规定;而债权的保护方法适用民法中对债的规定。这两种保护方法互为补充,并行不悖,被侵害人可以选择其中一种方法或同时使用两种以上的方法。

(被称为"史上最牛的钉子户"的房屋矗立在重庆杨家坪的拆迁工地上,宛若一座孤岛)①

实践中,违法拆迁的情形却屡屡发生,有些地方甚至出现了株连式拆迁、违规动用警力拆迁等现象,严重侵害了房屋所有权人的合法权益,亦成为国家坚决禁止的行为。《物权法》第42条的规定,为了公共利益的需要,依照法律规定的权限和程序可以征收集体所有的土地和单位、个人的房屋及其他不动产。但是对于公共利益如何界定,合法授权以及法律程序,法律规定得尚不够详细,亟待进一步完善。

二、物权的诉讼保护

物权的诉讼保护,是物权人在其物权受到侵害以后,向法院提起诉讼,请求法院确认其物权的存在,责令侵害人承担民事责任的方法。具体的保护措施如:请求确认物权、请求法院责令侵害人返还原物、排除妨害、恢复原状和赔偿损失等。

物权人在物权受到侵害以后,可以选择采取自我保护或者诉讼保护方法来维护自己的合法权利。

---

① "史上最牛的钉子户"事件在当年引起了全社会的热切关注。该房屋的主人是杨武、吴苹夫妇。因拆迁补偿金不到位等原因,夫妇二人拒绝搬迁,以《宪法》和《物权法》为依据坚决捍卫私有财产的所有权,该事件于2007年4月最终得以妥善解决。开发商称其为"钉子户",但在普通民众眼里,他们已经成为捍卫法律赋予的神圣的私有财产权利的英雄式人物。

图片来源:http://hi.baidu.com/%CF%C4%C7%BC/album/item/5bf0fc1ec236e2174034170d.html#。

第五章

合同法：交易的"通行证"

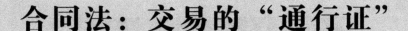

无论你是否注意到，人的一生几乎都是在合同中度过的。从清晨起床后的一份报纸、一杯买来的热豆浆到晚上临睡前的电台音乐和热水浴，合同都如影随形。合同法正是指引和保障合同的缔结、履行和相关权利的法律。

第一节 合同法概述

一、合同的含义及分类

（一）什么是合同？

合同，或曰契约，是当事人之间设立、变更及终止其权利义务关系的双方或多方法律行为。

我国《合同法》第2条规定的合同是指平等主体的自然人、法人和其他经济组织之间设立、变更、终止民事权利义务关系的协议。婚姻、收养、监护、姓名等与身份有关的协议，适用其他法律的规定。因此，我国《合同法》仅仅调整人身关系之外的债权合同。

> **思考：**
> 收养协议、监护协议是否适用《合同法》？

合同具有下列特征：
（1）合同主体地位平等。合同当事人的法律地位平等，一方不得凭借行政权力、经济实力或其他优势，将自己的意志强加给对方。
（2）合同是当事人意思表示一致的法律行为。合同的成立必须有两方以上的当事人，他们互为意思表示，并且意思表示相一致。这是合同与单方法律行为相区别的重要标志。

（3）合同是旨在发生特定法律效果的民事法律行为。合同在当事人之间设立、变更、终止某种民事权利义务关系，以实现当事人的特定目的。

（二）合同的分类

根据不同的划分标准，可以将合同分为6种类型，如下图所示。

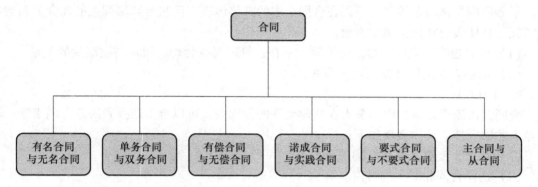

1. 有名合同与无名合同

有名合同是法律直接规定其内容并赋予一定名称的合同。

《合同法》规定的有名合同有15种，包括买卖合同，供用电、水、气、热力合同，赠与合同，借款合同，租赁合同，融资租赁合同，承揽合同，建设工程合同，运输合同，技术合同，保管合同，仓储合同，委托合同，行纪合同和居间合同。

2. 单务合同与双务合同

单务合同是仅有一方当事人承担义务的合同，如赠与合同；双务合同是双方当事人互负债务的合同，如买卖合同。

3. 有偿合同与无偿合同

有偿合同是双方互为给付而取得对价的合同，如租赁合同；无偿合同是一方只为给付而无对价的合同，如借用合同、无偿保管合同等。

4. 诺成合同与实践合同

诺成合同是指当事人意思表示一致即告成立且生效的合同，实践合同是指除当事人意思表示一致以外，须以实际交付标的物才能生效的合同，如动产质押合同、定金合同等。

5. 要式合同与不要式合同

要式合同是指必须采用特殊法定形式（如必须采用书面形式或者必须经公证等）才能成立的合同，不要式合同是指法律没有特别规定，当事人也没有特别约定需采用特殊形式的合同。

6. 主合同与从合同

主合同是指不依赖他合同而独立存在的合同，从合同是指以他合同为存在前提的合同。主合同的成立与效力直接影响从合同的成立与效力。如借款合同与其相应的担保合同，前者为主合同，后者为从合同，主合同无效则从合同无效，主合同履行完毕，从合同也终止。

二、合同法的概念及基本原则

（一）合同法的概念和调整范围

合同法是调整平等主体当事人之间的合同权利义务关系的法律规范的总称。我国《合同法》仅调整财产合同法律关系。

（二）合同法的基本原则

合同法的基本原则，是指贯穿于整个合同法的基本准则，是制定、适用、解释和研究合同法的根本依据和出发点。

1. 平等原则

平等原则是私法领域平等原则在合同法中的具体体现，反映合同法调整的社会关系的本质特征，具体表现在如下两个方面：

（1）合同当事人之间法律地位平等，不存在管理与被管理、服从与被服从的关系。

（2）当事人在适用规则上是平等的。

2. 自由原则

合同自由原则是指合同当事人在法律允许的范围内，可以自由选择和决定合同事项，不受他人非法干涉。具体表现如下：

（1）订立、变更和终止合同的自由。

（2）选择合同相对人的自由。

（3）确定合同内容的自由。

（4）选择合同方式的自由。

3. 合法性原则

合法性原则是指合同当事人订立、履行合同时应遵守法律、行政法规。合同法对合同自由予以一定的限制，是为了保护交易安全，维护社会公共利益，追求交易的实质性公平。

4. 公平原则

《合同法》第5条规定："当事人应当遵循公平原则确定各方的权利义务。"公平原则要求：

（1）当已成立的合同的权利、义务严重不对等时，法律赋予当事人撤销合同的权利。

（2）立法时合理分配当事人在合同中的负担和风险。

5. 诚实信用原则

诚实信用原则是指民事主体从事民事活动时，应诚实守信，以善意的方式履行义务，不得滥用权力或规避法律、合同规定的义务。根据诚实信用原则，在合同订立阶段，当事人负有通知、照顾、保护等附随义务；在合同履行阶段，当事人还应履行各种附随义务；合同关系终止后，当事人应承担保密等必要的附随义务。

6. 鼓励交易原则

鼓励交易原则是指在合同订立、履行、终止的一系列制度规范中，尽可能减少当事人交易的制度障碍，降低当事人的交易成本，促进当事人通过合同实现交易目的。主要体现在如下3个方面。

（1）在不违反法律、法规的强制性规定的前提下，充分尊重合同当事人的自由意志，减少国家对合同的干预。

（2）合同法提供了当事人可参照适用的条款，以避免因合同中部分条款缺失或不明确而导致合同不成立或无效。

（3）合同法严格限制合同解除的条件，避免一方当事人以合同履行中微小的瑕疵来主张解除合同而使当事人的交易目的无法实现。

第二节 合同的订立

一、合同订立概述

（一）合同订立概念

合同的订立，是指缔约人就合同的内容达成协议的过程，包括要约和承诺两个阶段。从行为过程角度，有合同的订立，才有合同的成立；合同成立后，才能论及该合同是否生效的问题。所以，合同的订立、成立及效力是三个不同概念，在此一并提请注意。

（二）合同的条款

合同的条款即合同的内容，即合同当事人的权利和义务。《合同法》第12条规定，合同的内容由当事人约定，一般应包括以下条款：①当事人的名称或者姓名和住所；②标的；③数量；④质量；⑤价款或者报酬；⑥履行期限、地点和方式；⑦违约责任；⑧解决争议的办法。

（三）合同的形式

合同的形式是指合同的外在表现形式，是合同约定的当事人权利义务的载体。合同形式有口头形式、书面和其他形式。

口头形式是指当事人只用语言为意思表示而订立的合同。口头形式简便易行，是日常生活中常见的合同形式。但口头形式由于口说无凭，一旦发生纠纷难以取证，不易分清双方的责任。因此，对于不能即时清结的合同和标的额较大的合同，不宜采取这种形式。

书面形式是指以文字来表现当事人所订立的合同形式。《合同法》第11条规定，书面形式是指合同书、信件和数据电文（包括电报、电传、电子数据交换和电子邮件）等可以有形地表现所载内容的形式。书面形式最大的优点是有据可查，发生纠纷易举证，便于分清责任。

其他形式是指口头形式、书面形式以外，当事人以默示方式而达成的协议。

二、合同订立的过程——要约与承诺

（一）要约

1. 要约的概念

要约是当事人一方向对方发出的希望与对方订立合同的意思表示。发出要约的一方称为要约人，接受要约的一方称为受要约人。

2. 要约的主要构成要件

（1）要约是由特定人作出的意思表示。要约的目的在于与他人订立合同，因此，要约人必须是订立合同一方的当事人，这就要求要约人必须是特定的人，这样，受要约人才能对其作出承诺，双方订立合同。

（2）要约必须具有订立合同的意图。要约应表明，一经受要约人承诺，要约人即受该意思表示约束。即要约一经承诺，当事人之间的合同关系就宣告成立。

（3）要约一般是向特定的受要约人发出。要约是希望和他人订立合同的意思表示，一般需向特定的人发出。但也有一些要约是向不特定的人发出的，如悬赏广告、标价出售的商

品等，也构成要约。

（4）要约的内容必须具体、确定。具体是指要约的内容必须包括合同成立所必需的条款；确定是指要约的内容必须明确，不能含混不清。

需要注意的是，实践中人们很容易将要约与要约邀请混淆。要约邀请是指希望他人向自己发出要约的意思表示，其既可向特定的人发出，也可向不特定的人发出。其目的在于诱使他人向自己发出要约，而不是与他人订立合同，所以要约邀请不包含合同的具体内容，没有明确的权利义务约定，也没有甘受其束缚的意思表示。根据《合同法》第15条的规定，寄送的价目表、拍卖公告、招标公告等为要约邀请。商业广告的内容符合要约规定的，也视为要约。

> **思考1**
>
> 甲对乙提出："我愿意卖掉家中祖传的一幅字画，价格为50万元。"
> 问题：甲的意思表示是否构成要约？

> **思考2**
>
> 某房产商在其广告传单上宣传：本楼盘芳草萋萋，有百亩生态公园；本楼盘其乐融融，有休闲健身设备若干（包括千米恒温游泳池）……
> 问题：这份广告是否构成要约？

3. 要约的效力

要约的效力表现为以下3个方面：

（1）要约到达受要约人时生效。采用数据电文形式订立合同，收件人指定特定系统接收数据电文的，该数据电文进入该特定系统的时间，视为到达时间；未指定特定系统的，该数据电文进入收件人的任何系统的首次时间，视为到达时间。

（2）要约对要约人的拘束力。要约一经生效，要约人即受到要约的拘束，不得随意撤回、撤销或对要约加以限制、变更和扩张。

（3）要约对受要约人的拘束力。受要约人在要约生效时即取得承诺的权利，也即是说取得依其承诺而成立合同的法律地位。

4. 要约的撤回和撤销

要约的撤回是指在要约生效之前，要约人使要约不发生法律效力的行为。《合同法》第17条规定，要约可以撤回，撤回要约的通知应当在要约到达受要约人之前或者与要约同时到达要约人。要约的撤销是指要约人在要约生效以后，将该项要约取消，使要约的法律效力归于消灭的意思表示。《合同法》第18条规定，邀约可以撤销，撤销要约的通知应当在受要约人发出承诺通知之前到达受要约人。在下列情况下要约不得撤销：①要约人规定了承诺期间或者以其他形式明示要约不可撤销；②受要约人有理由认为是不可撤销的，并已经为履行合同做了准备工作。

5. 要约的失效

要约的失效是指要约丧失其法律效力。要约失效主要有以下几种：①拒绝要约的通知到达要约人；②要约人依法撤销要约；③承诺期限届满，受要约人未作出承诺；④受要约人对要约的内容作出实质性变更。

(二) 承诺

1. 承诺的概念

承诺是要约人同意要约的意思表示。要约一经受要约人承诺，合同即成立。

2. 承诺的构成要件

(1) 承诺需由受要约人作出。受要约人为特定人时，承诺应当由该特定人作出；受要约人为不特定人时，不特定人中的任何人都可以作出承诺。承诺可以由受要约人本人作出，也可以由受要约人的代理人代为承诺。

(2) 承诺必须向要约人作出。承诺的目的在于订立合同，承诺只有向要约人作出才能达到订立合同的目的，向非要约人作出的意思表示，不能构成承诺。

(3) 承诺的内容应当与要约的内容一致。承诺是受要约人愿意按照要约的内容与要约人订立合同的意思表示，所以要取得成立合同的法律效果，承诺必须与要约的内容一致。如果受要约人在承诺中对要约的内容加以扩张、限制或变更，则不构成承诺，而被视为新的要约。

《合同法》第30条规定，承诺的内容应当与要约的内容一致。受要约人对要约的内容作出实质性变更的为新要约。有关合同的标的、数量、质量、价款或者报酬、履行期限、履行地点或方式、违约责任和解决争议等的方法的变更，是对要约内容的实质性变更。为了鼓励交易，对于非实质性变更的承诺，一般认为也是有效的。

《合同法》第31条规定，承诺对要约的内容作出非实质性变更的，除要约人即时表示反对或者要约表明承诺不得对要约的内容作出任何变更的以外，该承诺有效，合同的内容以承诺的内容为准。

(4) 承诺应该在承诺期限内到达。承诺的期限由要约确定，受要约人作出承诺，应该在规定的期限内作出。《合同法》第23条规定要约没有确定承诺期限的，承诺应当依照下列期限到达：①要约以对话方式作出的，应当即时作出承诺，但当事人另有约定的除外；②要约以非对话方式作出的，承诺应当在合理期间内到达。《合同法》第28条规定受要约人超过承诺期限发出承诺的，除要约人即时通知受要约人该承诺有效的以外，为新要约。第29条规定，受要约人在承诺期限内发出承诺，按照通常情形能够即时到达要约人，但其他原因承诺到达要约人时超过承诺期限的，除要约人即时通知受要约人因承诺超过期限不接受该承诺的以外，该承诺有效。

案 例

甲以传真方式向乙发出要约，问乙是否愿意购买其鲜草莓500千克，单价5元。乙没有及时回复，但是在和朋友聊天时表达了他很乐意随后签订合同的意思。该朋友将乙的话转述给甲，甲听后大喜，并赶紧组织人力采摘草莓，雇用货车准备运货，并且拒绝了丙的购买请求。殊不知，乙后来不愿意购买甲家草莓，导致甲不能及时找到买家，500千克草莓全部坏死。问：本案乙的行为是否已构成承诺，甲的损失应由谁承担？

3. 承诺的效力

承诺生效时合同成立。《合同法》第 26 条规定承诺通知到达要约人时生效。承诺不需要通知的，根据交易习惯或者要约的要求作出承诺的行为时生效。诺成性合同，承诺生效合同即告成立；实践性合同，如果交付标的物后于承诺生效，则合同自交付标的物时成立；以登记、公证签字、审批为生效要件的合同，承诺生效的时间也为合同成立的时间。承诺生效时间在合同法中具有重要的意义。

4. 承诺的撤回

承诺的撤回，是承诺人阻止承诺发生法律效力的行为。撤回的通知必须先于或同时与承诺到达要约人，才能阻止承诺发生法律效力。撤回的通知如果迟于承诺到达要约人，因承诺已生效，则不发生承诺撤回的效果。

案 例

花农甲在花市遇到玫瑰花爱好者乙，二人有如下一段对话：
甲：我家那株进口黑玫瑰开花了，那色泽，那香味，啧啧……
乙：得，直接说吧，多少钱？
甲：5 000。
乙：太贵了，2 500。
甲：你气我哟！
（乙转身欲走）
甲：添 500 块，3 000 块成交，不成拉倒！
乙：我再想想，回头再说。
甲：最迟晚上给我回话，否则明天我就卖给别人了。
（甲当日下午将花卖给了出价 4 000 的丙）
问(1) 根据合同订立的过程分解上述对话的法律含义？
　　(2) 甲能否在当天把花卖给丙，为什么？

三、格式条款

（一）格式条款的概念和特征

1. 格式条款的概念

格式条款是当事人为了重复使用而预先拟定，并在订立合同时，未与对方协商的条款。

格式条款被广泛适用于水、电、煤、气、运输、等公用事业和垄断行业。采用格式条款订立合同，一方面降低了交易成本，也使交易更为快捷；另一方面，因双方经济地位的悬殊也可能会带来显失公平的结果。因此，就需要对格式条款作必要的法律规制。

2. 格式条款的特征

（1）由当事人一方为重复使用而预先拟定，拟定时并未征求他方当事人的意见，拟定格式条款的一方通常是固定提供某种商品或服务的公用事业单位、企业和有关的社会团体。

（2）格式条款的内容具有定型化的特征。采用格式条款订立合同时，相对人"要么接

受、要么走开",即相对人对合同的内容只能完全接受或拒绝,不能修改、变更合同的内容。

(3) 订约双方当事人地位不平等。一般情况下,采用格式条款订立的合同中双方当事人地位有较大的差别,提供格式条款的一方在经济实力方面往往占有很大的优势,相对人不参与合同条款的制定,不能就合同条款进行讨价还价。

(二) 对格式条款的规制

《合同法》第39~第41条对采用格式条款订立合同作了特别的规定:

(1) 采用格式条款订立合同的,提供格式条款的一方应当遵循公平原则确定当事人之间的权利和义务,并采取合理的方式提请对方注意免除或者限制其责任的条款,按照对方的要求,对该条款予以说明。

(2) 格式条款具有免除提供格式条款一方责任,加重对方责任、排除对方主要权利的,该条款无效。

(3) 对格式条款的理解发生争议的,应当按照通常理解予以解释;对格式条款有两种以上解释的,应当采用不利于格式合同提供方的解释。

四、合同的成立

(一) 合同成立的条件

(1) 订约主体存在双方或者多方当事人。订约主体是指实际订立合同的人,他们既可以是合同当事人,也可以是合同当事人的代理人。

(2) 订约当事人对主要条款达成合意。一般来说,合同当事人就合同的主要条款达成合意,合同即告成立。

(3) 合同成立应具备要约和承诺两个阶段。《合同法》规定,当事人订立合同,采取要约、承诺方式。要约和承诺是合同订立的两个基本要求。

(二) 合同成立的时间和地点

合同成立的时间是由承诺实际生效的时间决定的,也就是说,承诺生效之时为合同成立时间。当事人采用合同书形式订立合同的,自双方当事人签字或者盖章时合同成立。当事人采用信件、数据电文等形式订立合同,要求签订确认书的,签订确认书时合同成立。

承诺生效的地点为合同成立的地点。当事人采用合同书形式订立合同的,双方当事人签字或盖章的地点为合同成立的地点。双方当事人签字或盖章不在同一地点的,以最后签字或盖章的地点为合同成立的地点。采用数据电文形式订立合同的,收件人的主营业地为合同成立的地点;没有主营业地的,其经常居住地为合同成立的地点。当事人另有约定的,按照约定。

五、缔约过失责任

（一）缔约过失责任的概念和特点

1. 缔约过失责任的概念

缔约过失责任是指当事人一方因于缔约之际具有过错，致使合同不能成立、无效或者可撤销，而对他方承担的损害赔偿责任。

2. 缔约过失责任的特点

（1）缔约过失责任发生在合同订立阶段。与违约责任不同在于，缔约过失责任发生在合同订立过程中，只有在合同尚未成立，或者虽然成立，但因为不符合法定生效要件而被确认无效或被撤销时，缔约人才承担缔约过失责任。

（2）当事人违反了因诚实信用原则所产生的义务。由于合同尚未成立，当事人之间不产生合同义务。但依照诚实信用原则，缔约当事人负有诚实、信用、保密等义务，一方违反这些义务给对方造成损失的，应承担缔约过失责任。

（3）一方违反义务，造成了另一方信赖利益的损失，是指一方对另一方的行为产生信赖，并因此而支付了一定费用，因另一方违反诚实信用原则使该费用得不到补偿。

（二）缔约过失责任的适用

根据我国《合同法》第42、第43条的规定，承担缔约过失责任主要有以下几种情况：

（1）假借订立合同，恶意进行磋商。

（2）故意隐瞒与订立合同有关的重要事实或提供虚假情况。

（3）其他违背诚实信用原则的行为。

（三）缔约过失责任的赔偿范围

缔约过失责任的赔偿形式是损害赔偿，主要有以下几种：

（1）合同不成立时，被宣告无效或可撤销的情况下，赔偿范围为信赖利益的损失，包括直接损失和间接损失两种。其中直接损失指订立合同的差旅费、通信费或准备履行合同所支出的费用等；间接损失主要指因此而丧失商机所造成的损失。

（2）在合同订立过程中，一方当事人未尽必要的照顾保护义务而使对方的人身遭受损失，应赔偿因此产生的损失，该赔偿范围以实际损失为限。

（3）在合同订立的过程中一方当事人未尽通知、说明义务，致使另一方遭受财产损失，也应赔偿损失，其赔偿范围以实际损失为限。

第三节　合同的效力

一、合同效力概述

（一）合同效力的概念

合同效力，是指依法成立的合同所产生的法律后果。《合同法》第8条规定，依法成立的合同，对当事人具有法律约束力。当事人应该按照约定履行自己的义务，不得擅自变更或解除合同，依法成立的合同，受法律保护。

合同的效力主要表现如下：①依法成立的合同在当事人之间设定一定的权利义务关系；

②依法成立的合同对当事人具有法律约束力。当事人应当按照合同的约定履行合同的义务，不得擅自变更或解除；③一方当事人违反合同的约定，不履行合同义务，要承担相应的违约责任。

（二）合同的成立与生效

合同成立是指当事人就合同的主要条款达成合意。合同生效是指已经成立的合同因符合法定的生效条件，从而使合同内容产生法律上的拘束力。《合同法》第44条规定，依法成立的合同，自成立时生效。法律、行政法规规定应当办理批准、登记手续生效的，依照其规定。一般情况下，合同成立的时间也是合同生效的时间，但法律、行政法规规定需要办理批准、登记手续的合同，必须完成批准、登记手续后才能发生法律效力。对于附条件或期限的合同，自条件成立时或期限届满时发生效力。

已经成立的合同不必然都生效。已经成立的合同可能因为附条件或者期限，或者未完成必要的程序而未生效。除此之外，已经成立的合同还可能是无效合同、可撤销合同或者效力待定合同。无效合同不发生当事人追求的法律后果；效力待定合同则指合同成立后效力仍处于不确定状态，其生效与否有待第三人决定；可撤销合同则指已成立的合同因为当事人意思表示有瑕疵或者显失公平，而允许特定当事人事后予以撤销的合同。下面分别论之。

二、无效合同

（一）无效合同的概念

无效合同，是指已经成立的合同因违反法律、行政法规的强制性规定，或其内容损害了社会公共利益而被认定为不具有当事人在合同中所追求的法律约束力的合同。

（二）无效合同的法律特征

（1）无效合同是已经成立的合同。合同无效与未生效不同，尽管二者的前提都是合同已成立，但合同未生效只是一种暂时状态，而不是对合同的最终法律判断，因此当合同未生效时，可以通过效力补正使合同生效；合同无效则是因为合同违法而当然无效、自始无效，不能补正。

（2）无效合同是不产生法律约束力的合同。之所谓不产生法律约束力指不产生当事人在合同中所追求的权利义务效力，并非指无效合同不产生任何法律效力，当事人之间仍可能因为无效合同而发生财产返还，责任承担的法律后果。如人口拐卖合同是无效合同，不生当事人期望的借此实现人口转移的后果，但是会承担对受害人的赔偿责任以及国家追究的刑事责任。

（3）无效合同是自始无效的合同。合同一旦被确认为无效，将产生溯及力，使合同从订立时起就不具有法律约束力，已经履行的无效合同，应当采取返还财产、赔偿损失等措施使当事人的财产恢复到合同订立前的状态。但继续性合同的特性使其在履行后往往无法恢复原状，因此该类合同被确认无效应当向将来发生效力，不溯及既往。

（4）无效合同是当然无效的合同。无效合同是当然不能发生效力的合同。对于无效合同，任何人都可以主张其无效。但是，合同无效，并不一定是全部无效，如果无效的原因仅存在于合同的一部分，而该部分无效又不影响其余部分时，其余部分仍然有效。

> **案例**
>
> 甲委托乙外出购买一批电脑配件,乙却与丙恶意串通,拟从丙处商家购买一批残次品。
> 问:乙丙订立的合同是否有效?

(三) 无效合同的类型

(1) 一方以欺诈、胁迫手段订立的合同,损害国家利益的。

欺诈,是指一方当事人故意告知对方虚假情况,或者故意隐瞒真实情况,诱使对方当事人作出错误意思表示的行为。

此欺诈行为的构成要件:①欺诈的一方具有欺诈的主观故意;②欺诈行为人客观上实施了欺诈的行为;③欺诈的行为与合同的成立有因果关系;④欺诈行为损害了国家利益。

胁迫,是指一方当事人以将来要发生的损害或者以直接施加损害相威胁,而使对方当事人产生恐惧并与之订立合同的行为。

此胁迫行为的构成要件:①行为人实施胁迫行为是出于故意;②行为人有实施威胁的事实;③受胁迫方因受到胁迫而实施订立合同的行为;④损害国家利益。

(2) 恶意串通,损害国家、集体或者第三人利益。恶意串通的合同,是指合同当事人在明知或者应当知晓某种行为将会对国家、集体或者第三人的利益造成损害的情况下故意订立的合同。

恶意串通的构成要件:①当事人在主观上具有恶意;②当事人之间互相串通;③合同履行的结果损害国家、集体或者第三人的利益。

(3) 以合法形式掩盖非法目的。指当事人实施的行为在形式上是合法的,但在内容和目的上是非法的。

以合法形式掩盖非法目的合同的特点:①该合同就其外表来看是合法的;②当事人主观上具有规避法律的故意,合同行为只是一种表象,被掩盖的是另一种非法行为。

(4) 损害社会公共利益。损害社会公共利益的合同,是指当事人订立的为追求自己的利益,但其履行或履行结果危害社会公共利益的合同。

(5) 违反法律、行政法规的强制性规定。违反法律、行政法规的强制性规定的合同是无效合同中最典型的一种,合同内容违反法律和行政法规的强制性规定,则不具有法律拘束力。

(6) 免责条款无效。免责条款是指当事人以协议排除或者限制其未来责任的合同条款。无效的免责条款有:①免除造成对方人身伤害的责任的条款;②免除因故意或者重大过失造成对方财产损失的责任的条款。

(7) 格式条款中的无效条款。提供格式条款一方免除其责任、加重对方责任、排除对方主要权利的,则该条款无效。

(四) 无效合同的法律后果

(1) 返还财产。合同当事人在合同被确认无效前已经履行或部分履行的,接受给付的人有返还财产的义务。财产为特定物的,应为原物返还;原物有孳息的,还应当返还孳息。当财产不能返还或者没有必要返还时,应当折价赔偿。

(2) 赔偿损失。合同被确认无效后，有过错的一方给对方当事人造成损失的，应当承担损害赔偿的责任。这种损害赔偿必须符合以下条件：①当事人因合同无效而实际遭受损失；②赔偿义务人有过错；③损失与过错之间有因果关系。

(3) 收归国家所有或者返还集体、第三人。当事人因恶意串通，损害国家、集体或者第三人利益的无效合同而取得财产的，应当将取得的财产收归国有或者返还集体、第三人。

> **思考：**
> 借钱赌博，这个钱可以不还吗？

案例

> 汤某、郑某系朋友。2006年9月13日，郑某自带现金10万余元邀请汤某一同前往重庆购车，当晚汤某在某酒店与郑某的朋友进行赌博，向郑某借10万元却被输掉，次日下午出具了借条。由于汤某未偿还借款，郑某起诉要求汤某及其妻还钱。
> **解析：** 本案例是重庆市高院公布的2010年全市法院审理的典型纠纷案件之一。法院判决：赌博是法律明确禁止的非法行为，判决汤某出具的10万元借条无效。依据：《中华人民共和国合同法》第52条规定，以合法形式掩盖非法目的的合同无效。
> **提示：** 本案例中法院查明，郑某明知汤某借钱用于赌博。法律不支持这种借钱行为，就如不支持"明知借钱去买毒品这种行为"。

三、可撤销合同

（一）可撤销合同的概念

可撤销合同，是指合同虽已经成立，但是由于存在着法定的可撤销因素，经一方当事人请求，法院或者仲裁机构确认后撤销的合同。合同在被撤销后，当事人之间的合同法律关系自始归于消灭。

（二）可撤销合同的特征

(1) 可撤销合同已经成立，但是缺乏完备的法定有效要件。主要体现在当事人的意思表示存在瑕疵，即当事人的意思表示不自由或不真实。

(2) 可撤销合同在撤销之前为有效合同。

(3) 可撤销合同的撤销应通过权利人主动行使相应权利实现。如果当事人不主张撤销，法院不得主动撤销。

（三）可撤销合同与无效合同的区别

(1) 可撤销合同因意思表示不真实引起，法律允许当事人自己决定是否主张撤销；而无效合同是违反法律强制性规定或者社会公共利益而导致，因其行为具有明显的违法性，法院可以依职权主动宣告合同无效。

(2) 可撤销合同在被撤销前是已经生效的合同，撤销权的行使必须在法定的期限之内，一旦经过法定期限，撤销权将自动消灭，合同成为有效合同；而在无效合同中，因其违法因素一直延续，因而主张合同无效不受诉讼时效限制。

（四）可撤销合同与效力待定合同的区别

（1）效力待定合同实际上是未发生效力的合同，在经权利人承认后，才能转化为有效合同；而可撤销合同属于具有不完全效力的合同，它可能继续保持合同效力，也可能转化为无效合同。

（2）效力待定合同中权利人行使的是追认权，一旦被追认，效力待定合同就成为合法有效的合同；可撤销合同中权利人行使的是撤销权，一旦撤销，可撤销合同就自始无效。

（五）可撤销合同的类型

1. 重大误解的合同

指行为人因对合同的重要内容产生错误认识而使意思与表示不一致的合同。

重大误解合同的要件：

（1）当事人对合同的内容发生了重大误解。重大误解，应当是指对涉及合同效果的主要事项发生了错误认识，从而导致误解人受到重大损失；

（2）当事人因误解作出了意思表示；

（3）误解是由于误解方自己的过失所造成。

2. 显失公平的合同

构成显失公平的条件：

（1）双方当事人在合同中的权利义务明显不公平；

（2）造成显失公平的原因是受害人在订立合同时处于明显不利的地位。是否显失公平应当根据订立合同之时的情况判断。合同订立后，市场发生变化，致使合同当事人的权利义务不公平的，不属于可撤销的显失公平合同。

3. 乘人之危的合同

乘人之危的合同指一方当事人故意利用他人的危难处境，迫使他方订立与其极为不利的合同。乘人之危的合同应当符合以下条件：

（1）乘人之危者主观上是故意的；

（2）对方当事人处于危难或者急迫需要的境地；

（3）一方当事人利用对方的危难处境或急迫需要向对方提出了苛刻条件；

（4）对方当事人迫于自己的危难或者急迫处境订立了合同。

4. 以欺诈、胁迫手段订立的未损害国家利益的合同

我国《合同法》将因欺诈、胁迫订立的合同分为绝对无效和相对无效两类：

（1）一方以欺诈、胁迫的手段订立合同损害国家利益的，合同绝对无效；

（2）一方以欺诈、胁迫的手段订立合同，而未损害国家利益，此类合同属于可撤销合同，相对无效，只有另一方当事人主张撤销并被认可时，合同才无效。

四、效力待定的合同

（一）效力待定合同的概念

效力待定合同，是指合同虽然已经成立，但因为欠缺合同生效要件，其能否发生效力尚未确定，有待于其他行为或者事实使其确定的合同。

效力待定合同是否能够发生效力处于不确定状态，取决于权利人的态度及相关事实。区

分效力待定合同与无效合同的目的在于，使那些并非欠缺"实质性"要件的合同有机会通过补正生效，以鼓励交易，实现当事人订合同的目的。

（二）效力待定合同的特征

（1）合同已经成立。效力待定合同是已经成立的合同，即当事人已经就合同的主要条款达成一致，而且合同的内容不违反法律的强制性规定和社会公共利益。

（2）合同效力未定。效力待定合同成立以后，因为其主体资格方面存在着瑕疵，合同是否发生效力尚未确定。因此，合同既存在着发生效力的可能，也存在着不发生效力的可能。

（3）合同的效力取决于享有追认权、撤销权的人是否行使权利以及相关事实。确定效力待定合同的效力的法律事实有两类：一类是权利人的行为，另一类是相关的事实。其中，权利人的行为包括两种：

①权利人行使追认权，即权利人事后承认限制行为能力人、无权代理人或者无处分权人所订立合同的效力。

②权利人行使撤销权，即与限制行为能力人、无权代理人或者无处分权人订立合同的另一方当事人，依法行使撤销合同的权利，但前提是须在追认权人承认合同的效力之前以通知的方式行使，而且撤销权人行使撤销权的前提须为善意，即在订立合同时对对方的行为能力、代理权、处分权等事实不知情。

相关事实，是指效力待定的合同订立后，一些事实的出现可以补正其效力；例如，无权处分人已经以合法方式获得了处分权等。为避免效力待定合同的不确定状态不合理地持续而给相对人造成损失，《合同法》赋予了相对人催告权，即相对人在得知其与对方所签订的合同存在效力待定的事由以后，可以催促追认权人在一定期限内作出是否追认表示的权利。如追认权人在期限内未作表示，则表示默认合同有效。

（三）效力待定合同的类型

（1）限制民事行为能力人依法不能独立订立的合同。

（2）无权代理人订立的合同。行为人没有代理权、超越代理权或者代理权终止后以被代理人名义订立的合同，未经被代理人追认，对被代理人不发生效力，由行为人承担责任。

（3）无处分权人订立的合同。无权处分合同，是指无处分权人以自己的名义与相对人订立合同，处分未经他人授权的财产。无权处分人订立的合同可以通过两种方式生效：①经过权利人追认；②无处分权人在订立合同后取得处分权。

第四节　合同的履行

一、合同履行的概念

合同履行是指当事人按照合同的约定或法律的规定实施一定的行为。如交付标的物，完成一定工作量等。

二、合同履行的原则

合同履行的原则是当事人履行合同时应当遵守的准则。根据《合同法》第60条的规定合同履行的原则包括全面履行原则和诚实信用原则。

（1）全面履行原则要求当事人按照合同的约定全面履行自己的义务。即当事人履行合同，要按照合同规定的时间、地点、标的、价款、数量、质量等要求履行自己的合同义务。如果不按合同规定的义务则构成违约，要承担相应的违约责任。

（2）诚实信用原则要求当事人履行合同时，应当诚实信用，根据合同的性质、目的和交易习惯等履行合同义务。

三、合同履行的内容

（一）履行主体

履行主体是指履行合同义务和接受履行的人。通常情况下，合同是在当事人之间履行，即由债务人履行，债权人接受履行。但有些合同也可以由债务人的代理人来履行，即除法律规定，当事人约定或者性质上必须由债务人本人履行的债务外，履行也可以由债务人的代理人进行。不过，代理只有在履行行为是法律行为时才能适用。同时，合同双方当事人可以约定由第三人履行债务或接受履行。《合同法》第64、65条规定当事人约定由债务人向第三人履行债务的，债务人未向第三人履行债务或者履行债务不符合约定，应当向债权人承担违约责任；当事人约定由第三人向债权人履行债务的，第三人不履行债务或者履行债务不符合约定，债务人应当向债权人承担违约责任。

（二）履行标的

履行标的是指债务人履行合同的内容，如交付财物、完成一定的工作量等。当事人应当按照合同约定标的履行合同。合同约定不明确，可以协议补充，不能达成补充协议的，按照合同有关条款或者交易习惯确定。

（三）履行地点

履行地点是指债务人应为履行行为的地点。当事人在履行地点为适当履行，即发生债的消灭效力。合同履行地点约定不明确的，按照《合同法》第62条的规定，给付货币的在接受货币一方所在地履行；交付不动产的，在不动产所在地履行；其他标的，在履行义务一方所在地履行。

（四）履行期限

履行期限是当事人履行合同的时间。当事人应当按照合同约定的时间履行合同。合同履行期限约定不明确的，按照《合同法》第62条的规定，债务人可以随时履行，债权人也可以随时要求履行，但应当给对方适当的准备时间。

（五）履行方式

履行方式是指债务人履行债务的方法，如交付方法、价款的支付方法等。当事人应当按照合同约定的方法履行合同。合同的履行方式约定不明确的，按照《合同法》第62条的规定，应当按照有利于实现合同目的的方式履行。

（六）履行费用

履行费用是指合同履行过程中所发生的费用。对合同履行费用的承担，当事人有约定的，按合同约定，合同约定不明确的，由履行义务一方负担。

第五节　合同的变更、转让和终止

一、合同的变更

（一）合同变更的概念

合同的变更指合同主体和内容的变更。这里主要指合同内容的变更。

（二）合同变更的要件

（1）已存在着有效的合同关系。

（2）合同内容发生变化，如标的物、价格的增减等。

（3）须经当事人协商一致，或依照法律的规定，《合同法》第77、第78条规定，当事人协商一致，可以变更合同。行政法规规定变更合同应当办理批准、登记手续的，依照其规定。此外合同也可以基于法律规定或法院裁定而改变，根据《合同法》第54条规定，因重大误解或显失公平订立的合同，一方当事人可以请求人民法院或者仲裁机构对其予以变更。

（三）合同变更的效力

合同依法变更后，当事人依照变更后的合同内容来履行，合同变更原则上是对将来发生效力，已履行的债务不因合同变更而失去合法性，而未变更的合同内容继续有效。合同的变更不影响当事人要求赔偿的权利。提出变更的一方当事人对对方因合同变更而受到的损失应负赔偿责任。

二、合同的转让

（一）合同转让的概念

合同转让，是指合同当事人一方依法将其合同中的权利或义务，全部或部分转让给第三人的法律行为。其实质是合同的主体发生变更，包括债权让与、债务承担及合同承受。

（二）合同转让的特征

（1）合同的转让是合同主体变更。合同的转让通常导致第三人替代原合同当事人一方，或者加入到合同关系之中，成为合同当事人。

（2）合同的转让并不改变原合同的权利义务内容。转让后的合同内容与转让前的合同内容具有一致性。

（3）合同的转让通常涉及两个相关的法律关系。合同的转让涉及原合同当事人双方之间的关系，以及转让人与受让人之间的关系。

（三）合同转让的要件

（1）须有合法有效的合同关系。合同的有效存在，是该合同中的权利义务能被让与或承担的基本前提。

（2）当事人须就合同转让事宜达成有效的协议。

（3）合同的转让应符合法律规定的程序。法律要求在转让合同的权利或义务时，应当取得原合同对方当事人的同意或者及时通知对方当事人。此外，法律、行政法规规定转让权利或者转移义务应当办理批准、登记等手续的，应依照其规定。

（4）合同的转让不得违背法律规定，且不违反社会公共利益。

三、合同的终止

(一) 合同的终止的概念

合同的终止，是指一定法律事实的发生使合同设定的权利义务归于消灭，合同关系在客观上不复存在。

(二) 合同终止的几种类型

合同因为清偿、解除、抵消、提存、免除、混同等情形终止。清偿，是实现合同本来目的方式，合同债务一经清偿，合同权利义务终止。以下主要介绍其他几种方式：

1. 合同的解除

合同的解除，是指合同有效成立后，因当事人一方或双方的意思表示，使合同关系归于消灭的行为。

(1) 合同解除的条件，合同的解除条件分约定和法定两种：

合同的约定解除条件：①当事人协商一致，可以解除合同；②当事人在合同中约定合同解除的条件，当解除合同的条件成熟时，解除权人可以解除合同。

合同的法定解除条件：①因不可抗力致使不能实现合同目的；②在履行期限届满之前，当事人一方明确表示或者以自己的行为表示不履行主要债务；③当事人一方迟延履行主要债务，经催告后在合理期限内仍未履行；④当事人一方迟延履行债务或者有其他违约行为致使不能实现合同目的；⑤法律规定的其他情形。

(2) 解除权的行使。除双方协商解除合同外，须经解除权人行使解除权，才能达到合同解除的法律后果。解除权是形成权，只要解除权人一方的意思表示即可。根据《合同法》第96条规定，当事人主张解除合同的，应当通知对方，合同自通知到达对方时解除。对方有异议的，可以请求人民法院或者仲裁机构确认解除合同的效力。

合同解除权需在法律规定和当事人约定的期限内行使，期限届满当事人不行使的，解除权消灭。法律没有规定或者当事人没有约定解除权行使期限，经双方当事人催告后在合理期限内不行使的，解除权也归于消灭。

2. 抵消

抵销是指债权人与债务人双方互相负有基于不同法律关系而产生的债务时，各自以其债权冲抵其债务，使双方的债务在等额范围内消灭的法律制度。

(1) 法定抵销。指具备法律规定的要件，依一方当事人意思表示而为的抵销。法定抵销的要件包括：①当事人互负债务；②抵销标的物的种类、品质相同；③两个债务均届清偿期；④依据合同的性质和法律的规定得为抵销。

(2) 合意抵销。指依据当事人之间的协议而成立的抵销。合意抵销只要求当事人互负债务。抵销一经成立，当事人双方所负的债务在数额对等的范围内归于消灭；数额不对等的，余额部分仍然有效存在，债务人须继续履行。

3. 提存

提存是指当事人将财产交付提存机关，由债权人自提存机关处领取提存物，以达到债务清偿目的的法律制度。

有下列情形之一，难以履行债务的，债务人可以将标的物提存：

(1) 债权人无正当理由拒绝受领；

(2) 债权人下落不明；
(3) 债权人死亡未确定继承人或者丧失民事行为能力未确定监护人；
(4) 法律规定的其他情形。

自提存之日起，债权人的债权得到清偿，债务人与债权人之间的合同关系归于消灭。债权人可以随时领取提存物，但如果债权人对债务人负有到期债务，在债权人未履行债务或者提供担保之前，提存部门根据债务人的要求应当拒绝其领取提存物。债权人领取提存物的权利，自提存之日起5年内不行使消灭，提存物扣除提存费用后归国家所有。

4. 免除

免除是指债权人为消灭债权，而实施的抛弃债权意思表示的单方法律行为。债权人免除债务人部分或者全部债务的，合同的权利义务部分或者全部终止。

5. 混同

混同是指债权债务同归一人，致使合同权利义务关系以及其他债的关系消灭的法律事实。混同的原因有两种：①概括承受，即一方当事人概括承受另一方的债权债务；②特定承受，即债务人受让债权人的债权，或债权人承受债务人的债务。

债的关系，因混同而绝对消灭。但是，当法律另有规定或合同的标的涉及第三人利益时，混同不发生债之关系消灭的效力。

第六节 合同保全与担保

一、合同保全与担保概述

（一）合同的保全

1. 合同保全的概念

合同的保全，是指债权人为防止债务人的财产不当减少，致使其债权实现遭受困难而采取的保全债务人责任财产的法律制度。

2. 合同保全的分类

合同的保全包括代位权和撤销权制度。其中，债权人代债务人之位，以自己的名义向第三人行使债务人的权利的制度，为代位权制度；债权人请求法院撤销债务人与第三人的法律行为的制度，为撤销权制度。

撤销权与代位权都是法定的权利，且必须附属于债权而存在，但两者又有区别：代位权针对的是债务人不行使债权的消极行为，通过行使代位权旨在保护债务人的财产；而撤销权针对的是债务人不当处分财产的积极行为，行使撤销权旨在恢复债务人的财产。

合同的保全是合同相对性原则的例外。根据相对性原则，合同之债主要在合同当事人之间产生法律效力，然而在特殊情况下，因债务人怠于行使到期债权，或与第三人实施一定的行为致使债务人用于承担责任的财产减少或不增加，从而使债权人的债权难以实现时，法律为保护债权人的债权，允许债权人享有并行使代位权或撤销权，这两种权利的行使都会对第三人产生效力，可以看作是合同相对性原则的例外。

（二）合同的担保

1. 合同担保的概念

合同的担保是指对于已经成立的合同关系，为促进债务人履行职责，确保债权人实现其债权的法律制度。合同的担保方式为保证、抵押、质押、留置和定金。

2. 合同担保的分类

合同的担保依据不同的标准可分为不同的种类：

（1）依产生方式的不同，合同担保分为约定担保与法定担保。约定担保是指必须由当事人双方约定明确后产生担保权利义务关系的担保，包括保证、抵押、质押、定金四种担保形式。法定担保是指根据法律的规定，在一定条件下直接产生担保权利义务关系，而不必由当事人双方约定的担保，具体是指留置这种担保形式。

（2）依担保财产的不同，合同担保可分为人的担保和物的担保。人的担保，是指在债务人的全部财产之外，又附加了其他有关人的一般财产作债权实现的总担保，其形式主要为保证。物的担保，是以债务人或其他人的特定财产作为抵偿债权的标的，在债权人不履行其债务时，债权人可以将该财产变价并从中优先受清偿，其方式主要有抵押、质押、留置。

3. 合同担保的特点

（1）合同担保具有从属性，从属性是指合同的担保从属于主合同，以主合同的存在或将来存在为前提，随着主合同的消灭而消灭，一般也随着主合同的变更而变更。我国《担保法》第5条规定，担保合同是主合同的从合同，主合同无效，担保合同无效。担保合同另有约定的，按照约定。

（2）合同担保具补充性，补充性是指合同的担保一经有效成立，就在主合同关系的基础上补充了担保法律关系，如保证法律关系、抵押法律关系、质押法律关系等。当然，主合同关系因适当履行等而正常终止时，补充的义务并不实际履行；只有在主债务不履行时，补充的义务才履行，使主债权得以实现。

4. 合同的保全与担保的区别

合同的保全与担保都是保障债务履行和债权实现的制度，但合同的保全与合同的担保有基本的区别：合同的保全已经超出了合同关系的范围，是合同的对外效力，是合同相对性原则的例外；而合同的担保并没有超出合同关系的范围，仍然是合同的对内效力的表现，债权人与担保人之间以担保合同为关系的基础。

在实际效力上，担保有利于督促债务人履行债务，由于担保权人可以根据法律和合同的规定占有担保人提供的财物，或对担保的财产享有优先受偿的权利，或请求保证人承担责任，从而就为债务的履行或债权的实现提供了比较现实的物质基础。但是，就债的保全而言，债权人不像担保权人那样能够实际掌握、控制实现债权的财产，也不能对第三人享有优先受偿的权利，因此，对债权的保障作用不如担保有力。

二、代位权

（一）代位权的概念

代位权，是指当债权人怠于行使其对第三人享有的权利而害及债权人的债权时，债权人为保全自己的债权，以自己的名义代位行使债务人对第三人的债权的权利。

我国《合同法》第73条规定，因债务人怠于行使其到期债权，对债权人造成损害的，债权人可以向人民法院请求以自己的名义代位行使债务人的债权，但该债权专属于债务人自身的除外。代位权是债权的一种法定权能，无论当事人是否约定，债权人都可以享有。

（二）代位权的成立要件

（1）债权人与债务人之间必须有合法的债权债务存在。如果债权人对债务人不享有合法的债权，当然不享有代位权。

（2）债务人对第三人享有到期的债权。在债务人延迟履行之前，如允许债权人行使代位权，则对于债务人的干预实属过分。所以，代位权应以债权已到期，债务人履行延迟为成立要件。

（3）债权人可以代位行使的权利必须是非专属于债务人的权利。对于那些只有债务人本人才能享有的专属于债务人的权利，如扶养请求权、领取救济金和退休金的权利等，必须由债务人亲自行使，而不能由债权人代位行使。

（4）债务人怠于行使其权利。怠于行使是指应当而且能够行使权利却不行使。如果债务人已经向他的债务人提出了请求或向法院提起了诉讼，则不能认为其怠于行使权利。

（5）债务人怠于行使权利的行为有害于债权人的债权。怠于行使权利的行为，必须影响到债务人的债务履行，有害于债权人的债权，债权人有保全债权的必要，否则，债权人不能行使代位权。债权人代位行使的范围，以债权人的债权为限，也应以保全债权的必要为标准。

（三）代位权的行使

债权人的代位权的行使主体是债权人，债权人应以自己的名义行使代位权。债权人的代位权必须通过诉讼程序行使，这是为了保证某个债权人行使代位权所获得的利益能够在各个债权人之间合理分配，同时也可以有效防止债权人滥用代位权。债权人的代位权行使的界限，以保全债权人的债权的必要为限度。

（四）代位权行使的效力

（1）对债权人的效力。行使代位权的债权人与其他债权人处于相同的法律地位，根据我国司法解释的精神（法释〔1999〕19号第20条），由次债务人向债权人履行清偿义务，债权人与债务人、债务人与次债务人之间相应的债权债务关系即予消灭。

（2）对债务人的效力。代位权行使所产生的利益直接归属于债务人。债务人不能处分其被债权人代位行使的权利，也不得妨碍债权人行使代位权。

（3）对第三人的效力。债权人有权请求第三人履行其对债务人所负的债务，但第三人对债务人所享有的一切抗辩权，如同时履行抗辩权、诉讼时效届满的抗辩权等，均可以用来对抗债权人。

> **思考：**
>
> 遭遇三角债如何应对？

案 例

渝福公司于2009年4月20日向杨某出具借条，写明欠杨某60万元。与此同时，世纪物业公司欠渝福公司工程款82万余元。

由于渝福公司既不履行对杨某的债务，又不以诉讼等方式向世纪物业公司主张到期债权，杨某诉请法院判令世纪物业公司代渝福公司偿还60万元。

解析： 本案例是重庆市高院公布的2010年全市法院审理的典型纠纷案件之一。法院判决：杨某依法享有代位权，世纪物业公司代渝福公司给付杨某60万元。

三、撤销权

（一）撤销权的概念

撤销权，是指债权人对于债务人有害于债权的财产处分行为，有请求法院予以撤销的权利。

（二）撤销权的成立要件

（1）客观要件。客观要件是指债权成立之后债务人实施了有害于债权人的债权的行为，即一方面债务人实施了其财产减少的处分财产的行为，包括放弃到期或未到期债权、放弃债权担保、无偿转让财产、恶意延长到期债务履行期、以明显不合理的价格低价转让财产等行为；另一方面，债务人处分财产的行为有害于债权，即实施处分财产行为后，债务人已不具有足够的财产清偿对债权人的债务。只有两方面同时具备，债权人才能行使撤销权。

（2）主观要件。主观要件是指债务人有恶意，在以明显不合理价格转让的情形下，要求第三人也明知。

（三）撤销权的行使

撤销权的行使必须由享有撤销权的债权人以自己的名义向法院提起诉讼，请求法院撤销债务人不当处分财产的行为。《合同法》第75条规定，撤销权自债权人知道或者应当知道撤销事由之日起1年内行使。自债务人的行为发生之日起5年内没有行使撤销权的，该撤销权消灭。

（四）撤销权的效力

（1）对债务人的效力。债务人的行为一旦撤销，则该行为自始无效，同时，债权人行使撤销权的必要费用，由债务人负担。

（2）对第三人的效力。占有或收益的第三人应向撤销权人返还其财产和收益，如果原物不能返还，应折价返还其利益。

（3）对债权人的效力。行使撤销权的债权人有权请求受益人向自己返还所受利益。

四、定金制度

（一）定金的概念

定金，是指为担保合同的履行，当事人一方在订立合同时或合同订立后履行前支付给对方一定数额的金钱。

定金担保是合同当事人一方向对方给付定金担保债权实现的担保方式。在定金担保中，债务人履行合同后，定金应当抵作价款或者收回；给付定金的一方不履行约定债务的，无权要求返还定金；收受定金的一方不履行约定债务的，应当双倍返还定金；定金担保属于金钱担保。

（二）定金的种类

（1）成约定金，即作为合同成立要件的定金。在存在成约定金的情况下，因定金的交付合同才成立。

（2）证约定金，即作为合同当事人之间存在合同关系的证明的定金。证约定金不是合同的成立要件，仅以证明合同成立为目的。

（3）解约定金，即作为保留解除合同权利代价的定金。在解约定金中，交付定金的当事人可以抛弃定金以解除合同，而接受定金的当事人也可以双倍返还定金来解除合同。

(4) 违约定金，即作为返还合同责任的定金。在违约定金中，交付定金的当事人若不履行债务，接受定金的当事人可以没收定金。定金是合同成立的证据，具有证据的性质和作用。同时交付定金的一方不履行合同，无权请求返还定金；接受定金的一方当事人不履行合同，必须双倍返还定金，符合违约定金的基本要求。

定金的成立须有定金合同。定金合同是要式合同，应以书面形式约定。定金合同是实践性合同。定金合同不仅需要当事人双方的意思表示一致，而且需要现实交付定金，定金合同从实际交付定金之日起生效。定金的数额由当事人约定但不得超过主合同标的额的20%。

第七节　违约责任

一、违约责任概述

（一）违约责任的概念

托马斯·霍布斯（Thomas Hobbes，1588—1697）是英国政治学家、哲学家，他曾说过："不带剑的契约不过是一纸空文"，我们将其用于对合同法违约责任的理解也同样十分贴切。违约责任，是指合同当事人不履行合同义务或履行合同义务不符合约定时，依照法律规定或合同约定应承担的责任。

（二）违约责任的特征

（1）违约责任是一种民事责任。违约责任仅限于民事责任，不包括行政责任、刑事责任。

（2）违约责任是以合同义务为前提或基础的民事责任。只有当事人负有合同义务而又未履行该义务时，才会产生违约责任。

（3）违约责任是违反合同义务的义务人向合同权利人承担的民事责任。

（4）违约责任可以由当事人约定。合同当事人既可以约定承担违约责任的情形，也可以约定限制或者免除违约责任的情形；既可以约定承担责任的范围，也可以约定承担责任的方式；既可以约定违约赔偿损失的数额，也可以约定违约赔偿损失的计算方法。当然，当事人对违约责任的约定不能违反法律、行政法规的强行性规定。

（5）违约责任主要具有补偿性。违约责任是一种补偿性的财产责任，其目的是为补偿因违约行为造成的损害后果。

（三）违约责任的归责原则

违约责任的归责原则，是指合同当事人不履行合同义务后，根据何种归责事由确定其应承担的违约责任。违约责任的归责原则主要有过错责任原则和严格责任原则。我国同时采用严格责任原则与过错责任原则，并以严格责任原则为一般责任，以过错责任原则为例外和补充。

1. 过错责任原则

过错责任原则，是指在一方当事人违反合同规定的义务，不履行或不适当履行合同时，应以过错作为确定责任要件和责任范围的根据。

2. 严格责任原则

严格责任原则，是指无论违约方是否存在过错，都应对违约行为承担违约责任，除非存在法定免责事由。将严格责任作为一般归责原则的原因有以下三点：①严格责任可以促使当事人认真履行合同义务；②严格责任更符合违约责任的本质；③严格责任更符合国际经贸交往的需要。

同时我国《合同法》对一些特殊的违约情形采用了过错责任原则，作为严格责任原则的一种例外。

（四）违约责任的构成要件

违约责任的构成要件，可以分为一般构成要件和特殊构成要件。

1. 一般构成要件

一般构成要件是指违约当事人承担任何违约责任形式都必须具备的要件。违约责任的一般构成要件，主要包括以下两个内容：

（1）存在违约行为：①预期违约。预期违约分为明示预期违约和默示预期违约。明示预期违约，是指在合同履行期限到来之前，一方当事人无正当理由而明确、肯定地向另一方当事人表示将不履行合同；默示预期违约，是指在合同履行期限到来之前，一方当事人有充分证据证明对方当事人在履行期限到来时将不履行合同或者不能履行合同。预期违约侵害的是权利人的期待利益。②实际违约。指当事人一方在合同履行期限到来后不履行合同义务或者履行合同义务不符合约定。实际违约可以分为不履行和不适当履行。

（2）不存在法定或约定的免责事由。法定免责事由，主要是指不可抗力和债权人过错。约定免责事由，是指当事人在合同中约定的免责条款，但此类约定不得违反法律、行政法规的强制性规定。

2. 特殊构成要件

特殊构成要件是指各种具体的违约责任形式所要求的责任构成要件。特殊构成要件主要包括损害事实、损害事实与违约行为之间的因果关系、过错等。

二、违约责任的承担方式

（一）继续履行

继续履行，是指合同一方当事人不履行合同义务或者履行合同义务不符合合同约定时，对方当事人有权要求违约方继续按照合同履行其义务。

继续履行是一种违约后的补救方式。一方违反合同后，是否请求继续履行，系非违约方的权利。通常情况下，继续履行被视为保障合同目的实现的首要方式，因为依合同约定实际履行能最直接地体现当事人订约的目的。然而，有些情况下，继续履行并不一定能实现合同目的。同时，继续履行也并不一定能使当事人完全实现合同目的，故继续履行可与赔偿损失、支付违约金等其他承担违约责任的方式并用。

（1）对于金钱债务，只要存在违约行为，则无条件适用继续履行方式。

（2）对于非金钱债务，当事人一方不履行债务或者履行债务不符合约定，对方可以要求继续履行。但是否强制继续履行，还要取决于实际履行的可能性。下列情形不适用继续履行：①法律上或事实上不能履行；②债务的标的不适于强制履行或者履行费用过高；③债权人在合理期限内未要求履行。

（二）采取补救措施

根据《合同法》第111条规定："质量不符合约定的，应当按照当事人的约定承担违约责任。对违约责任没有约定或者约定不明确,依照本法第61条的规定仍不能确定的,受损害方根据标的的性质以及损失的大小,可以合理选择要求对方承担修理、更换、重作、退货、减少价款或者报酬等违约责任。"

(三) 赔偿损失

赔偿损失是指违约方在因不履行或不完全履行合同义务给对方造成损失时,依法或根据合同约定应当赔偿对方损失。赔偿损失主要以金钱形式进行。就其性质而言,主要体现为补偿性,目的在于弥补或者填补债权人因违约行为而遭受的损失。在法律特别规定的情况下,还具有一定惩罚性。

(四) 违约金

违约金是指当事人通过协商预先确定的,一方违约后应向对方支付的一定数额的金钱。

违约金的适用需具备以下条件:

(1) 违约金的支付,以违约行为存在及当事人在合同中有违约金约定为前提。

(2) 违约金数额的确定,受到法律一定程度的限制。约定的违约金低于造成的损失的,当事人可以请求人民法院或者仲裁机构予以增加;约定的违约金过分高于造成的损失的,当事人可以请求人民法院或者仲裁机构予以适当减少。

(3) 违约金与赔偿损失一般不能同时适用。但合同中可以约定不同的违约行为分别适用违约金与赔偿损失的责任方式,也可以在约定违约金的同时约定违约金不足以弥补违约造成的损失之时,违约方仍有补足义务。

第八节 几类主要的合同

一、买卖合同

(一) 买卖合同的概念和特征

1. 买卖合同的概念

买卖合同是出卖人转移标的物的所有权于买受人,买受人支付价款的合同。买卖合同是商品交换的典型形式,是转移财产所有权的最常见和最基本的合同。买卖合同的当事人是出卖人和买受人。交付标的物的一方称为出卖人,取得标的物支付价款的一方称为受益人。

2. 买卖合同的特征

(1) 买卖合同是出卖人转移财产所有权的合同。买卖合同以转移财产所有权为目的,这是买卖合同与当事人一方应交付财物给另一方的其他合同如租赁合同、保管合同的主要区别。

(2) 买卖合同是买受人支付价款的合同。买受人须向出卖人支付价款方能取得标的物的所有权,支付价款是转移所有权的对等给付。

(3) 买卖合同为诺成性合同。买卖合同自买卖双方就标的物、价款等有关事项意思表示一致时即可成立,并不以标的物的实际交付为成立要件。交付标的物是合同履行行为,不决定合同的成立。

(4) 买卖合同为有偿合同、双务合同。买卖合同的出卖人负有转移标的物所有权的义务，买受人负有支付价款的义务，因此买卖合同属于双务合同、有偿合同。因为买卖合同是典型的有偿合同，所以《合同法》第174条规定："法律对其他有偿合同有规定的，依照其规定；没有规定的，参照买卖合同的有关规定。"

(5) 买卖合同为不要式合同。买卖合同一般无须以特定方式作成，形式由当事人自行决定，可以采取书面、口头等形式，因而买卖合同为不要式合同。但法律、行政法规规定采用书面形式的，应当采用书面形式。

（二）买卖合同当事人的权利和义务

1. 出卖人的权利和义务

(1) 交付标的物。交付即转移标的物的占有，既包括将标的物直接交给买受人占有的现实交付形式，也包括简易交付、占有改定以及指示交付等拟制交付形式。

出卖人应当照合同约定的数量、期限、地点、包装等方式向买受人交付标的物或者交付提取标的物的单证。此外，出卖人在交付标的物时，还应当按照约定或者交易习惯向买受人交付提取标的物单证以外的有关单证资料，如产品合格证、质量保证书等。出卖人应保证单证和资料的完整性并符合买卖合同的规定。

出卖人应当按照约定的期限交付标的物。合同中约定交付期限的，出卖人可以在该交付期间内的任何时间交付。合同中未约定交付期限或者约定不明确的，当事人就交付时间不能达成补充协议，按照合同有关条款或者交易习惯又不能确定的，出卖人可随时交付，在买受人要求其交付时，应在买受人所给予的准备时间届满前交付。

标的物在订立合同之前已为买受人占有的，依简易交付，合同生效时间即为交付时间。出卖人应当按照约定的地点交付标的物。当事人在合同中未约定交付地点或者约定不明确的，当事人就此没有达成补充协议又不能依合同有关条款或交易习惯确定时，标的物需要运输的，出卖人应当将标的物交付给第一承运人以运交给买受人；标的物不需要运输的，出卖人和买受人订立合同时知道标的物在某一地点的，出卖人应当在该地点交付标的物，不知道标的物在某一地点的，应当在出卖人订立合同时的营业地交付标的物。标的物有从物的，按照"从物随主物转移"的原则，除当事人另有约定外，出卖人于交付标的物时应一并交付从物。出卖人应当按照约定的包装方式交付标的物。

出卖人支付的标的物应符合合同约定的数量和质量。出卖人多交标的物的，买受人可以拒收多交的部分，但应及时通知出卖人；也可以接受多交的部分并按合同的价格支付价款。出卖人少交标的物的，买受人可以要求出卖人继续交付，也可以拒绝接受。

(2) 转移标的物的所有权。买卖合同以转移标的物所有权为目的，因此出卖人负有转移标的物所有权于买受人的义务。为保证出卖人能够转移标的物的所有权于买受人，出卖人出卖的标的物应当属于出卖人所有或者出卖人有权处分；法律、行政法规禁止或者限制转让的标的物，依照其规定。

(3) 物的瑕疵担保责任。物的瑕疵担保责任，是指出卖人就出卖的标的物本身所存在的瑕疵对于买受人所负担的担保责任。这种担保包括三项内容：价值瑕疵担保，即出卖人担保其所出卖的标的物不存在灭失或减少其价值的瑕疵；效用瑕疵担保，即出卖人担保标的物具备应有的使用价值；品质瑕疵担保，即出卖人担保标的物具有其所保证的品质。

出卖人应当按照约定的质量要求交付标的物。出卖人提供有关标的物质量说明的，交付的标的物应当符合说明的质量要求。当事人对标的物的质量要求没有约定或者约定不明确，出卖人交付的标的物应当具有同种物的通常标准或者为了实现合同目的该物应当具有的特定标准。

出卖人交付的标的物不符合质量标准的，标的物即为有瑕疵。质量不符合约定的，应当按照当事人的约定承担违约责任。对违约责任没有约定或者约定不明确又不能确定的，受损害方根据标的物的性质以及损失的大小，可以合理选择要求对方承担修理、更换、重作、退货、减少价值或者报酬等违约责任。因标的物质量不符合质量要求，致使不能实现合同目的的，买受人有权拒绝接受标的物或者解除合同。买受人因标的物的主物不符合约定而解除合同的，解除合同的效力及于从物；但从物不符合约定的，买受人只能就从物部分解除合同，解除的效力不能及于主物。

标的物为数物，其中一物不符合约定的，买受人可以就该物解除合同，而不能就数物全部解除，但若该物与他物分离使标的物的价值明显受损害的，当事人可以就数物解除合同。买受人于发现标的物质量不符合标准时应于约定的检验期间内通知出卖人，买受人在合理期间内未通知或标的物收到之日起 2 年内未通知出卖人的，视为标的物的质量符合约定标准；但对标的物有质量保证期的，不适用该 2 年的规定，买受人未于质量保证期内通知出卖人的，视为标的物质量符合约定。但出卖人知道或者应当知道提供的标的物不符合约定的，买受人不受规定的通知时间的限制，出卖人仍应承担瑕疵担保责任。

（4）权利瑕疵担保责任。权利瑕疵担保，是指出卖人担保其出卖的标的物的所有权完全转移于买受人，第三人不能对标的物主张任何权利。权利瑕疵担保责任，是出卖人就交付的标的物负有的保证第三人不得向买受人主张任何权利的义务。若买受人于订立合同时知道或者应当知道第三人对买卖的标的物享有权利，则出卖人不负权利瑕疵担保责任。除法律另有规定外，出卖人交付的标的物上有权利瑕疵，不能完全转移所有权于买受人的，买受人有权要求减少价款或者解除合同。在买受人未支付价款时，其有确切证据证明第三人可能就标的物主张权利的，买受人有权中止相应的价款，除非出卖人提供适当的担保。

2. 买受人的权利和义务

（1）支付价款的义务。支付价款是买受人的主要义务。买受人应当按照约定的数额支付价款。当事人对合同的价款约定不明确又不能达成协议的，应当按照合同订立时的合同履行地的市场价格确定价款，依法应当执行政府定价或则政府指导价的，按照规定履行，执行政府定价或者政府指导价的，在合同约定的交付期限内政府价格调整时，按照交付时的价格计价。逾期交货的，遇价格上涨时，按照原价格执行；价格下降时，按照新价格执行，逾期提取标的物或者逾期付款的，遇价格上涨时，按照新价格执行；价格下降时，按照原价格执行。买受人应当按照约定的地点支付价款。当事人对价款的支付地点没有约定或者约定不明确又协调不成时，买受人应当在出卖人的营业地点支付价款，但约定支付价款以交付标的物或者提取标的物的单证的同时支付价款，买受人在规定的期间内没按照规定支付价款的，应当承受延迟履行的违约责任。

（2）受领并检验标的物的义务。买受人对于出卖人按照约定条件交付的标的物负有受领的义务。买受人拒绝受领出卖人交付的标的物的，应负受领延迟的违约责任。但是对于出卖人多交的标的物，买受人有权拒收。买受人拒绝受领标的物的，应当及时通知出卖人，否则买受人应当承担因此而产生的损害赔偿责任。"买受人收到标的物时应当在约定的检验期间内检验；没有约定检验期间的，应当及时检验。"买受人受领标的物后，发现标的物的数量或者质量不符合约定的，应于约定或者规定的期间内通知出卖人。买受人怠于通知或者在规定期内未通知出卖人的，视为受领的标的物的数量或者质量符合约定。

（三）标的物所有权转移、风险负担和利益承受

1. 标的物的所有权转移

除法律另有规定或者当事人另有约定外，标的物的所有权自标的物交付时起转移。所以，在一般情形下。交付标的物即可转移物的所有权。对于法律有特别规定的不动产，因其所有权的转移须办理特别的手续，出卖人应依约定协助买受人办理所有权转移登记等有关过户手续，并交付相关的产权证明给买受人，此外，当事人可以在买卖合同中约定买受人为履行支付价款或者其他义务的，标的物所有权属于出卖人。若当事人有此约定，则虽交付标的物也不转移所有权。

2. 标的物意外毁损、灭失的风险负担

买卖合同标的物的风险负担，是指在合同订立后标的物因不可归责于一方的事由而发生的毁损，灭失的损失由何方负担。对于标的物风险的负担，可由当事人约定。买卖合同标的物的风险负担有以下几种需注意的情况：

（1）除法律另有规定外，标的物的毁损、灭失的风险依标的物的交付而转移，即在交付之前由出卖人承担，交付之后由买受人承担。

（2）因买受人的原因致使标的物不能按照约定的期限交付的，自约定交付之日起标的物毁损、灭失的风险转移给买受人承担。

（3）出卖人出卖交由承运人运输的在途标的物的，标的物毁损、灭失的风险自合同成立时起由买受人承担。

（4）当事人未明确约定交付地点或者约定不明确的，按照规定标的物需要运输的，自出卖人将标的物交付给第一承运人后，标的物毁损、灭失的风险由买受人承担。

（5）按照约定或者规定出卖人应于特定地点交付标的物的，出卖人将标的物置于交付地点，买受人违反约定没有收取的，自买受人违反约定之日起标的物的毁损、灭失的风险转移给买受人。

（6）出卖人按照约定未交付有关标的物的单证和资料的，不影响标的物毁损，灭失风险的转移。

（7）因标的物质量不符合要求致使不能实现合同目的，买受人拒绝接受标的物或者解除合同的，标的物毁损、灭失的风险由出卖人承担。

（8）标的物毁损、灭失的风险由买受人承担的，不影响出卖人履行债务不符合约定，买受人要求其承担违约责任的权利。

3. 利益承受

利益承受，是指合同订立后标的物所产生的利息的归属。利益承受一般与风险负担相一致。因此除当事人另有约定外，风险随标的物的交付而转移，利益承受也应随标的物的交付而转移。标的物在交付之前产生的利息，归出卖人所有，交付之后产生的利息，归买受人所有。

> **思考：**
> 　　小王国庆前在商场买了一台空调，因急着驾车出游与商场约定先交钱，5天后商场送货并予以安装。不料，第二天商场仓库遭遇雷击起火，小王所买的空调也成为灰烬。问：空调损失应由小王还是商场承担？

（四）特种买卖合同

1. 分期付款买卖

分期付款买卖，是指出卖人将标的物转移给买受人占有、使用，买受人按照合同约定的期限分批向出卖人支付价款的买卖。分期付款买卖的特殊性表现在买受人不是一次性的而是分期分批支付价款。买受人一般属于经济上的弱者，因此为保护出卖人和买受人双方的利益，法律对于分期付款的约款予以一定限制。当买受人未支付到期价款的金额达到全部价款的1/5的，出卖人可以要求买受人支付全部价款或者解除合同。出卖人解除合同的，可以向买受人要求支付标的使用费。

2. 凭样品买卖

凭样品买卖是指以约定的样品来决定标的物质量的买卖。凭样品买卖的特殊性就在于买卖双方以确定质量决定买卖标的物的质量。凭样品买卖的当事人应当封存样品，并可以对样品质量予以说明。出卖人交付的标的物应当与样品及其说明的质量相同。依此规定，出卖人交付的标的物与样品极其说明的质量不相同的，应承担瑕疵担保责任；出卖人交付的标的物与样品相同，也就不发生瑕疵担保责任。但是，若凭样品买卖的样品有隐蔽瑕疵而买受人又不知道，则即使交付的标的物与样品相同，出卖人交付的标的物的质量仍然应当符合同种物的通常标准；否则也应承担瑕疵担保责任。

3. 试用买卖

试用买卖是指以买受人认可标的物为条件的买卖，实际上是附停止条件的买卖。试用买卖的特殊性在于由买受人试用标的物并以买受人对标的物经试用后的认可为合同的生效条件。试用买卖合同自双方意思表示一致时成立，买受人试用后认可标的物的，买卖合同生效；买受人不认可标的物的，则买卖合同不发生法律效力。试用买卖的当事人可以约定标的物的试用期间，当事人对试用期间没有约定或约定不明确，依其他办法仍不能确定试用期间的，由出卖人确定试用期间。在试用期间内买受人可以作出购买标的物的意思表示，也可以作出拒绝购买的意思表示，试用期间届满，买受人对是否购买标的物未作表示的，视为购买。

4. 招标投标买卖

招标投标买卖是指招标人公布买卖标的物的出卖条件，投标人参加投标竞赛，招标人选定中标人的买卖方式。招标投标买卖的当事人的权利和义务以及招标投标程序等，依照有关法律、行政法律的规定。

5. 拍卖

拍卖，又称竞争买卖，是指以公开竞争的办法把标的物卖给出价最高的当事人的出卖方式。其特点是多数买受人公开竞争购买，但以出价最高者为买受人。拍卖的当事人的权利和义务以及程序等，依照有关法律、行政法规的规定。

6. 易货交易

易货交易，是当事人双方约定以货币以外的财务进行交换的方式。特征在于双方直接以物换物，而非以货币换物。易货交易合同与买卖合同极为相似，因此，当时人约定易货交易，转移标的物的所有权的，参照买卖合同的有关规定。

二、供用电、水、气、热力合同

（一）供用电、水、气、热力合同的概念和特征

我国《合同法》中仅对供用电合同做了明确规定，供用水、供用气、供用热力合同，参照供用电合同的有关规定。因此，这里仅以供用电合同为例来说明供用电、水、气、热力的合同。

1. 供用电合同的概念

供用电合同，是指供用电人向用电人供电，用电人支付电费的合同。

2. 供用电合同的特征

（1）属于格式合同。这类合同一般采用定型化的格式合同，合同条款是由供电单方拟定的，用电人只能决定是否同意订立合同，而一般不能决定合同的相关内容，尽管用电人在标的物的用量、用时上可以提出自己的要求，但最终的决定权完全在供电人。

（2）具有公用性和公益性。供用电合同的标的物为电这类特殊的商品，是生产生活中的必需品，又是有关单位垄断供应的，因此，供用电要受国家计划的控制。

（3）合同的履行具有连续性。由于电的供应和使用具有连续性，因而合同的履行具有连续性。而且供用电合同不发生诸如财产转让合同中的交货与退货问题，因为电的使用就是电的消费。

（二）合同当事人双方的权利和义务

1. 供电人的权利和义务

（1）安全供电的义务。供电人的主要义务是按照国家规定的供电质量标准和合同约定向用电人安全供电。供电人未按照国家规定的供电质量标准和约定安全供电，造成用电人损失的，应当承担损害赔偿责任。

（2）因故中断供电的通知义务。供电人因供电设施计划检修、临时检修、依法限电或者用电人违法用电等原因，需要中断供电时，应当按照国家有关规定事先通知用电人，以使其做好准备。供电人未实现通知用电人而中断供电，造成用电人损失的，应当承担损害赔偿责任。

（3）因不可抗拒力断电的及时抢修义务。因自然灾害等原因导致断电时，供电人应当按照国家有关规定及时抢修，以尽早恢复供电。供电人未及时抢修，造成用电人损失的，应当承担损害赔偿责任。

2. 用电人的权利和义务

（1）交付电费的义务。电费是用电人使用电力的代价。用电人应当按照国家有关规定和当事人的约定及时交付电费。用电人逾期不交付电费的，应当按照约定支付违约金。经催告用电人在合理期期限内仍不交付电费和违约金的，供电人有权按照规定的程序中止供电。

（2）安全用电的义务。用电人应当严格按照规定安全合理用电，不得违章用电、违约用电，以免造成重大损害。用电人未按照国家有关规定和当事人的约定安全用电，造成供电

人损失的，应当承担损害赔偿责任。

三、赠与合同

（一）赠与合同的概念和特征

1. 赠与合同的概念

赠与合同是赠与人将自己的财产无偿地给予受赠人，受赠人表示接受赠与的合同。其中，出赠财产的一方为赠与人，接受赠与的一方为受赠人。

2. 赠与合同的特征

（1）赠与合同为转移财产权利的合同。赠与合同以赠与人将其财物给予受赠人，受赠人接受赠与的财产为内容。因此，赠与合同的履行结果发生赠与物的财产权利的转移，这是赠与合同与买卖合同的相同之处。

（2）赠与是一种合意，是双方法律行为，须有双方当事人意思表示一致才能成立，赠与合同不同于能够发生所有权转移后果的遗赠、捐赠等单方法律行为。遗赠、捐赠，只要有遗赠人、捐赠人一方的意思表示就可以成立；而赠与合同只有在赠与人与受赠人双方意思表示一致时才能成立，只有赠与一方赠与的意思表示而无受赠一方接受赠与的意思表示，赠与不能成立，反之亦然。

（3）赠与合同为单务、无偿合同。赠与合同的当事人中仅赠与人负担将财产权利转移给受赠人的义务，而受赠人并不负担待给付义务。相对于赠与人转移财产权利来说，受赠人一方仅享有权利而不负担相应的给付义务。因此，赠与合同为单务合同。赠与人将其财产给予受赠人所有，不以从受赠人处取得任何财产为代价，受赠人取得赠与物无须偿付任何代价，所以赠与合同是无偿合同。这是赠与合同于买卖合同、互易合同等的根本区别。赠与合同是典型的无偿合同，法律对其他无偿合同没有规定的，除合同性质不允许者外，得准用关于赠与合同的有关规定。

（4）赠与合同为诺成性、不要式合同。赠与合同自当事人双方意思表示一致时成立。赠与合同可以采用口头形式，也可以采用书面形式。

（二）赠与合同当事人的权利和义务

赠与合同为单务合同，因此赠与合同的效力主要表现为赠与人的义务和受赠人的权利。

1. 赠与人的义务

（1）给付赠与财产的义务。赠与人的义务主要是依照合同的约定交付并转移赠与物的财产权利给受赠人，赠与的财产需要办理登记手续的，应当办理有关手续。

（2）撤销赠与的权利。赠与的撤销有任意撤销与法定撤销之分。任意撤销是指赠与人在赠与财产的权利转移之前不论何种理由均可以撤销赠与，但具有救灾、扶贫等社会公益、道德义务性质的赠与合同或者经过公证的赠与合同除外。

法定撤销，是指具备法定条件时，允许赠与人或其继承人、法定代理人行使撤销权，撤销赠与合同赠与人可撤销赠与的法定事由主要有以下情形：受赠人严重侵害赠与人或者赠与人的近亲属；对赠与人有抚养义务而不履行；不履行赠与合同约定的义务。附义务赠与的受赠人不履行合同中约定的义务，赠与人可以请求其履行，也可以撤销赠与。在上述情形下，赠与人的撤销权自知道或者应当知道撤销原因之日起 1 年内不行使的，撤销权消灭。因受赠人的违法行为致使赠与人死亡或者丧失民事行为能力的，赠与人的继承人或者法定代理人有权撤销赠与。但非因受赠人的违法行为而使赠与人死亡或丧失民事行为能力的,不发生赠与的撤销。赠与人的继承人或者法定代理人的撤销权,自知道或者应当知道撤销原因之日起6个月内不行使的,撤销权消灭。撤销权人撤销赠与的,可以向受赠人要求返还赠与的财产。

(3) 损害赔偿责任。因赠与人的故意或重大过失致使赠与的财产损毁、灭失而不能转移给受赠人所有的,赠与人对受赠人由此所受的损失应承担损害赔偿责任。

(4) 瑕疵担保责任。赠与人对赠与物的瑕疵一般不负担保责任。但赠与人故意不告知瑕疵或者保证无瑕疵,造成受赠人损失的,应当承担损害赔偿责任。因在附义务赠与中受赠人有履行所附义务的义务,就其履行义务而言,有如同买受人的地位,赠与人则有如同出卖人的地位,所以,附义务的赠与,赠与的财产有瑕疵的,赠与人在附义务的限度内承担与出卖人相同的责任。

(5) 履行赠与义务的免除。赠与合同生效后赠与人的经济状况显著变化,严重影响其生产经营或者家庭生活时,赠与人可以不再履行赠与义务。

2. 受赠人的权利

(1) 接受赠与物并取得赠与财产的权利。

(2) 请求赠与人履行赠与合同的权利。具有救灾、扶贫等社会公益、道德义务性质的赠与合同或者经过公证的赠与合同,赠与人不交付赠与的财产的,受赠人可以要求交付。

(3) 履行赠与所附负担的义务。一般赠与中受赠人不负担任何给付义务,但赠与可以附义务。附义务的赠与又称附负担的赠与,是指以受赠人为一定给付为条件,亦即使受赠人于接受赠与后负担一定义务的赠与。赠与所附的义务不是赠与的对价,因此,除当时人有另外的特别约定外,只有在赠与人履行给付义务后,受赠人才应该履行其负担的义务。受赠人不履行赠与所附义务的,赠与人或者所附义务的受益人有权要求受赠人履行。

(4) 请求损害赔偿的权利。因赠与人的故意或重大过失致使赠与的财产毁损、灭失而不能转移给受赠人所有的,赠与人对受赠人由此所受的损失应承担损害赔偿责任,受赠人则相应地有请求损害赔偿的权利。此外,一般赠与的财产有瑕疵的,赠与人不承担责任。附义务的赠与,赠与的财产有瑕疵的,赠与人在附义务的限度内承担与出卖人相同的责任。赠与人故意不告知瑕疵或者保证无瑕疵,造成受赠人损失的,应当承担损害赔偿责任。

四、运输合同

(一) 运输合同的概念

运输合同是承运人将旅客或货物从运输地点运输到约定地点,旅客、托运人或者收货人支付票款或者运输费用的合同。在运输合同中,将物品和旅客从运输地点运输到约定地点的一方成为承运人,支付票款或运输费用的一方为旅客、托运人或者收货人。

(二) 运输合同的特征

(1) 运输合同的标的既非承运人承运的旅客或货物,也非承运人的一般劳务,而是承运的运输行为。

(2) 运输合同为双务合同、有偿合同。运输合同的双方当事人互负对等给付义务,承运人应将旅客或货物以约定的或者通常的运输路线在约定期间或者合理期间内安全送到约定的地点。旅客、托运人或者收货人应支付票款或者运输费用。任何一方当事人取得利益均须支付相应的财产代价。承运人未按照约定路线或者通常路线运输增加票款或者运输费用的，旅客、托运人或者收货人可以拒绝支付增加部分的票款或者运输费用。因此，运输合同属于双务合同、有偿合同。

（3）运输合同一般为诺成性合同。运输合同原则上应为诺成性合同，除当事人另有约定或另有交易习惯外，旅客运输合同自承运人向旅客支付客票时成立，货物运输合同自托运人与承运人一方达成运输协议时成立。

（4）运输合同一般为格式合同。运输合同一般以客票、货运票单、提单的形式出现，合同一般是由承运人一方事先拟定好的格式条款。

（5）运输合同多为强制性合同。交通运输，特别是公共运输，是面向社会公众的运输，承运人的运输行为不仅有商业性，而且具有公益性。根据合同法的规定，从事公共运输的承运人不得拒绝旅客、托运人通常的运输要求。

（三）运输合同的种类

（1）根据运输对象的不同，可以分为旅客运输合同和货物运输合同。

（2）依据运输手段的不同，可分为铁路运输合同、公路运输合同、水路运输合同、海上运输合同及航空运输合同。

（3）根据是否有两个以上的承运人，可以分为单一运输合同和联合运输合同。在联合运输合同中，根据不同承运人采用的运输手段是否相同，又可分为单式联运合同和多式联运合同。

第六章

婚姻家庭继承法：家亦有"道"

婚姻不是 1+1＝2，而是 0.5＋0.5＝1。即：两个人各削去自己的个性和缺点，然后凑合在一起。

——作家张弘的婚姻公式

第一节 婚姻关系

钱钟书先生在《围城》中写道："围在城里的想逃出来，城外的人想冲进去。对婚姻也罢，职业也罢。人生的愿望大都如此。"主人公方鸿渐与孙柔嘉也身困围城。但钱先生与夫人杨绛却相处有道，令人羡煞。

在我国，男女双方依照法律规定的条件和程序，取得结婚证就标志着依法确立了婚姻关系，这是有情爱的男女努力追求的幸福时刻。

一、婚姻法的概念及基本原则

（一）婚姻法的概念

我国的婚姻法是调整婚姻关系和家庭关系的法律规范的总和。作为婚姻家庭关系的基本准则，不少学者建议把婚姻法称为婚姻家庭法以还其名分。

我国现行的婚姻法为1980年制定，2001年4月28日进行了修正。另外，最高人民法院出台了关于婚姻法若干问题的3个司法解释。

（二）婚姻家庭法的基本原则

我国婚姻法关于婚姻家庭基本原则的规定，体现了丰富的法律内涵和道德底蕴，是对我国现实社会的一种解读，可以从三个维度来理解。一是正面规定；二是反面强调；三是突出提倡。如下图所示。

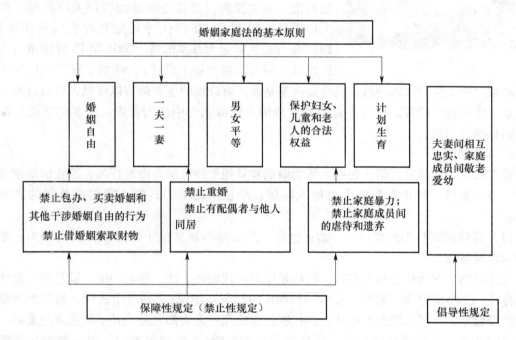

1. 正面规定

基本原则共有五项：婚姻自由；一夫一妻；男女平等；保护妇女、儿童和老人的合法权益；实行计划生育。

（1）婚姻自由原则。婚姻自由是指婚姻当事人有权依法自主决定自己的婚姻问题，不受他人的强制和干涉。婚姻自由包括结婚自由和离婚自由，充分体现了当事人的意志，尊重了当事人的选择，与封建社会长期存在的包办买卖婚姻相比，是巨大的社会进步。但就法律上而言，自由从来不是漫无边际的，必须限定在规定的范围内，所以婚姻自由不能自由到不顾结婚的形式要件和实质要件。

（2）一夫一妻原则。一夫一妻从字面上讲就是一个丈夫只能有一个妻子，法律上强调任何人均不得在同一时段拥有两个以上配偶。经过多年的宣传和强调，一夫一妻制在我国已有广泛的社会基础。当然，放眼寰宇，因为宗教信仰和地理环境等的巨大差异，有的国家、地区也允许一夫多妻。

(3) 男女平等原则。婚姻法规定的男女平等，是指男女双方在婚姻、家庭方面的权利和义务平等。平等原则的强调也从反面提醒我们不平等现象在现实生活中的大量存在，婚姻需要我们更长时间的精心呵护。

(4) 保护妇女、儿童和老人的合法权益原则。妇女、儿童和老人单从字面上看就代表弱者，对这些特殊群体的眷顾往往是衡量法律文明程度的表现之一，也体现了法律和社会的悲悯之心。由于经济原因、受教育程度、传统习俗等诸多因素的影响，这一问题在相当长的时间仍将被强调。

(5) 计划生育原则。从1957年7月5日，新中国成立后北京大学第一任校长马寅初的《新人口论》在《人民日报》全文发表，其核心观点为控制人口数量，提高人口质量。20世纪70年代计划生育在我国全面推行，1982年计划生育定为基本国策，2001年12月颁布《中华人民共和国人口与计划生育法》，计划生育原则已完成了

（马寅初先生）

从理论探讨到立法的华丽转身。其主要内涵是通过有计划的生育调节以降低人口数量及人口增长率，实现优生优育。计划生育原则在我国人民群众心中已为常识，更多的不是理解问题，而是执行问题。

2. 反面强调

有六项禁止性规定：禁止包办、买卖婚姻和其他干涉婚姻自由的行为；禁止借婚姻索取财物；禁止重婚；禁止有配偶者与他人同居；禁止家庭暴力；禁止家庭成员间的虐待和遗弃。

(1) 保障婚姻自由的规定——禁止包办、买卖婚姻和其他干涉婚姻自由的行为；禁止借婚姻索取财物。

包办婚姻在古代社会长期存在，无论是中国古代的礼、法，还是印度、罗马都以合法的形式存在。恩格斯曾在《家庭、私有制和国家的起源》中说："在整个古代，婚姻的缔结都是由父母包办，当事人则安心顺从。古代所仅有的那一点夫妇之爱，并不是主观的爱好，而是客观的义务，不是婚姻的基础，而是婚姻的附加物。"正因为如此，包办婚姻在我国民间，尤其是在农村社会的祖父辈们的观念中仍保持着相当的正当性和可接纳性。但随着人性、人权得以彰显，个人从婚姻的幕后走到了台前，自主决定生活伴侣，婚姻登记员或神父倾听的都是当事人本人的声音。与包办婚姻如影随形的还有买卖婚姻，买卖婚姻与买卖其他财物并没有什么本质的不同，做得都是生意经，只不过是将婚姻用来买卖，承载的是当事人一生的幸福或痛苦。

其他干涉婚姻自由的行为，常见的有子女对离异或丧偶后父母一方再婚的干预等，这些行为都违背了婚姻自由，为法律所禁止。

婚姻当事人一方向对方索要一定财物作为同意结婚的条件，是借婚姻索取财物的行为，在现实生活中比单纯的买卖婚姻更为常见，也是对婚姻自由的挑战，为婚姻法禁止和反对。

(2) 保障一夫一妻的规定——禁止重婚；禁止有配偶者与他人同居。

重婚，是指男女一方或双方有配偶又与他人结婚或者与他人以夫妻名义共同生活的行为。婚姻法强调同一时段只能有一个婚姻关系存在，否则即违反了一夫一妻原则。重婚的形态包括法律上的重婚和事实上的重婚。构成重婚罪的将依法追究刑事责任。基于对现役军人的特殊保护，对于明知是现役军人的配偶而与之同居或结婚的，行为人构成破坏军婚罪。

有配偶者与他人不构成婚姻关系，但有同居行为，亦为婚姻法禁止，现实生活中称为姘居、包二奶等。

(3) 保护妇女、儿童和老人的合法权益的规定——禁止家庭暴力；禁止家庭成员间的虐待和遗弃。

保护妇女、儿童和老人的合法权益，对建立团结和睦的家庭关系十分重要，《婚姻法》对家庭暴力和家庭成员间的虐待、遗弃行为做了救助措施与法律责任的规定，可参见本节"六、求助措施与法律责任"。

3. 突出提倡

包括：夫妻应当互相忠实，互相尊重；家庭成员间应当敬老爱幼，互相帮助，维护平等、和睦、文明的婚姻家庭关系。

夫妻间的忠实、尊重，家庭成员间的平等、和睦，是有效维系婚姻关系和家庭关系的基础。

二、结婚制度

结婚必须满足法定的条件，并经过特定的程序方能获得法律的承认。对于我国早就习惯了的传统仪式制的婚礼而言，悄然而冷清的登记结婚显得很是寂寞，所以在登记之外，大多数新人及家庭仍不忘举办一场热热闹闹的婚礼以公示给大家。

(一) 结婚制度概述

(1) 结婚的概念。结婚，是指男女双方依照法律规定的条件和程序，确立夫妻关系的民事法律行为。在我国，取得结婚证标志着婚姻的成立。

(2) 结婚制度的历史沿革。结婚制度源于个体婚时期，历史上出现过掠夺婚、有偿婚、聘娶婚、无偿婚、欧洲中世纪的宗教婚①、共诺婚等形态。结婚制度在走出家庭意志，经历还俗运动后，实现了婚姻自主权向结婚当事人的回归。

(二) 结婚的法定条件

结婚的条件包括必备条件和禁止条件，也称为积极条件和消极条件。男女双方只有均符合两方面的规定，婚姻关系才能合法成立。

1. 结婚的必备条件

(1) 男女双方完全自愿。我国《婚姻法》第5条规定："结婚必须男女双方完全自愿，不许任何一方对他方加以强迫或任何第三者加以干涉。"双方当事人自愿合意的形成是结婚的首要条件，也是婚姻自由原则的应有之意。

---

① 中世纪的欧洲，宗教婚是当时占统治地位的结婚方式。教会法规定了系列严格的宗教仪式，结婚被视为神作之合，人不可离异之。在现代社会，有的国家宗教仪式仍是结婚的法定形式之一，但已不是必经程序。

关于同性恋者能否结婚的问题，我国持否定态度，但也有不少国家对同性结合者给予一定的法律保护，以丹麦为代表的少数国家甚至允许同性恋者结婚。

（2）达到法定婚龄。法定婚龄是指法律上规定的男女结婚的最低年龄，是法律对结婚年龄调整的底限，男女双方都必须符合这一规定。当然，具体年龄的确定是各国根据自己的实际情况，参考人的自然属性综合而定的。如，西班牙的法定婚龄为：男性14岁、女性12岁。我国《婚姻法》第6条规定："结婚年龄，男不得早于22周岁，女不得早于20周岁。晚婚晚育应予鼓励。"这也是综合考虑我国人口的心智成熟程度、读书时段、和庞大的人口基数的应然之举。立法的基本精神是限制早婚，鼓励晚婚、晚育。初婚比法定婚龄推迟3年以上的就是晚婚。即，男的年满25周岁，女的年满23周岁以后才结婚的，就属于晚婚。晚育，是指女子24周岁后生育第一胎。

（3）符合一夫一妻制。本章第一节已讲过一夫一妻制，是我国婚姻法的基本原则之一。在对结婚申请进行审查时，需严格掌握，认真核实，杜绝重婚的发生。申请结婚的双方当事人必须是未婚者或者丧偶、离婚之人。

2. 结婚的禁止条件

（1）禁止结婚的亲属。我国《婚姻法》第7条规定："直系血亲和三代以内的旁系血亲，禁止结婚。"在这些亲属之间禁止结婚是人类在自身繁衍中总结的规律。因为，人类遗传现象研究发现，在血缘关系很近的血亲之间缔结婚姻会导致遗传质量下降，智力和体质较弱，也更容易罹患一定疾病，这项禁令的实施也是人类适应自身发展的需要，中外亘古有之。所以《红楼梦》中，宝玉不管是和林妹妹结婚还是和宝姐姐结婚，都属于近亲结婚，表兄弟姐妹间的通婚在我国民间本有习俗基础，但被现行婚姻法排除了，需要注意。

（2）禁止患一定疾病的人结婚。我国婚姻法第7条还规定，患有医学上认为不应当结婚的疾病，禁止结婚。这一规定相对于修正前的婚姻法而言，突出了开放性，在实践中将根据医学的发展动态来确定禁婚对象，也更为科学合理。对于禁止结婚的疾病之控制，主要考虑其可能会对配偶及子女产生的危害性上，危害性大的予以禁止，反之予以支持，主要表现为精神方面的严重疾病和重大不治且有传染性方面的疾病。在实践中，对于此类疾病的具体把握也有争议，如，关于艾滋病人可否结婚的问题，有的地方禁止，但亦不乏宽容的范例。

> **思考：**
> 麻风病人能否结婚？

（三）结婚的法定程序

1. 结婚登记的机关

我国根据结婚双方是否为内地居民，对结婚登记的机关作了区分立法：①内地居民结婚的，男女双方当事人共同到一方当事人常住户口所在地的婚姻登记机关办理。②中国公民同外国人在中国内地结婚的，内地居民同香港居民、澳门居民、台湾居民、华侨在中国内地结婚的，男女双方应当共同到内地居民常住户口所在地的婚姻登记机关办理。

2. 结婚登记的程序

"我们想要结婚了！"应该经过什么样的程序呢？根据我国法律规定，结婚登记大致可分为申请、审查和登记三个环节。

（1）申请。申请结婚的男女双方当事人应到规定的婚姻登记机关办理结婚登记，并分情况提交下述资料：

第一，内地居民应当出具的证件和证明材料包括本人的户口簿、身份证；本人无配偶以及与对方当事人没有直系血亲和三代以内旁系血亲关系的签字声明。

第二，港、澳、台居民应当出具的证件和证明材料包括本人的有效通行证、身份证；经居住地公证机构公证的本人无配偶以及与对方当事人没有直系血亲和三代以内旁系血亲关系的声明。

（本证是婚姻登记机关签发的证明婚姻关系有效成立的法律文书。取得结婚证，即确立夫妻关系）

第三，华侨应当出具的证件和证明材料包括本人的有效护照；居住国公证机构或者有权机关出具的、经中华人民共和国驻该国使（领）馆认证的本人无配偶以及与对方当事人没有直系血亲和三代以内旁系血亲关系的证明，或者中华人民共和国驻该国使（领）馆出具的本人无配偶以及与对方当事人没有直系血亲和三代以内旁系血亲关系的证明。

第四，外国人应当出具的证件和证明材料包括本人的有效护照或者其他有效的国际旅行证件；所在国公证机构或者有权机关出具的、经中华人民共和国驻该国使（领）馆认证或者该国驻华使（领）馆认证的本人无配偶的证明，或者所在国驻华使（领）馆出具的本人无配偶的证明。

（2）审查。婚姻登记机关应当对当事人出具的证件、证明材料进行审查并询问相关情况。审查的内容主要包括年龄、是否双方自愿、有无配偶、是否属于直系血亲或者三代以内旁系血亲、是否患有医学上认为不应当结婚的疾病，是否当事人本人到场。审查结果分为两种：①符合结婚条件的，予以登记。②不符合条件的或提交资料不齐全的，不予登记，并向当事人说明理由。

（3）登记。当事人符合结婚条件的，婚姻登记机关工作人员当场予以登记，发给结婚证。取得结婚证，标志着夫妻关系确立。

离婚后，男女双方自愿恢复夫妻关系的，必须到婚姻登记机关进行复婚登记。

军人作为特殊群体，承载着保家卫国的神圣使命，与现役军人结婚、离婚有另行规定的，需遵照执行。

当然，从不同国家看，登记并非结婚的唯一形式，还有仪式制、登记与仪式结合制两种类型。

思考：

安安工作顺心，今年又提了人事科科长，准备和男朋友结婚了。请问，需要单位提前出具未婚证明吗？

(四) 与结婚有关的问题

1. 婚约

婚约是男女双方约定将来缔结婚姻的契约。婚约有合同的实质，但因结婚具有的强烈的人身属性，排除追究违约责任。我国现行立法对于婚约的态度是不提倡、不禁止、不保护。

因婚约带来的相关财产问题在实践中则应做好处理，以避免扩大纠纷。根据最高人民法院《婚姻法若干问题解释（一）》的规定，当事人请求返还按照习俗给付的彩礼，如果属于双方未办理结婚登记手续的，人民法院应当予以支持；双方离婚，当事人请求返还按照习俗给付的彩礼，如果双方办理结婚登记手续但未共同生活或者婚前给付并导致给付人生活困难的，人民法院也应当予以支持。

2. 事实婚姻

事实婚姻是以夫妻名义共同生活，群众亦认为是夫妻的两性结合而成立的婚姻。事实婚姻与合法婚姻相比，欠缺有效的登记手续。从程序上讲，事实婚姻毫无疑问是违反了婚姻法的强制程序，据此视为对法律的挑衅也无不当，但因其广布于农村的大量鲜活案例中，新中国成立后，我国婚姻法亦是曲曲折折作出选择和调整，相继经历了："承认主义（新中国成立—1989年）——限制承认主义（1989年—1994年）——不承认主义（1994年—2001年）——有条件地承认（2001年至今）。"

最高人民法院《婚姻法若干问题的解释（一）》第5条明确规定："未按婚姻法第八条规定办理结婚登记而以夫妻名义共同生活的男女，起诉到人民法院要求离婚的，应当区别对待：'一 1994年2月1日民政部《婚姻登记管理条例》公布实施以前，男女双方已经符合结婚实质要件的，按事实婚姻处理；二 1994年2月1日民政部《婚姻登记管理条例》公布实施以后，男女双方符合结婚实质要件的，人民法院应当告知其在案件受理前补办结婚登记；未补办结婚登记的，按解除同居关系处理。'"国家在与事实婚姻进行数次碰触后，采取了相对温和的态度，选择了对中国传统习俗的尊重，以利于婚姻的稳定。因此，符合事实婚姻的当事人在当下也就具有了选择权。

思考：

向阳（男）与潘语（女）于1990年同居生活，同居时向阳22岁，潘语18岁。2002年8月，向阳外出务工，上班时与小偷搏斗被刺伤，因抢救无效而亡。

问：潘语可以继承向阳的遗产吗？

三、夫妻关系

此处讲的夫妻关系是从法律上而言的，指夫妻之间的权利和义务关系。现行倡导的是平等的夫妻关系。《婚姻法》第13条规定："夫妻在家庭中地位平等。"夫妻具有独立的人格，在人身关系和财产关系的设置方面也有平等的权利义务。

（一）夫妻人身关系

（1）夫妻姓名权。姓名的使用让我们得以将不同的人区分和联系起来。在认识新人时，我们也是从称呼开始。夫妻有无独立的姓名权是有无独立人格和地位的标识之一。如，从

"李王氏"的古代称谓可以推知,该王姓女子的夫家姓李。根据现行立法的规定,夫妻双方都有使用自己姓名的权利;子女可以随父姓,也可以随母姓。

(2) 夫妻人身自由权。夫妻人身自由权主要体现在:夫妻双方都有参加生产、工作、学习和社会活动的自由,一方不得对他方加以限制或干涉。女子从家庭到社会的回归被视为社会进步的表现。

(3) 夫妻实行计划生育的义务。夫妻双方都有实行计划生育的义务,这也是我国社会主义家庭职能的一项重要内容。

同时,《婚姻法》在第4条还规定,夫妻应当互相忠实,互相尊重。但当事人仅以本条为依据提起诉讼的,人民法院不予受理;已经受理的,裁定驳回起诉。《婚姻法若干问题解释(一)》第17条,确立了夫妻间的日常家事代理权:夫或妻因日常生活需要而处理夫妻共同财产的,任何一方均有权决定。

> **思考:**
> 配偶一方违反双方签订的忠实协议,可否追究其违约责任?

案 例

原告曾某原是上海一家企业的营销人员,与前妻离婚后在常州创业。1999年,他与被告贾某登记结婚。由于双方均系再婚,为慎重起见,夫妻俩于婚后经"友好协商"签订"忠实协议"一份。协议约定,夫妻婚后应互敬互爱,对家庭、配偶、子女要有责任感;协议中还特别强调了"违约责任":若一方在婚后由于道德品质问题,出现背叛另一方的不道德性行为(婚外情),要向对方支付违约金30万元。

协议签订后不久,贾某即取得了曾某违反"忠实协议"有婚外性行为的证据。至此,夫妻双方都认为婚姻已经破裂。2002年5月,曾某向法院提出离婚诉讼。与此同时,贾某以曾某违反"忠实协议"为由提起反诉,要求法院判令曾某支付违约金30万元。

问:配偶一方违反双方签订的忠实协议,可否追究其违约责任?

解析:受诉法院判决双方离婚,同时认为曾某"存在违约行为",判令其支付贾某违约金30万元人民币。曾某不服提起上诉,但不久即撤诉。此后,曾某与贾某达成新的"协议":曾某赔偿贾某25万元人民币。这起被媒体称为"忠实协议纠纷第一案"就此尘埃落定。

但本诉讼请求应否得到法院支持并依据合同法的违约方式来处理,在理论界有肯定说和否定说两种截然相反的观点。大家也可以继续思考。

(二) 夫妻财产关系

1. 我国的法定夫妻财产制

我国的法定夫妻财产制包括夫妻共同财产和个人财产。

(1) 夫妻共同财产。我国的法定夫妻财产制实行婚后所得共同制。即，夫妻婚后取得的财产，除法律另有规定或双方另有约定外，为夫妻共同所有。《婚姻法》第17条规定：夫妻在婚姻关系存续期间所得的下列财产，归夫妻共同所有：①工资、奖金；②生产、经营的收益；③知识产权的收益；④继承或赠与所得的财产；⑤其他应当归共同所有的财产。

理解法定夫妻财产制时，应注意以下几方面：①从时间上看，限于夫妻关系存续期间。婚前、离婚后、丧偶后将发生变化或调整。②从对象上看，限于合法夫妻之间。无效婚姻、被撤销婚姻、同居关系的男女不能作为其主体。③从财产上看，应作广义理解。第一，工资、奖金，泛指一切工资性收入，包括以货币或货币形式出现的福利、补贴等。第二，生产、经营收益，包括劳动收入和资本性收入等。夫妻一方个人财产在婚后产生的收益，除孳息和自然增值外，应认定为夫妻共同财产。第三，知识产权收益是指因知识产权带来的财产性收益，包括实际取得或者已经明确可以取得的财产性收益。知识产权本身具有人身性，归一方所有。第四，继承或赠与所得的财产为夫妻共同所有，但为了尊重遗嘱人和赠与人对其财产的处分权，遗嘱或赠与合同中确定只归夫或妻一方的，为夫妻一方的财产，不适用共同所有。① 第五，其他应当归共同所有的财产。这是一条开放性的规定，为以后共同财产范围的扩大预留了空间。

夫妻对共同所有的财产，有平等的处理权。但为满足便捷生活的需要，因缴纳水费、电费等等日常生活需要而处理夫妻共同财产的，夫妻之间互享日常家事代理权，任何一方均有权单独决定；非因日常生活需要对夫妻共同财产作重要处理决定，夫妻双方应当平等协商，取得一致意见。他人有理由相信其为夫妻双方共同意思表示的，另一方不得以不同意或不知道为由对抗善意第三人。

思考：
1. 春节临近，妻子自行决定到超市购买了一台电饭煲，回家后丈夫不同意，向商场主张买卖无效，可否？
2. 上例中夫妻二人到某房地产开发商看房，由售房小姐汪某接待。后丈夫一人前去与开发商订立买卖合同，购得产权酒店两间，并用夫妻共同存款支付。后妻子向开发商提出她不知道此事，主张买卖无效，可否？

提示：正确理解日常家事代理权，并掌握其边界。

---

(2) 夫妻个人财产。《婚姻法》第18条规定："有下列情形之一的，为夫妻一方的财产：①一方的婚前财产；②一方因身体受到伤害获得的医疗费、残疾人生活补助费等费用；③遗嘱或赠与合同中确定只归夫或妻一方的财产；④一方专用的生活用品；⑤其他应当归一方的财产。"夫妻个人财产是共同财产的重要补充，充分权衡了各种因素，防止了共同财产

---

① 《婚姻法若干问题解释（三）》第7条规定：婚后由一方父母出资为子女购买的不动产，产权登记在出资人子女名下的，视为只对自己子女的赠予，该不动产应认定为夫妻一方的个人财产。由双方父母出资购买的不动产，产权登记在一方子女名下的，该不动产可以认定为按照各自父母的出资份额按份共有，但当事人另有约定的除外。

范围的无限延伸，有利于保护个人在婚姻家庭中的合法权益。夫妻一方所有的财产，不因婚姻关系的时间延续而自动转化为夫妻共同财产，但当事人另有约定的除外。

对于"一方专用生活用品"如果价值较高，在离婚分割共同财产时应对另一方作适度的财产倾斜考虑。根据《婚姻法若干问题解释（二）》第13条规定，军人的伤亡保险金、伤残补助金、医药生活补助费属于个人财产。

思考：

向某与李某2005年5月结婚。2007年7月，向某出版了一本小说，获得10万元的收入。2008年1月，向某继承了其父亲的一处房产。2009年2月，李某在一次车祸中，造成重伤，获得7万元赔偿金。在李某受伤后，有许多亲朋好友来探望，共收礼1.2万元。对此，下列哪些表述是正确的？（　　）
A. 向某出版小说所得的10万元归夫妻共有
B. 向某继承的房产归夫妻共有
C. 李某获得的7万元赔偿金归李某个人所有
D. 李某接受的1.2万元礼金归李某个人所有
答案：ABC

---

2. 我国的约定夫妻财产制

夫妻可以通过约定排除法定共同财产制的适用。《婚姻法》第19条规定："夫妻可以约定婚姻关系存续期间所得的财产以及婚前财产归各自所有、共同所有或部分各自所有、部分共同所有。"这种约定必须自愿、真实。

（1）约定的形式。约定应当采用书面形式。书面形式便于当事人谨慎抉择，并利于证据的取得及公开。如果约定采用口头形式，夫妻双方对约定事项没有争议，该约定亦可有效，但不得因此不利于第三人。

（2）约定的效力。从对内效力看，该约定对双方具有约束力；从对外效力看，夫妻对婚姻关系存续期间所得的财产约定归各自所有的，夫或妻一方对外所负的债务，第三人知道该约定的，以夫或妻一方所有的财产清偿。否则仍以夫妻双方的财产清偿。第三人是否知道该约定，举证责任由夫妻一方承担。

（3）约定的时间。《婚姻法》并未对约定的时间进行限定，因此夫妻双方的约定可以在婚前、结婚时、婚后。

（4）约定的变更。约定以后，夫妻可以对先前约定进行变更，但应采取相对应的形式。如，约定是通过书面形式或经过公证的，变更或撤销时也要采取同等形式。并且，约定的变更不能有损第三人的利益。

（三）夫妻的扶养义务

扶养是一定亲属间相互供养的法律责任。广义的扶养包括抚养（长辈对晚辈）、扶养（平辈间）和赡养（晚辈对长辈）。《婚姻法》第20条规定："夫妻有互相扶养的义务。一方不履行扶养义务时，需要扶养的一方，有要求对方付给扶养费的权利。"夫妻间的扶养义务应理解为扶养方与需要扶养方保持同等的生活水平。因扶养问题发生纠纷，可以通过民间调解或司法途径解决。一方不履行法定扶养义务，构成遗弃罪的，应承担刑事责任。

（四）夫妻的财产继承权

在我国，夫妻有相互继承遗产的权利，并且互为第一顺序继承人。只要婚姻关系未予解除，配偶一方死亡，配偶他方即可依法继承，即使夫妻双方正处于离婚诉讼中也不对其权利造成影响。现实生活中，天有不测风云，有的夫妻结婚时间很短或婚后尚未同居，一方因故死亡的，视其具体情况在遗产分配时酌情考虑。

四、离婚制度

（一）离婚制度概述

（1）婚姻终止的概念及原因。婚姻终止是夫妻关系因发生一定的法律事实而消灭，也称婚姻的消灭。婚姻终止可因配偶一方死亡或离婚而引起。死亡包括民法中所讲的自然死亡和宣告死亡。根据最高人民法院《民法通则若干意见》第37条规定："被宣告死亡的人与配偶的婚姻关系，自死亡宣告之日起消灭。死亡宣告被人民法院撤销，如果其配偶尚未再婚的，夫妻关系从撤销死亡宣告之日起自行恢复；如果其配偶再婚后又离婚或者再婚后配偶又死亡的，则不得认定夫妻关系自行恢复。"

（2）离婚的概念。离婚是配偶双方在生存期间依法解除婚姻关系的法律行为。立法对离婚的态度由禁止走向许可，由专权走向自愿。离婚是对合法婚姻关系的解除，不同于婚姻的无效和可撤销。离婚将带来一系列法律后果，涉及当事人、子女及第三人，包括身份关系及财产问题的处理等。

（3）处理离婚问题的指导思想。保障离婚自由，反对轻率离婚是我国处理离婚问题的指导思想。感情破裂的配偶可以通过离婚来解除夫妻关系，相对于欧洲中世纪教会法将婚姻视为"神作之合，人不可离异之"，是巨大的社会进步。在保障离婚自由的同时，我国立法并不主张轻率离婚。离婚不仅关系到夫妻双方，还涉及子女、双方亲属、第三人等，因此在保障离婚自由的同时，国家也进行着适度的法律干预，法院在审理离婚案件时须对夫妻感情是否破裂进行审查，并先予调解。"保障和反对"是一个问题的两个方面，矛盾又统一的并存于离婚制度中。

（二）离婚程序

当事人办理离婚手续可以通过两种途径实现：一是登记离婚；二是诉讼离婚。

1. 通过行政程序离婚

双方协议离婚的可以通过婚姻登记机关按行政程序办理。

（1）登记离婚的条件。登记离婚，也称为协议离婚，根据《婚姻法》和《婚姻登记条例》的规定，通过此种方式离婚的，应符合5个条件：①当事人必须办理过结婚登记，具有合法的夫妻身份。对同居者和事实婚姻的当事人未完善结婚手续的，不予办理离婚登记手续。②双方当事人须为有完全民事行为能力的人。离婚属于婚姻家庭关系的重大变更，当事人双方必须具有相应的民事行为能力，否则婚姻登记机关不予受理。夫妻一方为无行为能力人或限制行为能力人的离婚应通过诉讼程序进行，并由其法定代理人代理诉讼。③夫妻双方自愿离婚。即双方对离婚达成合意，且这种合意的形成是自愿的、真实的，非基于胁迫、欺诈等。④双方对子女的抚养和财产问题达成协议。法律要求，协议离婚必须对子女问题（主要是未成年的、不具有独立生活能力的子女）进行妥善安置，这种安排应有利于保护子女合法权益。所谓对财产问题的处理，要求双方对财产、债务等进行合理的分割和处理，并注意保护女方和抚养孩子一方的合法权益。⑤双方亲自到婚姻登记机关办理离婚登记手续。登记离婚只能由夫妻本人亲自实施,任何第三人不得替代。

(2) 登记离婚的程序。根据《婚姻登记条例》的规定,同结婚一样,离婚需要经过申请、审查和登记三个环节。

①申请。内地居民自愿离婚的,男女双方应当共同到一方当事人常住户口所在地的婚姻登记机关办理离婚登记。并出具本人的户口簿、身份证、结婚证;双方当事人共同签署的离婚协议书。离婚协议书应当载明双方当事人自愿离婚的意思表示以及对子女抚养、财产及债务处理等事项协商一致的意见。

中国公民同外国人在中国内地自愿离婚的,内地居民同香港居民、澳门居民、台湾居民、华侨在中国内地自愿离婚的,男女双方应当共同到内地居民常住户口所在地的婚姻登记机关办理离婚登记。办理离婚登记的香港居民、澳门居民、台湾居民、华侨、外国人除出具结婚证、双方当事人共同签署的离婚协议书外,香港居民、澳门居民、台湾居民还应当出具本人的有效通行证、身份证,华侨、外国人还应当出具本人的有效护照或者其他有效国际旅行证件。

②审查。婚姻登记机关对当事人的离婚申请及相关材料进行认真审查,看是否自愿及合法,并尽可能对当事人进行调解和引导,防止轻率离婚。

③登记。经审查,一切符合法律要求的,婚姻登记机关当场予以登记,并发给离婚证。双方当事人取得离婚证,即标志着夫妻关系解除。离婚证遗失的,可以申请补发。经审查,发现双方当事人就是否离婚,对子女、财产等问题的处理未达成一致意见的,不予登记。当事人可以通过诉讼程序办理。

(3) 登记离婚后,一方就财产问题发生反悔应如何处理?根据最高人民法院《婚姻法若干问题解释(二)》的规定:"离婚协议中关于财产分割的条款或者当事人因离婚就财产分割达成的协议,对男女双方具有法律约束力。当事人因履行上述财产分割协议发生纠纷提起诉讼的,人民法院应当受理。男女双方协议离婚后一年内就财产分割问题反悔,请求变更或者撤销财产分割协议的,人民法院应当受理。人民法院审理后,未发现订立财产分割协议时存在欺诈、胁迫等情形的,应当依法驳回当事人的诉讼请求。"

2. 通过诉讼程序离婚

即双方当事人选择诉讼的方式,通过人民法院按司法程序办理。

(1) 诉讼离婚的概念。诉讼离婚是指夫妻一方或双方向人民法院起诉,请求解除婚姻关系的法律制度。

(2) 离婚的诉讼外调解。《婚姻法》第32条规定:"男女一方要求离婚的,可由有关部门进行调解或直接向人民法院提出离婚诉讼。""有关部门"是指除人民法院以外的有关部门,包括当事人所在单位、群众团体、基层调解组织和行政主管部门等。诉讼外调解具有民间性、行政性,调解程序及调解结果不具有法律的强制性。

(3) 离婚诉讼中的调解和判决。人民法院审理离婚案件,应当进行调解;如感情确已破裂,调解无效,应准予离婚。调解是离婚诉讼中的必经程序,是人民法院行使审判职能的重要方面。只有调解无效,法院才能做出判决。判决包括准予离婚和不准予离婚两种结果,感情破裂是法院判决离婚的法定理由,衡量是否感情破裂,法院一般会从"婚姻基础、婚后感情、离婚原因、夫妻有无和好的可能"等方面综合判定。

(4) 判决离婚的法定条件。根据《婚姻法》的规定,有下列情形之一,人民法院调解无效的,应准予离婚:①重婚或有配偶者与他人同居的;②实施家庭暴力或虐待、遗弃家庭成员的;③有赌博、吸毒等恶习屡教不改的;④因感情不和分居满二年的;⑤一方被宣告失踪,另一方提出离婚诉讼的,应准予离婚。⑥其他导致夫妻感情破裂的情形。如,根据《婚姻法若干问题解释(三)》第9条的规定:夫妻双方因是否生育发生纠纷,致使感情确已破裂,一方请求离婚,法院调解无效的应准予离婚。

(5)诉讼离婚的特殊保护。

①对现役军人的特殊保护。现役军人是指在中国人民解放军和中国人民武装警察部队服现役,具有军籍的人员。不具有军籍的退役军人、转业军人、复员军人等不受特殊保护。《婚姻法》规定:非军人一方要求与现役军人一方离婚,须得军人同意,但军人一方有重大过错的除外。所谓"军人一方有重大过错",是指军人一方实施家庭暴力或虐待、遗弃家庭成员的;重婚或与他人同居;有赌博、吸毒等恶习屡教不改;其他重大过错导致夫妻感情破裂的情形。

②对女方的特殊保护。女方在怀孕期间、分娩一年内或中止妊娠六个月内,男方不得提出离婚。女方提出离婚的,或人民法院认为确有必要受理男方离婚请求的,不在此限。理解本条时间应注意把握以下几点:第一,本条仅推迟了男方提出离婚的时间,男方可以上述情形消失后再行提起;第二,女方放弃特殊保护,自行提起离婚诉讼的,不受时间限制;第三,法院在审查中发现有必要受理之情形,如,女方怀孕系通奸所致或具有一方危及另一方人身安全等重大、紧迫情形等,法院可以受理。

> **思考1:**
> "离婚哥"4年里8次起诉智障妻子,法院应否判决离婚?

案例简介

> 《成都商报》报道,2004年成都男子任先生驾车时因自身过错出车祸,同车的妻子受伤成智障残疾人,4年时间里任先生7次起诉离婚均被驳回。法院审理后认为,原告由于自身过错导致妻子残疾并以此为由提出离婚,有违道义,故不准予离婚。该事件被披露后,有网友戏称任先生是"离婚哥"。2010年7月,任先生第8次向法院起诉离婚。此后,事情又发生了戏剧性的变化,岳父母向武侯公安分局报案,控告女婿涉嫌重婚罪、遗弃罪、伪造国家机关公文印章罪、拒不执行判决、裁定罪等四项罪名。如果仅就前面陈述的离婚事由而言,法院应否判决离婚?

> **思考2:**
> 何兵与赵民民都是军人。何兵去年退役,现二人准备离婚。问:两人是否享有诉讼离婚的特殊保护?

(三)离婚的法律后果

1. 离婚在身份法上的效力

离婚引起夫妻身份关系发生系列变化,主要体现在:①夫妻身份关系终止,称谓消除。

②双方当事人享有再婚的权利。③夫妻间的扶养义务终止。④夫妻间继承权丧失。

2. 离婚在财产法上的效力

离婚将引起夫妻财产的清算、分割，债务的清偿，经济帮助等。

(1) 夫妻共同财产的分割。离婚时首先要正确区分夫妻共同财产、夫妻个人财产和其他家庭成员财产，在确定财产归属的前提下，对夫妻共同所有的财产依法分割。夫妻共同财产的范围见本节"三（二）夫妻财产关系"。

最高人民法院《婚姻法若干问题解释（二）》第14条对涉及军人的复员费、自主择业费等一次性费用的分割办法作了规定。即：人民法院审理离婚案件，涉及分割发放到军人名下的复员费、自主择业费等一次性费用的，以夫妻婚姻关系存续年限乘以年平均值，所得数额为夫妻共同财产。这里所称年平均值，是指将发放到军人名下的上述费用总额按具体年限均分得出的数额。其具体年限为人均寿命70岁与军人入伍时实际年龄的差额。同时，本司法解释第15条至第18条还对涉及股票、证券、出资等特殊情形作了具体规定。

《婚姻法》第39条规定："离婚时，夫妻的共同财产由双方协议处理；协议不成时，由人民法院根据财产的具体情况，照顾子女和女方权益的原则判决。"

离婚时大宗财产的处理还有房屋。关于房屋的处理，特别强调两点：一是关于公房的使用、承租。夫妻共同居住的公房，具有下列情形之一的，离婚后，双方均可承租：①婚前由一方承租的公房，婚姻关系存续5年以上的；②婚前一方承租的本单位的房屋，离婚时，双方均为本单位职工的；③一方婚前借款投资建房取得的公房承租权，婚后夫妻共同偿还借款的；④婚后一方或双方申请取得公房承租权的；⑤婚前一方承租的公房，婚后因该承租房屋拆迁而取得房屋承租权的；⑥夫妻双方单位投资联建或联合购置的共有房屋的；⑦一方将其承租的本单位的房屋，交回本单位或交给另一方单位后，另一方单位另给调换房屋的；⑧婚前双方均租有公房，婚后合并调换房屋的；⑨其他应当认定为夫妻双方均可承租的情形。

对夫妻双方均可承租的公房，处理的原则是：①照顾抚养子女的一方；②男女双方在同等条件下，照顾女方；③照顾残疾或生活困难的一方；④照顾无过错一方。对于公房使用、承租的其他问题，《最高人民法院关于审理离婚案件中公房使用、承租若干问题的解答》做了详细规定。二是父母为儿女购置房屋的出资。父母为儿女购置房屋出资在福利房取消而房价又飞涨的今天越来越成为一个普遍现象应妥善处理。

《婚姻法》第47条规定："离婚时，一方隐藏、转移、变卖、毁损夫妻共同财产，或伪造债务企图侵占另一方财产的，分割夫妻共同财产时，对隐藏、转移、变卖、毁损夫妻共同财产或伪造债务的一方，可以少分或不分。离婚后，另一方发现有上述行为的，可以向人民法院提起诉讼，请求再次分割夫妻共同财产。"

(2) 关于债务的清偿。夫妻离婚，在对财产所有问题进行区分的同时，也要对债务性质进行界定，要分清共同债务、个人债务。共同债务，夫妻双方共同负清偿责任；个人债务，由个人偿还，但夫妻双方达成协议的除外。《婚姻法》第41条规定："离婚时，原为夫妻共同生活所负的债务，应当共同偿还。共同财产不足清偿的，或财产归各自所有的，由双方协议清偿；协议不成时，由人民法院判决。"

①夫妻共同债务的清偿。夫妻共同债务是为维持家庭共同生活或生产、经营活动而负的债务，是连带之债，原则上产生于婚姻关系存续期限间。如果一方婚前所负个人债务能够证

明所负债务用于婚后家庭共同生活的,亦视为共同债务,债权人可就该债务向债务人的配偶主张权利。《婚姻法若干问题解释(二)》第25条规定:"当事人的离婚协议或者人民法院的判决书、裁定书、调解书已经对夫妻财产分割问题作出处理的,债权人仍有权就夫妻共同债务向男女双方主张权利。一方就共同债务承担连带清偿责任后,基于离婚协议或者人民法院的法律文书向另一方主张追偿的,人民法院应当支持。"由此可知,夫妻双方的协议、法院的处理对夫妻内部有效力,但不能妨碍债权人向夫妻双方主张权利,不能改变夫妻连带之债的性质。

②夫妻个人债务的清偿。夫妻个人债务是指,夫妻一方在婚前、婚后以个人名义所负的、与共同生活无关的债务。个人债务由本人负责清偿;按照双方约定应由个人清偿的债务,也由本人偿还。下列债务属于个人债务:第一,夫妻一方婚前所负的债务(能够证明所负债务用于婚后家庭共同生活的除外)。第二,夫妻一方婚后以个人名义所负债务,且能证明该债务确为个人债务。如,债权人与债务人明确约定该债务属于个人债务;夫妻对婚姻关系存续期间所得的财产约定归各自所有的,一方对外所负债务,第三人知道该约定的,以夫或妻个人财产清偿。第三,一方未经对方同意,独自筹资从事经营活动,其收入确未用于共同生活所负的债务。第四,一方未经对方同意,擅自资助与其没有抚养义务关系的亲朋所负的债务。第五,其他应由个人承担的债务。如,一方为满足个人欲望而挥霍所负的债务,一方因个人违法犯罪所负的债务等等。

> **思考:**
> 军人的复员费、自主择业费为5万元,军人入伍时20岁,军人的婚姻存续10年,夫妻共同财产是多少?
> 解析:夫妻共同财产为:5万元÷(70-20)×10=1万元。

3. 离婚在亲子法上的效力

主要解决四方面的问题:一是离婚后的父母子女关系;二是离婚后子女由何方抚养;三是抚育费的负担;四是一方的探望权。

(1)离婚后的父母子女关系。《婚姻法》第36条规定:"父母与子女间的关系,不因父母离婚而消除。离婚后,子女无论由父或母直接抚养,仍是父母双方的子女。"由此可见,父母离婚与否不影响和子女的关系。父母子女间的血亲关系不能人为地被终止。因收养而形成的拟制血亲,除依法变更收养关系外,也不因养父母离婚而消除。继父母与形成抚养教育关系的继子女间权利义务是否解除,则不能一概而论。如果继子女未成年,继父母和生父母均同意继父母继续抚养的,该继父母与继子女关系不变,否则关系解除;如果继子女已成年,则继父母与继子女的关系不能自然解除,只有在一方提出,且符合法律规定的情况下,才可以解除。但由继父母抚养长大并独立生活的继子女,对于生活困难、无劳动能力的继父母的生活费用应当继续承担。

(2) 离婚后子女确定由何方抚养。离婚后,子女随父母一方生活,非直接抚养方对子女仍有抚养的权利和教育的权利和义务。离婚后,子女的抚养问题首要考虑的应是哪一方抚养对子女的成长最有利。在这个大前提下,法律也作了更为具体的规定。

①哺乳期内的子女,以母亲抚养为原则。2 周岁以下的子女被认定为处于哺乳期内,这时的子女由母亲抚养更有利于其身心健康。但,如果母亲患有严重传染病、不具备抚养条件等情形的,也可由父亲抚养。

②哺乳期后的未成年子女由谁抚养,首先由父母双方协商,协议不成的,由人民法院根据子女的权益和双方的具体情况判决。根据最高人民法院《关于人民法院审理离婚案件处理子女抚养问题的若干具体意见》,对两周岁以上未成年的子女,父方和母方均要求随其生活,一方有下列情形之一的,可予优先考虑:第一,已做绝育手术或因其他原因丧失生育能力的;第二,子女随其生活时间较长,改变生活环境对子女健康成长明显不利的;第三,一方无其他子女,而另一方有其他子女的;第四,子女随其生活,对子女成长有利,而另一方患有久治不愈的传染性疾病或其他严重疾病,或者有其他不利于子女身心健康的情形,不宜与子女共同生活的。第五,父方与母方抚养子女的条件基本相同,双方均要求子女与其共同生活,但子女单独随祖父母或外祖父母共同生活多年,且祖父母或外祖父母要求并且有能力帮助子女照顾孙子女或外孙子女的,可作为子女随父或母生活的优先条件予以考虑。

③父母双方对十周岁以上的未成年子女随父或随母生活发生争执的,应考虑该子女的意见。因为这时的未成人子女作为限制民事行为能力人已具备一定的认识、判断能力,选择与父或母共同生活应尊重其意愿。

④在有利于保护子女利益的前提下,父母双方协议轮流抚养子女的,可予准许。

⑤抚养关系的变更。抚养关系确定后,随着时间的推移,父母双方的条件可能发生重大变化,双方可以协议变更子女的抚养关系,协议不成时,由人民法院判决。一方要求变更子女抚养关系有下列情形之一的,应予支持:第一,与子女共同生活的一方因患严重疾病或因伤残无力继续抚养子女的;第二,与子女共同生活的一方不尽抚养义务或有虐待子女行为,或其与子女共同生活对子女身心健康确有不利影响的;第三,十周岁以上未成年子女,愿随另一方生活,该方又有抚养能力的;第四,有其他正当理由需要变更的。

(3) 抚育费的负担。子女的抚育费由父母双方承担,主要包括生活费、教育费和医疗费等。《婚姻法》第 37 条规定:"离婚后,一方抚养的子女,另一方应负担必要的生活费和教育费的一部或全部,负担费用的多少和期限的长短,由双方协议;协议不成时,由人民法院判决。关于子女生活费和教育费的协议或判决,不妨碍子女在必要时向父母任何一方提出超过协议或判决原定数额的合理要求。"父母双方可以协议子女随一方生活并由抚养方负担子女全部抚育费。但经查实,抚养方的抚养能力明显不能保障子女所需费用,影响子女健康成长的,不予准许。

①抚育费的数额。子女抚育费的数额,可根据子女的实际需要、父母双方的负担能力和当地的实际生活水平确定。第一,有固定收入的,抚育费一般可按其月总收入的 20% 至 30% 的比例给付。负担两个以上子女抚育费的,比例可适当提高,但一般不得超过月总收入的 50%。第二,无固定收入的,抚育费的数额可依据当年总收入或同行业平均收入,参照上述比例确定。第三,有特殊情况的,可适当提高或降低上述比例。

②抚育费的给付期限。抚育费的给付期限,一般至子女 18 周岁为止。16 周岁以上不满

18周岁，以其劳动收入为主要生活来源，并能维持当地一般生活水平的，父母可停止给付抚育费。

不能独立生活的成年子女，父母又有给付能力的，仍应负担必要的抚育费。根据《婚姻法若干问题解释（一）》第20条的规定，不能独立生活的成年子女，是指尚在校接受高中及其以下学历教育，或者丧失或未完全丧失劳动能力等非因主观原因而无法维持正常生活的成年子女。

③抚育费的给付方式。抚育费的给付方法视具体情况而定，可以定期给付、一次性给付，也可以物折价。离婚时，应将抚育费的数额、给付方式、给付期限载入调解书或判决书。

④抚育费的变更。离婚时确定的抚育费数额，是根据当时的实际需要和父母的经济状况确定的。以后情况发生变化的，允许对抚育费的数额进行增加、减少或免除。特定情况下减少或免除抚育费因涉及子女的利益，人民法院应严格把握，并在这些情形消失后，恢复给付。

(4) 一方的探望权。探望权是《婚姻法》修正时新增设的一项法律制度。《婚姻法》第38条规定："离婚后，不直接抚养子女的父或母，有探望子女的权利，另一方有协助的义务。行使探望权利的方式、时间由当事人协议；协议不成时，由人民法院判决。父或母探望子女，不利于子女身心健康的，由人民法院依法中止探望的权利；中止的事由消失后，应当恢复探望的权利。"

探望权，是指离婚后，不直接抚养子女的一方享有的与其子女相聚、交往的权利。探望权作为一项法定权利，由不直接抚养子女的父或母享有（直接抚养子女的一方行使监护权），探望权的行使如果有损子女的身心健康，人民法院可以依法中止，子女成年后，探望权便随之消灭。

对拒不执行探望子女的判决或裁定的，由人民法院依法强制执行。有关个人和单位应负协助执行的责任。

> **思考：**
> 离婚后，孩子由父亲抚养，其外祖父母是否享有探望权？
> 解析：目前立法上将探望权仅赋予不直接抚养子女的父或母，即使从小抚育其的（外）祖父母等均不享有。但此范围是否过窄，值得商榷。

4. 离婚时的救济方式

"古人虽弃妇，弃妇有归处。今日妾辞君，辞君欲何去。本家零落尽，恸哭来时路。……记得初嫁君，小姑始扶床。今日君弃妾，小姑如妾长。回头语小姑，莫嫁如兄夫。"① 唐朝诗人顾况在《弃妇词》中将离婚后妇女的境况描写的令人心酸、感叹。这有助

---

① 弃妇词：古人虽弃妇，弃妇有归处。今日妾辞君，辞君欲何去。本家零落尽，恸哭来时路。忆昔未嫁君，闻君甚周旋。及与同结发，值君适幽燕。孤魂托飞鸟，两眼如流泉。流泉咽不燥，万里关山道。及至见君归，君归妾已老。物情弃衰歇，新宠方妍好。拭泪出故房，伤心剧秋草。妾以憔悴捐，羞将旧物还。余生欲有寄，谁肯相留连。空床对虚牖，不觉尘埃厚。寒水芙蓉花，秋风堕杨柳。记得初嫁君，小姑始扶床。今日君弃妾，小姑如妾长。回头语小姑，莫嫁如兄夫。——顾况（727—815），唐代诗人、画家、鉴赏家。字逋翁，自号华阳真逸。

于理解现行《婚姻法》对离婚时救济方式的规定。

（1）经济补偿请求权。夫妻约定婚姻关系存续期间所得财产归各自所有的前提下，离婚时本项制度可能启动。《婚姻法》第40条规定："夫妻书面约定婚姻关系存续期间所得的财产归各自所有，一方因抚育子女、照料老人、协助另一方工作等付出较多义务的，离婚时有权向另一方请求补偿，另一方应当予以补偿。"立法上由此肯定了家务劳动的价值，法律的强行调节，有利于促进社会的公平、正义。经济补偿数额的多少，由双方协议。如协议不成的，法院视一方付出义务的多少、对方因此获得利益的大小、双方的经济状况等综合确定。

（2）对生活困难一方的经济帮助。《婚姻法》第42条规定："离婚时，如一方生活困难，另一方应从其住房等个人财产中给予适当帮助。具体办法由双方协议；协议不成时，由人民法院判决。"

①经济帮助的概念和条件。经济帮助，是指离婚时，一方生活困难，经夫妻协议或人民法院判决，由有条件的一方从其个人财产中给予另一方适当资助的制度。经济帮助的启动应符合以下条件：第一，离婚时一方生活困难。离婚时一方生活困难，根据《婚姻法若干问题解释（一）》第27条的规定，是指离婚当时，一方依靠个人财产和离婚时分得的财产无法维持当地基本生活水平。一方离婚后没有住处的，属于生活困难。离婚时，一方以个人财产中的住房对生活困难者进行帮助的形式，可以是房屋的居住权或者房屋的所有权。第二，提供帮助的一方须有负担能力。帮助的程度限于帮助方能力所及范围，受帮助的一方另行结婚后，即终止帮助行为。第三，这种帮助通常是用以解决临时困难，而非长期无偿提供。经济帮助可以视为原婚姻关系中派生出来的责任，不是夫妻抚养义务的延续。

②经济帮助的方法。离婚时的经济帮助由双方协商解决，协商不成的，由法院判决。一般而言，一方年轻、有劳动能力，生活暂时困难的，另一方可给予短期的一次性经济帮助；结婚多年，一方年老病残、失去劳动能力而又无生活来源的，另一方应在居住和生活方面给予适当的安排，必要时给予较长时期的经济帮助。原定经济帮助执行完毕后，一方又要求再给予的，一般不予支持。

五、无效婚姻与可撤销婚姻

（一）无效婚姻与可撤销婚姻的概念

无效婚姻与可撤销婚姻是《婚姻法》修正后新增设的一项制度，采取了两种类型并存的双轨制。有的国家采取单轨制，只设立一种类型，如，最早采用双轨制的德国，在1998年改为可撤销婚姻制度的单轨制。

（1）无效婚姻。无效婚姻，是指欠缺婚姻成立的法定要件，不具有法律效力的两性结合。

（2）可撤销婚姻。可撤销婚姻，是指已成立的婚姻关系，因欠缺结婚的真实意思，当事人一方可依法向婚姻登记机关或人民法院请求撤销的婚姻。

（二）无效婚姻与可撤销婚姻的事由

（1）无效婚姻的事由。《婚姻法》规定的无效婚姻主要有4种情形：①重婚的；②有禁止结婚的亲属关系的；③婚前患有医学上认为不应当结婚的疾病，婚后尚未治愈的；④未到法定婚龄的。

（2）可撤销婚姻的事由。现行《婚姻法》规定的可撤销婚姻的事由只有受胁迫一种。胁迫是指行为人以给另一方当事人或者其近亲属的生命、身体健康、名誉、财产等方面造成损害为要挟，迫使另一方当事人违背真实意愿结婚的情况。立法中"胁迫"这一过于单一的事由为很多学者所诟病，建议把因受欺诈而缔结的婚姻也纳入可撤销婚姻的范围。

当事人以结婚登记程序存在瑕疵为由提起民事诉讼，主张撤销结婚登记的，告知其可以依法申请行政复议或者提起行政诉讼。

（三）确认无效婚姻与可撤销婚姻的程序

1. 申请人

（1）有权申请宣告婚姻无效的主体。有权申请宣告婚姻无效的主体，包括婚姻当事人及利害关系人。利害关系人包括：①以重婚为由申请宣告婚姻无效的，为当事人的近亲属及基层组织。②以未到法定婚龄为由申请宣告婚姻无效的，为未达法定婚龄者的近亲属。③以有禁止结婚的亲属关系为由申请宣告婚姻无效的，为当事人的近亲属。④以婚前患有医学上认为不应当结婚的疾病，婚后尚未治愈为由申请宣告婚姻无效的，为与患病者共同生活的近亲属。

（2）有权申请撤销婚姻的主体。因受胁迫而请求撤销婚姻的，只能是受胁迫一方的婚姻关系当事人本人。

2. 受理机关

要求确认婚姻无效的，只能由人民法院受理。人民法院审理宣告婚姻无效案件，对婚姻效力的审理不适用调解，有关婚姻效力的判决一经作出，即发生法律效力。而请求撤销婚姻的，可以由人民法院或婚姻登记机关受理。

3. 申请时间

（1）无效婚姻。无效婚姻的事由并非恒久存在，当事人申请时，法定的无效婚姻情形已经消失的，人民法院不予支持。这样，无效婚姻就不同于无效民事行为的自始无效，婚姻法提供了无效婚姻向有效婚姻转换的空间。

（2）可撤销婚姻。受胁迫的一方撤销婚姻的请求，应当自结婚登记之日起一年内提出。被非法限制人身自由的当事人请求撤销婚姻的，应当自恢复人身自由之日起一年内提出。基于稳定现行婚姻关系的考虑，此"一年"为除斥期间，不适用诉讼时效中止、中断或者延长。

思考：

1. 农村姑娘小芳与邻居阿勇结婚时刚满19岁，后二人一同赴广东打工。5年后，小芳能否向人民法院申请宣告婚姻无效？
2. 小军冒充公务员与小莲结婚，3个月后被小莲父母发现，小莲能否请求撤销该婚姻？

（四）无效婚姻与可撤销婚姻的法律后果

我国虽然采取了无效婚姻与可撤销婚姻双轨制的立法，但在法律后果上却没有区别。

（1）对当事人的法律后果。经宣告无效或被撤销的婚姻，自始无效。当事人不具有夫妻的权利和义务，按同居关系来处理相应的财产问题。同居期间所得的财产，由当事人协议处理；协议不成时，由人民法院根据照顾无过错方的原则判决。对重婚导致的婚姻无效的财产处理，不得侵害合法婚姻当事人的财产权益。"自始无效"，是指在依法被宣告无效或被撤销时，才确定该婚姻自始不受法律保护。

（2）对子女的法律后果。当事人所生的子女，适用《婚姻法》有关父母子女的规定。

六、求助措施与法律责任

家庭成员间的暴力行为因隐蔽于家庭之中，常不为外界关注，20世纪60年代以前，公权力缺乏有效干预，"清官难断家务事"的俗语，表达了充分的无奈。随着女权主义的兴起，家庭暴力等系列事件逐渐引起了国际社会的普遍关注，家庭问题被视为社会问题，各国政府采取了积极纠错的态势。2001年我国修正《婚姻法》时，设置"求助措施与法律责任"专章进行规定。

（一）遭受家庭暴力或者虐待的救助措施

（1）家庭暴力和虐待的概念。最高人民法院《婚姻法若干问题的解释（一）》第1条，对家庭暴力和虐待的概念进行了明确。所谓"家庭暴力"，是指行为人以殴打、捆绑、残害、强行限制人身自由或者其他手段，给其家庭成员的身体、精神等方面造成一定伤害后果的行为。持续性、经常性的家庭暴力，构成虐待。

（2）遭受家庭暴力或者虐待的救助措施。《婚姻法》第43条规定："实施家庭暴力或虐待家庭成员，受害人有权提出请求，居民委员会、村民委员会以及所在单位应当予以劝阻、调解。对正在实施的家庭暴力，受害人有权提出请求，居民委员会、村民委员会应当予以劝阻；公安机关应当予以制止。实施家庭暴力或虐待家庭成员，受害人提出请求的，公安机关应当依照治安管理处罚的法律规定予以行政处罚。"

（二）遭受遗弃的救助措施

（1）遗弃的概念。遗弃，是指家庭成员中负有抚养、扶养、赡养义务的一方，对需要抚养、扶养、赡养的另一方不履行应尽的义务的违法行为。

（2）遭受遗弃的救助措施。《婚姻法》第44条规定："对遗弃家庭成员，受害人有权提出请求，居民委员会、村民委员会以及所在单位应当予以劝阻、调解。对遗弃家庭成员，受害人提出请求的，人民法院应当依法作出支付扶养费、抚养费、赡养费的判决。"

（三）重婚、家庭暴力、虐待、遗弃行为应承担的法律责任

《婚姻法》第45条规定："对重婚的，对实施家庭暴力或虐待、遗弃家庭成员构成犯罪的，依法追究刑事责任。受害人可以依照刑事诉讼法的有关规定，向人民法院自诉；公安机关应当依法侦查，人民检察院应当依法提起公诉。"

(四) 离婚损害赔偿制度

1. 离婚损害赔偿的概念

离婚损害赔偿,是指夫妻一方因法定过错行为而导致离婚,无过错方提出由过错方赔偿损失并承担相应法律责任的一项制度。"损害赔偿",包括物质损害赔偿和精神损害赔偿。《婚姻法》第 46 条规定:"有下列情形之一,导致离婚的,无过错方有权请求损害赔偿:①重婚;②有配偶者与他人同居的;③实施家庭暴力的;④虐待、遗弃家庭成员的。"由此建立了我国的离婚过错损害赔偿制度。本项制度的建立有利于对无过错方进行精神抚慰,一定程度上填补受害人损失,制裁违法行为,维护健康、和睦的家庭关系。

2. 离婚损害赔偿制度的构成要件

①配偶一方存在法定过错行为。即配偶一方实施了重婚、与他人同居、实施家庭暴力或者虐待、遗弃家庭成员的行为,而配偶他方无此过错行为。②给无过错配偶方造成了人身、精神或财产上的损害。③过错行为与损害事实之间存在因果关系。④过错方主观上出于故意。⑤过错行为导致了婚姻关系破裂。离婚是本项制度启动的前提,否则不能适用。

3. 离婚损害赔偿的提起

①无过错方在离婚诉讼的同时,向法院提起损害赔偿的请求。法院在审理时应告知当事人享有提起损害赔偿的权利,是否行使由无过错方自行掌握。根据无过错方诉讼地位的变化,最高人民法院《婚姻法若干问题解释(一)》第 30 条,作了区分规定:无过错方作为原告基于该条规定向人民法院提起损害赔偿请求的,必须在离婚诉讼的同时提出;无过错方作为被告的离婚诉讼案件,如果被告不同意离婚也不基于该条规定提起损害赔偿请求的,可以在离婚后一年内就此单独提起诉讼;无过错方作为被告的离婚诉讼案件,一审时未提出损害赔偿请求,二审期间提出的,人民法院应当进行调解,调解不成的,告知当事人在离婚后一年内另行起诉。②最高人民法院《婚姻法若干问题解释(二)》第 27 条规定:"当事人在婚姻登记机关办理离婚登记手续后,向人民法院提出损害赔偿请求的,人民法院应当受理。但当事人在协议离婚时已经明确表示放弃该项请求,或者在办理离婚登记手续一年后提出的,不予支持。"③在婚姻关系存续期间,当事人不起诉离婚而单独提起损害赔偿请求的,人民法院不予受理。人民法院判决不准离婚的案件,对于当事人提出的损害赔偿请求,不予支持。④承担损害赔偿责任的主体为离婚诉讼当事人中无过错方的配偶。立法上未将"第三者"作为赔偿责任主体,需要注意。

另外,涉及民族婚姻;涉及华侨、港澳台同胞的婚姻、收养;涉外婚姻、收养等,立法上有特殊规定的,需遵照执行。

思考:

向第三者提出离婚损害赔偿请求能否获得法院的支持?

第二节 家庭关系[①]

一、家庭的职能

家庭的社会职能主要包括生产职能和生活职能。

(1) 生产职能。在自给自足的年代，家庭的生产职能是比较明显的，但随着社会化大生产程度的不断提高，家庭的生产职能已相对削弱。

(2) 生活职能。生活职能主要包括人口再生产职能、教育职能、扶养职能和消费职能。①人口再生产职能。家庭是人类生育和繁衍的基本场所，通过生育实现人口的再生产。②教育职能。家庭的教育职能在家庭产生之初就已形成。在古代，对子女的教育主要是通过家庭来实现，现在的学校教育与其他社会教育虽然已有了长足发展，但家庭教育在整个社会教育中仍然有着其他教育无法替代的趋势。③扶养职能。在社会保障还不发达，国家没有足够的财力时，家庭成员间的扶养仍然具有十分重要的意义。扶养包括夫妻之间的扶养、父母对子女的抚养和子女对父母的赡养等。④消费职能。劳动者将获取的收入用于家庭生活及消费，承担养老育幼的责任，是家庭的共同特征，特别是随着物质文化生活水平的提高，家庭的消费功能较以前更为突出。

（按中国传统婚姻习俗经过六礼，就完成了从求婚至完婚的整个结婚过程。新娘的盖头一经掀开，鲜活的家庭关系也就雀跃而出）

二、亲属制度

(一) 亲属制度概述

1. 亲属的概念

亲属是指因婚姻、血缘或收养而产生的社会关系。亲属间有固定的身份和称谓。

2. 亲属的种类

根据亲属关系产生的原因，可以将亲属分为配偶、血亲和姻亲三类[②]，如下图所示。

(1) 配偶：夫妻双方互为配偶。

(2) 血亲：指有血缘联系的上下各代的亲属，包括自然血亲和拟制血亲。

自然血亲是指出于同一祖先，而有血缘联系的亲属，包括直系血亲和旁系血亲。直系血亲，是指和自己有直接血缘关系的亲属，即生育自己的和由自己所生育的上下各代亲属。旁系血亲，是指与自己具有间接血缘关系的亲属，即除直系血亲以外的、与自己同出一源的血亲。如，兄弟姐妹间、自己与伯叔姑、姨舅之间属于旁系血亲。

[①] 夫妻关系是亦家庭关系的一个基础，因该内容在第一节已作了详讲，故在本节略去。
[②] 也有的国家将亲属分为血亲和姻亲两种，如瑞士、德国、墨西哥等国。

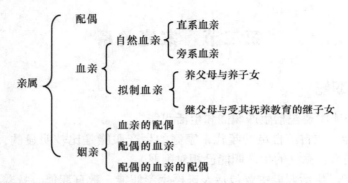

拟制血亲：本来没有血缘关系或没有直接的血缘关系，但法律上确定其地位与血亲相同的亲属。包括养父母与养子女；继父母与受其抚养教育的继子女。

（3）姻亲：姻亲是指以婚姻关系为中介而产生的亲属。包括血亲的配偶、配偶的血亲和配偶的血亲的配偶。

血亲的配偶：指自己与自己的直系、旁系血亲的配偶之间的关系。如，自己与女婿、儿媳、伯母。

配偶的血亲，指自己与自己配偶的血亲之间的关系。如，自己与岳父母。

配偶的血亲的配偶，指自己与自己配偶的血亲的丈夫或妻子之间的关系。如，自己与妻子的姐妹之夫为连襟；自己与丈夫的兄弟之妻为妯娌。

3. 亲属的范围

就一般意义的亲属而言，其范围极其广泛，每个人都可以置身于一张庞大的亲属网中。但赋予哪些亲属间以法律上的权利义务关系，我国交由各部门法分别规定。《婚姻法》中禁止直系血亲和三代以内的旁系血亲结婚；规定了夫妻之间、父母子女之间、（外）祖父母与（外）孙子女间以及兄弟姐妹之间的权利义务。《继承法》规定了享有法定继承权的亲属的范围，规定丧偶儿媳对公婆、丧偶女婿对岳父母，尽了主要赡养义务的，可作为第一顺序的法定继承人。

（二）亲系和亲等

1. 亲系

亲系是指亲属间的联络系统。按照不同标准可将其作若干分类，如常见的直系血亲和旁系血亲是以血缘联系为坐标而划分的。

2. 亲等

亲等是通用的计算亲属关系亲疏远近的单位。从他国看，主要有罗马法的计算方式和寺院法的计算方法。我国古代用丧服制度来计算，现在采用"代"的方式计算，一辈为一代，分为直系血亲和旁系血亲两种计算法。

（1）直系血亲的计算法。以己身为一代，然后由己身向上或向下数，向上数至父母为二代，数至祖父母为三代；向下数至子女为二代，数至孙子女为三代，依此类推。

（2）旁系血亲的计算法。先从己身上数至同源的直系血亲，再从此同源人下数至要计算的旁系血亲，如果两边代数相同，就以此数确定代数；如果代数不同，则以大数确定代数。如，自己与兄弟姐妹为二代的旁系血亲，自己与姨妈属于三代的旁系血亲。单纯比大小的计算方式不能准确反映亲属关系的亲疏远近，学者多建议采用罗马法通过两边相加的方式来计算。

思考：
1. 自己与曾祖父母属于几代的亲属关系？
2. 张威（男）与其姨父的孙女情投意合，当他们达到结婚年龄打算办理结婚登记证时，遭到了双方父母的反对，理由是他们是亲戚，而且辈分不同。请问：按照我国亲等计算方法，他们分别属于几亲等的亲属？能否结婚？

（三）亲属关系的发生、终止与效力

1. 亲属关系的发生与终止

（1）配偶关系的发生与终止。配偶关系因男女结婚而产生，因一方死亡或双方离婚而终止。

（2）自然血亲关系的发生和终止。自然血亲的发生和终止之原因是唯一的，只能源于人的自然原因，即因出生而发生，因一方死亡而终止。

（3）拟制血亲关系的发生和终止。养父母与养子女关系因收养的成立而发生，因一方死亡或收养关系的解除而终止。继父母与受其抚养教育的继子女关系因继父（母）与生母（父）结婚，并在日常生活中继父母对继子女形成了抚养教育的事实而成立；因一方死亡而终止。至于是否因继父（母）与生母（父）离婚而当然消失，则不能一概而论。

（4）姻亲关系的发生与终止。姻亲因男女双方结婚而产生，因姻亲一方死亡而终止。姻亲关系是否因配偶离婚而终止，各国立法有消灭主义和不消灭主义，前者如日本，后者如德国。我国婚姻法则无明确态度，交由当事人自行抉择。

2. 亲属关系的法律效力

亲属关系在不同部门法中有着不同的权利义务。在婚姻法中主要表现为禁婚、扶养、财产的处理等；在民法中主要表现为监护、继承等；在诉讼法上主要表现为回避、辩护等。

三、父母子女关系

夫妻关系是家庭关系的核心，在家庭中起着承上启下、养老育幼的作用。除夫妻关系外，家庭中还有父母子女关系、祖孙关系和兄弟姐妹关系等几种近亲属间的关系需要妥善处置。

（一）父母子女间的权利义务

1. 父母子女关系的概念

父母子女关系，亦称亲子关系，是指父母、子女间的权利和义务关系。

2. 父母子女间的权利义务

我国婚姻法关于父母子女间的权利、义务的规定，不仅适用于父母与婚生子女，也同样

适用于父母与非婚生子女、养父母与养子女和形成抚养关系的继父母和继子女。

（1）父母对子女有抚养教育的义务。《婚姻法》第21条规定："父母对子女有抚养教育的义务；父母不履行抚养义务时，未成年的或不能独立生活的子女，有要求父母付给抚养费的权利。"

抚养是指父母从物质上、经济上、生活上对子女进行供养和照料。抚养费主要包括生活费、医疗费和教育费。抚养的期限从子女出生时起，到子女独立生活时止。就人们通常的理解父母的抚养义务一般至子女成年时止，但最高人民法院《婚姻法若干问题解释（一）》第20条规定："不能独立生活的子女，是指尚在校接受高中及其以下学历教育，或者丧失或未完全丧失劳动能力等非因主观原因而无法维持正常生活的成年子女。"由此将父母的抚养义务作了拉伸和延长。当然，若因主观原因而无法维持正常生活的成年子女则不在此列。

教育是指父母在思想、品德、学业等方面对子女的培育。父母的教育对子女身心健康成长起着极其重要的作用，父母应恪尽职守，履行好家庭对社会的责任。

（2）父母有教育和保护未成年子女的权利和义务。《婚姻法》第23条规定："父母有保护和教育未成年子女的权利和义务。在未成年子女对国家、集体或他人造成损害时，父母有承担民事责任的义务。"

父母作为未成年子女的法定代理人和监护人，应防范或排除自然界或他人对未成年子女人身或财产的非法侵害。同时，未成年子女对国家、集体、他人造成损害时，父母也应承担相应的民事责任。正反两方面的规定，有利于督促父母履行职责，最大限度保护自己的未成年子女和他人的未成年子女。

禁止溺婴、弃婴和其他残害婴儿的行为。

（3）子女对父母有赡养扶助的义务。《婚姻法》第21条规定："子女对父母有赡养扶助的义务。子女不履行赡养义务时，无劳动能力的或生活困难的父母，有要求子女付给赡养费的权利。"

因未成年子女自身尚不具备独立生活的能力，此处的子女是指成年子女。赡养重在物质上的提供，扶助重在精神上和生活上的关心、照料。"养老育幼"符合我国传统的伦理道德，赡养扶助既是子女依法应尽的义务，也是社会主义的道德要求。

（4）父母子女有相互继承遗产的权利。父母子女作为血缘最近的直系血亲，有相互继承遗产的权利，并互为第一顺序继承人。

1991年7月8日，最高人民法院在《关于夫妻离婚后人工授精所生子女的法律地位如何确定的复函》中指出："在夫妻关系存续期间，双方一致同意进行人工授精，所生子女应视为夫妻双方的婚生子女，父母子女之间权利义务关系适用《婚姻法》的有关规定。"

（二）养父母与养子女

收养制度是亲属制度的重要组成部分，这种拟制血亲关系一旦建立，养子女即取得与亲生子女同等的法律地位，同时，养子女与生父母之间的权利义务关系消除。鉴于收养关系的复杂性，本书在后面单独作为知识点讲解。

（三）继父母与继子女

1. 继父母与继子女的概念

继父母与继子女关系因子女的生父或生母再婚而形成。子女对母或父的再婚配偶，称继父或继母。夫对其妻与前夫所生子女或妻对其夫与前妻所生子女，称为继子女。

2. 继父母子女的法律地位

现实生活中,继父母子女关系的产生有较大差异,其法律地位不能一概而论:①继父母与继子女间形成了抚养关系。继子女未成年,父或母再婚,该子女受继父或继母抚养教育的,或者成年继子女对继父或继母进行了长期的、事实上的赡养扶助。②继父母与继子女间没有形成抚养关系。父或母再婚时,继子女已成年并独立生活,或继子女未成年但未与继父母共同生活,继父母与继子女间没有形成抚养关系,为直系姻亲关系。③继父或继母经继子女生母或生父同意,收养继子女的,则形成养父母与养子女的关系。

《婚姻法》第 27 条规定:"继父母与继子女间,不得虐待或歧视。继父或继母和受其抚养教育的继子女间的权利和义务,适用本法对父母子女关系的有关规定。"

如果未成年子女随生母或生父再婚后,继父或继母对其进行了抚养教育,同时其生父母也对其尽了抚养义务的,该子女与生父母和继父母都发生权利、义务关系。

3. 继父母子女关系的解除

因生父母与继父母离婚而解除。最高人民法院《关于人民法院审理离婚案件处理子女抚养问题的若干具体意见》(1993 年)第 13 条规定:"生父与继母或生母与继父离婚时,对曾受其抚养教育的继子女,继父或继母不同意继续抚养的,仍应由生父母抚养。"由此可知,生父母与继父母离婚的,可以解除已形成的抚养关系。

根据最高人民法院《关于继父母与继子女形成权利义务关系能否解除的批复》(1988年)之精神,生父母死亡,继父母不能自动停止对未成年子女的抚养义务,继子女的生父或生母亦不能不经继母或继父的同意,将该子女领回抚养。继父母与继子女间的权利义务关系是否解除,由双方协商,如果子女已满 10 周岁应尊重其意见。协商不成的,法院根据子女的权益判决。

从立法上看,我国对继父母子女关系的法律调整还不周全,对如何判断继父母与继子女间是否形成抚养教育关系、这种关系如何解除等缺乏明确规定,应进一步完善,以减少纠纷的发生。

四、收养关系

(一) 收养的概念及法律特征

1. 收养的概念

收养,是指公民依法领养他人子女为自己子女的民事法律行为。收养制度由来已久,是亲属制度不可或缺的部分。收养满足了收养人对子女的情感需要,有利于被收养人成长,也有利于减轻社会负担,各国均建立了收养制度。

2. 收养的法律特征

①收养是一种法律行为。收养必须依照法律规定的条件和程序才能有效成立。②收养是身份法上的行为。收养是在特定公民之间建立某种身份联系,即养父母与养子女关系。③收养将变更亲属身份和权利义务关系。收养成立后,收养人与被收养人间建立父母子女的权利

(汶川地震引发了社会对收养问题的广泛关注)

义务关系，被收养人与其生父母之间的身份和权利义务关系随之消除。④收养只能发生在非直系血亲之间。收养只能发生在非直系血亲之间，直系血亲间的收养毫无意义。⑤收养关系是一种拟制血亲关系。收养通过法律的设定而产生，这种非自然形成的拟制血亲关系也可依法解除。

由此可见，收养不同于国家对孤儿、弃儿的收容和养育；也不同于父母因故不能直接履行对子女的抚养义务时，委托他人代为抚养的寄养关系。

（二）收养关系的基本原则

《收养法》第2条、第3条确立了收养应遵循的基本原则。

（1）收养应当有利于被收养的未成年人的抚养、成长。有利于未成年人的健康成长是收养时应首先考虑的原则。收养制度设定中各种关系的平衡不能以牺牲被收养人的利益为代价。

（2）收养应遵循平等自愿的原则。收养应出于自愿为目的，收养人、送养人均不得强迫收养关系的成立，被收养人年满10周岁的，还应征得其同意。只有在收养时充分尊重了平等自愿原则，才有利于在以后的拟制血亲中建立友好、和睦的亲属关系。

（3）收养不得违背社会公德。收养子女既关系到当事人的利益，也涉及社会公共利益，收养必须符合国家法律和社会主义道德，如，严禁买卖儿童或者借收养名义买卖儿童。

（4）收养不得违背计划生育。为防止借收养名义破坏计划生育，《收养法》对收养人、送养人的条件等作了限制。

（三）收养的成立及效力

1. 收养需具备的一般条件

（1）收养人的条件。①收养人应无子女。②有抚养教育被收养人的能力。③未患有在医学上认为不应当收养子女的疾病。④年满30周岁。无配偶的男性收养女性的，收养人与被收养人的年龄应当相差40周岁以上。⑤有配偶者收养子女，须夫妻共同收养。

（2）送养人的条件。①生父母作为送养人应满足的条件为：第一，有特殊困难无力抚养子女。第二，须双方共同送养。生父母一方不明或者查找不到的才可单方送养。第三，配偶一方死亡，另一方送养未成年子女的，死亡一方的父母有优先抚养的权利。②其他监护人作为送养人。生父母以外的其他监护人作为送养人时应注意：一是未成年人的父母均已死亡，其监护人要求将其送养，应征得其他有抚养义务人的同意；二是未成年人的父母均不具备完全民事行为能力的，该未成年人的监护人不得将其送养，但父母对该未成年人有严重危害可能的除外。③社会福利机构作为送养人。社会福利机构可送养经其养育监护的孤儿、弃婴和被遗弃的儿童。

（3）被收养人的条件。①被收养人年龄不满14周岁。②丧失父母的孤儿、查找不到生父母的弃婴和儿童、生父母有特殊困难无力抚养的子女。对于亲属间的收养、收养孤儿、残疾儿童和继子女，《收养法》在收养条件上另作了放宽规定。

2. 收养的程序

《收养法》第15条规定："收养应当向县级以上人民政府民政部门登记。收养关系自登记之日起成立。收养查找不到生父母的弃婴和儿童的，办理登记的民政部门应当在登记前予以公告。"

根据上述规定，收养成立必须经过登记。收养协议和收养公证不是收养成立的法定形式要件。根据《收养法》的规定：当事人愿意订立收养协议的，可以订立收养协议；当事人各方或者一方要求办理收养公证的，应当办理收养公证。我国的《收养法》于1992年4月1日起施行，之前形成的事实上的收养关系，只要不违背我国收养制度的基本原则和社会主义道德，原则上予以认可；之后形成的收养关系没进行登记的，法律不予认可。

3. 收养的效力

收养成立后，将产生系列法律后果，《收养法》第23条规定："自收养关系成立之日起，养父母与养子女间的权利义务关系，适用法律关于父母子女关系的规定；养子女与养父母的近亲属间的权利义务关系，适用法律关于子女与父母的近亲属关系的规定。养子女与生父母及其他近亲属间的权利义务关系，因收养关系的成立而消除。"

由此可见，我国采用完全收养的立法，因收养关系，养子女与生父母之间及其他近亲属间的权利义务关系完全消除，同时自动与养父母及养父母的近亲属间产生相应的权利义务关系。当然，直系血亲和三代以内旁系血亲禁婚的规定仍然适用。

> **思考：**
> 张先生（35岁）和肖女士（33岁）婚后育有一子，家庭经济条件较好，汶川大地震后，两人拟收养一名5岁孤儿王灿灿。问：两人是否符合收养条件？

（四）收养关系解除的法律后果

收养成立后，因各种情况发生变化，当事人可到民政部门协议解除收养关系或通过人民法院诉讼解除收养关系。收养关系解除后，法律后果体现为：

（1）养子女与养父母及其他近亲属间的权利义务关系即行消除。

（2）未成年的养子女与其生父母之间的权利义务因收养的解除即行恢复；已成年养子女与生父母之间的权利义务关系是否恢复，双方协商确定。养子女与生父母的权利义务恢复后，与生父母其他近亲属间的权利义务随之恢复。

（3）收养关系解除后，经养父母抚养的成年养子女，对缺乏劳动能力又缺乏生活来源的养父母，应当给付生活费。因养子女成年后虐待、遗弃养父母而解除收养关系的，养父母可以要求养子女补偿收养期间支出的生活费和教育费。

（4）生父母要求解除收养关系的，养父母可以要求生父母适当补偿收养期间支出的生活费和教育费，但因养父母虐待、遗弃养子女而解除收养关系的除外。

案例

> 甲乙夫妇结婚后一直未能生育，2000年从临村抱养一名1岁女孩，取名豆豆，夫妇对豆豆也非常疼爱。然而，2003年甲乙生了一名男孩，从此，改变了对豆豆的态度，稍不顺心就对豆豆进行虐待。2005年2月的一天，因为豆豆打烂了饭碗，被甲乙毒打后丢到村外的沟里，幸遇本村好心人，豆豆才免于死亡。
> 思考：豆豆的亲生父母得知后请求解除收养关系，应否对甲乙夫妇进行补偿？

五、祖孙关系与兄弟姐妹关系

（一）祖孙关系

1. 祖孙间的抚养与赡养

《婚姻法》第28条规定："有负担能力的祖父母、外祖父母，对于父母已经死亡或父母无力抚养的未成年的孙子女、外孙子女，有抚养的义务。有负担能力的孙子女、外孙子女，对于子女已经死亡或子女无力赡养的祖父母、外祖父母，有赡养的义务。"由此确立了祖孙间的扶养关系。

（1）祖父母、外祖父母抚养孙子女、外孙子女的条件。第一，孙子女、外孙子女的父母已经死亡或父母无力抚养。即父母履行不能或不能履行。第二，祖父母、外祖父母有负担能力。第三，孙子女、外孙子女为未成年人。

（2）孙子女、外孙子女赡养祖父母、外祖父母的条件。第一，祖父母、外祖父母缺乏劳动能力，没有生活来源，需要赡养。第二，祖父母、外祖父母的子女已经死亡或子女无力赡养。第三，孙子女、外孙子女有负担能力。至于孙子女、外孙子女是否由祖父母、外祖父母长大不是必要条件。

2. 祖孙间的财产继承

依据《继承法》的规定，孙子女、外孙子女死亡后，祖父母、外祖父母作为第二顺序的法定继承人享有继承权。孙子女、外孙子女的父母先于祖父母、外祖父母死亡的，则由孙子女、外孙子女代位继承。祖孙间承担了抚养、赡养义务时，在遗产分配时，可适当多分遗产。

（二）兄弟姐妹关系

1. 兄弟姐妹间的扶养

在独生子女政策实施后，"长兄如父、长姐如母"的话语也渐行渐远了。但兄弟姐妹无疑是十分重要的亲属关系。我国《婚姻法》第29条规定："有负担能力的兄、姐，对于父母已经死亡或父母无力抚养的未成年的弟、妹，有扶养的义务。由兄、姐扶养长大的有负担能力的弟、妹，对于缺乏劳动能力又缺乏生活来源的兄、姐，有扶养的义务。"

（1）兄、姐扶养弟、妹的条件：①父母已经死亡或父母无力抚养。②弟、妹未成年。③兄、姐有负担能力。

（2）弟、妹扶养兄、姐的条件：①兄、姐缺乏劳动能力又缺乏生活来源。②弟、妹由兄、姐扶养长大。③弟、妹有负担能力。

2. 兄弟姐妹间的财产继承

《继承法》明确规定兄弟姐妹互为第二顺序的法定继承人。对被继承人尽了较多扶养义务的兄弟姐妹可适当多分遗产。

思考：

孙子女能否继承祖父母的财产？

第三节　继承制度

一、继承法概述

（一）继承的概念

1. 继承的概念

继承是一项十分古老的法律制度，与私有制如影随形。我国古代，继承的不仅指财产，还包括身份。如，西周时期即确立了嫡长子继承制，规定王位和财产必须由嫡长子继承。继承制度演变至今，已发生很大变化。现代民法中的继承，是指将死者生前所有的个人财产、合法权益转归有权取得该项财产和权益的人所有的法律制度。我国现行《继承法》于1985年通过并施行，已历经约30年，在我国法律变动如此频繁的当下，实属"弥久"了。

2. 理解继承时应注意的问题

继承只能因被继承人的死亡而发生；继承的主体只能是法律规定的特定主体，通常表现为当事人之间具有合法有效的亲属身份关系；继承的财产是被继承人死亡时所留下的合法财产，也称为遗产；继承权法律后果是实现财产所有权的转移。

（二）继承的基本原则

1. 保护自然人合法财产继承权的原则

我国《继承法》第1条明确规定："根据《中华人民共和国宪法》规定，为保护公民的私有财产的继承权，制定本法。"

2. 继承权男女平等原则

《继承法》第9条规定："继承权男女平等。"主要表现为，继承权的取得与性别无关；同一顺序的法定继承人，男女继承地位平等；遗产的分配不因男女存在差异；男女均可以订立遗嘱的形式处分自己的财产。

3. 养老育幼原则

养老、育幼是我国家庭对社会、对自身承担的一项重要任务，在我国社会主义初级阶段的今天，社会保障还有不足，《继承法》倡导的养老、育幼还有很强的现实意义。如，对于社会生活有特殊困难的缺乏劳动能力的继承人，分配遗产时应予以照顾；遗嘱应对缺乏劳动力又没有生活来源的继承人保留必要的遗产份额。

4. 权利义务一致原则

权利义务一致，是民事法律规范所共同强调的，《继承法》中多有体现。如，儿媳与公婆、女婿与岳父母相互之间本无继承权，但如丧偶儿媳对公、婆，丧偶女婿对岳父、岳母，尽了主要赡养义务的，作为第一顺序继承人；同一顺序继承人继承遗产的份额，一般应当均等；对生活有特殊困难的缺乏劳动能力的继承人，分配遗产时，应当予以照顾；对被继承人尽了主要扶养义务或者与被继承人共同生活的继承人，分配遗产时，可以多分；有扶养能力和有扶养条件的继承人，不尽扶养义务的，分配遗产时，应当不分或者少分；继承人故意杀害被继承人的，丧失继承权。

（三）继承权

1. 继承权的发生根据

继承权基于与被继承人之间的婚姻关系、血缘关系和扶养关系而取得。

2. 继承权的丧失

我国《继承法》第7条规定:"继承人有下列行为之一的,丧失继承权:①故意杀害被继承人的;②为争夺遗产而杀害其他继承人的;③遗弃被继承人的,或者虐待被继承人情节严重的;④伪造、篡改或者销毁遗嘱,情节严重的。"

3. 继承权的放弃

继承人在继承开始后,遗产分割前,明确作出不接受遗产的意思表示,称为继承权的放弃。理解这一概念时,需要注意两点:第一,放弃是依继承人意愿作出的,不同于上述继承权的丧失;第二,放弃的意思表示应是明示,时间上应在继承开始后,遗产分割前作出,否则视为接受继承。

二、法定继承

(一) 法定继承概述

1. 法定继承的概念

法定继承,是指按照法律规定的继承人范围、顺序和遗产分配原则进行继承的方式。法定继承是与遗嘱继承相对应的一种继承制度。

2. 法定继承的适用前提

我国《继承法》第5条规定:"继承开始后,按照法定继承办理;有遗嘱的,按照遗嘱继承或者遗赠办理;有遗赠扶养协议的,按照协议办理。"据此,法定继承的适用前提为:被继承人生前没有立遗赠扶养协议,也没立遗嘱。

(二) 法定继承人的范围和继承顺序

根据《继承法》的规定,排在第一顺序的为:配偶、子女、父母;第二顺序的为:兄弟姐妹、祖父母、外祖父母。继承开始后,先由第一顺序继承人继承,没有第一顺序继承人继承的,由第二顺序继承人继承。

子女,包括婚生子女、非婚生子女、养子女和有扶养关系的继子女;父母,包括生父母、养父母和有扶养关系的继父母;兄弟姐妹,包括同父母的兄弟姐妹、同父异母或者同母异父的兄弟姐妹、养兄弟姐妹、有扶养关系的继兄弟姐妹。

根据我国的立法精神,儿媳与公、婆,女婿与岳父、岳母之间本无赡养、继承的义务,但如果丧偶儿媳对公、婆,丧偶女婿对岳父、岳母,尽了主要赡养义务的,作为第一顺序继承人。

(三) 代位继承和转继承

1. 代位继承

代位继承,是指被继承人的子女先于被继承人死亡时,应由该死亡子女继承的遗产份额,由其晚辈直系血亲代位继承的法律制度。先行死亡的继承人称为被代位继承人,代替他行使继承权、取得遗产的晚辈直系血亲,称为代位继承人。在我国,祖父母、外祖父母作为第二顺序继承人,继承孙子女、外孙子女的遗产,而孙子女、外孙子女直接取得祖父母、外祖父母遗产,只能通过代位继承的方式。

代位继承发生的条件为:①代位继承必须是被继承人的子女先于被继承人死亡。包括自然死亡和宣告死亡。②被代位继承人必须是被继承人的子女。被继承人的配偶、父母、兄弟姐妹不能成为被代位人。③代位继承人必须是被继承人子女的晚辈直系血亲,且不受辈分限制。被代位人的直系尊血亲、旁系血亲无代位继承权。④代位继承人只能继承被代位人应得的遗产份额。⑤被代位继承人必须具有继承权。代位继承以被代位人享有继承权为前提,被代位人丧失继承权的,则其直系晚辈血亲没有替代行使的权利。⑥代位继承只适用法定继承。遗嘱继承不适用代位继承,遗嘱继承人先于遗嘱人死亡的,遗嘱所指定的给予该遗嘱继承人的遗产,按法定继承办理。

2. 转继承

转继承,是指继承人在被继承人死亡后,遗产分割之前死亡的,应由被继承人继承的遗产份额,转由他的法定继承人继承的法律制度。实际接受遗产的继承人称为转继承人,在继承开始后,遗产分割前死亡的继承人称为被转继承人。

转继承发生的条件为:①继承人在被继承人死亡后,遗产分割前死亡。②继承人必须对被继承人的遗产享有继承权。

3. 代位继承与转继承的区别

①继承人死亡的时间不同。代位继承中继承人先于被继承人死亡,而转继承中继承人在被继承人死亡后、遗产分割前死亡。②继承的主体不同。代位继承中的继承人是被继承人的晚辈直系血亲,转继承中的继承人是被继承人的所有法定继承人。③适用的范围不同。代位继承中适用法定继承,不适用遗嘱继承,而转继承既适用于法定继承,也适用于遗嘱继承。

(四) 法定继承中遗产的分配原则

被继承人死亡后,法定继承人为多人,在分配遗产时应本着互谅互让、和睦团结的精神,协商处理。具体应遵循的原则为:

(1) 同一顺序继承人继承遗产的份额,一般应当均等。当然,若经继承人协商同意,也可以不均等。

(2) 对生活有特殊困难的缺乏劳动能力的继承人,分配遗产时,应当予以照顾。

(3) 对被继承人尽了主要扶养义务或者与被继承人共同生活的继承人,分配遗产时,可以多分。

(4) 有扶养能力和有扶养条件的继承人,不尽扶养义务的,分配遗产时,应当不分或者少分。

根据《继承法》的规定,除法定继承人以外,依靠被继承人扶养的缺乏劳动能力又没有生活来源的人和对被继承人扶养较多的人,可适当分得遗产。

三、遗嘱继承

(一) 遗嘱继承的概念和法律特征

1. 遗嘱继承的概念

遗嘱继承,是指按照遗嘱人生前所立遗嘱来确定遗产继承人和遗产分割的继承制度。由于在遗嘱继承中,遗产的继承人及继承的份额都是遗嘱人于遗嘱中明确指定的,故也称为"指定继承"。遗嘱最能反映遗嘱人对生后财产及其他事务如何处置的真实意愿,因此遗嘱继承优先于法定继承适用。即,在遗嘱有效的情况下,应先按遗嘱继承办理,当被继承人未立遗嘱或所立遗嘱无效或遗嘱继承人全部放弃或丧失继承权时,才适用法定继承。《继承法》第16条规定:"公民可以依照本法规定立遗嘱处分个人财产,并可以指定遗嘱执行人。

公民可以立遗嘱将个人财产指定由法定继承人的一人或者数人继承。"

2. 遗嘱继承的法律特征

①被继承人生前必须立有合法有效的遗嘱。②遗嘱所指定的继承人必须有继承权。遗嘱继承人全部放弃继承权或全部被剥夺继承权的，遗嘱无法执行，只能按法定继承处理。③遗嘱继承人和法定继承人的范围相同，但遗嘱继承不受法定继承顺序和继承份额的限制，被继承人可以根据自己意愿把遗产分配给法定继承人中的任何人，也可以确定每个人的继承份额。

（二）遗嘱的有效条件

遗嘱要在遗嘱人死后得以执行，必须满足以下法定要件。

（1）遗嘱人在立遗嘱时必须具有完全的民事行为能力。只有在立遗嘱时具备完全的民事行为能力，才能真实有效表达立遗嘱人的意愿，也称为遗嘱能力。我国《继承法》第22条规定："无行为能力人或者限制行为能力人所立的遗嘱无效。"是否具有遗嘱能力，以订立遗嘱时为准。

（2）遗嘱必须是遗嘱人的真实意思表示。受胁迫、欺骗所立的遗嘱无效；伪造的遗嘱无效；遗嘱被篡改的，篡改的内容无效。

（3）遗嘱内容必须合法。遗嘱内容不得违反法律和社会公德。必须为缺乏劳动能力又没有生活来源的继承人保留必要的遗产份额。继承人是否缺乏劳动能力又没有生活来源，以遗嘱生效时为准。

（4）遗嘱形式必须符合法律规定。我国《继承法》第17条规定了自书遗嘱、代书遗嘱、录音遗嘱、口头遗嘱和公证遗嘱5种形式。

①自书遗嘱。自书遗嘱是立遗嘱人亲笔书写的遗嘱。自书遗嘱要求遗嘱人亲笔书写、签名并注明年月日。公民在遗书中涉及对死后个人财产的处分内容，确为死者真实意思表示，有本人签名并注明了年月日，若无相反证明，可按自书遗嘱对待。

②代书遗嘱。代书遗嘱是遗嘱人请别人代为书写的遗嘱。为确保代书遗嘱的真实性，法律要求代书遗嘱要有两个以上见证人在场见证，由其中一人代书，注明年、月、日，并由代书人、其他见证人和遗嘱人签名。

③录音遗嘱。录音遗嘱是由遗嘱人口述，经录音设备录制下来的遗嘱形式。录音遗嘱因容易被剪辑伪造，《继承法》要求，以录音形式立的遗嘱，应当有两个以上见证人在场见证。

④口头遗嘱。遗嘱人在危急情况下，可以立口头遗嘱。口头遗嘱应当有两个以上见证人在场见证。危急情况解除后，遗嘱人能够用书面或者录音形式立遗嘱的，所立的口头遗嘱无效。

⑤公证遗嘱。公证遗嘱由遗嘱人经公证机关办理。要求立遗嘱人亲自到有管辖权的公证机关或请公证人员到场公证，经公证机关审查后遗嘱具有最强的证明力。

另外，根据《继承法》第18条规定，无行为能力人、限制行为能力人；继承人、受遗赠人；与继承人、受遗赠人有利害关系的人不能作为遗嘱见证人。

利害关系人包括继承人、受遗赠人的近亲属、子女及与其有财产权利义务的其他人。如，债权人、债务人等。

> **思考：**
> 间歇性精神病人所订立的遗嘱是否有效？
> **提示：** 是否具有遗嘱能力，以订立遗嘱时为准。

（三）遗嘱的变更、撤销和执行

1. 遗嘱的变更

遗嘱的变更，是指遗嘱人依法改变先前所立遗嘱的部分内容。自书遗嘱、代书遗嘱、录音遗嘱和口头遗嘱的变更可以由遗嘱人另立遗嘱进行，但若要变更公证遗嘱，必须通过公证程序，否则不发生变更效力。

2. 遗嘱的撤销

遗嘱的撤销，是指遗嘱人取消先前所立遗嘱的全部内容。撤销可以通过声明的方式或重新订立遗嘱的方式进行。公证遗嘱的撤销必须通过公证机关证明。

遗嘱人立有数份遗嘱，内容相冲突的，以最后所立遗嘱为准。遗嘱人以不同形式立有数份内容相抵触的遗嘱，其中有公证遗嘱的，以最后所立公证遗嘱为准；没有公证遗嘱的，以最后所立遗嘱为准。

遗嘱人生前的行为与遗嘱意思表示相反，推定遗嘱变更、撤销。如，遗嘱人生前将自己的房产赠与了某公益机关，而遗嘱中又指定由其子继承，遗嘱的本部分内容即视为被撤销。

3. 遗嘱的执行

遗嘱的执行是指遗嘱执行人按照遗嘱人生前意愿，实现遗嘱内容的行为。遗嘱一般由遗嘱所指定的遗嘱继承人执行，如果遗嘱人没有指定执行人，则全体继承人均可以平等的参与遗嘱的执行。

（四）遗赠和遗赠扶养协议

1. 遗赠的概念及特征

遗赠，是指公民生前用遗嘱的方式将部分个人财产或全部个人财产赠送给国家、集体或法定继承人以外的其他人，并于死后发生法律效力的一种法律行为。

遗赠的法律特征：①遗赠是要式法律行为。在遗赠中所立遗嘱必须符合法律的规定。②遗赠是单方法律行为。遗赠人以遗嘱的方式将财产赠送给他人时，无须征得受遗赠人同意。受遗赠人放弃接受遗赠的，不影响遗赠本身的效力。③遗赠是无偿法律行为。遗赠是遗赠人死后无偿转让其财产给他人，不能为遗赠受领人设立债务。④遗赠是遗赠人死后生效的法律行为。⑤受遗赠人必须是国家、集体或法定继承人以外的其他自然人。法定继承人只能被指定为遗嘱继承人。

2. 遗赠抚养协议的概念及特征

遗赠抚养协议，是遗赠人与扶养人或集体所有制组织之间订立的，由扶养人或集体所有制组织承担遗赠人的生养死葬义务，享有遗赠的权利的协议。

遗赠抚养协议的法律特征：①遗赠抚养协议是双务、有偿性质的双方法律行为。遗赠抚养协议是在双方意思表示一致的基础上签订的，互享权利义务，具有有偿性。②遗赠抚养协议从协议签订时生效。遗赠抚养协议一经签订，扶养人承担的生养死葬义务即要履行，确定的遗赠财产在遗赠人死亡时实现财产转移。期间，遗赠的财产应妥善保管，并不得另行处分。③遗赠抚养协议在适用上具有优先性。《继承法》第5条规定："继承开始后，按照法定继承办理；有遗嘱的，按照遗嘱继承或者遗赠办理；有遗赠扶养协议的，按照协议办理。"即内容相冲突时，遗赠抚养协议优先于遗嘱、遗赠和法定继承办理。

遗赠抚养协议执行期间，若是因扶养人无正当理由不履行协议义务，导致协议解除的，不能享受遗赠的权利，其已支付的供养费用一般不予补偿；若是受扶养人无正当理由不履行协议，导致协议解除的，则应适当偿还扶养人已支付的供养费用。

3. 遗赠与遗赠抚养协议的区别

①性质不同。遗赠是单方法律行为，遗赠抚养协议是双方法律行为。②是否有偿不同。遗赠是无偿法律行为，遗赠抚养协议是有偿法律行为。③主体不同。遗赠的受遗赠人可以是无行为能力人、限制行为能力人和完全行为能力人，而遗赠抚养协议中的扶养人必须是完全行为能力人。④采用的形式不同。遗赠采用遗嘱形式，遗赠抚养协议采用合同形式。⑤生效时间不同。遗赠于遗嘱人死后生效，遗赠抚养协议则从协议签订时起即生效。

> **思考：**
>   黄婆婆年事已高，眼不能视物，请邻居王阿姨代立一份书面材料，要求写明在自己身故后，所有财产留给已照顾自己20年的保姆何菊。当时在场的有5人：黄婆婆、王阿姨、王阿姨的先生、王阿姨的10岁小孙女斗斗和保姆何菊。问：这份材料是否有效？

四、遗产的处理

（一）遗产的接受和放弃

1. 遗产的接受

根据《继承法》第25条的规定："继承开始后，继承人放弃继承的，应当在遗产处理前，作出放弃继承的表示。没有表示的，视为接受继承。受遗赠人应当在知道受遗赠后两个月内，作出接受或者放弃受遗赠的表示。到期没有表示的，视为放弃受遗赠。"从接受的形式上看，继承可以是明示，也可以是默示（不表示放弃继承），而遗赠只能是明示的方式；从时间上看，继承的接受应在继承开始后，遗产分割前作出，而遗赠的接受应在受遗赠人应当在知道受遗赠后两个月内作出才有法律效力。

2. 遗产的放弃

同遗产的接受一样，遗产的放弃包括继承的放弃和受遗赠的放弃。放弃继承和受遗赠只能以明示的方式作出。

（二）遗产的分割

（1）遗产分割的概念。遗产的分割，是指继承开始后，依法将各继承人应继承的份额在遗产中进行分配的法律行为。

（2）遗产分割应注意的问题。被继承人死亡后，继承人为两人以上时，即可请求分割遗产。遗产分割前，属于被继承人共同所有。遗产仿佛一个满口怡香的水果奶油蛋糕，在分配水果、奶油和蛋糕时，应注意以下几点：①保留胎儿的应继份额。《继承法》第28条规定："遗产分割时，应当保留胎儿的继承份额。胎儿出生时是死体的，保留的份额按照法定继承办理。"②遗产分割应当有利于生产和生活需要，不损害遗产的效用。不宜分割的遗产，可以采取折价、适当补偿或者共有等方法处理。

（三）被继承人债务的清偿

被继承人生前应当偿还，到死亡时尚未偿还的债务，应由接受遗产的继承人承担清偿责任。

（1）清偿被继承人债务的具体原则。①限定清偿原则。即继承人对被继承人债务的清偿只以遗产的实际价值为限，超过遗产实际价值部分，继承人自愿偿还的不在此限。②保留必要份额的原则。清偿被继承人债务，应为缺乏劳动能力又无生活来源的继承人保留适当的遗产。③偿还债务优先于执行遗赠的原则。在处理遗产时，应首先清偿被继承人的债务，清偿债务后还有剩余的遗产，才执行遗赠。④继承人负连带清偿责任原则。继承人为两人以上时，对被继承人债务的清偿负连带责任。被继承人的债权人可以请求继承人中的一人或数人或全体清偿债务。清偿后的继承人可以对其他继承人进行内部追偿。

（2）清偿被继承人债务的时间及方式。在遗产分割前清偿被继承人债务的，继承人应先清偿被继承人应缴纳的税款和债务后才分割遗产；如先分割遗产，而未清偿债务的，由法定继承人在遗产实际价值范围内清偿被继承人的债务；不足部分再由遗嘱继承人和受遗赠人按所得遗产份额的比例清偿。如果只有遗嘱继承和遗赠的，由遗嘱继承人和受遗赠人按各自取得遗产份额的比例偿还。

（四）无人继承的遗产和农村"五保户"遗产的处理

（1）无人继承的遗产的处理。无人继承的遗产，是指死亡公民的遗产既无人继承又无人受遗赠。无人继承又无人受遗赠的遗产，归国家所有；死者生前是集体所有制组织成员的，归所在集体所有制组织所有。如果可以分给遗产的人提出取得遗产的要求的，法院应视情况适当分给遗产。

（2）农村"五保户"遗产的处理。五保供养是指农村集体经济组织对符合规定条件的村民，在吃、穿、住、医、葬方面给予的生活照顾和物质帮助。《农村五保供养工作条例》中的五保供养对象，主要包括村民中符合下列条件的老年人、残疾人和未成年人：①无法定扶养义务人，或者虽有法定扶养义务人，但是扶养义务人无扶养能力的；②无劳动能力的；③无生活来源的。法定扶养义务人，是指依照《婚姻法》规定负有扶养、抚养和赡养义务的人。所谓五保，主要包括保吃、保穿、保医、保住、保葬（孤儿为保教）。

集体组织对五保户实现五保时，双方有扶养协议的，按协议处理；没有协议的，死者有遗嘱继承人或法定继承人要求继承的，按遗嘱继承或法定继承处理，但集体组织有权要求扣回"五保"费用。

第七章

经济法基础：和谐社会的"交响乐"

　　我国自实行改革开放政策30多年来，立法工作取得了很大成就，有中国特色的法律体系的框架已基本建立。这个法律体系包括以下一些主要的法律部门：宪法、经济法、民商法、行政法、刑法、诉讼法、军事法、劳动与社会保障法、自然资源法和环境法。经济法之所以成为一个独立的法律部门，从根本上来说，就是因为它在保障和促进以经济建设为中心的社会主义现代化建设中发挥着巨大的作用。

　　经济法的体系是由多层次的、门类齐全的经济法部门组成的有机体。经济法的体系一般采用如下结构：经济组织法、经济管理法、经济运行法。经济组织法一般包括：企业法律制度、公司法、企业破产法律制度等。经济管理法一般包括：财政法律制度、税收法律制度、金融法律制度、资源与能源法律制度等。经济运行法一般包括：反不正当竞争法律制度、反垄断法律制度、产品质量法律制度、消费者权益保护法律制度等。每一部经济法律法规都是为了维护某一方面的经济秩序而制定的。所有经济法律法规的制定和实施，使全国的经济秩序有了法律保障。

（摩莱里）

第一节　经济法律基础知识概述

一、经济法的词源

　　经济法，这个名词首先出现在1755年，由著名的法国空想共产主义者摩莱里①在他的专著《自然法典》②中提出的。

---

　　① 摩莱里生卒年及生平不详，是18世纪法国学术史上最神秘的人物之一，享有杰出思想家、空想社会主义者、哲学家等学术头衔。一生写了许多著作，但都用不同的笔名发表，"摩莱里"是他笔名，真实名字不详。最有影响的著作是《巴齐里阿达》和《自然法典》。
　　② 《自然法典》是摩莱里的代表作，全名为《自然法典或自然法律的真实精神》，1755年1月在阿姆斯特丹匿名出版。

二、经济法的兴起

经济法是社会生产发展的必然产物。当人类社会尚处于自然经济、不发达商品经济阶段时,诸法合体,没有独立的经济法,随着经济不断发展,新的需求产生。恩格斯对此曾有过精辟的描述。他指出:"在社会发展某个很早的阶段,产生了这样一种需要:把每天重复着的生产、分配和交换产品的行为用一个共同的规则概括起来,设法使个人服从生产和交换的一般条件。这个规则首先表现为习惯,后来便成了法律。"这就是经济法产生的过程。

随着生产力的发展,在不同的社会发展阶段,不同的社会制度下,不同的国家中,经济关系各不相同,经济法也就各不相同。

三、经济法的历史轨迹

1. 古代经济法

古代经济法,一般包括奴隶制社会经济法和封建社会经济法。

(1) 奴隶制社会经济法。最早出现奴隶制度的是古代东方国家。公元前40世纪到公元前20世纪,埃及和西南亚两河流域地区先后进入奴隶制社会;中国在公元前21世纪开始的夏代,进入奴隶制社会。欧洲,以公元前5世纪到公元后4世纪的古希腊的奴隶制和公元前2世纪到公元后2世纪古罗马的奴隶制为最典型。其代表法律有《楔形文字法》《汉穆拉比法典》。

(2) 从奴隶制社会向封建社会转变的经济法。上层建筑并非只是消极地反映经济基础,它反作用于经济基础,而且在一定条件下可以起巨大的作用。经济法也正是这样,它在革命性的变革中,发挥了开拓性的积极作用。罗马法就起过这样的作用。

(汉穆拉比法典石柱浮雕)[①]

(明治天皇)[②]

(3) 封建社会经济法。西欧封建社会从公元5世纪罗马帝国灭亡至18世纪,存在1 300多年。中国封建社会一般从春秋战国之交算起,延续2 000余年。在一些国家,罗马法又兴起,英国制定《大宪章》。在中国的《唐律》[③]、《大明律》[④]中都有详细的调整经济法律关系

---

① 汉穆拉比法典石柱在1901年被法国考古队在伊朗古城苏萨遗址发现。石柱现存巴黎卢浮宫博物馆。
② 图片选自 http: //ipsm. hner. net/czpd/kczy/shang/ls/3/14/rj-kebiao/1/jasl. htm。
明治天皇(1852年11月3日—1912年7月30日),第一百二十二代日本天皇(1867—1912年在位)。名睦仁,孝明天皇第二子,母为典侍中山庆子。嘉永五年九月二十二日(1852年11月3日)出生。
③ 唐代法律的总称。主要是《永徽律》,还包括《武德律》《贞观律》等法典。
④ 《大明律》,是中国明朝法令条例,由开国皇帝朱元璋总结历代法律施行的经验和教训而详细制定而成。

的规定。

(4) 由封建社会向资本主义社会转变的经济法。这一时期的经济法适应了资本主义经济发展的需要，为促进资本主义制度的形成、巩固和发展提供了现代的法律形式，并推动了资产阶级统一国家法制的客观进程。日本的明治维新，曾被日本学者称为"准经济法时代"。

2. 资本主义经济法

资本主义经济法是资产阶级国家为了防止经济失控，利用国家权力直接干预经济而制定的经济法律。其发展大体分为以下阶段：

(1) 自由竞争和自由贸易时期。从18世纪后半期到19世纪70年代，资本主义制度已经基本形成，各种强化横向经济关系的经济法规已经有了较大的发展。

(2) 帝国主义时期。在19世纪末到20世纪初，各主要资本主义国家先后进入了垄断资本主义即帝国主义时期。由于经济危机的影响，资本主义世界的政治经济情况发生了深刻变化，直接干预国民经济活动的经济法得到了充分发展。1906年，德国学者怀特在《世界经济年鉴》上第一次从现代意义上使用了经济法这个范畴。美国于1890年通过《谢尔曼反托拉斯法》①，1914年制定《克莱顿法》②和《联邦贸易委员会法》，1918年制定《韦伯波门法》。

(3) 战时经济法。第二次世界大战期间（包括备战），资本主义经济法是为战争服务的。日本就公布了不少这方面的法律，如《米谷配给统制法》《军需公司法》《战时紧急措施法》等。

(4) 战后经济法。第二次世界大战后，国家加强了对经济的干预，有的国家颁布了对部分私有企业实行国有化的法律。德、日在第二次世界大战中战败，被联合国部队占领，为了减轻经济危机的冲击，颁布了一些稳定经济的法律。如《经济稳定与经济增长促进法》《稳定国民生活紧急措施法》《持定不景气行业离职人员临时措施法》等。

3. 我国的经济法

(1) 新民主主义革命时期的经济法。

早在新民主主义革命时期，经济法已在孕育之中了。从1927年建立革命根据地的政权后，就开始了根据地的法制建设，其中也包括经济法制建设。如1931年11月7日江西苏区成立了中华苏维埃共和国，制定了《中华苏维埃共和国宪法大纲》③，其中包括了经济方面的规定。

(2) 新中国成立后至党的十一届三中全会前的经济法。

在此期间，经济法经历了它的曲折的发展过程。新中国成立后，全面摧毁了国民党政府实施的法律制度。同时，我们也制定和颁布了一批经济法律制度，这些经济法规对国民经济的恢复和社会主义建设起了推动和保护作用。从20世纪50年代后期开始，由于"左"的思想影响，经济立法工作遭到挫折和忽视。在"文化大革命"期间，社会主义法制，包括

---

① 《谢尔曼法》1890年，美国国会制定的第一部反托拉斯法，也是美国历史上第一个授权联邦政府控制、干预经济的法案。

② 《克莱顿法》于1914年10月15日颁布。本法为针对非法限制、垄断及其他目的而制定的现行法律《谢尔曼法》的补充。

③ 《中华苏维埃共和国宪法大纲》，是中国第二次国内革命战争时期工农民主政权的根本法，1931年11月在江西瑞金由第一次全国苏维埃代表大会通过，1934年1月由第二次全国苏维埃代表大会修改，共17条。

经济法制在内，遭到严重摧残。

（3）党的十一届三中全会以后经济法的新发展。

党的十一届三中全会后，我国进入了一个新的历史发展时期。1978年12月，党的十一届三中全会历史性的决议，开辟了我国社会主义经济建设的新纪元。会议在作出"全党工作的着重点应该从1979年起转移到社会主义现代化建设上来"的具有重大历史意义的战略决策的同时，明确指出我国经济管理体制的一个严重缺点是"权力过于集中"，并提出了解决和推进这些工作的一系列措施，而且高瞻远瞩地提出要求"必须从理论上和实践上解决计划和市场相结合的问题"。

这一时期，国家颁布的重要经济法规有：《关于改进计划体制的若干暂行规定》《会计法》《企业破产法》《中华人民共和国全民所有制工业企业法》《禁止向企业摊派暂行条例》《中华人民共和国企业法人登记管理条例》《全民所有制小型工业企业租赁经营暂行条例》《中华人民共和国审计条例》《中华人民共和国中外合作经营企业法》等。

在未来，经济法将有更大的发展与繁荣。

四、经济法的概念、调整对象和特征

（一）经济法的概念

经济法是指调整国家在调节社会经济活动过程中所形成的各种社会关系的法律规范的总称。

（二）经济法的调整对象

经济法调整的是国家在调节社会经济结构与运行过程中所形成的各种社会关系。依其内容，基本上可以把这种社会关系分为两大类：

一是市场规制关系。它是指国家为了保障市场机制的健康运行，维护市场竞争秩序，保护经营者、消费者的合法利益，提升社会公共福利，而对市场主体的生产经营行为加以干预和约束所发生的一种国家经济调节关系，简单地说，就是国家进行市场规制过程中发生的社会关系，其本质是国家对微观经济的管理关系。一般来说，市场规制关系主要包括市场竞争关系、消费者权益保护关系、产品质量监督管理关系、广告规制关系、价格监督管理关系等。

二是宏观调控关系。它是国家对国民经济和社会发展运行进行规划、调节和控制过程中发生的经济关系，它涉及现实社会中的国民经济整体利益、社会公共利益和国家根本利益与长远利益，其本质是国家对宏观经济政策的调控关系，主要包括计划调控关系、国有资产管理关系、财税调控关系、金融调控关系、经济监管关系等。

（三）经济法的特征

作为一个独立的法律部门，经济法具有以下特征：

1. 经济性

这是经济法最本质的特征。一方面经济法的产生与发展起源于国家对社会经济活动的干预，可以说经济关系的存在与发展直接决定了经济法的内容与发展方向；另一方面经济法是调节社会经济之法，发挥作用的领域是社会的经济生活领域，往往需要把经济制度和经济活动的内容和要求直接规定为法律，这就使得经济法必然要反映基本经济规律，揭示基本经济问题。

2. 社会性

经济法的社会性主要体现为经济法以社会为本位的特征。经济法是顺应生产社会化的要求而产生和发展起来的,为国家干预社会经济生活提供了法律依据和保障,其根本目标在于维护社会整体利益,促进社会经济结构和运行的协调、稳定和发展。国家对社会经济生活的干预体现了国家的社会公共职能,反映了绝大多数人的意志,即社会意志。

3. 政策性

经济法是国家调节经济活动、参与经济关系的产物,在此过程中,国家的经济体制和经济政策无疑对经济法的发展和变化产生影响,经济法也必须反映和回应社会经济生活和政治形势的变化,呈现出政策性的特性。同时经济法的这种政策性,也决定了经济法具有内容的易变性、立法方式的授权性和表现形式的专门性特征。经济法所调整的是国家调节经济的活动,需要根据经济体制和经济政策变化而变化,这使得经济法经常处于变动之中。同时由于这种易变性,加上经济法内容的广泛性,最高立法机关往往较多采用授权立法的方式,而经济法的表现形式也多表现为单行法律法规。

4. 综合性

经济法的综合性是由其所调整的社会经济关系的复杂性所决定的,表现为以下几个方面:一是法益的复合性,经济法不仅保护经济活动主体的个体法益,也保护不特定多数的社会法益,同时还保护作为公权力者的国家的法益,而且三种法益并重。二是方法的多样性。经济法在调整国家调节经济行为时,不仅运用了民事的、行政的、刑事的等传统方法,还采用了公私法融合的新型调整手段。三是责任的多重性。在法律责任上,经济法实行民事责任、行政责任和刑事责任并举的方式,多角度、全方位地实现对社会经济活动的调控。四是规范的多元性。规范的多元性表现为实体规范与程序规范相结合、强行性规范、任意性规范与提倡性规范结合、域内效力与域外效力相结合、公法规范与私法规范相结合等。

五、经济法基本原则

经济法的基本原则,是指规定于或者蕴涵于经济法律、法规之中,对经济立法、经济执法、经济司法和经济守法具有指导意义的根本指导思想或准则。

1. 资源优化配置原则

资源的优化配置是指资源在生产和再生产各个环节上的合理和有效的流动和配备。把资源优化配置作为经济法的基本原则,是市场经济体制对经济法的基本的要求。从有计划的商品经济向社会主义市场经济的转变,是我国经济体制的一个根本性改变,这种转变又集中表现为资源配置方式的转变。在现代社会中,社会经济的发展,从根本上说要取决于资源配置的状态。这就决定了市场经济调节机制的核心是资源配置机制。

在资源配置方式上,大体上有两种基本方式。一种是以计划为主的配置方式,其显著特点是行政权力因素在资源配置中起着主导的作用,它的典型形式,是通过国家计划特别是指令性计划配置资源,其主要出发点是企图通过国家的计划干预,解决经济短缺等问题;另一种是以市场为主的配置方式,其显著特点是价值规律在资源配置中起着主导作用,其典型形式是运用经济杠杆促进经济的发展,主要出发点是试图通过价值规律的自发作用,解决供需矛盾。

我国现在所要建立的社会主义市场经济体制,就是要使市场在国家宏观调控下对资源配置起基础性作用的市场经济体制。这就是说，我们在强调市场在配置资源中的基础性作用的时候，也不能忽视国家在资源配置中的作用。国家在资源配置中的作用可以表现在多个方面：一是通过能够反映客观经济规律的宏观调控法律机制，引导资源的合理配置；二是通过建立和执行市场规则，规范市场主体的资源配置行为；三是通过政府的职能行为，协调竞争性市场可能带来的市场矛盾；四是通过国家的强制，实现资源的优化配置，以解决资源浪费、公共产品的提供和外部性问题。这就决定了我们要在各种经济法律、法规中保证市场在资源配置中的基础性作用的充分发挥，实现生产要素和生产关系要素资源的优化配置。同时，要在各种经济法律、法规中保障国家宏观调控措施在资源配置中的作用的发挥，比如通过制定财税法、金融法等，保证国家对资源的优化配置。这表明我们的所有经济法律、法规，都必须贯彻资源优化配置的原则。

2. 社会本位原则

社会本位原则，又称为社会公共利益至上的原则。社会本位是以维护社会公共利益为出发点的经济法的本位思想。社会本位原则指在对经济关系的调整中应立足于社会整体，在任何情况下都以大多数人的意志和利益为重。

法的各个部门在处理社会整体和个体的关系方面，有不同的主旨和调整方式。行政法以权力为本位，对权力的制约是题中应有之意；民法传统上以个人权利为本位，强调人人生来平等，享有平等的能力和自由。无论国家还是企业，都必须对社会负责，亦即都必须对发展社会生产力、提高社会经济效益负责，在对社会共同尽责的基础上处理和协调好彼此之间的关系。在具体的经济法律关系中，国家必须依法行使权力（利），对社会负责，不得以不当或过度的行政权力和长官意志，妨碍或损害市场主体及非国有主体依法行使权利，不能非法损害和侵吞其他主体的物质利益。

3. 经济民主原则

经济民主原则的内涵是给予经济主体更多的经济自由和尽可能多的经济平等。

市场经济社会中，市场机制在资源配置中起主导作用，宏观经济总量平衡、经济结构合理，首先依靠的是市场运行机制的核心——价值规律的作用，其作用的发挥建立在没有特权的基础上，这一前提要求市场主体必须拥有一个超然独立于政府之外的活动领域，自由参与市场，自主决定行为选择，在价值规律的支配下实现资源的初步配置。

经济民主原则不仅体现在宏观调控领域，而且在政府对市场机制运行进行内部调整的微观规制领域，自由、平等同样是政府关注的重点。

4. 经济公平原则

公平是法律价值的重要内容。民法和经济法都将公平作为自己的基本原则，但是两者的侧重点有所不同。民法更强调机会的公平，而经济法更注重结果意义上的公平，因而这一原则体现了人类对终极意义上的公平的追求。市场交易的过程由民法进行规制，经济法则主要对交易的结果进行干预和调整。有时经济法也会积极干预交易过程，但其目的是为了维护社会整体利益，并非纯粹维护公平交易。经济法中许多法律制度都体现了这一原则，如税收法律制度、反垄断法律制度、劳动法律制度、社会保障法律制度、消费者权益保护法律制度和环境保护法律制度等。

5. 经济效益原则

经济效益，是我国经济工作的重点和归宿，也是国家干预经济运行和经济立法的终极目标。经济效益包括企业经济效益和社会经济效益。两者是互相联系的，企业经济效益应当符合社会经济效益，社会经济效益则是企业经济效益的总和。可见，提高企业经济效益是关键，提高社会经济效益是目的。因此，经济法的制定和实施，必须把促进和保障提高企业经济效益和社会经济效益放在首位。

六、经济法律关系

经济法律关系是指在国家协调经济运行过程中根据经济法的规定而形成的权利和义务关系。

经济法律关系的特征表现为以下几点：

第一，经济法律关系是经济管理关系和经济协作关系相统一的法律关系。经济法调整的经济管理关系和经济协作关系之间尽管有差别，但它们又是有机联系、相互统一的，是统一在社会经济关系中的两个不可分割的方面。

第二，经济法律关系是以经济权利和经济义务为内容的。任何法律关系都是以当事人之间一定的权利和义务关系为内容。在经济法律关系中的两个不可分割的方面则是以经济权利和经济义务为内容，否则就不是经济法律关系。这种经济权利和经济义务直接反映当事人之间的经济利益，体现了经济性。

第三，经济法律关系除法律规定允许采用口头形式外，一般均应采用书面形式。经济法律关系的产生、变更，一般采用法定的书面形式来表示，以体现经济法律关系的稳定性和严肃性，并作为将来可能发生争议的处理依据。

第四，经济法律关系体现了国家意志和当事人意志的统一，同时，还体现了经济权利和经济义务的统一、宏观调控与市场调节的统一、当事人自觉实现和国家强制力保证实现的统一。

经济法律关系的构成要素，是指构成经济法律关系所必不可少的组成部分。经济法律关系由经济法律关系主体、经济法律关系客体和经济法律关系内容这三要素构成。

（一）经济法律关系的主体

1. 经济法律关系主体的概念

经济法律关系主体，亦称经济法主体，是指参加经济法律关系，依法享有经济权利、承担经济义务的当事人。

任何经济法律关系主体中，必须有两个以上的主体。其中，享有权利的一方称为权利主体，承担义务的一方称为义务主体。一般情况下，权利主体在享受一定的经济权利时，也要承担相应的经济义务；义务主体在承担经济义务时，也享有相应的经济权利。但是，在经济管理法律关系中，往往只有一方享有权利，另一方承担义务。

2. 经济法律关系主体的法律资格

经济法律关系主体的法律资格，就是由国家法律加以规定的经济法律关系的主体所必须具备的经济权利能力和经济行为能力。

（1）经济权利能力。经济权利能力是指经济法律关系主体依照法律规定，享有经济权利和承担经济义务的资格。权利能力和权利是两个不同的概念。权利能力是享有权利、承担义务的资格，是一种法律上的可能性；而权利是权利主体已经实际享有的现实权力和利益，以一定的实际利益为内容。

依权利主体的不同，权利能力分为自然人的权利能力和法人的权利能力。

(2) 经济行为能力。经济行为能力是指经济法律关系主体能以自己的行为行使权利和履行义务的资格。

经济行为能力以经济权利能力为前提。具有行为能力的主体首先需要有权利能力，但有权利能力的主体不一定都有行为能力。

3. 经济法律关系主体的种类

根据我国经济法的规定，能够作为经济法律关系主体的有以下几类：

(1) 国家。国家是经济法律关系的特殊主体。它是全民所有制财产的唯一所有者和国民经济的统一管理者；在组织、领导社会主义经济建设过程中，它还是国家机关的经济管理权、国有企业生产经营权的授权者。国家在一般情况下，并不直接参与经济法律关系。只是在少数情况下，如发行公债、国库券、与外国签订经济贸易协定等，国家才直接以自己的名义参与经济法律关系。

（国库券）

(2) 国家机关。国家机关是经济法律关系的重要主体。其中，经济管理机关在实现国家经济职能的过程中处于非常重要的法律地位。经济管理机关，主要是指国务院和地方各级人民政府设置的计划委员会、经济委员会和经济体制改革委员会以及执行经济管理职能的其他各部、委、办（厅）局。其主要职能是：制定经济和社会发展的战略、计划、方针和政策；制定资源开发、智力开发和技术改造的方案；协调各地区、部门、企业之间的发展计划和经济关系；部署重点工程，特别是能源、交通和原材料工业的建设；汇集和传布经济信息，掌握和运用经济调节手段；制定并监督执行经济法规；按规定的范围任免干部；管理对外经济技术交流和合作，等等。

(3) 企业。企业是独立自主地从事生产或者经营活动的营利性经济组织，它是经济法律关系最普遍、最重要的主体。按照生产资料所有制的形式，企业可以分为：

第一，国有企业。包括国有工业企业、建筑业企业、商业企业、服务业企业、金融业企业和国有农（林、牧）场等。

第二，集体所有制企业。包括城市和农村的集体所有制企业。

第三，外商投资企业。包括中外合资经营企业、中外合作经营企业和外资企业。

第四，私营企业。

第五，经济联合体。

（4）事业单位和社会团体。事业单位和社会团体是指依靠国家预算拨款，从事经济活动以外的业务活动的各类组织。如学校、科研院（所）、科协等。它们不专门从事生产或者流通活动，所以也称非经济组织。当它们同经济组织等在经济活动中发生经济关系时，也是经济法律关系主体。

（5）农村承包户、城乡个体工商户和公民。农村承包户可以以家庭或几个自然人组合的形式出现，一般以户主或组长为代表人参加经济活动。农村承包户是农村合作经济组织的一个经营层次，它是农业生产承包合同的一方主体，因此它是经济法律关系的主体。

城乡个体工商户是指经过工商注册登记并取得营业执照的，在城市和农村从事小型手工业生产、小规模商业活动、小规模公共服务事业、小型文化商品交换等项活动的个体劳动者。城乡个体工商户的生产经营要接受国家的指导、监督和管理，他们的活动准则是经济法规，因此也是经济法律关系的主体。

由于公民（主要是指依法从事经济活动的公民）同其他经济法主体之间也存在着各种各样的经济活动，因而公民也是经济法律关系的主体，此时称公民为自然人。

（6）经济组织的内部机构和生产单位。经济组织的内部机构和生产单位，通常是指职能处（科）室、车间、班组等。虽然经济组织的内部机构和生产单位不具有独立的法人资格，但在经营管理与生产活动中所形成的纵向或者横向的内部经济关系，也是经济法调整的对象，因而它们也是经济法律关系的主体。

（二）经济法律关系的内容

1. 经济法律关系内容的概念

经济法律关系内容是指经济法律关系的主体享有的权利和承担的义务。这是经济法律关系的核心。

2. 经济权利

经济权利是指经济法律关系的主体在经济管理和经济协调关系中依法具有的自己为一定行为或者不为一定行为和要求他人为一定行为或者不为一定行为的资格。包括经济职权、财产所有权、经营管理权、请求权。

（1）经济职权是指国家机关行使经济管理职能时依法享有的权利。经济职权的产生基于国家授权或者法律的直接规定。经济职权具有命令和服从的隶属性质。在国家机关依法行使经济职权时，其下属的国家机关、各种经济组织和其他经济法主体，都必须服从。经济职权不可随意转让、放弃和抛弃。行使经济职权，对于国家机关来说，既是权利也是义务。

（2）财产所有权是指所有者根据自己的意志和利益，对其财产进行利用和处置的权利。它是一种独占性的排他的权利。

（3）经营管理权是一种综合性的经济权利，它包括产、供、销、人、财、物各方面，是经济法律关系主体自主经营所必需的。

（4）请求权是指经济法律关系主体的合法权益受到侵犯时，依法享有要求侵权人停止侵权和要求国家机关保护其合法权益的权利。请求权虽然不具有等价有偿的性质，但是它与经济法律关系主体的经济利益直接相关，所以是经济法赋予经济法律关系主体的一项重要权利。

3. 经济义务

经济义务是指经济法律关系的主体在国家协调经济运行过程中，依法必须为一定行为和不为一定行为的责任。经济法律关系主体必须在法律规定的范围内正确履行经济义务。如果不履行或者不适当履行，就要承担相应的法律责任。

经济法律关系主体的经济义务包括：①守法；②履行经济管理职责；③全面履行合同义务；④完成国家指令性计划；⑤依法纳税；⑥不得侵犯其他经济法律关系主体的合法权益等。

（三）经济法律关系的客体

1. 经济法律关系客体的概念

经济法律关系客体是指经济法律关系的主体享有经济权利和承担经济义务所共同指向的对象。归纳起来，可以作为经济法律关系客体的有四类：经济行为、货币和有价证券、物、智力成果。

2. 经济法律关系客体的分类

（1）经济行为。经济行为是指经济法律关系主体为实施计划、组织、指挥、监督、调节、管理等职能时所进行的有意识、有目的的活动。它主要是指权利主体的经济职权行为。它包括完成一定的工作、提供一定的劳务和经济管理行为。

（2）货币和有价证券。货币是由国家垄断发行、充当一般等价物的特殊商品。货币是经济法律关系的一种特殊的标的。它具有价值尺度、流通手段、贮藏手段、支付手段和世界货币等五种职能。有价证券是具有一定的票面金额，代表一定的财产所有权或者债权的证书。有价证券主要包括股票、债券、票据等。有价证券按照有关法律规定可以买卖和转让。

（3）物。物是可以为人们控制和支配，具有一定的经济价值，能够满足人们生产和生活需要的物资。物作为经济法律关系的客体，可以从不同的角度划分为：生产资料和生活资料，流通物、限制流通物和禁止流通物，动产和不动产，原物和孳息等等。

（4）智力成果。智力成果是人们脑力劳动所创造的非物质性财富，主要包括专利、商标、专有技术等。智力成果可以转化为生产力，因而它也是经济法律关系的客体。随着社会进步和科学技术的迅猛发展，智力成果已逐步取代传统的土地、资本等，成为社会财富的重要组成部分。

（四）经济法律关系的产生、变更和终止

1. 经济法律关系的产生、变更和终止的概念

经济法律关系的产生是指在经济法律关系主体之间形成一定的经济权利和经济义务关系。

经济法律关系的变更是指经济法律关系主体、内容和客体的变更。

经济法律关系的终止是指经济法律关系主体之间经济权利和经济义务关系的消灭。

2. 经济法律关系的产生、变更和终止的要素

经济法律规范是经济法规定经济行为的一般准则，但规范本身并不能在当事人之间直接引起经济法律关系的产生、变更或者终止。只有当一定的经济法律事实出现后，才能在当事人之间产生具体的经济权利和经济义务关系。同时，也不是任何事实都可以成为经济法律事实。只有为经济法规定的，并同经济法律关系主体之间一定的经济权利和经济义务关系的确立、变更或者终止这一法律后果相联系的事实，才被认为是经济法律事实。因此，经济法律事实是经济法律关系产生、变更和终止的要素，是指由经济法律规范所确认的，能够引起经

济法律关系产生、变更和终止的情况。法律事实可以划分为法律行为和法律事件。

(1) 法律行为。法律行为是能够引起经济法律关系产生、变更和终止的人们有意识的活动。法律行为又有合法行为和违法行为之分。前者是指符合经济法律规范的行为，如经济调控行为、完成工作的行为、签订合同的行为等；后者是指违反经济法律规范的行为，如滥用经济权利的行为、偷税漏税行为等。

(2) 法律事件。法律事件是能够引起经济法律关系产生、变更和终止的不以人们的意志为转移的客观事实，是客观上不可抗拒的因素。它又可具体划分为自然现象（如水灾、火灾、地震等）和社会现象（如战争、社会动乱、罢工等）。

第二节 消费者权益保护法律制度

一、消费者权益保护法概述

消费作为社会再生产的一个重要环节，是生产、交换、分配的目的与归宿。它包括生产消费和生活消费两大方面。其中，生活消费与基本人权直接相关，在倡导"消费者主权"和基本人权的今天，生活消费作为人类的基本需要，自然成为法律必须加以规制的重要领域。

(一) 消费者

1. 概念

从经济学意义上讲，消费者是与政府、企业相并列的参与市场经济运行的三大主体之一，是与企业相对应的市场主体。从法律意义上讲，消费者应该是为个人的目的购买或使用商品和接受服务的社会成员。从我国的《消费者权益保护法》来看，虽然该法并未明确规定消费者的定义，但是从该法的第二条中将"为生活消费需要购买、使用商品或者接受服务"的行为界定为消费者行为可以看出，所谓消费者，是指为生活消费需要购买、使用商品或者接受服务的公民个人和单位。

2. 特征

(1) 消费者的消费性质属于生活消费。

消费者的生活消费包括两类：一是物质资料的消费，如衣、食、住、行、用等方面的物质消费。二是精神消费，如旅游、文化教育等方面的消费。

(2) 消费者的消费客体是商品和服务。

商品，指的是与生活消费有关的并通过流通过程推出的那部分商品，不管其是否经过加工制作，也不管其是否为动产或不动产。

服务，指的是与生活消费有关的有偿提供的可供消费者利用的任何种类的服务。

(3) 消费者的消费方式包括购买、使用（商品）和接受（服务）。

关于商品的消费，即购买和使用商品，既包括消费者购买商品用于自身的消费，也包括购买商品供他人使用或使用他人购买的商品。关于服务的消费，不仅包括自己付费自己接受服务，而且也包括他人付费自己接受服务。不论是商品的消费还是服务的消费，只要其有偿获得的商品和接受的服务是用于生活消费，就属于消费者。

(4) 消费者的主体包括公民个人和进行生活消费的单位

生活消费主要是公民个人（含家庭）的消费，而且对公民个人的生活消费是保护的重点。但是，生活消费还包括单位的生活消费，因为在一般情况下，单位购买生活资料最后都是由个人使用，有些单位还为个人进行生活消费而购买商品和接受服务。

> **思考：**
> 2010—2011年北京现代汽车使用的天津工厂生产锦湖轮胎，轿车事故频出，车主投诉不断，这可以适用《消费者权益保护法》吗？说出你的理由。

（二）消费者权益保护法

1. 概念

消费者权益保护法，是指调整在保护消费者权益过程中发生的经济关系的法律规范的总称。

2. 宗旨

消费者权益保护法作为经济法的部门法，其宗旨与经济法的宗旨在根本上是一致的，即该法的立法目的也是协调个体营利性和社会公益性的矛盾，兼顾效率与公平，以推动经济的稳定增长，保障社会公共利益和基本人权，从而推动经济与社会的良性运行和协调发展。

《消费者权益保护法》作为一部重要经济法律，它同时也有自己更为直接的、具体的立法宗旨。我国《消费者权益保护法》第1条规定了该法的立法宗旨是保护消费者的合法权益，维护社会经济秩序，以促进社会主义市场经济的健康发展。

3. 适用范围

消费者权益保护法的适用范围是指该效力所及的时间、空间和主体的范围。我国的《消费者权益保护法》在其从生效到废止这段时间，对于中华人民共和国主权所及的全部领域都是适用的，这是一般的法理。

此外，我国《消费者权益保护法》还从主体及其行为的角度规定了该法的适用范围，即

（1）消费者为生活消费需要购买、使用商品或者接受服务，其权益受该法保护；

（2）经营者为消费者提供其生产、销售的商品或者提供服务，应当遵守该法；

（3）另外，农民购买、使用直接用于农业生产的生产资料，这种消费本不属于《消费者权益保护法》的调整范围，但在消费者权益保护法立法时考虑到农民在购买、使用农业用生产资料时经常受到假劣农药、种子等的侵害，而其合法权益又很难得到救济，因此作为例外在《消费者权益保护法》第62条规定："农民购买、使用直接用于农业生产的生产资料，参照本法执行。"

我们在理解农民进行生产性消费适用《消费者权益保护法》的规定，需要注意以下几点：第一，农民所购买的必须为农业生产资料，即化肥、种子等商品，在农业生产中所接受的服务，如雇用他人进行农作物收割，则不适用《消费者权益保护法》的特别保护。第二，农民所购买的农业生产资料必须直接用于生产，如购买的上述商品是为了经营的目的，则不适用《消费者权益保护法》。第三，农民购买的农业生产资料必须用于农业生产，用于其他

非农目的则不适用《消费者权益保护法》，如购买手扶拖拉机或其他农业生产工具，但却用于搞运输等非农业经营，则不适用《消费者权益保护法》。

> **思考：**
> 　　村民张某到农资店购买农药，用于蔬菜杀虫。但农药喷到菜上，没有收到治虫效果。于是，张某将农药送到有关部门鉴定。经鉴定，该农药为假药。请问，张某可以要求农资店退货吗？说出你的理由。

4. 基本原则

（1）交易自愿、平等、公平、诚实信用原则。

这一原则是经营者与消费者进行交易必须遵循的基本原则。

自愿，是指交易双方可以充分表达自己的意愿，根据自己的意愿设立、变更和终止交易活动，其中心和实质是尊重消费者的意愿。为此，一方不得对另一方加以强迫，也不允许第三人非法干预。

平等，是指交易双方具有平等的法律地位，任何一方不得限制另一方的权利，或把自己的意思强加给对方。双方在交易中的权利和义务是对等的，受法律保护的程度也是平等的。

公平，是指交易公道合理，双方均受公正的对待，交易活动符合等价交换精神和商业惯例的要求，不得显失公平。

诚实信用，是指交易双方应当以诚相对，实事求是，恪守信用，遵从公认的商业道德，以善意的方法履行自己的义务，不得弄虚作假、恶意欺诈。

根据这一原则，消费者应当享有知情权、自主选择权、公平交易权，而对于经营者来说，任何欺诈交易、显失公平的交易、限制性交易、强制性交易和利用不公平格式合同的交易都将受到禁止。比如，某市电信部门规定，电话用户开通长途功能的必须交纳2 000元押金，以防止电话费的漏交，该市消费者提出异议，后经物价局协调，电信部门将无偿占有的电话押金全部退回，并按银行利率向用户支付利息。本案电信部门正是利用其在本行业的垄断地位，在要求用户交纳初装费、月租费的同时，交纳长途电话押金，实际上是将经营者应当自己承担的合理风险转嫁到了消费者身上，其权利和义务是明显不对等的，违反了平等、公平原则。

（2）国家保护原则。

在市场经济条件下，消费者作为分散、无序的个人与作为有组织、有经济实力和专业知识的经营者相比，虽然所处法律地位平等，但在经济实力和经营知识上都处于弱势地位，如果在这种情况下，仍然强调立法上的权利和义务平等，那么对消费者来说，必然造成事实上的不平等。因此，《消费者权益保护法》必须体现国家以特有的权力对消费者和经营者之间的关系进行适度的干预，给消费者以特别的保护。首先，国家保护体现在立法上，形成了向消费者倾斜的两大特点：一是一改传统民法关于权利义务对等的惯例，在权利义务上只规定了"消费者的权利"和"经营者的义务"，而没有规定"消费者的义务"和"经营者的权利"，从而贯彻了保护弱者的立法思想。二是建立了"加重赔偿金制度"，传统民法的损害赔偿范围是以受害人的实际损失为限的，即受害人的实际损失有多少，侵害人就给予多少赔偿，而《消费者权益保护法》对经营者因欺诈给消费者造成损害的，作出了加倍赔偿的规定。这一制度的确立对打击欺诈,有效维护消费者合法权利具有重要的意义。其次,国家保护体现在行政执法的保护,各级人民政府都应当加强领导,组织、协调、督促有关部门做好保护消费者合法权益的工作,工商行政部门和其他有关部门应当在各自的权限内采取措施,及时查处侵害消费者权益的行为,保护消费者权利。再次,国家保护体现在司法上,有关国家机关应当依照法律法规的规定,惩处经营者在提供商品和服务中侵害消费者合法权益的违法犯罪行为;人民法院应当采取措施,方便消费者诉讼,对符合起诉条件的消费争议,必须受理。

(3) 全社会保护原则。

保护消费者的合法权益是全社会的共同责任,社会保护是国家保护的必要补充,只有调动社会各方面的力量来关注消费者问题,维护消费者的合法权益,与各种损害消费者权益的行为作斗争,才能建立起全社会共同保护消费者权益的机制,使消费者的合法权益得到最充分、最有效的保护。为此《消费者权益保护法》赋予消费者享有依法成立维护自身合法权益的社会团体的权利,我国消费者于1985年1月12日经国务院批准成立了全国性的消费者权益保护组织——中国消费者协会,《消费者权益保护法》对该组织的性质、职能都作出了规定并同时明确,各级人民政府,对中国消费者协会履行职能都应当予以支持。同时,《消费者权益保护法》鼓励和支持一切组织和个人对损害消费者合法权益的行为进行社会监督,尤其是大众媒体应当做好维护消费者权益的宣传,对损害消费者权益的行为进行舆论监督。

二、消费者的权利

(一) 安全权

1. 概念

消费者的安全权,是指消费者在购买使用商品或接受服务时所享有的人身和财产安全不受侵害的权利。这是消费者最重要的权利。

2. 内容

消费者安全权包括以下两个方面的内容,一是人身安全权。它又包括:①消费者的生命安全权。即消费者的生活不受危害的权利,如因仪器有毒而致使消费者死亡,即侵犯了消费者的生命权。②消费者的健康安全权,即消费者的身体健康不受损害的权利,如食物不卫生而致使消费者中毒或因电器爆炸致使消费者残废等均属侵犯消费者健康安全权。二是财产安全权。即消费者的财产不受损失的权利,财产损失有时表现为财产在外观上发生损毁,有时则表现为价值的减少。

> **思考:**
>
> 沈某和朋友们相约在某餐厅吃饭。就餐中沈某的手机响起,即来到了木制消防通道接听,突然沈某坠落楼下,后经抢救无效死亡。请问,该餐厅是否应当对沈某的坠楼身亡的损害后果承担赔偿责任?为什么?

（二）知悉权

1. 概念

消费者的知悉权，是指消费者在购买商品，使用商品或者接受服务时，了解和掌握商品的真实情况和服务的真实状况的权利。消费者有权根据商品或者服务的不同情况，要求经营者提供商品的价格、产地、生产者、用途、性能、规格、等级、主要成分、生产日期、有效期限、检验合格证明、使用方法说明书、售后服务，或者服务的内容、规格、费用等有关情况。

2. 内容

第一，消费者有权要求经营者按照法律、法规规定的方式标明商品或者服务的真实情况。例如商品或者服务的价格。

另外消费者有权要求经营者提供商品的生产者、用途性能、主要成分等。例如 A 药厂所生产的药品上，只用了短短几十个字对药品进行说明，关于药品的慎用、忌用、生产批号、生产日期等全部缺失。而 B 厂家的药品使用说明书中，却是几百个字，详细了药品的成分、服用方法、性能。服用后的反应中哪些属于服药后的正常反应，哪些属于过敏症状以及应采取的急救措施等逐一列明，这与 A 制药厂的做法相比，其行为就有效地保障了消费者的知悉权。

第二，消费者在购买、使用商品或者接受服务时，有权询问和了解商品或者服务的有关情况。对于一个消费者，他可能是某一领域的行家、专家，对某类产品有着高超的鉴别能力，但是，他不可能对每种他在生活中接触到和将要接触到的商品都了如指掌。所以，在购买、使用商品或者接受服务时，向经营者询问商品或者服务的具体情况即成为必然。在交易过程中，消费者的询问、了解权利是受到法律保护的，经营者应对之细致耐心的予以回答。例如我们可以看到，如今有些厂家在自己的新产品上市的时候，派出本厂业务人员对自己的新产品进行介绍、宣传和亲自演示等，这对于保障消费者的知悉权起到了促进作用。

第三，消费者不仅要知悉商品或者服务的情况，更重要的是要知晓其真实情况。经营者在向消费者推出其商品或者服务时，应向消费者提供真实的情况。经营者所提供的有关商品或者服务的信息不实，或者因其引人误解的宣传而使消费者接受该商品或者服务时，消费者对于经营者在进行交易时未如实披露的有关信息可以主张彼此的交易为无效。

> **案例**
>
> 某日，何某在某家具有限公司购得发票上写为橡木的沙发、床各一件，价值计 3 308 元。后来，何某通过当地报纸登载的文章得知自己所购橡木沙发、床实为橡胶木后，找到该家具有限公司提出退货并赔偿的要求。该家具有限公司告之何某：其所购的沙发、床确为橡胶木，这是因为当时市场上对于橡木和橡胶木的标名比较混乱，所以在标名和发票上也写成橡木，但向何某收款是按橡胶木价格收取的，故不同意何某的要求。
>
> 请问，该家具有限公司是否应当退货及赔偿？

（三）自主选择权

1. 概念

消费者的选择权是指消费者根据自己的意愿自主的选择其购买的商品及服务的权利。

消费者的自由选择是消费者获得满意的商品和服务的基本保证，也是民法中平等自由原则在消费交易中的具体表现。《消费者权益保护法》第9条规定："消费者享有自主选择商品或者服务的权利。消费者有权自主选择提供商品或者服务的经营者，自主选择商品品种或者服务方式，自主决定购买或者不购买任何一种商品、接受或者不接受任何一项服务。消费者在自主选择商品或者服务时，有权进行比较、鉴别和挑选。"例如，时下流行的网购，网购消费者可以前往专柜试穿后到网上购买，"试穿一族"的此种行为就体现了消费者的自主选择权，消费者买或不买该商店的商品是有自主权的，先试穿再网购并不违反法律规定。

2. 内容
（1）有权自主选择经营者。
（2）有权自主选择商品品种或服务方式。
（3）有权自主决定是否购买或接受服务。
（4）自主选择商品或服务时，有权进行比较、鉴别和挑选。

思考：
消费者自带酒水去餐厅就餐，餐厅能否收取开瓶费？

（餐厅告示）

（四）公平交易权

1. 概念

消费者的公平交易权是消费者在与经营者之间进行的消费交易中所享有的获得公平的交易条件的权利。

2. 内容

第一，有权获得质量保障、价格合理、计量正确等公平交易条件。

质量保障是消费者在购买商品或接受服务时对经营者的基本要求，这是关系到人体健康和人身安全的重大问题。

价格合理充分地体现了等价交换的原则。

计量正确则直接涉及消费者的经济利益。

因此，经营者在提供商品或服务时，必须保证质量、价格合理、计量正确。

第二，消费者有权拒绝经营者的强制交易行为。有的经营者在掌握了人们非常需要而又十分紧俏的商品或服务时，往往违反平等自愿、公平交易的市场准则，违背消费者的意愿强制交易，从而损害了消费者自主选择商品或者服务的权利，侵害了消费者的合法权益。因此，消费者在自己的公平交易权受到侵害时，有权依法要求经营者改正错误，提供质量好、价格合理、计量正确的服务，有权拒绝强制交易，并获得合理的赔偿。

> **思考：**
> 甲在商场购买电脑一台，使用三个月后发生故障，在"三包"有效期内经两次修理，人不能正常使用，甲要求与商场退货，遭到商场的拒绝。商场的做法正确吗？为什么？

（五）求偿权

消费者的求偿权，也叫索赔权，是指依消费者因为购买商品、使用商品或者接受服务时，受到人身、财产损害时，依法获得赔偿的权利。

该权利与消费者安全权、知悉权、公平交易权、人格尊严和民族风俗习惯受尊重的权利等密切相关，尤其与保障消费者安全权的关系最为紧密，当消费者的人身安全、财产安全受到损害时，索赔权的行使意义尤其重大。

（六）结社权

消费者的结社权是消费者为了维护自身的合法权益而依法组织社会团体的权利。

消费者往往是孤立、分散的个体社会成员，其所面对的经营者却时常表现为具有强大的经济实力、庞大的组织机构，拥有各种专门知识与经验的专业人员的企业，因此，尽管法律规定交易当事人地位平等，但由于交易双方实力的巨大悬殊，实际上，很难实现真正的平等。为了与强大的经营者及经营者集团相抗衡，实现与经营者之间的真正平等，消费者除了通过国家支持和社会帮助以外，还应团结起来，进行自我救济、自我教育。通过设立自己的组织扩大自己的力量，提高自身的素质，同不法经营行为作斗争。

应当注意，消费者组织社团应当遵守宪法和法律、法规，不得从事损害国家、社会集体的利益及其他公民合法的自由和权利。申请成立有关保护消费者权益的社会团体，应当依照《社会团体登记管理条例》的规定向有关登记管理机关提交相关登记材料。消费者社会团体具备法人条件的，批准登记后，取得法人资格。

（七）获得有关知识权

1. 概念

消费者的获得有关知识权又称为受教育权，是消费者享有的获得有关消费和消费者权益保护方面的知识的权利。

2. 内容

（1）消费者有获得消费知识的权利。

（2）消费者获得消费者权益保护方面知识教育的权利。

> **思考：**
> 消费者知悉权与获得有关知识权的区别。

（八）人格尊严和民族风俗习惯受尊重的权利、个人信息依法得到保护的权利

1. 概念

人格尊严和民族风俗习惯受尊重的权利指的是消费者在购买、使用商品和接受服务时，享有其人格尊严、民族风俗习惯得到尊重的权利，享有个人信息得到保护的权利。

2. 内容

（1）人格尊严受尊重权。人格权包括姓名权、名誉权、荣誉权、肖像权等。人格尊严受到尊重，是消费者最起码的权利之一。为切实保护消费者的人格尊严权，第一，任何经营者都不得以任何方式，包括以消费者所购的商品或者接受的服务为借口，调戏、侮辱消费者。例如，消费者在购买内衣裤或涉及个人隐私的特殊商品时，经营者不得有任何有损消费者尊严的言行。第二，经营者不得以任何借口限制、妨碍消费者的人身自由，不得搜查消费者的人身及其携带的物品。

（2）民族风俗习惯受尊重权。我国是统一的多民族的国家，除汉族外，全国还有55个少数民族，各民族在长期历史发展过程中，在饮食、服饰、居住、婚葬、节庆、娱乐、礼节、禁忌等方面，都有不同的风俗习惯，与消费密切相关。尊重少数民族的风俗习惯，就是尊重民族感情、民族意识、民族尊严，这关系到坚持民族平等，加强民族团结，处理好民族关系，促进安定团结的大问题。因此，尊重少数民族的风俗习惯并不是可有可无的，它对于保护少数民族消费者的合法权益，贯彻党和国家的民族政策，都有极其重要的意义。

（3）个人信息受保护权利。经营者及其工作人员对收集的消费者个人信息必须严格保密，不得泄露、出售或者非法向他人提供。经营者应当采取技术措施和其他必要措施，确保信息安全，防止消费者个人信息泄露、丢失。在发生或者可能发生信息泄露、丢失的情况时，应当立即采取补救措施。

> **思考：**
> 商场怀疑消费者偷窃商品，可以对消费者进行强行搜身吗？为什么？

（九）监督权

1. 概念

消费者的监督权，是指消费者对于商品和服务以及消费者保护工作进行监察和督导的权利。

2. 内容

（1）消费者有权对国家进行消费者权益立法的监督，这主要是指消费者对于国家立法的建议权。

（2）消费者有权对国家机关及其工作人员在保护消费者权益工作中的违法失职行为进行监督，这种监督主要表现在：对国家有关部门及其工作人员在执行法律法规过程中或者在日常工作中忽视消费者权益的行为提出批评；对国家有关部门及其工作人员在处理损害消费者利益的事件时查处不力，敷衍塞责的行为提出批评或质询。

（3）对生产者、经营者的侵权行为，有权通过大众传播媒介进行曝光和批评；有权对

其处理和善后工作进行监督。

三、经营者的义务

（一）依法履行义务

我国《消费者权益保护法》第 16 条规定："经营者向消费者提供商品或者服务，应当依照本法和其他有关法律、法规的规定履行义务。经营者和消费者有约定的，应当按照约定履行义务，但双方的约定不得违背法律、法规的规定。"经营者向消费者提供商品或者服务，应当恪守社会公德，诚信经营，保障消费者的合法权益；不得设定不公平、不合理的交易条件，不得强制交易。

（二）听取意见、接受监督的义务

我国《消费者权益保护法》第 17 条规定："经营者应当听取消费者对其提供的商品或服务的意见，接受消费者的监督。"

经营者听取消费者意见，接受消费者监督的义务，是与消费者的监督批评权相对应的。经营者听取消费者的意见，主要通过与消费者面对面的交流，书面征询消费者的意见，从新闻媒介了解消费者对商品和服务的看法与反应等方式来进行。经营者接受消费者监督，主要是通过设立意见箱、意见簿、投诉电话，及时处理消费者的投诉，自觉接受消费者的批评等方式进行。

听取消费意见，接受消费者监督是经营者的法定义务，经营者必须履行。法律规定经营者的此项义务，有利于提供和改善消费者的地位。

> **思考：**
> 　　消费者对地铁车厢里播放广告噪声太大向地铁总公司提出意见，地铁总公司应当采纳吗？

（三）保障人身安全的义务

我国《消费者权益保护法》第 18 条规定："经营者应当保证其提供的商品或者服务符合保障人身、财产安全的要求。对可能危及人身、财产安全的商品和服务，应当向消费者作出真实的说明和明确的警示，并说明和标明正确使用商品或者接受服务的方法以及防止危害发生的方法。宾馆、商场、餐馆、银行、机场、车站、港口、影剧院等经营场所的经营者，应当对消费者尽到安全保障义务。"

消费者的人身财产安全是其最基本的利益所在，安全权亦是消费者最基本的权利，消费者的这一权利要得到实现，就必须要求经营者提供的商品和服务具有可靠的安全性。

（四）提供真实信息义务

我国《消费者权益保护法》第 20 条规定："经营者应当向消费者提供有关商品或者服务的真实信息，不得作引人误解的虚假宣传。经营者对消费者就其提供的商品或者服务的质量和使用方法等问题提出的询问，应当作出真实、明确的答复。商店提供商品应当明码标价。"

经营者的此项义务是与消费者的知悉真情权相对应的。商品经济中信息失真现象是引起

消费者问题的原因之一。消费者对商品或服务正确地判断、评价、选择、使用，均有赖于经营者提供必要的真实信息。因此，此项义务有助于克服信息失真的消极影响，改善消费者的地位。

> **思考：**
> 　　超市里商品标价低于实际应付价格时，消费者应当怎么办？

（五）标明真实名称和标记的义务

我国《消费者权益保护法》第21条规定："经营者应当标明其真实名称和标记。租赁他人柜台或者场地的经营者，应当标明其真实名称和标记。"

该义务的内容主要包括：经营者应当标明其真实名称和标记；租赁他人柜台或场地的经营者，应当标明其真实名称和标记。

> **思考：**
> 　　租赁商场柜台销售有质量问题的商品，商场需要承担法律责任吗？

（六）出具单据义务

我国《消费者权益保护法》第22条规定："经营者提供商品或者服务，应当按照国家有关规定或者商业惯例向消费者出具发票等购货凭证或者服务单据；消费者索要发票等购货凭证或者服务单据的，经营者必须出具。"

购货凭证和服务单据通常表现为发票、收据、保修单等形式，它是经营者与消费者之间签订的合同凭证，是消费者借以享受有关权利以及在其合法利益受到损害时向经营者索赔的依据。在消费者利益受到损害的情况下，有关凭证单据可作为申诉、仲裁、诉讼程序中的确定当事人责任的直接证据。

（七）质量担保义务

质量是一切商品或者服务的灵魂，也是决定消费者是否与经营者进行交易的关键。所以，保证商品或服务的质量，是经营者的应尽之责。

我国《消费者权益保护法》第23条规定："经营者应当保证在正常使用商品或者接受服务的情况下其提供的商品或者服务应当具有的质量、性能、用途和有效期限；但消费者在购买该商品或者接受该服务前已经知道其存在瑕疵的除外。经营者以广告、产品说明、实物样品或者其他方式表明商品或者服务的质量状况的。应当保证其提供的商品或者服务的实际质量与表明的质量状况相符。经营者提供的机动车、计算机、电视机、电冰箱、空调器、洗衣机等耐用商品或者装饰装修等服务，消费者自接受商品或者服务之日起六个月内发现瑕疵，发生争议的，由经营者承担有关瑕疵的举证责任。"

（八）三包的义务

我国《消费者权益保护法》第24条规定："经营者提供的商品或者服务不符合质量要求的，消费者可以依照国家规定、当事人约定退货，或者要求经营者履行更换、修理等义务。没有国家规定和当事人约定的,消费者可以自收到商品之日起七日内退货;七日后符合法定解除合同条件的,消费者可以及时退货,不符合法定解除合同条件的,可以要求经营者履行更换、修理等义务。依照前款规定进行退货、更换、修理的,经营者应当承担运输等必要费用。"

我国《消费者权益保护法》第25条规定:"经营者采用网络、电视、电话、邮购等方式销售商品,消费者有权自收到商品之日起七日内退货,且无须说明理由,但下列商品除外:(一)消费者定作的;(二)鲜活易腐的;(三)在线下载或者消费者拆封的音像制品、计算机软件等数字化商品;(四)交付的报纸、期刊。除前款所列商品外,其他根据商品性质并经消费者在购买时确认不宜退货的商品,不适用无理由退货。消费者退货的商品应当完好。经营者应当自收到退回商品之日起七日内返还消费者支付的商品价款。退回商品的运费由消费者承担;经营者和消费者另有约定的,按照约定。"

(九)格式合同的限制

我国《消费者权益保护法》第26条规定:"经营者在经营活动中使用格式条款的,应当以显著方式提请消费者注意商品或者服务的数量和质量、价款或者费用、履行期限和方式、安全注意事项和风险警示、售后服务、民事责任等与消费者有重大利害关系的内容,并按照消费者的要求予以说明。经营者不得以格式条款、通知、声明、店堂告示等方式,作出排除或者限制消费者权利、减轻或者免除经营者责任、加重消费者责任等对消费者不公平、不合理的规定,不得利用格式条款并借助技术手段强制交易。格式条款、通知、声明、店堂告示等含有前款所列内容的,其内容无效。"

(十)不得侵犯人身自由的义务

我国《消费者权益保护法》第27条规定:"经营者不得对消费者进行侮辱、诽谤,不得搜查消费者的身体及其携带的物品,不得侵犯消费者的人身自由。"

这项义务是与消费者的人格尊严受尊重权相对应的。消费者的人身权是其基本人权,消费者的人身自由、人格尊严不受侵犯。具体表现为:经营者不得对消费者进行侮辱、诽谤,不得搜查消费者的身体及其携带的物品,不得侵犯消费者的人身自由。

> **思考:**
> 医院诊断出病人患有某传染疾病并通报单位领导,后查证为误诊,造成病人思想负担沉重无法正常坚持工作,可以要求医院赔偿吗?

四、违反消费者权益保护法的法律责任

(一)经营者的民事责任

在消费侵权发生以后,对于消费者而言,经营者承担的主要是民事责任,亦即对消费者

的权益损失以恢复和补偿。

根据《消费者权益保护法》第 48 条的规定，经营者提供商品或者服务有下列情形之一的，除该法另有规定外，应当依照《产品质量法》和其他有关法律、法规的规定，承担民事责任，这些情形包括：①商品存在缺陷的；②不具备商品应当具备的使用性能而出售时未作说明的；③不符合在商品或者其包装上注明采用的商品标准的；④不符合商品说明、实物样品等方式表明的质量状况的；⑤生产国家明令淘汰的商品或者销售失效、变质的商品的；⑥销售的商品数量不足的；⑦服务的内容和费用违反约定的；⑧对消费者提出的修理、重作、更换、退货、补足商品数量、退还货款和服务费用或者赔偿损失的要求，故意拖延或者无理拒绝的；⑨法律、法规规定的其他损害消费者权益的情形。

（二）经营者的行政责任

经营者的行政责任，是指经营者在消费领域违反国家有关行政管理法规所应承担的法律责任。如果说经营者的民事责任是相对于消费者而言的话，那么，经营者的行政责任则是相对于国家而言的。实践中，经营者侵害消费者合法权益的行为在损害消费者利益的同时，往往也触犯了国家行政管理法规，扰乱了社会经济秩序，因此，经营者在对消费者承担民事责任的基础上，还须对国家承担行政责任。

我国《消费者权益保护法》第 56 条明确规定：经营者有下列情形之一，除承担相应的民事责任外，其他有关法律、法规对处罚机关和处罚方式有规定的，依照法律、法规的规定执行；法律、法规未作规定的，由工商行政管理部门或者其他有关行政部门责令改正，可以根据情节单处或者并处警告、没收违法所得，处以违法所得 1 倍以上 10 倍以下的罚款，没有违法所得的，处以 50 万元以下的罚款；情节严重的，责令停业整顿、吊销营业执照：①提供的商品或者服务不符合保障人身、财产安全要求的；②在商品中掺杂、掺假，以假充真，以次充好，或者以不合格商品冒充合格商品的；③生产国家明令淘汰的商品或者销售失效、变质的商品的；④伪造商品的产地，伪造或者冒用他人的厂名、厂址，篡改生产日期，伪造或者冒用认证标志等质量标志的；⑤销售的商品应当检验、检疫而未检验、检疫或者伪造检验、检疫结果的；⑥对商品或者服务做虚假或者引人误解的宣传的；⑦拒绝或者拖延有关行政部门责令对缺陷商品或者服务采取停止销售、警示、召回、无害化处理、销毁、停止生产或者服务等措施的；⑧对消费者提出的修理、重作、更换、退货、补足商品数量、退还货款和服务费用或者赔偿损失的要求，故意拖延或者无理拒绝的；⑨侵害消费者人格尊严、侵犯消费者人身自由或者侵害消费者个人信息依法得到保护的权利的；⑩法律、法规规定的对损害消费者权益应当予以处罚的其他情形。经营者有前款规定情形的，除依照法律、法规规定予以处罚外，处罚机关应当记入信用档案，向社会公布。

（三）经营者的刑事责任

经营者的刑事责任，是指经营者在消费领域触犯刑律构成犯罪所应承担的法律责任。刑事责任只能对已构成犯罪的经营者适用，对虽有一般违法行为但尚不构成犯罪的经营者，不能适用刑事责任。

《消费者权益保护法》第 57 条规定："经营者违反本法规定提供商品或者服务，侵害消费者合法权益，构成犯罪的，依法追究刑事责任。"包括经营者提供商品或服务，造成消费者人身伤害或者构成犯罪的和经营者以暴力、威胁等方法阻碍有关行政部门工作人员执法构成犯罪的两类情形。具体追究经营者的刑事责任应依照《刑法》的规定进行，主要体现在生产、销售伪劣商品罪。

第三节 劳动法律制度

一、劳动法概述

（一）劳动法的概念

劳动法是调整劳动关系以及与劳动关系密切联系的其他社会关系的法律规范的总称。

目前我国劳动法的渊源主要有《中华人民共和国劳动法》（以下简称《劳动法》）和《中华人民共和国劳动合同法》（以下简称《劳动合同法》）。《劳动法》于1994年通过，1995年1月1日起正式生效。《劳动合同法》于2007年通过，2008年1月1日起施行。就两者的关系来看，劳动合同法是劳动法的重要组成部分。劳动法除了包括劳动合同部分以外，还包括劳动就业、劳动条件、劳动保护、劳动争议处理、劳动监察等等。劳动法和劳动合同法属于普通法和特别法的关系。一般而言，在法律的适用上面，特别法优于普通法，也即对于《劳动法》和《劳动合同法》都有规定的，适用《劳动合同法》的规定，《劳动合同法》没有规定而《劳动法》有规定的，则适用《劳动法》的相关规定。

《劳动合同法》与《劳动法》相比较，主要有以下几方面的变化：

（1）《劳动合同法》中就"用人单位"的概念做了进一步扩大：在原"我国境内企业、个体经济组织"基础上新增了"民办非企业单位等组织"，这一变化使得劳动法的适用范围更加广泛。

（2）对于用人单位不订立书面劳动合同问题进一步明确。明确用人单位自用工之日起即与劳动者建立劳动关系；放宽了订立劳动合同的时间要求；加重了用人单位违法不订立书面劳动合同的法律责任。《劳动合同法》中的规定"用人单位自用工之日起即与劳动者建立劳动关系。用人单位应当建立职工名册备查""建立劳动关系，应当订立书面劳动合同。"

（3）试用期上的变化。按现行法律规定，职工在试用期内达不到录用条件，用人单位可以随时解除劳动合同，并且不用支付经济补偿金。同时，由于试用期间职工的工资待遇相对较低，有的用人单位，特别是生产经营季节性强的中小型企业，在生产旺季大量招用员工，规定较长的试用期，在试用期结束前，以劳动者达不到录用条件为由解除劳动合同，变相剥削劳动者。还有的用人单位滥用试用期，严重侵害劳动者的合法权益。通过设定较长时间的试用期，来规避对职工应尽的法定责任，使得"试用期"变成了"白用期"。

《劳动合同法》为此对试用期的时间周期上作出了严格限定："劳动合同期限3个月以上不满一年的，试用期不得超过1个月；劳动合同期限1年以上不满3年的，试用期不得超过2个月；3年以上固定期限和无固定期限的劳动合同，试用期不得超过6个月。同一用人单位与同一劳动者只能约定一次试用期。以完成一定工作任务为期限的劳动合同或者劳动合同期限不满3个月的，不得约定试用期。试用期包含在劳动合同期限内。劳动合同仅约定试用期的，试用期不成立，该期限为劳动合同期限。"

《劳动合同法》还对试用期工资待遇上作出了严格限定:"劳动者在试用期的工资不得低于本单位相同岗位最低档工资或者劳动合同约定工资的80%,并不得低于用人单位所在地的最低工资标准""在试用期中,除劳动者有本法第39条和第40条第1项、第2项规定的情形外,用人单位不得解除劳动合同。用人单位在试用期解除劳动合同的,应当向劳动者说明理由。"

同时,还对违反试用规定的处罚做了明确规定,"用人单位违反本法规定与劳动者约定试用期的,由劳动行政部门责令改正;违法约定的试用期已经履行的,由用人单位以劳动者试用期满月工资为标准,按已经履行的超过法定试用期的期间向劳动者支付赔偿金"。

(4)针对不缴社保的情况,劳动者可以终止合同。《劳动合同法》中明确规定"用人单位未依法为劳动者缴纳社会保险费的,劳动者可以解除劳动合同""有不缴社保情形的,用人单位应当向劳动者支付经济补偿"。这一规定体现了《劳动合同法》对劳动者这一弱势群体的重视。

(5)针对劳动者离职时对用人单位的规定。明确用人单位在解除合同时需向劳动者出具离职证明和社保转移单。《劳动合同法》规定"用人单位应当在解除或者终止劳动合同时出具解除或者终止劳动合同的证明,并在15日内为劳动者办理档案和社会保险关系转移手续""劳动者依法解除或者终止劳动合同,用人单位扣押劳动者档案或者其他物品的,依照前款规定处罚的,由劳动行政部门责令限期退还劳动者本人,并以每人500元以上2 000元以下的标准处以罚款;给劳动者造成损害的,应当承担赔偿责任"。

(二) 劳动法的调整对象

劳动法的调整对象,包括两个方面的关系:第一,劳动关系。这是劳动法调整的最重要、最基本的关系;第二,与劳动关系密切联系的其他社会关系。

1. 劳动关系

所谓劳动关系,即人们在从事劳动过程中发生的社会关系。它是人类社会能够生存发展的基础。在我国,劳动关系具体表现为劳动者与用人单位(如企业、事业单位、国家机关、社会团体、个体经济组织等)之间发生的关系。

作为劳动法调整对象的劳动关系,具有以下特征:

(1)这种劳动关系与劳动有直接联系,劳动是这种关系表现的内容。

(2)劳动关系的当事人,一方是劳动者,另一方是用人单位。

(3)这种关系的发生,变更和终止,其当事人双方在劳动过程中的权利、义务以及劳动条件均应依法处理。

(4)即使是国家机关,事业单位,社会团体与其工作人员建立了劳动关系,但是如果国家法律、法规对调整其关系另有特殊规定的,也不属于劳动法调整的范畴。

2. 与劳动关系密切联系的某些关系

劳动法除了调整劳动关系以外,它还调整与劳动关系密切联系的其他某些关系。这些关系本身并不是劳动关系,但是与劳动关系有着密切联系,是以劳动关系为中心而形成的。有的是发生劳动关系的必要前提,有的是劳动关系的直接后果,有的是随着劳动关系而附带产生的关系。这些关系包括以下几个方面:

(1)作为劳动关系必要前提而存在的社会关系。例如劳动人事部门或主管部门和用人单位在劳动力招收、录用、调配方面发生的关系；职业培训机构与劳动者、用人单位之间发生的关系；职业中介机构和劳动者、用人单位之间发生的关系等。

（2）伴随劳动关系而发生的关系。例如用人单位内部组织（如工会）与用人单位之间发生的关系；用人单位与外部组织间发生的关系；监督、监察部门与用人单位之间发生的关系。

（3）它是劳动关系的直接后果的关系。例如社会保险机构与用人单位和劳动者之间因为执行社会保险制度而发生的关系；劳动仲裁机构与用人单位、劳动者因劳动争议的处理而发生的关系。

（三）劳动法的适用范围

《劳动合同法》第2条规定："中华人民共和国境内的企业、个体经济组织、民办非企业单位等组织与劳动者建立劳动关系，订立、履行、变更、解除或者终止劳动合同，适用本法。国家机关、事业单位、社会团体和与其建立劳动关系的劳动者，订立、履行、变更、解除或者终止劳动合同，依照本法执行。"此外，《劳动合同法实施条例》第3条规定："依法成立的会计师事务所、律师事务所等合伙组织和基金会，属于劳动合同法规定的用人单位。"

（四）劳动法律关系

1. 劳动法律关系的概念

劳动法律关系，是指劳动者与用人单位依据劳动法律规范，在实现社会劳动过程中形成的权利义务关系。

2. 劳动法律关系的主体

劳动法律关系的主体包括劳动者和用人单位。

（1）劳动者。要成为劳动法律意义上的劳动者需满足以下条件：①达到法定年龄且具有劳动行为能力。《中华人民共和国劳动法》第15条规定："禁止用人单位招用未满16周岁的未成年人。文艺、体育和特种工艺单位招用未满16周岁的未成年人，必须依照国家有关规定，履行审批手续，并保障其接受义务教育的权利。"②与用人单位建立劳动关系。

（2）用人单位。是依法成立，并依法招用和管理劳动者，发给其劳动报酬的劳动组织。

3. 劳动法律关系的客体

劳动法律关系客体是劳动法律关系主体双方的权利义务共同指向的对象。主体双方的权利义务必须共同指向同一对象，才能形成劳动法律关系。劳动法律关系的客体只能是劳动者的劳动行为。可分为完成一定工作成果的行为和提供劳务活动的行为。

4. 劳动法律关系的内容

劳动法律关系的内容是指劳动法律关系主体双方依法享有的权利和承担的义务。它是劳动法律关系的基本要素，是联结劳动法律关系主体与客体的媒介，也是劳动法律关系的核心和实质。

（1）劳动者的权利与义务。

《劳动法》第3条规定："劳动者享有平等就业和选择职业的权利、取得劳动报酬的权利、休息休假的权利、获得劳动安全卫生保护的权利、接受职业技能培训的权利、享受社会保险和福利的权利、提请劳动争议处理的权利以及法律规定的其他劳动权利。劳动者应当完成劳动任务，提高职业技能，执行劳动安全卫生规程，遵守劳动纪律和职业道德。"

（2）用人单位的权利与义务。

《劳动法》第4条规定："用人单位应当依法建立和完善规章制度，保障劳动者享有劳动权利和履行劳动义务。"

《劳动合同法》第4条规定："……用人单位在制定、修改或者决定有关劳动报酬、工作时间、休息休假、劳动安全卫生、保险福利、职工培训、劳动纪律以及劳动定额管理等直接涉及劳动者切身利益的规章制度或者重大事项时，应当经职工代表大会或者全体职工讨论，提出方案和意见，与工会或者职工代表平等协商确定。在规章制度和重大事项决定实施过程中，工会或者职工认为不适当的，有权向用人单位提出，通过协商予以修改完善。用人单位应当将直接涉及劳动者切身利益的规章制度和重大事项决定公示，或者告知劳动者。"

> **思考：**
> 　　建筑企业强令建筑工人在没有安全保护设施的情况下施工，被当场予以拒绝。该建筑公司以工人不服从指挥、不履行劳动合同为由，认为工人违约，欲解除劳动合同。
> 　　请问：建筑工人拒绝单位的违章指挥和强令冒险作业，能视为违约吗？

二、劳动合同

（一）劳动合同的概念

劳动合同是劳动者和用人单位之间依法确立劳动关系，明确双方权利和义务的书面协议。

《劳动法》第16条明确规定："劳动合同是劳动者与用人单位确立劳动关系、明确双方权利和义务的协议。"

（二）劳动合同的种类

我国劳动法就是按照劳动合同的期限分为有固定期限、无固定期限和以完成一定的工作为期限。

（1）有固定期限的劳动合同，它是指企业等用人单位与劳动者订立的有一定期限的劳动协议。合同期限届满，双方当事人的劳动法律关系即行终止。如果双方同意，还可以续订合同，延长期限。

（2）无固定期限的劳动合同，它是指企业等用人单位与劳动者订立的，没有期限规定的劳动协议。劳动者在参加工作后，长期在一个企业等用人单位内从事生产或工作，不得无故离职，用人单位也不得无故辞退。这种合同一般适用于技术性较强，需要持续进行的工作岗位。

（3）以完成一定工作为期限的劳动合同，它是指以劳动者所担负的工作任务来确定合同期限的劳动合同。如完成某项科研，以及带有临时性、季节性的劳动合同。合同双方当事人在合同存续期间建立的是劳动法律关系，劳动者要加入劳动单位集体，遵守劳动单位内部规则，享受某种劳动保险待遇。

（三）劳动合同的内容

《劳动合同法》第17条对此做出了规定：劳动合同应当具备以下条款：①用人单位的名称、住所和法定代表人或者主要负责人；②劳动者的姓名、住址和居民身份证或者其他有效身份证件号码；③劳动合同期限；④工作内容和工作地点；⑤工作时间和休息休假；⑥劳动报酬；⑦社会保险；⑧劳动保护、劳动条件和职业危害防护；⑨法律、法规规定应当纳入劳动合同的其他事项。劳动合同除前款规定的必备条款外，用人单位与劳动者可以约定试用期、培训、保守秘密、补充保险和福利待遇等其他事项。

三、劳动争议

1. 概念

劳动争议也称劳动纠纷，是指劳动法律关系双方当事人即劳动者和用人单位，在执行劳动法律、法规或履行劳动合同过程中，就劳动权利和劳动义务关系所产生的争议。

2. 劳动争议的范围

（1）因确认劳动关系发生的争议。

（2）因订立、履行、变更、解除和终止劳动合同发生的争议。

（3）因除名、辞退和辞职、离职发生的争议。

（4）因工作时间、休息休假、社会保险、福利、培训以及劳动保护发生的争议。

（5）因劳动报酬、工伤医疗费、经济补偿或者赔偿金等发生的争议。

（6）法律、法规规定的其他劳动争议。

3. 劳动争议的解决原则

《劳动法》第78条规定："解决劳动争议，应当根据合法、公正、及时处理的原则，依法维护劳动争议当事人的合法权益。"

4. 劳动争议的解决途径

《劳动法》第77条规定："用人单位与劳动者发生劳动争议，当事人可以依法申请调解、仲裁、提起诉讼，也可以协商解决。调解原则适用于仲裁和诉讼程序。"

（1）协商。劳动争议的协商是指发生争议的劳动者与用人单位通过自行协商，或者劳动者请工会或者其他第三方共同与用人单位进行协商，从而使当事人的矛盾得以化解，自愿就争议事项达成协议，使劳动争议及时得到解决的一种活动。这是解决劳动争议的一个环节。发生劳动争议后，由当事人双方进行协商和解，有利于使劳动争议在比较平和的气氛中得到解决，防止矛盾激化，促进劳动关系和谐稳定。

协商和解成功后，当事人双方应当签订和解协议。协商这一程序，完全是建立在双方自愿的基础上，任何一方，或者第三方都不得强迫另一方当事人进行协商。如果当事人不愿协商、协商不成或者达成和解协议后不履行的,另一方当事人仍然可以向劳动争议调解组织申请调解,或者向劳动争议仲裁机构申请仲裁。

(2)调解。劳动争议调解是调解劳动争议,就是要做劳资双方的思想工作,以事实为依据,根据法律、法规和政策,陈述利害,晓之以理,动之以情,帮助双方解决分歧,就争议事项达成共识。

《劳动争议调解仲裁法》第13条规定:"调解劳动争议,应当充分听取双方当事人对事实和理由的陈述,耐心疏导,帮助其达成协议。"

《劳动法》第80条规定:"在用人单位内,可以设立劳动争议调解委员会。劳动争议调解委员会由职工代表、用人单位代表和工会代表组成。劳动争议调解委员会主任由工会代表担任。劳动争议经调解达成协议的,当事人应当履行。"

(3)仲裁。劳动争议仲裁是指劳动争议仲裁委员会根据当事人的申请,依法对劳动争议在事实上作出判断、在权利义务上作出裁决的一种法律制度。

《劳动法》第81条规定:"劳动争议仲裁委员会由劳动行政部门代表、同级工会代表、用人单位方面的代表组成。劳动争议仲裁委员会主任由劳动行政部门代表担任。"

《劳动法》第82条规定:"提出仲裁要求的一方应当自劳动争议发生之日起60日内向劳动争议仲裁委员会提出书面申请。仲裁裁决一般应在收到仲裁申请的60日内作出。对仲裁裁决无异议的,当事人必须履行。"

(4)诉讼。《劳动法》第83条规定:"劳动争议当事人对仲裁裁决不服的,可以自收到仲裁裁决书之日起15日内向人民法院提起诉讼。一方当事人在法定期限内不起诉又不履行仲裁裁决的,另一方当事人可以申请人民法院强制执行。"

四、违反劳动法的法律责任

违反劳动法的法律责任,是指由于用人单位、劳动者、劳动行政部门和其他有关部门(组织)及其工作人员违反劳动法律法规的规定而应承担的法律后果。

劳动法中的法律责任的形式主要包括:民事责任、行政责任和刑事责任。

(一)违反劳动法的民事责任

违反劳动法的民事责任是违法行为人依法应当承担的,向违法行为相对人以给付一定财产、做出一定行为等履行债务的方式恢复其特定权益的法律责任。表现为赔偿损失、经济补偿、补缴保险费、强制继续履行合同、停止侵权行为、提供安全卫生条件等多种形式。

(二)违反劳动法的行政责任

违反劳动法的行政责任是违法行为人依法应当承担的,由有关行政机关或违法行为人所在单位以行政处罚或纪律处分的方式予以追究的法律责任。其主要表现形式是行政处罚和纪律处分。

（三）违反劳动法的刑事责任

违反劳动法的刑事责任是犯罪主体依据刑法规定必须承受刑事处罚的一种法律责任。凡是违反劳动法的严重程度达到触犯刑法、构成犯罪的行为，都必须由司法机关依法追究刑事责任。如恶意欠薪罪。

五、当前劳动法热点问题解析

（一）约定实习期或试用期的问题

李某是新毕业的大学生，2010 年 1 月应聘到某企业工作。由于该企业可以解决本市的户口问题，因而求职者趋之若鹜。最后公司百里挑一选中了李某，李某很高兴的与单位签订了劳动合同。劳动合同约定期限为期两年半，试用期为半年。试用期工资为每月 1 200 元钱，试用期过后正式工资为每月 3 000 元。李某觉得公司对自己不公平。请大家说一说自己的看法。

根据《劳动法》及劳动部的有关规定，劳动者签订劳动合同的试用期在 2 年以下的有明确规定，对于 2 年以上的，只规定了最上限即不得超过 6 个月。因此有些用人单位有意在劳动合同期间最大程度的延长劳动者的试用期。案例中李某与单位之间的劳动合同就属于这种情况。根据《劳动合同法》的规定，"劳动合同期限 1 年以上 3 年以下的，试用期不得超过 2 个月"。依照劳动法的规定，劳动合同可以约定试用期，试用期最长不能超过 6 个月，其目的在于增进相互了解和选择，试用期内劳资双方可随时解除合同。故用人单位不能随意约定不超过 6 个月的试用期。但是现实中这却是一个普遍的现象，特别是有些用人单位在招收大中专毕业生时约定有实习期，且实习期内不发工资，甚至职工还须交纳一定的培训费用。这种约定是没有法律依据的。企业与劳动者形成劳动关系，用人单位必须用货币形式支付劳动者工资，劳动者依法享有取得劳动报酬的权利和接受职业技能培训的权利，实习期只是大中专毕业生在毕业前由学校组织的一个实践学习的毕业课题，是其毕业的必经阶段，实习期间双方并不存在劳动关系，一些用人单位乐于此道，旨在规避法律免费使用劳动力，甚至窃取劳动者的智力成果。因此劳动者必须引起重视。

（二）没约定报酬计算工资问题

周某原系某市毛纺织厂销售科业务员，2008 年 9 月 7 日经某进出口总公司国际贸易公司联系商调而从某市毛纺织厂调入其开办的该公司服务部工作。此后一直在该公司下设服务部工作。周某调入该公司工作后，该公司从未在所在地市劳动局所属企业社会保险局为其缴纳养老保险和待业保险金，亦从未让其参加 2008 年以来三次工资调整。2010 年 6 月 2 日，周某以调到该公司服务部后一直受到不公平待遇，工资奖金福利只有其他正式员工的一半，多次要求其解决未果为由，向当地劳动争议仲裁委员会申诉，要求确认为该公司的一名正式员工身份，享受正式员工待遇，补偿不公平待遇所受损失，补办申诉人养老保险手续。

劳动者与用人单位没有签订书面劳动合同，或者虽然签订书面劳动合同但是没有约定劳动报酬的，一旦双方因为劳动报酬问题发生劳动争议，在举证问题上会面临很多困难。虽然最高人民法院司法解释规定"因用人单位作出的……减少劳动报酬、计算劳动者工作年限等决定而发生的劳动争议，用人单位负举证责任"，但由于双方没有约定劳动报酬，是否属于"减少劳动报酬"的争议，仲裁机构、人民法院一般会慎重考虑。即使举证责任倒置，争议处理也未必对劳动者有利，毕竟没有一个最低限。《劳动合同法》将劳动者与用人单位没有约定劳动报酬的，确定了一个基本标准"劳动者的劳动报酬应当按照企业的或者行业的集体合同规定的标准执行；没有集体合同的，用人单位应当对劳动者实行同工同酬"。对于劳动者而言，有了一个最低限的保障，对于用人单位而言，避免了个别劳动者漫天要价的情况。

（三）劳动者擅自解除劳动合同的"天价赔偿"问题

刘某是新毕业的大学生，2010年8月应聘到一家国有企业工作。该企业地处某市郊区，但由于该企业可以为新近大学毕业生解决本市的户口问题，虽然工资待遇一般，刘某还是很高兴的与单位签订了劳动合同。为了将刘某这批新来的大学生留在企业工作，企业人力资源部绞尽脑汁拟定了一份劳动合同。劳动合同约定服务期限为10年，服务期未满期间劳动者提出解除劳动合同的，离服务期满每差一年需支付违约金2万元。工作到第5年期间，刘某觉得公司的工作环境不适合自己，决定与单位解除劳动合同。但是公司要求刘某支付违约金。刘某不服遂向劳动争议仲裁委员会申诉。最后劳动争议仲裁委员会裁决刘某向公司支付10万元的违约金。

大学毕业以后有过像刘某这样遭遇的年轻人并不是少数个案，这种情况非常普遍。尤其是农村出身的大学生进入大城市工作都面临解决户口的问题，不少企业也以解决户口为条件千方百计延长大学毕业生的服务期。大学生毕业工作几年后，往往会面临很多更适合自己发展的机会与选择。这个时候，他们需要支付一定的违约金才能赎回自己的"自由身"。根据《劳动合同法》的规定，"劳动者违反服务期约定的，应当按照约定向用人单位支付违约金。约定违反服务期违约金的数额不得超过用人单位提供的培训费用。违约时，劳动者所支付的违约金不得超过服务期尚未履行部分所应分摊的培训费用"。只有在用人单位为劳动者提供过专业培训费用的，劳动者违反服务期的约定才需要支付违约金。《劳动合同法》还明确规定，除了违反服务期需支付应分摊的培训费用以及违反竞业限制条款需支付违约金之外，劳动者无须支付任何其他违约金。

再如1996年9月，丁某、府某转业在中国东方航空江苏有限公司任飞行员，双方在无固定期劳动合同中约定：作为飞行员的乙方在约定服务年限内要求解除合同时，甲方可按规定协议向乙方收取各类赔偿补偿费用。2004年7月，二人递交辞呈但未获同意。随后两人不再去上班，公司亦停发工资待遇，但未给办理解除合同手续。同年12月7日，经江苏省劳动仲裁委裁决，二人与公司合同自2004年8月13日解除，丁某一次性赔偿公司培训费38.8万元，府某赔偿33.8万元。航空公司不服，于同年12月向江宁区法院提起诉讼。法院最终判决丁、府与航空公司解除合同，但因违反服务期限约定构成违约，二人需赔偿航空公司培训费等损失100万元。

根据劳动法的规定，劳动者享有平等就业和择业的权利。那么飞行员也属于劳动者，他们有劳动权，享有自由择业权。飞行员属于劳动法的调整范围，那么飞行员作为劳动者就具有辞职权。但作为特殊的劳动者群体，法律必须对飞行员跳槽随意解除劳动合同、防止恶性竞争的行为进行限制。面对航空公司对飞行员的高额投入和飞行员违约后所造成的损失，培养飞行员的航空公司理应得到一定的赔偿。但要把所有的赔偿责任归于飞行员个人承担显然不妥。

（四）农民工讨薪问题

每年岁末，正是进城务工人员大批返乡的时候。农民工李某在辛苦打拼了一年之后要求建筑公司支付工资回家过年，谁知建筑公司以效益不好无法支付工资为由，拒绝支付工资。李某于是找到法院准备起诉建筑公司，立案庭的法官了解情况后，问他们有没有工资欠条，李某手上没有工资欠条，法官建议李某他们直接向劳动争议仲裁委员会申诉。

每到岁末年关，各地各级政府帮助农民工追讨工资就成为新闻热点问题。由于我国的特殊劳动争议处理机制，职工向用人单位追讨工资需要经过劳动争议仲裁程序，然后才能进入诉讼程序。持久的劳动争议处理程序，弱势的劳动者是不能承受的。对此问题，为了简化程序，《最高人民法院关于审理劳动争议案件适用法律若干问题的解释（二）》第3条规定"劳动者以用人单位的工资欠条为证据直接向人民法院起诉，诉讼请求不涉及劳动关系其他争议的，视为拖欠劳动报酬争议，按照普通民事纠纷受理"。如果劳动者没有工资欠条呢？人民法院还是不能受理。为此，《劳动合同法》规定"用人单位拖欠或者未足额发放劳动报酬的，劳动者可以依法向当地人民法院申请支付令，人民法院应当依法发出支付令"，只要是用人单位拖欠劳动者工资的，劳动者可以直接向人民法院申请支付令。

第八章

刑法：最是无情亦"有情"

> "刑法长着一张父亲的脸，威严而慈祥。"
>
> ——日本：西原春夫①

第一节　刑法概述

一、刑法的概念

刑法是规定犯罪、刑事责任和刑罚的法律。人民法院在对行为人进行审判的时候，首先要依据刑法确定被告人实施的行为是否是刑法规定的犯罪行为，然后依据刑法确定被告人应当承担多大的刑事责任，有无从重、从轻、减轻或者免除刑事责任的因素，最后还要依据刑法确定是否给予被告人刑事处罚以及给予怎样的刑事处罚。

具体地说，刑法是以国家名义规定什么行为是犯罪和应负什么刑事责任，并给犯罪人以何种刑罚处罚的法律。刑法规范是行为规范又是裁判规范。作为行为规范，刑法首先告诉人们，凡是刑法所禁止的，人们就不能去做，如果做了，就会受到刑法的处罚。作为裁判规范，刑法是司法机关定罪量刑的法律准则，司法机关以此来认定一个行为是否构成犯罪以及对行为人应处以何种刑罚。

（西原春夫）

在中国，最早出现的法是刑法，即"夏有乱政，而作禹刑"。我国古代社会里，刑法被人

---

① 西原春夫，日本杰出的刑法学家、教育家与社会活动家。1928 年生于东京，1949 年录取早稻田大学第一法学部，1953 年师从齐藤金作先生研究刑法，1962 年以《间接正犯的理论》获早稻田大学法学博士学位，1967 年升任早稻田大学教授，1982 年至 1990 年就任早稻田大学第十二任校长。

们看成是禁奸止邪的工具。"包公怒铡陈世美""神断狄仁杰"等民间故事流传至今。在过去相当长的一段时间里，人们也普遍认为刑法是一种统治工具，是用来约束公民、惩罚犯罪的。实际上，当今法治社会的刑法，也约束司法机关，规范定罪量刑，更加彰显了保障人权的功能。

刑法有广义和狭义之分。广义的刑法包括刑法典、刑法修正案、单行刑法以及非刑事法律中的刑事责任条款。狭义的刑法仅指中华人民共和国刑法典。我国于1979年制定了刑法典，于1997年对刑法典进行了重大修订，形成了一部比较完备、统一的刑法典。迄今为止，全国人大对《刑法》进行了八次修正。

二、刑法的目的和任务

刑法的目的是指国家制定、适用刑法所要达到的效果。我国《刑法》第1条规定了刑法的目的是惩罚犯罪、保护人民。

我国《刑法》第2条明确规定了我国刑法的任务，即"中华人民共和国刑法的任务，是用刑罚同一切犯罪行为作斗争，以保卫国家安全，保卫人民民主专政的政权和社会主义制度，保护国有财产和劳动群众集体所有的财产，保护公民私人所有的财产，保护公民的人身权利、民主权利和其他权利，维护社会秩序、经济秩序，保障社会主义建设事业的顺利进行"。

刑法的任务体现在惩罚犯罪与保护人民的统一以及保障机能与保护机能的统一。任何性质的刑法都有惩罚犯罪的功能，刑法用刑罚制裁犯罪，同一切犯罪行为作斗争，保护了人民的根本利益，从而达到社会关系不受犯罪侵害的目的。同时刑法还有一个重要的功能就是保障人权，刑法中的保障人权，是指保障犯罪嫌疑人和被告人的权利。

意大利刑法学家贝卡里亚曾经提出，"刑罚的目的既不是要摧残折磨一个感知者，也不是要消除业已犯下的罪行。而是，阻止罪犯再次侵害公民，并规诫其他人不要重蹈覆辙"。

贝卡里亚认为，国家刑罚权来自于公民个体权利和自由的转让或过渡，公民之所以把自己的权利转让给国家，正是为了保护公民自身的权利。刑法是否把保障人权放在首要位置上，是法治社会和专制社会的首要区别。在法治社会里，刑法通过对国家权力的限制来达到保障人权的目的。我国刑法罪刑法定的基本原则的确立，正是为了保障无罪的人不受刑法追究，不受刑罚处罚，也为犯罪人不受法外刑处罚提供法律保障。

思考：

怎样理解"出于礼而入于刑"？古代将刑罚作为推行伦理道德的工具，违反伦理的行为就要受到刑罚处罚。而在现代社会，法律与道德是严加区分的，违反道德的行为，在未违反刑法时，法律不应当进行干涉，尤其是不能运用刑法干涉私人生活。随着社会的进步，某些被传统伦理道德看成是悖德而被规定为犯罪的行为，逐渐都被非犯罪化了。

三、刑法的效力范围

刑法的效力范围，是指刑法在什么地方、对什么人、在什么时间内具有效力。

（一）刑法的空间效力

刑法的空间效力，是指刑法对地域与对人的效力。也就是刑事管辖权的范围。刑事管辖权是国家主权的组成部分，各个独立国家在对刑法空间效力的规定上所采用的原则各不相同。有单纯以地域为标准，凡是发生在本国领域内的犯罪都适用本国刑法的属地原则；有单纯以人的国籍为标准，凡是本国公民犯罪都适用本国刑法的属人原则；有以保护本国利益为标准，凡侵害本国国家利益和公民利益的犯罪都适用本国刑法的保护原则；有从保护国际社会共同利益出发，凡侵害国际公约、条约所保护的国际社会共同利益的，都适用本国刑法的保护原则。由于单独适用时不同原则都具有局限性，当今世界大多数国家在刑事立法上都吸收各原则的合理部分，综合采用上述原则。即采取以属地原则为主，兼采其他原则的做法。我国刑法关于刑法空间效力的规定，即是采用了这种刑事管辖权的体制。

我国刑法对空间效力的规定如下：

（1）凡是在中华人民共和国领域内犯罪的，除刑法有特别规定的以外，都适用我国刑法。这是我国刑法关于属地管辖权的规定。

"中华人民共和国领域内"，是指我国国境以内的全部空间区域以及我国领土的延伸。前者是指我国领土，即领陆、领水和领空。后者是指我国的船舶和航空器，以及我国驻外使领馆。这里需要注意的是，把我国船舶和航空器作为我国领土的延伸，就是说只要是在我国船舶或航空器内犯罪，不论是其停泊或航行在任何地方，都适用我国刑法。其他在我国领域外航行或停泊的交通工具如火车、汽车等均不能认定是我国领土的延伸。

在我国《刑法》第6条中的"刑法有特别规定"，是指我国刑法典规定属地管辖权的例外情况。只要存在此类法定特殊情况，就排除我国刑法的适用。司法实践中包括以下情形：①享有外交特权和豁免权的外国人的刑事责任，通过外交途径解决的规定。②香港特别行政区和澳门特别行政区基本法对犯罪的例外规定。③刑法典公布后又制定的特别刑法对犯罪的规定。④民族自治地方根据当地民族的政治、经济、文化的特点和刑法的基本原则，制定的变通性或补充性规定。如外国使领馆工作人员犯罪被驱逐出境、香港地区不适用死刑以及我国西藏地区天葬习俗不认为是犯罪等都属于此类情形。

案 例

> 隶属于中国某边境城市旅游公司的长途汽车在从中国进入E国境内之后，因争抢座位，F国的汤姆一怒之下杀死了G国的杰瑞。汤姆的行为能否适用中国刑法？
> 在这个案例中，汤姆的行为不适用中国刑法。我国刑法关于属地管辖权中，对我国领土的延伸仅限于我国船舶和航空器。我国长途汽车不能和我国的船舶、航空器等同。案例中汤姆和杰瑞都不是我国公民，其行为也是在我国领域外发生的犯罪行为，没有侵犯我国的利益，并且也没有危害整个人类社会的共同利益，所以不适用我国刑法。

（2）我国公民在中华人民共和国领域外犯我国刑法规定之罪的，原则上都适用我国刑法，但是按照刑法规定的最高刑为3年以下有期徒刑的，可以不予追究。此外，对于我国国家工作人员和军人在我国领域外犯我国刑法规定之罪的，一律适用我国刑法。这是我国刑法关于属人管辖权的规定。我国刑法这一规定，体现了对国家工作人员和军人的严格要求。

（3）外国人在中华人民共和国领域外对中国国家或中国公民犯罪，按照我国刑法规定最低刑为3年以上有期徒刑的，可以适用我国刑法。但是按照犯罪地的法律不受处罚的除外。这是我国刑法关于保护管辖权的规定，目的在于更好地保护我国国家利益和驻外工作人员、留学生和侨民的利益。

（4）对于中华人民共和国缔结或者参加的国际条约所规定的罪行，我国在所承担条约义务的范围内行使刑事管辖权的，适用我国刑法。这是我国刑法关于普遍管辖权的规定。体现了我国对于缔结或加入国际公约惩治犯罪所承担的义务。只有当犯有国际罪行的罪犯处于我国境内时，我国刑法才能对其适用。

（二）刑法的时间效力

刑法的时间效力，是指刑法的生效时间、失效时间以及刑法对其生效前的行为是否具有溯及力。

刑法的生效时间为刑法施行之时。通常有两种方式，一为公布之日起施行，二为公布后经过一段时间施行。刑法的失效时间为刑法废止之时，通常也有两种方式，一为国家立法机关宣布废止，二为新法施行后代替了同类旧法而废止。

刑法的溯及力是指刑法生效后对其生效以前未经审判或审判结果尚未确定的行为是否适用的问题。

我国刑法关于溯及力问题采用从旧兼从轻原则。《刑法》第12条规定："中华人民共和国成立以后本法施行以前的行为，如果当时的法律不认为是犯罪的，适用当时的法律；如果当时的法律认为是犯罪的，依照本法总则第四章第八节的规定应当追诉的，按照当时的法律追究刑事责任，但是如果本法不认为是犯罪或者处刑较轻的，适用本法。本法施行以前，依照当时的法律已经作出的生效判决，继续有效。"即新法原则上对其施行前发生的行为不具有溯及力，但新法不认为是犯罪或者处刑较轻的则应按新法处理，新法具有溯及力。

四、刑法的体系

任何法律都有其自身的体系。刑法的体系，是指刑法的组成和结构。

我国的《刑法》，从总体上分为总则、分则和附则三个部分。

《刑法》第一编为刑法总则，分设五章，内容为刑法的任务、基本原则和适用范围；犯罪；刑罚；刑罚具体运用；其他规定。刑法总则是关于犯罪、刑事责任和刑罚的一般原理原则的规范体系，这些规范是认定犯罪，规定刑事责任和适用刑罚所必须遵守的共同规则。

《刑法》第二编为刑法分则，分设十章，内容为危害国家安全罪；危害公共安全罪；破坏社会主义市场经济秩序罪；侵犯公民人身权利、民主权利罪；侵犯财产罪；妨害社会管理秩序罪；危害国防利益罪；贪污贿赂罪；渎职罪；军人违反职责罪。刑法分则规定各种具体犯罪的罪名、罪状与法定刑，即规定犯罪、刑事责任与刑罚的特殊性问题。这些规范明确了对各类、各种具体犯罪定罪量刑的标准。

刑法附则部分仅一个条文，即《刑法》第452条，附则规定修订后的刑法典开始实施的日期以及修订后的刑法典与单行刑法的关系。宣布在修订刑法生效后某些单行刑法的废止以及某些单行刑法中有关刑事责任内容的失效。

刑法总则和分则的关系在于：总则指导分则，分则是总则所确定的原理原则的具体体现，二者相辅相成。我们只有把总则和分则紧密地结合起来，才能正确地认定犯罪，确定刑事责任和适用刑罚。

五、刑法的基本原则

刑法的基本原则，是指刑法本身具有的、贯穿全部刑法规范、体现我国刑事立法与刑事司法基本精神、指导和制约全部刑事立法和刑事司法过程的基本准则、规则。我国现行刑法典对我国刑法基本原则作出了明确的规定，对促进刑法的科学进步具有明确的指导作用，使得今后的刑事立法中法定的罪刑规范更加全面、客观和准确，法条罪状更加明晰，法定刑层次更清晰，处罚情节更加具体，为刑事司法提供更加完备、科学并且便于操作的法律依据，能够促进刑事司法的公正合理并且保证和提高刑事法治的效果。

我国的刑法基本原则包括罪刑法定原则、适用刑法人人平等原则和罪责刑相适应原则。

（一）罪刑法定原则

"法无明文规定不为罪""法无明文规定不处罚"。这一来自拉丁文中的法律格言，是对罪刑法定原则的高度概括。"当一部法典业已厘定，就应逐字遵守，法官唯一的使命就是判定公民的行为是否符合成文法律。"① 罪刑法定原则的基本含义是：法律明文规定为犯罪行为的，应当根据法律规定定罪处罚；法律没有明文规定为犯罪行为的，就不应定罪处罚。刑法的适用关系到自然人的生杀予夺，为了限制国家的刑罚权，就必须规定罪刑法定原则，以此来限制司法机关的司法权。罪刑法定原则一方面要求司法机关只能在法律规定的范围内认定犯罪和惩罚犯罪，不得超越法律的规定，另一方面也告诉人们，只有在他的行为触犯了刑法，构成犯罪的情况下才能受到刑法的制裁，否则，就不应受到刑法的追究。

罪刑法定原则作为刑法的基本原则，使得刑法典成为一个相对封闭的规范性体系。它在条文中对于犯罪行为和犯罪产生的法律后果都作出了文字清晰、意思确切的实体性规定。刑法明确规定了犯罪概念和犯罪构成的共同要件，明确规定了各种具体犯罪的构成要件，明确规定了刑罚的种类和量刑原则，并明确规定了各种具体犯罪的法定刑，充分体现了犯罪的法定化和刑罚的法定化。1997 年修订后的刑法还取消了类推制度，要求对刑法没有明文规定的犯罪行为，不能比照刑法分则中最相类似的条文定罪量刑；重申了关于刑法在溯及力问题上从旧兼从轻的原则，并作出了进一步明确、具体的规定。

罪刑法定原则对司法权的限制体现在严格限制法官在刑事审判中的自由裁量权，要求法官必须在法律明文规定的范围之内来认定犯罪和处罚犯罪，做到定罪准确、量刑恰当，不枉不纵。要求司法机关应正确进行司法解释，不能超越其应有的权限，不能违反法律规定的真实意图，更不能以司法解释代替刑事立法。

案 例

2005 年 9 月 15 日，B 市的家庭主妇张某在家中利用计算机 ADSL 拨号上网，以 E 话通的方式，使用视频与多人共同进行"裸聊"被公安机关查获。对于本案，B 市 S 区检察

---

① ［意］贝卡里亚：《论犯罪与刑罚》，中国大百科全书出版社 1993 年版，第 13 页。

> 院以聚众淫乱罪向 S 区法院提起公诉,后又撤回起诉。在这个案例中,参与"裸聊"的人不多而且出于自愿,没有造成财产损失和人员伤亡等严重的社会危害。张某的行为也不符合聚众淫乱罪和传播淫秽物品(牟利)罪的构成要件,根据罪刑法定原则,其行为不构成犯罪。

(二)适用刑法人人平等原则

人生而平等,不应有高低贵贱之分。法律面前人人平等,是我国宪法确立的社会主义法治的一般原则。我国《宪法》明确规定,任何组织和个人,"都必须遵守宪法和法律""都不得有超越宪法和法律的特权"。我国的基本法律均规定公民在适用法律上一律平等,刑法也不例外。古有"王子犯法与庶民同罪"之言,诠释了刑法面前人人平等的理念。

《刑法》第 4 条明确规定:"对任何人犯罪,在适用法律上一律平等,不允许任何人有超越法律的特权。"根据适用刑法平等原则,任何人犯罪,都应当受到刑法的追究;任何人不得享有超越刑法规定的特权;对一切犯罪行为,一律平等适用刑法,定罪量刑时不得因犯罪人的社会地位、家庭出身、职业状况、财产状况、政治面貌、才能业绩的差异而有所区别;任何人受到犯罪侵害,都应受到刑法的保护;不同被害人的同等权益,应受到刑法的同样保护。

当然,在刑事司法过程中,适用刑法平等原则并不能机械地、孤立地适用,而应与其他原则相配合来合理地调节适用。如在司法实践中,犯罪分子的个人情况以及被害人的个人情况,如果是对犯罪行为的危害程度或犯罪人的主观恶性大小有影响的,就允许乃至要求在适用刑法上有所区别和体现。其关键在于犯罪人、被害人的身份等个人情况对犯罪的性质和危害程度有无影响,有影响的在定罪量刑上就应有所区别,无影响的就应无区别。如在《刑法》中就规定了犯罪主体的特殊身份以及犯罪分子的个人情况影响定罪以及量刑的若干法定情节和酌定情节,就需要适用刑法平等原则与罪刑法定原则的结合适用。

适用刑法人人平等原则,体现在立法和司法方面,司法平等最为重要,在刑事司法实践中贯彻适用刑法人人平等原则,应当做到定罪、量刑、行刑的公正和反对特权。

(三)罪责刑相适应原则

罪刑相适应,最早源于因果报应与同态复仇观念。"善有善报、恶有恶报""以眼还眼、以牙还牙"以及"杀人偿命、欠债还钱"等观念古已有之。孟德斯鸠指出:"刑罚的轻重要有协调,这是很重要的,因为我们防止大罪应该多于防止小罪,防止破坏社会的犯罪应该多于防止对社会危害较小的犯罪""在我们国家里,如果对一个在大道上行劫的人和一个行劫而又杀人的人,判处同样的刑罚的话,那便是很大的错误。为着公共安全起见,刑罚一定要有一些区别,这是显而易见的。"①

罪责刑相适应原则的含义是:犯多大的罪,就应承担多大的刑事责任,法院也应判处其相应轻重的刑罚,做到重罪重罚,轻罪轻罚,罚当其罪,罪刑相称。

一个犯罪行为对社会和公共利益危害越大,促使犯罪人实施犯罪的力量越强,制止犯罪的手段就应当越强有力。在犯罪与刑罚之间,刑事责任的大小是必不可少的中介和桥梁。刑罚的轻重不但是单纯地与犯罪分子所犯罪行相适应,而且也与犯罪分子承担的刑事责任相适

---

① [法]孟德斯鸠:《论法的精神》(上册),商务印书馆 1961 年版,第 91、92 页。

应。在分析罪重罪轻和刑事责任大小时，不仅要看犯罪的客观社会危害性，而且要结合考虑行为人的主观恶性和人身危险性，把握罪行和罪犯各方面因素综合体现的社会危害性程度，从而确定其刑事责任程度，适用相应轻重的刑罚。

罪责刑相适应原则的基本要求，在立法上体现在：刑事立法要依据罪责刑相适应的原则体现区别对待的刑罚制度和轻重有别的具体犯罪的法定刑幅度。我国刑法总则根据各种行为的社会危害性的大小，规定了轻重有别的处罚原则，并侧重于刑罚个别化的要求，规定了一系列刑罚裁量和执行制度，在刑法分则中设立了轻重不同的具体犯罪的法定刑幅度。

在司法实践中，许多人持有重刑主义刑罚观，特别是在社会治安秩序治理专项行动中，容易运用"从快、从严、从重"手段打击犯罪，出现侵害行为人合法权益现象。并且，在我国不同法院中对类似案件处理上出现轻重悬殊现象也比较普遍，所以司法机关树立量刑公正的司法理念、革除重型主义的错误思想和实现司法的协调平衡、纠正不同法院量刑轻重悬殊现象的任务更加任重而道远。

第二节　犯　　罪

一、犯罪概述

犯罪是社会机体的排泄物，犯罪的存在恰恰是社会存活的标志。因此，我们不要对犯罪过于恐慌；犯罪是社会的生理现象，也是社会的病理现象。

——陈兴良[①]

（一）犯罪概念

我国《刑法》第13条规定："一切危害国家主权、领土完整和安全，分裂国家、颠覆人民民主专政的政权和推翻社会主义制度、破坏社会秩序和经济秩序，侵犯国有财产或者劳动群众集体所有的财产，侵犯公民的人身权利、民主权利和其他权利，以及其他危害社会的行为，依照法律应当受到刑罚处罚的，都是犯罪，但是情节显著轻微危害不大的，不认为是犯罪。"

由此可见，犯罪就是严重危害社会，触犯刑法并应受刑罚处罚的行为。

犯罪概念是划分罪与非罪的总标准。考察一个行为是否构成犯罪，就要看这个行为是否具有一定社会危害性，是否触犯刑律，是否应当受到刑罚处罚。当然在司法实践中为了解决罪与非罪的界限，还要将犯罪概念这个总标准具体化。

（二）犯罪的基本特征

1. 犯罪行为具有一定的社会危害性

犯罪行为的社会危害性，是犯罪最本质、最基本的特征。社会危害性是指行为对刑法所保护的社会关系造成损害的特性。犯罪是反社会的行为，会给国家、社会和公民的利益带来危害，对社会无危害或者情节显著轻微危害不大的，都不能认为是犯罪。

从我国《刑法》分则条文看，除了危害国家安全、故意杀人、放火、爆炸、抢劫、强

[①] 陈兴良，男，1957年3月21日出生，浙江义乌人。1981年12月毕业于北京大学法律学系，获法学学士学位，同年考入中国人民大学法律系，1984年12月获法学硕士学位，1988年5月获法学博士学位。1984年至1997年在中国人民大学法学院任教，1998年至今任北京大学法学院教授、博士生导师。

奸、绑架等严重危害社会的行为，其本身的社会危害程度足以构成犯罪以外，多数危害社会的行为必须是社会危害性达到了一定的程度才能构成犯罪。社会危害性的大小决定着犯罪和违法的界限。根据刑法的规定，决定犯罪社会危害性轻重大小程度因素一般包括：其一，行为侵犯的客体和对象是否特定。如侵害国家安全与侵害相邻权、把国有档案作为侵害对象与把一般公司档案作为侵害对象社会危害性大小就有所不同。其二，具体行为的方法、后果以及行为时的时间、地点是否特定。如暴力干涉婚姻自由罪，以是否使用"暴力"方法构成罪与非罪；重大劳动安全事故罪和妨害传染病防治罪，以是否造成严重后果和是否引起某种危险结果构成罪与非罪；暴力危及飞行安全罪，以是否在飞行中的航空器上实施其行为构成罪与非罪。其三，行为人实施其行为时的主观因素是否特定。如出售、购买、运输假币罪，就是以"明知"是伪造的货币"故意"而为构成犯罪；拐卖妇女儿童罪，以具有"出卖的目的"构成犯罪。其四，行为人的身份为是否特定。如某些犯罪就是以行为人是否为首要分子、直接责任人和领导人作为划分罪与非罪的界限。其五，行为情节是否严重、是否恶劣。如诬告陷害罪以情节严重、虐待罪以情节恶劣为构成犯罪的条件。

当然，在历史的长河中，一个行为的社会危害性不是一成不变的，也不是一个因素就能够完全决定的。我们在考察具体行为的社会危害程度时，应结合法律规定综合考虑，才能科学界定罪与非罪的界限。

> **思考：**
> 怎样理解古人所说的"法有限，情无穷"？
> "法有限"，指的是法律的规定和法律条文有限，在刑法中是指罪名的有限。"情无穷"在刑法中是指犯罪现象随着社会生活的发展而不断变化。一方面，刑法本身具有稳定性的要求，不能朝令夕改；另一方面，各种犯罪现象在社会生活中花样翻新并且层出不穷。一部刑法典不可能把社会生活中存在的各种严重危害社会的行为毫无遗留地规定下来。这种情形就是古人所说的"法有限，情无穷"的矛盾现象。

2. 犯罪行为具有刑事违法性

在现实生活中常常会出现这样的情况，盗窃一定数额的财物是违法，会受到治安管理处罚，盗窃财物数额较大是犯罪，就会受到刑事处罚。一个违法行为是否须要受到刑事处罚，是刑法所规定的。所以，犯罪行为是违反刑法的行为，是刑事违法行为。

在刑法的立法上，首先要对行为的社会危害性进行判断，然后根据其危害的大小决定是否对行为人进行刑事处罚，把它规定在刑法中，实现刑法的目的。立法总是滞后于现实社会的发展，在我们面对层出不穷的新型行为时，不能只分析其社会危害性，还要根据罪刑法定原则，判断其刑事违法性。

3. 犯罪行为具有应受刑罚惩罚性

应受惩罚性，是犯罪行为须要承担的法律后果。任何违法行为，都要承担相应的法律后果。与行政违法须要承担罚款、行政拘留等经济、自由后果，民事行为须要承担赔偿损失、支付违约金等经济法律后果一样，刑事违法行为也应承担有期徒刑、死刑等被限制自由甚至剥夺生命的法律后果。实施了犯罪行为，应承担的法律后果也是必然的。所以应受惩罚性，是犯罪的基本特征。

我们又怎样看待"免予刑事处罚"呢？这种情形是行为人的行为已经构成犯罪，应当受到刑事处罚，但是考虑到犯罪情节轻微没有造成损害，行为人有悔改的表现或者行为人有自首、立功等法定情节，从而免予刑事处罚。

我们在判断一个行为是否构成犯罪时，应将上述三个特征紧密结合，综合评判，才能正确区分罪与非罪的界限。

二、犯罪构成

（一）犯罪构成的概念和共同要件

大陆法系的犯罪构成概念，最早可以追溯到13世纪。1581年意大利刑法学家法利斯从犯罪确证中引申出犯罪事实的概念，用以表示已被证明的犯罪事实。1796年，法国刑法学家克拉因将犯罪事实概念译成德语犯罪构成，当时只有诉讼法的意义。直到19世纪初，德国著名刑法学家费尔巴哈才明确地把犯罪构成引入刑法，使之成为一个实体法概念。费尔巴哈从罪刑法定主义出发，要求在确认任何行为为犯罪并对之处以任何刑罚时，都必须根据法律的规定来确定。从这一原则出发，费尔巴哈把刑法原则上关于犯罪成立的条件称之为犯罪构成，指出：犯罪构成乃是违法的（从法律上看）行为中所包含的各个行为的或事实的诸要件的总和。费尔巴哈强调：只有存在客观构成要件的场合，才可以被惩罚。因此，费尔巴哈从法律规定出发，强调犯罪的违法性，并将这种违法性与构成要件统一起来，形成了犯罪构成的客观结构，对于犯罪构成理论的形成与发展产生了深远的影响。20世纪以后，经过德国刑法学家贝林格、迈耶、迈兹格、威尔泽尔等人的不断努力，大陆法系的构成要件从诉讼法引入实体刑法，从客观结构发展到主观结构，形成一种综合的构成要件论，成为犯罪论体系的理论框架。

我国现行刑法理论，将犯罪成立条件的一般学说称为犯罪构成理论。犯罪构成理论的称谓来自苏联。苏联刑法学家特拉伊宁、布拉伊宁等对大陆法学的犯罪论体系进行改造，形成了犯罪客体、犯罪客观方面、犯罪主体和犯罪主观方面有机统一的犯罪构成体系。20世纪50年代，我国学者从苏联引进犯罪构成理论并不断的创造和发展，形成具有中国特色的犯罪构成理论。

犯罪构成，就是成立犯罪所具备的条件。我国刑法中的犯罪构成，是指刑法规定的，决定某一行为的社会危害性及其程度而为该行为构成犯罪所必须具备的主观要件与客观要件的有机统一。

如果说犯罪的概念从整体上阐明了什么是犯罪、犯罪有哪些基本特征，给人们以区别罪与非罪的标准，那么犯罪构成就是在犯罪的基础上告诉人们犯罪是怎样成立的，构成犯罪需要具备哪些具体条件和要素。犯罪构成要件解决了构成具体犯罪的规格和标准问题，在罪与非罪的基础上区别了此罪和彼罪。所以，犯罪概念是犯罪构成要件的基础，犯罪构成是犯罪概念的具体化。

任何犯罪，都具备许多的主客观事实特征，那些构成犯罪所不可缺少的事实特征就是犯罪构成要件，我们根据对各种具体犯罪的事实特征进行抽象概括，就会找到构成犯罪的共同要件。根据我国刑法界的通说，犯罪构成的共同要件包括四个方面的内容即：犯罪客体、犯罪客观方面、犯罪主体、犯罪主观方面。

案　例

> 2009年6月7日晚，小张手持砍刀一把，在重庆市北部新区某路，对一位年轻女孩小王实施抢劫，致使小王轻伤并抢得小王的人民币460元和手机一部，共价值2 000余元。小张的行为是否构成抢劫罪呢？
>
> 本案中，要认定小张的行为，必须考察以下4个要件：①小张的行为是否侵害了被害人小王的人身权利和财产权利？②小张是否对小王实施了暴力或胁迫手段？③小张是否年满14周岁且精神状态正常？④小张在主观上是否具有占有小王财物的目的？小张的行为同时具备了这四个构成要件，才构成抢劫罪。

（二）犯罪客体

1. 犯罪客体的概念

犯罪客体，是指我国刑法所保护而为犯罪行为所侵犯的社会关系。

社会关系是人们在共同生产、生活中形成的人与人之间的相互关系。政治、经济、思想、道德、文化等方面都存在人与人之间的关系。但是作为犯罪客体的社会关系不是一般的社会关系，如友谊关系、借贷关系等，这些关系只能由道德规范或由民事、行政法律加以调整与保护，而不在刑法保护之列，因此不能成为犯罪客体。我国刑法保护的社会关系是指国家主权、领土完整和安全，人民民主专政的政权，社会主义制度，社会秩序和经济秩序，国有财产或者劳动群众集体所有的财产权，公民私人的财产所有权，公民的人身权利、民主权利和其他权利，等等。这些社会关系在我国《刑法》第13条已有明确的表述，它们一旦为犯罪行为所侵犯，就成为犯罪客体。犯罪客体是犯罪构成的必要要件。犯罪之所以具有社会危害性，首先是由其所侵犯的犯罪客体决定的。一个行为不侵犯任何客体，不侵犯任何社会关系，就意味着不具有社会危害性，也就不能构成犯罪。

2. 犯罪客体的种类

根据犯罪行为所侵害的社会关系的范围，刑法理论按犯罪客体的层次将犯罪客体分为一般客体、同类客体和直接客体三种类型。他们之间是一般与特殊、共性与个性的关系。

（1）犯罪的一般客体：犯罪一般客体是指一切犯罪所共同侵犯的社会主义社会关系整体。一般客体反映着犯罪行为的共同本质，说明任何犯罪行为都侵犯了刑法所保护的社会关系。《刑法》第2条关于刑法任务的规定，《刑法》第13条关于犯罪概念的规定，从不同角度说明了犯罪一般客体的主要内容。

（2）犯罪的同类客体：犯罪同类客体，是指某一类犯罪所共同侵犯的某一类社会关系，或者说是某一类犯罪所共同侵犯的社会关系的某一方面或者某一部分。例如，放火、爆炸、投放危险物质、决水等罪侵犯的是公共安全，即公共安全是这类犯罪的同类客体；故意杀人、故意伤害、强奸等罪侵犯的是人的生命健康权，即人身权利是这类犯罪的同类客体。正确认识犯罪的同类客体，有利于对犯罪进行合理分类，有利于正确区分此罪与彼罪的界限。

我国刑法分则根据犯罪的同类客体，将犯罪分为10大类，即危害国家安全罪；危害公共安全罪；破坏社会主义市场经济秩序罪；侵犯公民人身权利、民主权利罪；侵犯财产罪；妨害社会管理秩序罪；危害国防利益；贪污贿赂罪；渎职罪；军人违反职责罪，其同类客体是军事利益。

(3) 犯罪的直接客体：犯罪的直接客体，是指具体犯罪所直接侵犯的具体的社会关系，如故意杀人罪侵犯的是他人的生命权，故意伤害罪侵犯的是他人的健康权。任何犯罪行为，必然直接侵犯具体的社会关系，否则不可能成立犯罪。对于直接客体，还可以根据其内容数量进一步分为简单客体与复杂客体。前者是指一个犯罪行为只侵犯一种具体的社会关系，如盗窃罪，后者是指一个犯罪行为侵犯了两种以上具体的社会关系，如抢劫罪。

依据刑法对具体犯罪的规定确定直接客体的内容。刑法分则条文对具体犯罪的规定，或明或暗、或直接或间接地揭示了犯罪的直接客体，因此，我们要善于依据刑法对具体犯罪的规定以及各种规定之间的关系，确定具体犯罪的直接客体。

3. 犯罪客体与犯罪对象

犯罪客体是抽象的，它总是通过一定的载体表现出来，这一载体就是犯罪对象，也就是犯罪分子实施犯罪行为所作用的对象。

犯罪对象，是指犯罪行为所直接作用的人或物。物是一定社会关系的物质表现，而人则是一定社会关系的主体或者承担者。犯罪分子的行为作用于犯罪对象，就是通过犯罪对象来侵犯一定社会关系的。如果只看到犯罪行为对之起作用的人或物，而看不到它的背后所体现的具体的社会关系，就不能正确地定罪量刑。由此可见，犯罪客体与犯罪对象是两个既有联系又有区别的概念。

犯罪客体与犯罪对象的区别在于：其一，犯罪客体决定犯罪性质，犯罪对象则未必。犯罪对象只有通过其所体现的犯罪客体才能确定某种行为构成什么罪。比如，同样是盗窃枕木，某甲盗窃的是备用的枕木，某乙盗窃的是正在使用中的枕木，那么前者只构成盗窃罪，后者则构成破坏交通设备罪，两者的区别就在于犯罪对象所体现的社会关系不同。其二，犯罪客体是任何犯罪构成的要件，犯罪对象则不一定是任何犯罪都不可缺少的，它仅仅是某些犯罪的必要要件。比如，伪造证件罪，必须有伪造出来的证件，否则就不可能构成此罪。但是，像偷越国（边）境罪，就没有犯罪对象可言；参加黑社会性质组织罪，也没有对象可言。其三，任何犯罪都会使犯罪客体受到危害，而犯罪对象却不一定受到损害。例如，某家计算机被盗，所侵犯的是主人对计算机的所有权关系，而计算机本身则未必受到损害。相反，盗窃犯总是要把计算机保护好，才能销赃或者自用。其四，犯罪客体是犯罪分类的基础，犯罪对象则不是。刑法分则规定的十类犯罪是根据犯罪客体来划分的，如果按犯罪对象则无法分类。因为同样的对象可能分属于不同类别的犯罪。例如，同是公共财产，抢劫、诈骗的，属于侵犯财产罪；如果贪污、受贿的，属于贪污、受贿罪。因为它不仅侵犯了公共财产所有权，而且侵犯了国家工作人员职务行为的廉洁性。由此可见，犯罪对象不能成为犯罪分类的根据与标准。当然，在同一类犯罪中，犯罪对象有时可以起到划分各种犯罪之间界限的作用。例如，伪造货币罪、伪造国家有价证券罪的区别，就在于犯罪对象的不同。

案 例

甲于某日进入一汽车修理厂，毁坏多个汽车轮胎，价值 5 000 元，被处以故意毁坏财物罪；乙于某日毁坏了停靠在路边停车站汽车轮胎，致使该汽车在行驶中翻覆，被处以破坏交通工具罪。同样是毁坏汽车轮胎，甲毁坏的是在修理厂中的汽车轮胎，侵害了汽车所有人的财产，构成故意毁坏财物罪；乙毁坏的是正在使用中的汽车轮胎，侵害了公共安全，构成破坏交通工具罪。甲乙二人实施犯罪行为侵害的犯罪对象相同，而由于所侵犯的客体不同而构成了不同的罪名。

（三）犯罪客观方面

犯罪客观方面是指犯罪活动的客观外在表现。一个人由于某种原因产生犯罪动机，或要实现某种犯罪目的，单靠头脑思维是不行的，必须通过行动去使犯罪意图得到实现，为实施犯罪所为的行为，就是犯罪客观方面。我国《刑法》所规定的犯罪构成客观方面的要件具体表现为危害行为，危害结果，犯罪特定的时间、地点、方法（手段）等。其中，危害行为是一切犯罪构成在客观方面的必备要件，缺少危害行为就不会构成犯罪。特定的危害结果、时间、地点、方法（手段）等是构成犯罪客观方面的选择性要件。

1. 危害行为

一般来说，危害行为就是行为人在自己意识、意志支配之下实施的危害社会的身体动静。刑法上规定的危害行为多种多样，根据犯罪人行为的具体义务进行分类，可以将危害行为分为作为与不作为。

（1）作为，即积极的行为，是指以积极的身体举动实施刑法所禁止的行为。作为是危害行为的主要形式，在我国刑法中绝大部分犯罪以作为的形式实施，如故意伤害罪、爆炸罪等；许多犯罪只能以作为形式实施，如抢劫罪、盗窃罪、强奸罪等。作为不仅指利用自己身体实施的积极举动，还包括利用他人、利用物质工具、利用动物乃至利用自然力实施的举动。

（2）不作为，即消极的行为，是指不实施其依法有义务实施也能够实施的行为。在我国刑法中有的犯罪只能由不作为构成，如遗弃罪；还有的犯罪既可由作为形式实施，也可以由不作为形式实施。需要注意的是，不作为犯并不是指行为人没有实施任何积极的举动，而只是指行为人没有实施法律要求其实施的积极举动。因此行为人通过实施一些积极的举动而逃避法律要求其履行的特定义务时，并不影响不作为犯的构成。构成不作为在客观方面需要具备三个条件：

①行为人负有实施某种积极行为的特定义务，这是构成犯罪的不作为的前提。特定义务是法律上的义务，而不只是普通的、道德上的义务。如果不存在这种特定义务，则根本不可能构成刑法的不作为。这种义务的来源主要有以下三种：

其一，法律明文规定的特定义务。如法律规定子女有赡养父母的义务，子女如果拒绝赡养，就构成了不作为。

其二，职务上或业务上要求履行的义务。这一特定义务以行为人具有某种职务身份或从事某种业务并且正在执行为前提。这种义务一般由有关法规、规章制度加以规定。如医生有救助病人的义务，消防队员有灭火的义务。

其三，行为人的先前行为产生的义务。由于行为人先前实施的行为（简称先行行为），使某种合法权益处于危险状态时，该行为人负有的排除危险或者防止危害结果发生的特定的积极义务。这就是由先前行为所引起的作为义务。如成年人带未成年人游泳，就有保护其安全的义务。

②行为人有能够履行特定义务的实际可能性而未履行。法律只能要求有义务履行能力的

人履行义务，而不会强求无义务履行能力的人履行义务。行为人虽然具有实施某种积极行为的义务，但由于某种客观原因而不具备履行该项义务的实际可能性，则不构成犯罪的不作为。如在抢劫案中负责保卫的人员身体受到捆绑无法履行义务就不会构成不作为。

③行为人不履行特定义务的行为具有严重的社会危害性。在不作为犯罪中，虽然行为人有时也实施某些积极的动作，比如为了自身的安全而逃跑，或者有义务救助时却四处呼救而不救助等，都是没有履行特定的义务，这些行为还可能引起或已经引起了特定的危害结果的产生，具有了严重的社会危害性。

案例

> 甲、乙二人为某银行营业点保安，一日在歹徒对营业厅实施抢劫时，甲因害怕趴在地上，乙刚从厕所出来，见此情形忙返回厕所躲藏，致使歹徒顺利实施了抢劫，抢得人民币90万元。
>
> 本案中，甲和乙作为银行保卫人员，负有保护银行资金安全的义务，而且甲乙在身体未受到限制有能力实施反击的情况下，未尽到自己保卫的职责，导致了严重后果的发生，构成不作为犯罪，应负刑事责任。但假设甲和乙均被歹徒捆绑，没有履行义务的可能性，则不构成不作为犯罪。

2. 危害结果

一般认为，危害结果是危害行为给刑法所保护的社会关系所造成的具体侵害事实。如杀人行为造成他人死亡的事实、盗窃行为造成公私财产损失的事实，就是危害结果。

危害行为所造成的危害结果有的是有形的，可以具体认定和测量的，如致人死亡、致人伤害、毁损财物等，有的是无形的，不能或者难以具体认定和测量，如对人格的损害、名誉的毁损等，属于非物质性危害结果。有的行为会直接造成危害结果，有的行为会间接造成危害结果。这些危害结果有的会直接影响定罪，成为构成犯罪客观方面的必备要件，如国家机关工作人员的滥用职权或者玩忽职守行为，只有造成了公共财产、国家与人民利益的重大损失，才构成滥用职权罪或者玩忽职守罪。这里的重大损失属于构成要件要素的危害结果，有的会影响法定刑是否升格以及同一法定刑内的量刑轻重。如抢劫罪的成立并不要求发生致人重伤、死亡的结果，故重伤、死亡不属于抢劫罪基本构成要件要素的危害结果，但由于发生该结果的抢劫行为比未发生该结果的抢劫行为的社会危害性严重，故刑法对此规定了较重的法定刑。

3. 危害行为与危害结果之间的因果关系

一个人只能对自己的危害行为及其造成的危害结果承担刑事责任。因此，当危害结果发生后，查明这一危害结果是否行为人危害行为所引起的就显得十分重要。"只要客观上发生的特定危害结果不是以其自身规律自然发生，而是通过人的行为使之在时间、地点、方式、程度等方面表现出一定程度的异常有害变化时，就可以认为该行为属于危害结果产生的原因。"①

---

① 张绍谦："刑事因果关系研究"，载陈兴良主编《刑事法评论》第2卷，中国政法大学出版社1998年版，第470页。

危害行为与危害结果之间的因果关系，又称刑法中的因果关系，是指在犯罪客观方面中的危害行为同危害结果之间存在引起与被引起的关系。这种关系是现实存在的，不以人们的意志为转移的。我们在判断因果关系的时候应当注意：第一，应当确定行为人的行为与危害结果在事实上有引起与被引起的关系并且该行为必须是最早引起结果发生的原因；第二，应判定该行为是否为行为人主观意志支配下的行为，是否为刑法所禁止；第三，应排除行为与危害结果之间介入现象的作用，对行为本身作用大小进行独立性的评价。第四，应判断他人的行为或者现象在导致危害结果发生中的原因力的大小，如果其他因素的原因力比行为人的行为的原因力要大，则行为人的行为与损害结果之间就不会存在直接的因果关系，行为人的行为就不可能构成犯罪或即使成立犯罪也可能减轻其刑事责任。当然在这种情形下，我们还应对其他因素的原因力对危害结果的发生是否为刑法所禁止进行判断，从而考察其他行为人的刑事责任。

案 例

> 学生小王在与同学打篮球的过程中被同学小李撞倒在地造成骨折。小王的妈妈张某将小王送往医院救治，医生钟某正在与同事聊天，误将消炎药剂量开大了10倍，药剂师陈某在发药时发现，但认为这是医生的责任与他无关，照单发药。导致小王在输液的过程中死亡。本案中，小李的行为直接导致小王受伤，与小王死亡没有直接的因果关系。导致小王死亡是因为钟某的严重不负责任的过失行为以及陈某的不作为行为。所以钟某和陈某的行为与小王的死亡结果之间具有刑法意义上的因果关系。

（四）犯罪主体

犯罪主体，是指实施危害社会行为并且依法应承担刑事责任的人。

任何犯罪都是由一定的犯罪主体实施的，没有犯罪主体实施危害行为就不存在犯罪。并非任何人实施了刑法所禁止的危害社会的行为，都能构成犯罪并承担刑事责任，而只有具备法律所要求的犯罪主体条件的人，才能构成犯罪并被处以刑罚。所以犯罪主体条件的具备，是行为人具备犯罪主观要件的前提，也是犯罪人适用刑罚的基础。我国刑法规定的犯罪主体主要是自然人，少数犯罪也可以由单位构成。

1. 自然人犯罪主体

自然人犯罪主体的共同要件有二：其一是犯罪主体必须是有生命存在的人类的独立个体。自然人的人格即资格，始于出生，终于死亡。其二是作为自然人犯罪主体必须达到刑事责任年龄和具备刑事责任能力。

（1）刑事责任年龄。刑事责任年龄是指法律规定行为人对自己的犯罪行为负刑事责任必须达到的年龄。一个人只有达到一定年龄，具备了一定的社会知识，智力发育正常，才能具有辨别是非的能力，具有了选择自己行为的能力。刑事立法根据年龄因素与责任能力的关系，确立了刑事责任年龄制度。达到刑事责任年龄，是自然人具备责任能力而可以作为犯罪主体的前提条件。我国《刑法》对自然人的刑事责任年龄作了集中规定，把自然人的刑事责任年龄划分为三个阶段：

第一，完全不负刑事责任年龄阶段。不满 14 周岁是完全不负刑事责任的年龄阶段。对于因不满 14 周岁不予刑事处罚的实施了危害行为的人，应依法责令其家长或监护人加以管教。

第二，相对负刑事责任年龄阶段。已满 14 周岁，不满 16 周岁是相对负刑事责任年龄阶段。处于这个年龄阶段的人，仅仅对故意杀人、故意伤害致人重伤或者死亡、强奸、抢劫、贩卖毒品、爆炸、投放危险物质这八种严重的犯罪行为承担刑事责任。

第三，完全负刑事责任年龄阶段。已满 16 周岁是完全负刑事责任年龄阶段。这一年龄阶段的人除其他特殊要求外，对自己所实施的一切刑法所禁止的危害行为，都应承担刑事责任。

（2）刑事责任能力。刑事责任能力是指行为人构成犯罪和承担刑事责任所必需的，行为人具备的刑法意义上辨认和控制自己行为的能力。刑事责任能力与行为人的年龄、精神状况、生理功能状况有关。一般认为，当人达到一定的年龄，智力发育正常，就自然具备了这种能力，但刑事责任能力也可能因行为人的精神状况变化以及生理功能缺陷而产生减弱或丧失的情形。

刑事责任能力中的辨认能力，是指行为人具备对自己的行为在刑法上的意义、性质、后果的分辨能力；刑事责任能力中的控制能力，是指行为人具备决定自己是否以行为触犯刑法的能力。在判断一个人的刑事责任能力时，辨认能力和控制能力缺一不可。首先要判断其辨认能力，在此基础上考察其是否具备控制能力。

我国《刑法》第 18 条和第 19 条对于刑事责任能力问题作了专门的规定，凡年满 16 周岁的人就具备完全刑事责任能力。刑法还对以下几种特别情况下的刑事责任能力作了专门规定。

第一，精神病人的刑事责任能力：精神病人在精神病发作不能辨认和控制自己的行为的时候，造成危害结果的，不负刑事责任；间歇性精神病人在精神正常的时候犯罪，应当负刑事责任；尚未完全丧失辨认或控制能力的精神病人犯罪的，应当负刑事责任，但可以从轻或减轻处罚。

第二，醉酒的人的刑事责任能力：醉酒的人犯罪，应当负刑事责任。"醉酒"是指生理醉酒，通常多见于酒精中毒。

第三，又聋又哑的人或者盲人的刑事责任能力：又聋又哑的人或者盲人犯罪的，可以从轻、减轻或者免除处罚。

思考：

在《刑法修正案（八）》中，将醉酒驾驶行为规定为犯罪行为，是否具有合理性？

我国刑法规定，醉酒的人犯罪，应当承担刑事责任，其根据在于醉酒是人为的行为，是完全可以戒除的。醉酒的人在醉酒之前对自己醉酒后可能实施的危害行为应当预见到甚至已经有所预见但执意酗酒，具备犯罪故意或过失。医学证明，醉酒后辨认能力和控制能力没有完全丧失，不属于无刑事责任能力人。在当前的社会背景下，醉酒驾车已经成为一种严重危及人民生命安全的违法犯罪的新形式。据《南方日报》报道，

> 2009年全国查处酒后驾驶案件31.3万起，其中醉酒驾驶4.2万起。醉酒驾驶是一种高度危险的行为。提高对醉酒驾驶行为处罚的力度，能够起到更好的警示作用和预防犯罪行为发生。

2. 单位犯罪主体

单位犯罪，是指体现整个单位意志，以单位的名义实施的依法应当承担刑事责任的危害社会的行为。这里的单位，包括公司、企业、事业单位、机关、团体等法人和非法人单位。

并不是所有的单位都可以成为犯罪的主体，只有法律明文规定单位可以成为犯罪主体的犯罪，才存在单位犯罪以及由单位承担刑事责任的问题。单位犯罪一定要体现单位整体的意志。在现实生活中，有的共同犯罪表现为行为人为了犯罪成立公司的情形。根据最高人民法院1999年6月18日《关于审理单位犯罪案件具体应用法律有关问题的解释》的规定，个人为进行违法犯罪活动而设立公司、企业、事业单位实施犯罪的，或者成立公司、企业、事业单位后，以实施犯罪为主要活动的，不以单位犯罪论处，盗用单位名义实施犯罪，违法所得由实施犯罪的个人私分的，依照自然人犯罪的规定定罪处罚。所以，如果以单位名义实施的犯罪，但并未体现单位整体意志的并不属于单位犯罪。在司法实践中，认定一个行为是否单位意志的主要参考因素是犯罪利益是否归属于整个单位。

依据我国刑法的规定，对单位犯罪的处罚实行双罚制，即对单位判处罚金，并对直接负责的主管人员和其他直接责任人员判处刑罚。但法律如果另有规定的，从其法律规定。这是对单位犯罪不采取双罚制而采取单罚制的例外规定。

（五）犯罪主观方面

犯罪主观方面是指犯罪主体对自己的危害行为及其危害社会的结果所持的心理态度。犯罪主观方面包括罪过（犯罪故意和过失）以及犯罪目的、犯罪动机等几种因素。其中行为人的罪过是一切犯罪构成的必备要件，犯罪目的是犯罪构成的选择性要件，犯罪动机对量刑有所影响。

任何行为都是行为人主观意志的反映。当一个正常人对危害行为有所认识和判断时，是否实施这个行为就在于行为人的选择。实施或不实施其行为都是行为人的意识和意志的积极作用。如果一个人选择了实施危害社会的行为，不仅从客观上危害了社会，在主观上也就具备了犯罪故意或过失的心理态度。国家对这种故意实施危害行为和严重不负责任而造成重大损害的行为实施刑罚惩罚，其目的就在于促使犯罪人和潜在的犯罪人正确选择自己的行为，预防犯罪的发生。

1. 犯罪故意

我国《刑法》第14条规定："明知自己的行为会发生危害社会的结果，并且希望或放任这种结果的发生因而构成犯罪的是故意犯罪。"即所谓犯罪故意是指明知自己的行为会发生危害社会的结果，并且希望或者放任这种结果发生的心理态度。

行为人明知自己的行为会发生危害社会的结果，是构成犯罪故意的认识因素，是一切故意犯罪在主观方面必须具备的特征。"明知"，包括对行为结果及其危害性的认识，也包括在有犯罪对象的犯罪里对犯罪对象的明知。行为人对危害结果的认识既可以是较为确定的，也可以是相对笼统的。比如杀人案中，他人的死亡就是比较具体的，赌博案中，行为人可以认识到其行为对社会造成危害，至于具体是什么样的危害，是对社会良好风俗的破坏还是将会引发盗窃、抢劫等其他犯罪案件，行为人的认识是相对笼统的。"会发生"包括必然发生和可能发生两种情形。例如，某甲杀某乙，用手枪抵住某乙的头部开枪必然发生某乙死亡的结果；某甲到山上狩猎，发现前面树林中有一只野兔，举枪就要射击，突然，某甲发现附近还有一割草的小孩，某甲开枪就有可能打中小孩，小孩受伤或死亡就是这种可能性的危害结果。

行为人希望或放任自己的行为导致危害结果的发生，是构成犯罪故意的意志因素。它是指行为人对危害结果的积极追求或者听之任之的态度，是成立故意犯罪的先决性条件。

犯罪故意分为直接故意和间接故意两种类型。

（1）直接故意，是指行为人明知自己的行为必然或者可能发生危害社会的结果，并且希望这种结果发生的心理态度。

（2）间接故意，是指行为人明知自己的行为可能发生危害社会的结果，并且放任这种结果发生的心理态度。

"可能会"表现为行为人通过对自身的犯罪能力、犯罪对象和工具的认识以及行为当时的时间、环境的判断，认识到危害结果发生的或然性和可能性。"放任"表现为行为人在通过对其行为的可能性判断后，虽然不希望、不积极追求结果的发生，但为了其他目的实现或逞一时之快，决意实施其行为，不排除、阻止危害结果的发生，而是对其结果采取听之任之、漠不关心的心理态度。

犯罪的直接故意与间接故意同属犯罪故意的范畴。二者的相同之处在于，从认识因素上看，二者都明确认识到自己的行为会发生危害社会的结果，从意志因素上看，二者都不排斥危害结果的发生。二者不同之处在于：①从认识因素上看，直接故意的行为人是认识到危害结果的必然发生或可能发生；而间接故意的行为人是认识到危害结果的可能发生。②从意志因素上看，直接故意是希望即积极追求危害结果的发生；而间接故意是放任结果发生。

案 例

> 养花专业户李某为防止偷花，在花房周围私拉电网。一日晚，白某偷花不慎触电，经送医院抢救，不治身亡。
> 李某实施其行为时的心理态度是间接故意。李某明知私拉电网可能发生危害社会的结果，仍然在自己的花房周围私拉电网，并且未采取任何防止结果出现的措施，对出现电人的结果是一种漠不关心的放任态度，构成间接故意。

2. 犯罪过失

《刑法》第15条第1款规定："应当预见自己的行为可能发生危害社会的结果，因为疏忽大意而没有预见，或者已经预见而轻信能够避免，以致发生这种结果的，是过失犯罪。"据此，过失犯罪是在过失心理支配下实施的犯罪。犯罪过失，是指应当预见自己的行为可能发生危害社会的结果，因为疏忽大意而没有预见，或者已经预见而轻信能够避免，以致发生这种结果的心理态度。

犯罪过失的主观心理态度表现出以下两个特点：一是实际认识与认识能力相分离，即行为人有能力、有条件认识到自己的行为在当时的条件下可能发生危害社会得结果，但行为人事实上没有认识到，或者虽然认识到，错误地认为可以避免这种危害结果发生；二是主观愿望与实际结果相分离，即行为人主观上并不希望危害社会的结果发生，但由于其主观错误认识而导致了偏离其主观愿望的危害结果的发生。

过失犯罪分为疏忽大意的过失和过于自信的过失两种类型。

（1）疏忽大意的过失，是指行为人应当预见自己的行为可能发生危害社会的结果，因为疏忽大意而没有预见，以致发生这种结果的心理态度。

应当预见是预见义务与预见能力的统一。预见义务是指法律、职务、业务或社会共同生活规则所赋予的人在实施一定的行为时预见行为可能发生危害社会结果的责任。如果行为人在行为时并无义务预见可能发生危害结果，即使他当时能够预见，也不能认为它应当预见。预见能力是指在行为当时的条件下，根据行为人情况，行为人有预见行为可能发生危害社会结果的可能性。如果行为人没有预见能力，法律是不可能让其承担刑事责任的。

疏忽大意是粗心马虎和不负责任的态度。没有预见到是没有想到。如护士在给病人注射青霉素之前应当给病人做皮试而由于与同事聊天忘记做的行为。行为人在行为时由于疏忽大意没有想到自己的行为可能发生危害社会的结果，所以，疏忽大意是导致没有预见的根本原因，是行为人承担过失责任的根据。

（2）过于自信过失，是指行为人已经预见到自己的行为可能发生危害社会的结果，但轻信能够避免，以致发生这种结果的心理态度。

在过于自信的过失中，行为人对可能发生危害结果有所预见，但这种认识在程度上是比较模糊、不确定的。也就是说，行为人更倾向于认为危害结果不会发生，或者说危害结果虽有可能发生的危险，但这种可能性不会转化为现实性。行为人凭自己的经验技术、能力以及某些外部条件以及所采取的措施，过高估计了避免危害结果发生的自身条件或客观有利因素。因此，在主观意志上，过于自信过失的行为人不仅不希望危害结果的发生，而且危害结果的发生是违背其主观意愿的。

过于自信的过失与间接故意在对危害结果的可能发生有所预见以及都不希望危害结果的发生方面都有相似之处，但两者仍有本质上的区别。在认识因素上，间接故意行为人对其行为可以发生危害社会结果一般都有比较清楚、现实认识；而过于自信过失的行为人对危害结果发生的现实性则往往认识不足。也正因如此，行为人才能轻信能够避免危害结果的发生。在意志因素方面，危害结果的发生并不违背间接故意行为人的意愿；而过于自信过失的行为人则对危害结果的发生持排斥、反对态度，而且行为人产生的可能避免危害结果发生的轻信态度确定具有一定的客观依据。因此，过于自信过失的主观恶性要远小于间接故意。

> **思考：**
>
> 如有两种情形：第一种为甲打猎技术一般，视力不好，在猎物距离自己较远旁边又有一小孩的情况下，为了获得猎物执意开枪射击致小孩死亡；第二种为乙系军人出身，枪法很好，在猎物离自己较近而小孩离猎物又有一定距离的情况下开枪射击致小孩死亡。
>
> 在判断主观心理上，甲为间接故意而乙为过于自信的过失。

三、排除犯罪性的行为

排除犯罪性行为，是指在形式上似乎符合某种犯罪的构成要件，但实质上不具备社会危害性和刑事违法性而不构成犯罪的行为。

我国刑法明文规定，正当防卫和紧急避险属于排除犯罪性行为。

（一）正当防卫

根据我国《刑法》第 20 条第 1 款规定，正当防卫是指为了使国家、公共利益、本人或者他人的人身、财产和其他权利免受正在进行的不法侵害，而对不法侵害人实施的未明显超过必要限度的损害行为。

正当防卫是为了保护合法权益而同不法侵害作斗争的行为，是为了反击正在进行的不法侵害所实施的行为。在正当防卫中，防卫人在主观上有防卫意图，在客观上是一种合法的行为。所以正当防卫虽然对不法侵害人造成了损害，但因其不符合犯罪的主客观要件而不能构成犯罪，因而不负刑事责任。

1. 正当防卫的成立条件

（1）起因条件：有实际的不法侵害存在。

作为引起正当防卫的不法侵害通常限于具有破坏性、紧迫性的不法侵害行为。不法是法律所作的否定评价，只有违反法律规定，为法律所保护权益的侵害才是不法侵害。作为正当防卫的侵害只能是对某种权益的侵袭的损害。从而可知不法侵害是指违反法律并且有社会危害性的行为。既包括构成犯罪的严重不法行为，也包括尚未构成犯罪的违反治安管理处罚之类的不法行为。"有实际的不法侵害的存在"是指不法侵害是客观的现实的，如果说实际上不存在不法侵害，但行为人自以为受到不法侵害，而实施了防卫行为属于假想防卫，假想防卫侵犯他人权利的，其处理要看行为人主观上是否有罪过，无罪过的按意外事件处理，有罪过按过失犯罪处理，值得注意的是对假想防卫的行为人，被侵害人有权实施正当防卫。

（2）时间条件：不法侵害正在进行。

不法侵害正在进行，是指不法侵害人已经着手实施侵害行为，且侵害行为尚未结束。不法侵害行为开始和存续的时间，就是行为人实施正当防卫的时间。对于不法侵害的开始，一般应以不法侵害着手实施为不法侵害的开始，但在不法侵害的现实威胁已十分明显，不实行正当防卫就会立即发生危害社会的结果时，也应认为不法侵害已经开始。

不法侵害尚未结束应在实践中作具体分析，可以是不法侵害行为正在进行中，也可以是行为已经结束而其导致的危险状态尚在继续中。在司法实践中，认定不法侵害已经终止的情形一般有：不法侵害已经完结；不法侵害人自动中止侵害；不法侵害已被人制服；不法侵害人已经丧失继续侵害的能力。当不法侵害人正在预备实施侵害行为或者已经实行完毕侵害行为时，行为人对不法侵害人实施防卫行为的，属于防卫不适时，不成立正当防卫。

（3）对象条件：不法侵害人本人。

不法侵害通常是行为人的积极的作为行为，并且这种积极作为往往带有暴力或侵袭的性质，所以正当防卫必须针对不法侵害者本人施行而不能对没有实施不法侵害的第三者实行。只有对不法侵害者本人采取一定措施，根据其危害程度既可以伤害他的身体健康，也可以损害他的一定财产或限制他的自由，只有这样才能使其丧失侵害能力。如在人利用动物侵害他人的情况下，动物成为人进行不法侵害的工具，将该动物打伤属于使用给不法侵害人的财产造成损害的方法进行的正当防卫。

(4) 主观条件：防卫意图。

所谓防卫意图，是指防卫人意识到不法侵害正在进行，为了保护国家、社会公共利益、本人或者他人的人身、财产等合法权利，而决意制止正在进行的不法侵害的心理状态。

在司法实践中，下列行为因为缺乏防卫意图不能认定为正当防卫：行为人以故意挑衅、引诱的方法挑起对方实施不法侵害然后借口防卫达到加害对方目的防卫挑拨行为；双方都出于侵害对方的意图而相互侵害，如互相斗殴行为；为了保护非法利益而实行的防卫行为，如犯罪分子为了保护走私、盗窃而得的赃物对前来抢劫的犯罪分子实施的防卫行为。

(5) 限度条件：不能超过必要限度且对不法侵害人造成重大损害。

正当防卫只有在造成重大损害的情况下，才存在明显超过必要限度的问题。必要限度原则上应以制止不法侵害所必需为标准，同时要求防卫行为与不法侵害行为在手段、强度等方面不存在过于悬殊的差异。正当防卫的限度条件是一个区间而不是一个点，是否超过必要限度应通过不法侵害的行为、手段、紧迫性与防卫行为发生的背景、行为双方力量的悬殊等因素综合考虑。

考虑到严重危及人身安全的暴力犯罪的严重社会危害性及其对被害人的潜在性严重后果，我国刑法还赋予了公民特殊防卫权。《刑法》第20条第3款规定："对正在进行行凶、杀人、抢劫、强奸、绑架以及其他严重危及人身安全的暴力犯罪，采取防卫行为，造成不法侵害人伤亡的，不属于防卫过当，不负刑事责任。"根据规定，对严重危及人身安全的暴力犯罪实施正当防卫，不存在防卫过当的情形。

2. 防卫过当

防卫过当，是指防卫行为明显超过必要限度造成重大损害的行为。

由于行为人在主观上具有保护合法权益免受不法侵害的意图，所以，《刑法》规定，对于防卫过当应当减轻或者免除处罚。

案 例

> 张某的次子乙，平时经常因琐事打骂张某。一日，乙与其妻发生争吵，张某过来劝说。乙转而辱骂张某并将其踢倒在地，并掏出身上的水果刀欲刺张某，张某起身逃跑，乙随后紧追。张某的长子甲见状，随手从门口拿起扁担朝乙的颈部打了一下，乙昏倒在地。张某顺手拿起地上的石头转身回来朝乙的头部猛砸数下，致乙死亡。
>
> 本案中，甲是为了制止乙对张某正在进行的不法侵害，甲的行为属于正当防卫。而当乙被打昏后，不法侵害已经结束，张某为了泄愤对其头部猛砸致使其死亡，张某的行为构成故意杀人罪。

(二) 紧急避险

根据我国《刑法》第21条第1款规定，紧急避险是指为了国家、公共利益、本身或者他人的人身、财产和其他权利免受正在发生的危险，不得已而采取的损害另一较小合法权益的行为。

在现实生活中，常常出现两个合法权益相冲突而又只能保全其一的状况。法律允许人们为了保全较大合法权益而不得已牺牲较小合法权益。从客观上看,行为人的行为虽然造成了较小权益的损害,但是一种牺牲局部利益而保全整体利益的行为。从主观上看行为人实施避险的目的在于保护较大利益,不具备犯罪的故意和过失,所以紧急避险行为是一种排除犯罪性的行为。

1. 紧急避险的成立条件

(1) 起因条件:现实危险的存在。

所谓危险,是指公共利益、公民的人身和其他权利所实际面临的危险,即法律所保护的利益可能会立即遭到侵害的一种事实状态。危险必须是客观真实的,而不是想象推测的。人们只有在这样一种状况下才能实施紧急避险行为。危险的来源一般为:自然灾害,如地震、海啸等;动物袭击,如狗咬等;人的危害行为,如抢劫、杀人等;人的生理或疾病原因,如饥渴等。

(2) 时间条件:危险正在发生。

所谓危险正在发生,是指合法权益所面临的危险已经开始出现,危险迫在眉睫,对法律所保护的权益已经直接发生了威胁,从时间范围看,危险正在发生是指从危险的出现到结束以前这个时间过程,只有在这一时间范围内才能实施紧急避险。

(3) 主观条件:必须是为了使合法权利免受正在发生的危险。

紧急避险的主观条件亦称避险意图是指避险人实施避险行为时对其行为以及行为的后果所具有的心理态度,是排除犯罪性的行为,不承担刑事责任的主观依据。

(4) 对象条件:第三者的合法权益。

紧急避险的对象只能是第三者的合法权益,即通过损害第三者的合法权益保全国家利益、公共利益、本人或者他人的合法权益等。如抗洪救灾中的分洪行为,就是为了避免中心城市被洪水淹没造成更大损害而损害了农民的财产利益。第三者是与危险发生毫无关系的人,可以是自然人、法人和国家。

(5) 限制条件:必须在迫不得已的危机情况下,才允许紧急避险。

紧急避险一经实施,就有可能给另一个合法权益造成损害,因而法律不得不严格加以限制,要求必须是在不得已情况下才允许实施。所谓不得已就是指除实施损害第三者合法利益的避险行为外,再没有其他办法可以避免危险。如果在危险发生时尚可以采用其他办法避免或排除危险,也就不存在"不得已"的条件。

(6) 限度条件:避险行为不能超过必要的限度造成不应有的损害。

紧急避险既要避免危险对重大合法利益的损害,同时也必须把可能给第三者合法权益造成的损害降低到最低限度。必要限度标准是:紧急避险行为所引起的损害应当小于所避免的损害。这是因为紧急避险是两个权益的冲突,应当以牺牲较小的利益来保护较大的利益,才能有益于社会,才符合刑法关于实施紧急避险的立法宗旨。

此外,我国刑法还规定了避险主体必须不是职务上、业务上负有特定责任的人。特定责任,又可以称为特定义务,是指由于法律、命令或其他条例的规定,从事某种公务或业务的人本身所负有的应当面对危险的特定义务。负有这种特定义务的人,当然不能违背自身职责而实施紧急避险。例如,消防队员不能借口避免烧伤而拒绝参加救火行为。

2. 紧急避险与正当防卫的异同

(1) 紧急避险与正当防卫的相同点在于:第一,目的相同。两者都是为了保护国家、公共利益、本人或他人的合法权益。第二，前提相同。两者都必须是合法权益正在受到侵害时才能实施。第三，责任相同。两者超过法定的限度造成相应损害后果的，都应当负刑事责任，但应减轻或者免除处罚。

（2）紧急避险与正当防卫的区别在于：第一，危害的来源不同。正当防卫的危害来源只能是人的违法犯罪行为；紧急避险的危害来源既可能是人的不法侵害，也可能是来于自然灾害，还可能是动物的侵袭或者人的生理、病理疾患等。第二，行为的对象不同。正当防卫行为的对象只能是不法侵害者本人，不能针对第三者，是正义与邪恶的较量；而紧急避险行为的对象则必须是第三者，是合法行为对他人合法权利的损害。第三，行为的限制不同。正当防卫行为的实施是出于必要，即使能够用其他方法避免不法侵害，也允许进行正当防卫；而紧急避险行为的实施则出于迫不得已，除了避险以外别无其他选择。第四，行为的限度不同。正当防卫所造成的损害，既可以小于、也可以大于不法侵害行为可能造成的损害，而紧急避险对第三者合法权益所造成的损害，则只能小于危险可能造成的损害。第五，主体的限定不同。正当防卫是每个公民的法定权利，是人民警察执行职务时的法定义务；紧急避险则不适用于职务上、业务上负有特定责任的人。

3. 避险过当及其刑事责任

避险过当，是指避险行为超过必要限度造成不应有损害的行为。根据刑法规定，避险过当应当负刑事责任。避险过当以紧急避险为前提。其目的仍然是为了保护合法权益免遭侵害，故其社会危害性和行为人的主观恶性都较小，依照我国《刑法》第21条第2款规定，对避险过当的，应当减轻或者免除处罚。

（三）意外事件

意外事件是指行为在客观上造成了损害，但是行为人在主观上既没有故意也没有过失，而是由于不能预见的原因造成的，不构成犯罪的情形。

意外事件与疏忽大意的过失的相同之处都是发生了损害结果，都没有预见。不同之处在于，在疏忽大意的过失中，行为人应当预见也能够预见，但没有预见；在意外事件中，根据行为人的自身状况和当时的环境、条件，不可能预见。因此，是否应当预见、是否能够预见，是区分二者的关键。

四、故意犯罪的停止形态

故意犯罪在犯罪人产生和确立犯罪故意以后，从实施犯罪预备行为到完成犯罪，都有一个时间过程。在故意犯罪的发展过程中，犯罪因受到各种主客观因素的影响和制约会出现停止下来不再向前发展，形成不同的形态和结局。这种相对静止不再发展的形态和结局，在刑法理论上就称为故意犯罪的停止形态。

故意犯罪的停止形态，就是指故意犯罪在其发生、发展和完成犯罪的过程及阶段中，因主客观原因而停止下来的各种犯罪状态。

故意犯罪的停止形态按其停止下来是否已经完成为标准，分为两种基本类型：一是犯罪完成形态即犯罪既遂，二是犯罪未完成形态即犯罪预备、犯罪未遂和犯罪中止形态。

（一）犯罪既遂

犯罪既遂，是指行为人故意实施的行为已经具备了某种犯罪构成的全部要件。犯罪既遂是故意犯罪的完成形态。

由于各种犯罪的构成要件不同，所以构成犯罪既遂的标准也有所不同，犯罪既遂通常包括以下类型：

（1）结果犯。是指行为人不仅要实施具体犯罪构成客观要件的行为，而且实施的行为必须发生法定的犯罪结果才构成既遂的犯罪。如在故意杀人中，行为人对被害人着手实施杀害行为后，只有导致被害人死亡的，才能构成故意杀人罪的犯罪既遂。

（2）行为犯。是指以法定的犯罪行为的完成作为犯罪既遂标准的犯罪。在行为犯中，行为人着手实施具体犯罪行为后，要经过一个犯罪过程、达到一定的程度才能构成犯罪既遂。如脱逃罪以行为人达到脱离监禁羁押的状态和程度为犯罪既遂的标志，偷越国（边）境罪以行为人达到越过边境线的程度为犯罪既遂的标志。

（3）危险犯。是指以行为人实施的危害行为造成法定的某种危害结果的危险状态为既遂标志的犯罪。在危险犯中，行为人着手实施犯罪行为后，只有导致了该罪构成要件客观方面的法定危险状态才能构成犯罪既遂。如破坏交通工具罪就以造成足以使火车、汽车、电车、船只、航空器发生倾覆危险为既遂的标志。

（4）举动犯。是指按照法律规定，行为人一着手犯罪实行行为即告完成和完全符合构成要件，从而构成犯罪既遂的犯罪。如参加恐怖活动组织罪之参加行为。

（二）犯罪预备

我国《刑法》第22条第1款规定："为了犯罪，准备工具、制造条件的，是犯罪预备。"这是对犯罪预备行为的客观表述。犯罪预备，是指行为人为实施犯罪而准备工具、创造条件时，由于行为人意志以外的原因而未能着手实行犯罪的犯罪停止形态。

犯罪预备形态的特征有：

（1）行为人已经开始实施为犯罪的实行和完成准备工具和创造便利条件的预备行为。犯罪预备行为多种多样，如为顺利抢劫准备刀具、枪械和逃跑的摩托车，到抢劫地点观察地形、制定抢劫方案、进行技术培训等。

（2）行为人尚未着手犯罪的实行行为。如故意杀人中尚未实施杀人的具体实行行为。

（3）未能着手犯罪的实行行为是由于犯罪分子意志以外的原因所致。犯罪在实行行为尚未着手而停止下来，从主观上看是违背行为人意志的，是行为人受到外力的作用被迫停止了下来。如行为人在故意杀人时因病不能行动或者犯罪对象消失等意志以外的原因都会使犯罪不能着手而被迫停止下来。

《刑法》规定，对于预备犯，可以比照既遂犯从轻、减轻或者免除处罚。

（三）犯罪未遂

我国《刑法》第23条第1款规定："已经着手实行犯罪，由于犯罪分子意志以外的原因而未得逞，是犯罪未遂。"据此，犯罪未遂是指已经着手实施具体犯罪的实行行为，由于犯罪分子意志以外的原因而未能完成犯罪的犯罪停止形态。

犯罪未遂具有如下特征：

（1）已经着手实施犯罪。就是说行为人已经开始实行刑法分则条文所规定的具体犯罪构成要件中的客观行为，如投放危险物质罪中的行为人已经将毒物投向公众饮水源。已经着手实施犯罪，这是犯罪未遂与犯罪预备的主要区别。已经着手实行犯罪，表明行为人已经从

犯罪预备阶段进入实行阶段,即行为人从为实施犯罪创造条件进入了开始完成犯罪故意的阶段,其犯罪意图已经通过着手实行的犯罪行为开始体现出来,其本身能够造成危害结果的发生,如果没有犯罪分子意志以外的原因出现,而让它无阻碍地发展下去,该种犯罪行为就会完成。

(2)犯罪未得逞。就是说行为人没有完成某一具体的犯罪行为。犯罪未得逞,这是犯罪未遂与犯罪既遂的主要区别。在故意犯罪的犯罪既遂类型中除举动犯外的其他三个类型都存在犯罪未遂和既遂的区别,以此为据,犯罪未遂一般表现为:法定的犯罪结果没有发生,如故意杀人罪中被害人的死亡结果没有出现;法定的犯罪行为未完成,如脱逃罪中罪犯逃出监房未逃离监区;法定的危险状态尚未具备,如放火罪中行为人已经将汽油倒出而未能将打火机点燃。

(3)犯罪未得逞是由于犯罪分子意志以外的原因所致。就是说犯罪分子之所以未能达到预期的危害结果,并非由于犯罪分子不愿让危害结果发生,而是不能或者不敢把犯罪进行下去,使犯罪未完成。这里说的犯罪分子意志以外的原因是指不以犯罪分子的主观意志为转移的一切原因,它既包括外界的客观原因,如被害人的反抗、第三人的阻止、自然力的障碍、客观情况的变化等,也包括犯罪分子本人的原因,如对自己实施犯罪的能力、方法、手段估计不足,对事实判断错误等。犯罪未得逞是违背犯罪分子意志的。犯罪未得逞是否出于犯罪分子意志以外的原因,这是区别犯罪未遂与犯罪中止的关键。

《刑法》规定,对未遂犯,可以比照既遂犯从轻或者减轻处罚。

案 例

> 甲深夜潜入乙家行窃,发现留长发穿花布睡衣的乙正在睡觉,遂意图奸淫,便扑在乙身上强脱其衣。乙惊醒后大声喝问,甲发现乙是男人,慌忙逃跑被抓获。
>
> 甲以强奸妇女的故意对乙实施暴力,因意志以外的原因而未能得逞,构成未遂。由于强奸罪的犯罪对象必须是女子,误将男子当作女子实施奸淫的,无法侵犯刑法所保护的女子的性自由,只能成立强奸罪对象不能犯的未遂。

（四）犯罪中止

《刑法》第 24 条第 1 款规定："在犯罪过程中，自动放弃犯罪或者自动有效防止犯罪结果发生的，是犯罪中止。"犯罪中止，是指在犯罪过程中，行为人自动放弃犯罪或者自动有效防止犯罪结果发生，而未完成犯罪的犯罪停止形态。

犯罪中止中存在自动放弃犯罪的中止和自动有效防止犯罪结果发生的中止类型。两种类型在特征上略有不同。

自动放弃犯罪的中止类型有如下特征：

（1）及时性，即在犯罪过程中放弃犯罪。犯罪分子在实施犯罪预备过程中或者在着手实行犯罪以后达到既遂以前，及时放弃犯罪，使得犯罪得以停止。

（2）自动性，即自动放弃犯罪。所谓自动放弃犯罪，是指犯罪分子出于自己意志而放弃了当时可以进行下去的犯罪行为。自动性是犯罪中止的本质特征，只有在主观上有自愿放弃犯罪的意图，在客观上又有自动停止犯罪的行为，才能不使危害结果发生。

（3）彻底性，即彻底放弃犯罪。所谓彻底放弃犯罪，是指犯罪分子自动放弃犯罪是坚决的、完全的，而不是暂时中断，是犯罪分子中止犯罪的决心和真诚悔悟的程度。

自动有效防止犯罪结果发生的中止，是指在犯罪行为实行终了以后，犯罪结果尚未发生之前，犯罪分子自动有效地防止犯罪结果的发生，最终没有完成犯罪的一种犯罪停止形态。是特殊类型的犯罪中止。这种类型的犯罪中止，除了要具备上述三个特征以外，还应具备"有效性"特征。即行为人还必须有效地防止自己已经实施的犯罪之法定犯罪结果的发生，使得犯罪未达到既遂状态而停止下来。

《刑法》规定，对中止犯，没有造成损害的，应当免除处罚；造成损害的，应当减轻处罚。

案 例

> 药店营业员李某与王某有仇。某日王某之妻到药店买药为王某治病，李某将一包砒霜混在药中交给王妻。后李某后悔，于第二天到王家欲取回砒霜，而王某谎称已服完。李某见王某没有什么异常，就没有将真相告诉王某。几天后，王某因服用李某提供的混有砒霜的药物而死亡。
>
> 本案中，李某的行为属于犯罪既遂而不属于犯罪中止，犯罪中止必须是没有发生作为既遂标志的犯罪结果。行为人虽然自动放弃犯罪或者自动采取措施防止结果发生，但如果发生了作为既遂标志的犯罪结果——王某死亡，就不成立犯罪中止。

五、共同犯罪

《刑法》第 25 条第 1 款规定："共同犯罪是指二人以上共同故意犯罪。"

共同犯罪是相对于单个人犯罪的故意犯罪的特殊形态，共同犯罪不是单独犯罪的简单相加，往往是多个人共谋通过彼此配合而进行的犯罪。刑法对共同犯罪进行规定，有利于认定共同犯罪，厘清共同犯罪人的刑事责任，为司法实践提供明确的法律依据。

（一）共同犯罪的成立条件

1. 主体条件

共同犯罪成立的主体条件是二人以上。这里的"人"是指符合刑法规定的作为犯罪主体条件的人，不仅包括达到刑事责任年龄、具备刑事责任能力的自然人，也包括法人、单位等法律拟制的人。具体而言，既包括两个以上的自然人所构成的共同犯罪，也包括两个以上的单位所构成的共同犯罪，还包括单位与有责任能力的自然人所构成的共同犯罪。

2. 主观条件

各共同犯罪人必须有共同的犯罪故意，即要求各共同犯罪人通过意思联络，认识到他们的共同犯罪行为会发生危害社会的结果，并决意参加共同犯罪，希望或放任这种结果发生的心理状态。共同犯罪人的共同犯意只要求在刑法规定的范围内相同，并不要求犯罪故意的具体形式和内容必须完全相同，如一方是直接故意，另一方是间接故意，只要双方有共同的犯罪行为也可成立共犯。

3. 客观条件

各共犯人有共同的犯罪行为，即要求各犯罪人为追求同一危害社会结果、完成同一犯罪而实施的相互联系、彼此配合的犯罪行为，各行为人的行为实为一个整体，共同作用于危害结果，各共犯人的行为于危害结果之间都具有因果关系。也就是说，"共同行为"应当属于同一犯罪构成要件的行为。否则，不能成立共犯关系，如甲乙共同雇用一条船走私，甲走私毒品，乙走私淫秽物品，由于两人故意内容及行为性质不属于同一犯罪构成，而应分别以走私毒品罪和走私淫秽物品罪论处。至于形式，可以是作为与不作为的结合，也可以是不同阶段犯罪行为的组合如预备行为、实行行为的结合。

（二）共同犯罪人的种类及刑事责任

我国刑法以共同犯罪人在共同犯罪中的地位和作用为主，并适当考虑共同犯罪人的分工情况，将共同犯罪人分为主犯、从犯、胁从犯和教唆犯。

1. 主犯及其刑事责任

主犯，是指组织、领导犯罪集团进行犯罪活动的或者在共同犯罪中起主要作用的犯罪分子。主犯分为三种，一是在犯罪集团中起组织、策划、指挥作用的犯罪分子，也就是组织犯，是首要分子的一种。组织犯的犯罪活动包括建立、领导犯罪集团，制订犯罪活动计划等；二是在聚众犯罪中起组织、策划、指挥作用的犯罪分子，这也是首要分子的一种。聚众犯罪中的首要分子，是犯罪的组织、策划者和指挥者；三是其他在犯罪集团或一般共同犯罪中起主要作用的犯罪分子，既可以是实行犯，也可以是教唆犯。

根据《刑法》第26条规定，对组织、领导犯罪集团的首要分子，按照集团所犯的全部罪行处罚，对其他主犯，应当按照其所参与的或者组织、指挥的全部犯罪处罚。

2. 从犯及其刑事责任

从犯，是指在共同犯罪中起次要或者辅助作用的犯罪分子，从犯分为两种：一是在共同犯罪中起次要作用的从犯，即次要的实行犯。所谓次要的实行犯是相对于主要的实行犯而言的，是指虽然直接实行犯罪，但在整个犯罪活动中其作用居于次要地位的实行犯。二是在共同犯罪中起辅助作用的从犯，即帮助犯，它是指未直接实行犯罪，而在犯罪前后或者犯罪过程中给组织犯、实行犯、教唆犯以各种帮助的犯罪人。

根据《刑法》第27条规定，对于从犯，应当从轻、减轻或者免除处罚。

3. 胁从犯及其刑事责任

根据《刑法》第28条的规定，胁从犯是指被胁迫参与共同犯罪的犯罪分子，被胁迫参加犯罪，即在他人暴力威胁等精神强制下，被迫参加犯罪，在这种情况下，行为人没有完全丧失意志自由，因此仍应对其犯罪行为承担刑事责任。

根据《刑法》第 28 条的规定，对于胁从犯，应当按照他的犯罪情节减轻处罚或者免除处罚。

4. 教唆犯及其刑事责任

教唆犯，是指故意唆使他人犯罪的犯罪分子。具体地说，教唆犯是以劝说、利诱、授意、怂恿、收买、威胁以及其他方法，将自己的犯罪意图灌输给本来没有犯意或者虽有犯意但不坚定的人，使其决意实施自己所劝说、授意的犯罪，以达到犯罪目的的人。成立教唆犯必须具备下列条件：一是客观上具有教唆他人犯罪的行为，即用各种方法，唆使他人去实行某一具体犯罪。教唆的对象是本无犯罪意图的人，或者虽有犯罪意图，但犯罪意志尚不坚决的人。教唆行为只能以作为方式构成。二是主观上具有教唆他人犯罪的故意，故意的内容包括：认识到他人尚无犯罪决意，预见到自己的教唆行为将引起被教唆者产生犯罪决意，而希望或放任教唆行为所产生的结果。因此，教唆犯的主观方面，可以是直接故意，也可以是间接故意。

根据《刑法》第 29 条规定，对于教唆犯，应当按照他在共同犯罪中所起的作用处罚。教唆不满 18 周岁的人犯罪的，应当从重处罚。如果被教唆的人没有犯被教唆的罪，对于教唆犯，可以从轻或者减轻处罚。教唆不满 14 周岁的人或者精神病患者犯罪的，对教唆者应当按单独犯论处。

案 例

> 陈某蓄意报复许某某，于是便要吴某找个人来干掉许某某，并许诺事成之后给每人 1 万元。陈某带着吴某数次查看了作案地点，确认了被害人，并告诉吴某如何接近许某某，还在"酬金"之外另外给吴某 1 000 元作为往返路费。某日吴某与朱某来到许某某的办公室外，吴某让朱某留在门口望风，自己则进入许某某的办公室，拿出藏在身后的螺纹钢段猛击许某某头部数下，导致许某某重度颅脑损伤死亡。
>
> 本案中，陈某、吴某和朱某的行为构成共同犯罪。陈某为达到杀害许某某的目的，以金钱为诱惑，指使原本无犯罪意图的吴某和朱某将许某某杀害，其行为完全符合教唆犯的特征，因此属于教唆犯。陈某虽未直接实施杀人行为，但他不仅教唆他人实施犯罪，而且在整个犯罪中居于指挥地位，对于犯罪的发生起着主要作用，因此，陈某属于主犯。吴某直接实施杀人行为，致使被害人死亡，在共同犯罪中起了主要作用，因此也属于主犯。朱某在参与犯罪过程中未直接实行犯罪行为，只是帮助吴某望风，属于从犯。

第三节 刑 罚

> "刑罚是一种不得已的恶。如果刑罚被滥用，刑罚之恶甚至会超过犯罪之恶。因此，必须对刑罚加以规制。尤其是社会治理应当减少对刑罚的依赖，唯有如此，刑罚的逐渐轻缓化才是可期待的。"
>
> ——陈兴良[①]

---

① 陈兴良：《刑法的格致》第 64 页，法律出版社 2008 年 5 月。

一、刑罚的概念和目的

刑罚是刑法规定的限制或者剥夺犯罪人某种权益的最严厉的法律制裁方法。

刑罚的目的，是指国家制定刑罚、适用刑罚和执行刑罚所预期达到的效果。国家通过对犯罪分子适用刑罚，剥夺犯罪分子的权利和自由，达到改造和教育罪犯，预防犯罪的目的。其中预防犯罪包括对犯罪分子自身的教育改造预防他们再次犯罪，也包括通过对犯罪分子适用刑罚警戒社会上的不稳定分子，防止他们实施犯罪行为。

二、刑罚的体系和种类

刑罚的体系是指各种刑罚方法的搭配与架构。

根据刑法规定，我国刑罚的方法被区分为主刑和附加刑两大类。其中主刑有管制、拘役、有期徒刑、无期徒刑和死刑。附加刑有罚金、剥夺政治权利、没收财产，对外国人可以适用驱逐出境。其中，主刑只能独立适用，附加刑既可以独立适用也可以附加适用。

（一）主刑

1. 管制

管制是指对犯罪分子不予关押，限制其一定自由，依法实行社区矫正的刑罚。管制是我国主刑中最轻的刑罚方法，适用于罪行较轻、危险性较小的犯罪分子。

我国《刑法》规定：管制的刑期，为3个月以上2年以下；数罪并罚时，最高不能超过3年。判处管制，可以根据犯罪情况，同时禁止犯罪分子在执行期间从事特定活动，进入特定区域、场所，接触特定的人。犯罪分子违反规定的禁止令的，由公安机关依照《中华人民共和国治安管理处罚法》的规定处罚。管制的刑期从判决执行之日起计算。判决执行前先行羁押的，羁押1日折抵刑期2日。管制期满，执行机关应向本人和其所在的单位或者居住地的群众宣布解除管制。

我国《刑法》规定：被判处管制的犯罪分子，在执行期间，应当遵守下列规定：①遵守法律、行政法规，服从监督；②未经执行机关批准，不得行使言论、出版、集会、结社、游行、示威的自由权利；③按照执行机关规定报告自己的活动情况；④遵守执行机关关于会客的规定；⑤离开所居住的市、县或者迁居，应当报经执行机关批准。

2. 拘役

拘役对犯罪分子短期剥夺人身自由，并由公安机关实行就近关押改造的刑罚方法。

拘役是属于短期自由刑，是介于管制与有期徒刑之间的一种较轻的刑罚。主要适用于那些罪行较轻，但又必须短期剥夺人身自由进行劳动改造的犯罪分子。拘役的执行机关是公安机关。

我国《刑法》规定：拘役的期限，为1个月以上6个月以下，数罪并罚最高不能超过1年。在执行期间，被判处拘役的犯罪分子每月可以回家1~2天；参加劳动的，可以酌量发给报酬。拘役的刑期，从判决执行之日起计算；判决执行以前先行羁押的，羁押1日折抵刑期1日。

3. 有期徒刑

有期徒刑是指剥夺犯罪人一定期限的人身自由并强制实行劳动改造的刑罚方法。

有期徒刑适用于我国刑法规定的各种犯罪，是适用范围最广的刑罚方法。被判处有期徒刑的犯罪分子，在监狱或者其他执行场所执行。监狱是指被判处有期徒刑的罪犯服刑的场所，是国家的刑罚执行机关。其他执行场所是指根据监狱法的规定，罪犯在被交付执行刑罚前，剩余刑期在1年以下的，由看守所代为执行，对未成年犯在未成年犯管教所执行刑罚。

我国《刑法》规定：有期徒刑的期限为6个月以上15年以下；数罪并罚时总和刑期不满35年的，最高不能超过20年，总和刑期在35年以上的，最高不能超过25年。刑期从判决执行之日起计算；判决执行以前先行羁押的，羁押1日折抵刑期1日。被判处有期徒刑的犯罪分子，凡有劳动能力的，都应当参加劳动，接受教育和改造。

4. 无期徒刑

无期徒刑是剥夺犯罪分子终身自由，并实行强制劳动改造的刑罚方法。

无期徒刑是介于有期徒刑和死刑之间的一种刑罚，是仅次于死刑的一种严厉的刑罚方法。无期徒刑在监狱中执行对犯罪分子的教育改造。

无期徒刑不可能孤立适用，对于被判处无期徒刑的犯罪分子，都应当附加剥夺政治权利终身，这是区别于管制、拘役、有期徒刑等刑罚的，这也反映了这种刑罚的严厉性。

5. 死刑

死刑是剥夺犯罪分子生命的刑罚方法。

死刑是最严厉的一种刑罚，也是最古老的一种刑罚。我国刑法贯彻保留死刑、坚决少杀、防止错杀的政策，适用死刑必须非常慎重，把判处死刑立即执行的范围缩小到最低限度，根据这些原则，我国刑法严格限制死刑的适用，具体表现在：

（1）对死刑适用条件的限制。《刑法》第48条规定："死刑只适用于罪行极其严重的犯罪分子"，即所犯罪行对国家和人民的利益危害特别严重和情节特别恶劣的。刑法分则对于可以适用死刑的条文作了严格的限制，如对可以判处死刑的，都规定了"对国家和人民危害特别严重、情节特别恶劣的""致人重伤、死亡或者使公私财产遭受重大损失的""造成严重后果的""情节特别严重""数额特别巨大并且给国家和人民利益造成特别重大损失的"等等。

（2）对死刑适用对象的限制。《刑法》第49条规定："犯罪的时候不满18周岁的人和审判的时候怀孕的妇女不适用死刑""审判的时候已满75周岁的人，不适用死刑，但以特别残忍手段致人死亡的除外。"

（3）对死刑适用程序的限制。《刑法》第48条规定："死刑除依法由最高人民法院判决的以外，都应当报请最高人民法院核准。死刑缓期执行的，可以由高级人民法院核准。"

（4）对死刑执行制度的限制。《刑法》第48条规定："对于应当判处死刑的犯罪分子，如果不是必须立即执行的，可以判处死刑同时宣告缓期二年执行。"第50条规定："判处死刑缓期执行的，在死刑缓期执行期间，如果没有故意犯罪，2年期满以后，减为无期徒刑；如果确有重大立功表现，2年期满以后，减为25年有期徒刑；如果故意犯罪，查证属实的，由最高人民法院核准，执行死刑""对被判处死刑缓期执行的累犯以及因故意杀人、强奸、抢劫、绑架、放火、爆炸、投放危险物质或者有组织的暴力性犯罪被判处死刑缓期执行的犯罪分子，人民法院根据犯罪情节等情况可以同时决定对其限制减刑。"

（二）附加刑

1. 罚金

罚金是指人民法院在判处犯罪分子在一定期限内向国家缴纳一定数量金钱，对犯罪分子进行经济制裁的一种刑罚方法。

罚金是一种附加刑，可以和其他主刑合并适用，也可以独立适用。适用对象主要是破坏社会主义市场经济秩序罪、侵犯财产罪、妨害社会管理秩序罪和贪污贿赂罪。

我国《刑法》规定：判处罚金，应当根据犯罪情节决定罚金数额。罚金在判决指定的期限内一次或者分期缴纳。期满不缴纳的，强制缴纳。对于不能全部缴纳罚金的，人民法院在任何时候发现被执行人有可以执行的财产，应当随时追缴。如果由于遭遇不能抗拒的灾祸缴纳确实有困难的，可以酌情减少或者免除。

2. 剥夺政治权利

剥夺政治权利是人民法院根据刑法的规定，剥夺犯罪人作为国家公民依法享有的参与国家管理和从事政治活动的权利。

根据《刑法》第 56 条、57 条规定，剥夺政治权利一般附加适用于三类犯罪分子：第一，危害国家安全的犯罪分子，应当附加剥夺政治权利。第二，对严重破坏社会秩序的犯罪分子，可以附加剥夺政治权利。第三，对于被判处死刑、无期徒刑的犯罪分子，应当剥夺政治权利终身。

根据《刑法》第 54 条，剥夺政治权利包括：选举权和被选举权；言论、出版、集会、结社、游行、示威自由的权利；担任国家机关职务的权利；担任国有公司、企业、事业单位和人民团体领导职务的权利。

剥夺政治权利的期限为：单独适用剥夺政治权利或者主刑是拘役、有期徒刑附加剥夺政治权利的，期限为 1 年以上 5 年以下；判处死刑（含死刑缓期 2 年执行）、无期徒刑的犯罪分子，剥夺政治权利终身；判处死刑缓期 2 年执行，在缓期 2 年执行期满和判处无期徒刑的罪犯减刑后，剥夺政治权利的期限应从剥夺政治权利终身改为 3 年以上 10 年以下；判处管制附加剥夺政治权利的期限与主刑管制的期限相同，并同时执行。

3. 没收财产

没收财产是将犯罪分子个人所有的财产的一部分或全部强制无偿地收归国有的一种刑罚方法。

没收财产一般适用于严重的犯罪，如危害国家安全罪、生产、销售伪劣商品罪、破坏金融秩序罪、金融诈骗罪。没收财产是没收犯罪分子个人所有财产的一部或者全部。没收的只能是属于犯罪分子本人所有的财产，包括犯罪分子本人所有的财物及其在与他人共有财产中依法应有的份额。在判处没收财产的时候，不得没收属于犯罪分子家属所有或者应有的财产。

我国《刑法》第 60 条规定："没收财产以前犯罪分子所负的正当债务，需要以没收的财产偿还的，经债权人请求，应当偿还。"

4. 驱逐出境

驱逐出境是指强迫犯罪的外国人离开中国国（边）境的刑罚方法。对于犯罪的外国人，可以独立适用或者附加适用驱逐出境。

三、刑罚裁量制度

（一）刑罚裁量

1. 刑罚裁量及其原则

刑罚裁量，又称量刑，是指人民法院依据刑事法律，在认定行为人构成犯罪的基础上，确定对犯罪人是否判处刑罚、判处何种刑罚以及判处多重刑罚,并决定所判刑罚是否立即执行的刑事司法活动。在一人犯数罪的情况下,刑罚裁量还应对因数罪所判处的数刑,依照数罪并罚的原则,决定执行的刑罚。

我国《刑法》第61条规定:"对于犯罪分子决定刑罚的时候,应当根据犯罪的事实、犯罪的性质、情节和对于社会的危害程度,依照本法的有关规定判处。"说明了我国刑法量刑的原则为:量刑必须以犯罪事实为根据,以刑事法律为准绳。犯罪事实是引起刑事责任的基础,也是对犯罪分子裁量刑罚的依据。犯罪事实包括犯罪构成的事实和影响犯罪社会危害程度的其他事实。以"犯罪事实为根据"是在查清犯罪事实、确定犯罪性质、考察犯罪情节以及判断犯罪的社会危害程度的基础上,适用刑事法律。为了准确适用法律,我国刑法规定了各种刑罚方法的适用以及自首、缓刑、累犯、数罪并罚等制度,并且规定了量刑情节的适用原则,刑法分则和其他分则性刑法规定了法定刑的量刑幅度。

2. 量刑情节

量刑情节,是指人民法院对犯罪分子裁量刑罚时应当考虑的、据以决定量刑轻重或者免除刑罚处罚的各种情况。量刑情节分为法定情节和酌定情节。

法定情节是指刑法明文规定的在量刑时应当予以考虑的情节。包括从轻、从重、减轻和免除处罚四种情节。酌定情节,是指人民法院从审判经验中总结出来,在刑罚裁量过程中灵活掌握、酌情适用的情节。包括犯罪目的与动机、犯罪手段、犯罪的时间与地点、犯罪侵害的对象、犯罪造成的损害后果、犯罪前的表现、犯罪后的态度等。

(二) 累犯

累犯,是指受过一定的刑罚处罚,刑罚执行完毕或者赦免以后,在法定期限内又犯被判处一定的刑罚之罪的罪犯。累犯分为一般累犯和特殊累犯两种。

1. 一般累犯的构成条件

根据《刑法》第65条的规定,一般累犯,是指因故意犯罪被判处有期徒刑以上刑罚的犯罪分子,刑罚执行完毕或者赦免以后,在五年以内再犯应当判处有期徒刑以上刑罚之罪的故意犯罪的犯罪分子。前款规定的期限,对于被假释的犯罪分子,从假释期满之日起计算。

(1) 主观条件:前罪和后罪都必须是故意犯罪。这反映了立法上控制累犯的范围,重点在于惩治那些主观上出于故意而实施犯罪的行为。

(2) 刑度条件:前罪所判刑罚和后罪所判刑罚都是有期徒刑以上的刑罚。"有期徒刑以上"包括有期徒刑,无期徒刑,死刑。逻辑上无期徒刑和死刑不存在执行完毕的情况,但是根据我国减刑和假释的制度,以及宪法中规定的赦免的制度,以上两个刑种有可能出现累犯的情况。

(3) 时间条件:后罪必须发生在前罪执行完毕或者赦免以后五年以内。这里最主要的问题是起算的时间点,这里的执行完毕是指主刑执行完毕,对于被同时判处附加刑的,附加刑是否执行完毕不影响累犯的构成;刑罚执行完毕,既包括有期徒刑实际执行完毕,也包括假释考验期满;被判处缓刑的犯人,在缓刑考验期内犯新罪的,不能构成累犯,因为缓刑考验期满意味着刑罚不再执行而不是执行完毕。

(4) 罪质条件:前后两罪中至少有一罪不是危害国家安全罪、恐怖活动犯罪、黑社会性质的组织犯罪。这是一般累犯与特别累犯的区别所在。

2. 特殊累犯构成条件

根据《刑法》第66条的规定,特别累犯,是指因危害国家安全罪、恐怖活动犯罪、黑社会性质的组织犯罪受过刑罚处罚，刑罚执行完毕或者赦免后，在任何时候再犯上述任一类罪的犯罪分子。这里对成立累犯的时间条件没有任何限制，体现了刑法对危害国家安全、严重危害公共安全和妨害社会管理秩序类犯罪的累犯，更加从重处罚的精神。其条件为：

（1）罪质条件：前罪和后罪必须都是危害国家安全罪、恐怖活动犯罪、黑社会性质的组织犯罪任一类。如果前后罪都不是这一类犯罪，或者其中之一不是这一类的，则不能构成特殊累犯。但这并不影响可成立一般累犯。

（2）刑度条件：前罪被判处的刑罚和后罪应判处的刑罚的种类及其轻重不受限制。即使前后两罪或者其中之一罪被判处或者应判处管制、拘役或者单处某种附加刑的，也不影响其成立。

（3）时间条件：前罪的刑罚执行完毕或者赦免以后，任何时候再犯危害国家安全罪、恐怖活动犯罪和黑社会性质的组织犯罪任一类犯罪，即构成特殊累犯，不受前后两罪相距时间长短的限制。

《刑法》第65条规定，对于累犯应当从重处罚，但是过失犯罪和不满18周岁的人犯罪的除外。

案 例

> 张某犯故意伤害罪被判处有期徒刑3年，缓刑3年，缓刑期满后的第3年又犯盗窃罪，被判处有期徒刑10年。张某不构成累犯。由于累犯的成立以前罪"刑罚执行完毕或者赦免以后"5年内再犯罪为条件，故被假释的犯罪人在假释考验期内再犯新罪的，被判处缓刑的犯罪人在缓刑考验期内再犯新罪的，以及被判处缓刑的犯罪人在缓刑考验期满后再犯新罪的都不成立累犯。

（三）自首

根据《刑法》第67条的规定，自首，是指犯罪分子犯罪以后自动投案，如实供述自己的罪行的行为，或者被采取强制措施的犯罪嫌疑人、被告人和正在服刑的罪犯，如实供述司法机关还未掌握的本人其他罪行的行为。

自首制度，是以刑法惩办与宽大相结合的刑事政策为根据的刑罚裁量制度。自首分为一般自首与特别自首。

1. 一般自首的成立条件

（1）自动投案。是指犯罪分子犯罪以后，犯罪事实未被司法机关发现以前；或者犯罪事实虽被发现，但不知何人所为；或者犯罪事实和犯罪分子均已被发现，但是尚未受到司法机关的传唤、讯问或者尚未采取强制措施之前，主动到司法机关或者所在单位、基层组织等投案，愿意接受审查和追诉并最终接受国家裁判的行为。根据2010年12月22日最高人民法院《关于处理自首和立功若干具体问题的意见》规定，犯罪嫌疑人具有以下情形之一的，也应当视为自动投案：①犯罪后主动报案，虽未表明自己是作案人，但没有逃离现场，在司法机关询问时交代自己罪行的；②明知他人报案而在现场等待，抓捕时无拒捕行为，供认犯罪事实的；③在司法机关未确定犯罪嫌疑人，尚在一般性排查询问时主动交代自己罪行的；④因特定违法行为被采取劳动教养、行政拘留、司法拘留、强制隔离戒毒等行政、司法强制措施期间，主动向执行机关交代尚未被掌握的犯罪行为的；⑤其他符合立法本意，应当视为自动投案的情形。如：罪行未被有关部门、司法机关发觉，仅因形迹可疑被盘问、教育后，主动交代了犯罪事实的；交通肇事后保护现场、抢救伤者，并向公安机关报告的；交通肇事逃逸后自动投案，如实供述自己罪行的，应认定为自首，但应依法以较重法定刑为基准，视情形决定对其是否从宽处罚以及从宽处罚的幅度。

（2）如实供述自己的罪行。是指犯罪嫌疑人自动投案后，如实交代自己的主要犯罪事实。犯罪分子投案以后，对于自己所犯的罪行，不管司法机关是否掌握，都必须如实地全部向司法机关供述，不能有任何隐瞒。

2. 特别自首的成立条件

（1）成立特别自首的主体有以下三种人：即已经被司法机关采取强制措施的犯罪嫌疑人、被告人和正在服刑的罪犯。这里的"强制措施"，是指我国刑事诉讼法规定的拘传、拘留、取保候审、监视居住、逮捕。"正在服刑"是指已经人民法院判决，正在执行刑罚的罪犯。

（2）必须如实供述司法机关还未掌握的本人其他罪行。除供述自己的主要犯罪事实外，如实供述包括姓名、年龄、职业、住址、前科等情况。这里所说的司法机关还未掌握的本人其他罪行，是指司法机关根本不知道、未掌握的犯罪嫌疑人、被告人和正在服刑的罪犯的其他罪行。

根据《刑法》第67条的规定，对于自首的犯罪分子，可以从轻或者减轻处罚。其中，犯罪较轻的，可以免除处罚。

（四）坦白

《刑法》第67条的规定，坦白，是指被采取强制措施的犯罪嫌疑人如实供述自己罪行的行为。这是我国《刑法修正案（八）》将坦白从宽作为一种法定量刑情节，首次规定到刑法中，是我国刑法政策的法律化。这使犯罪嫌疑人为求得从轻处罚主动向司法机关坦白自己的罪行，节约司法资源。

坦白成立的条件是：①坦白的主体为被采取强制措施的犯罪嫌疑人；②坦白的内容为如实供述司法机关还未掌握和已经掌握的罪行，没有任何隐瞒。

《刑法》第67条第3款规定："犯罪嫌疑人虽不具有前两款规定的自首情节，但是如实供述自己罪行的，可以从轻处罚；因其如实供述自己罪行，避免特别严重后果发生的，可以减轻处罚。"

（五）立功

立功，是指犯罪分子归案之后，揭发他人犯罪行为，经查证属实，或者提供重要线索，从而得以侦破其他案件等具有协助司法机关工作的属性或者对国家、社会有利的行为。

根据《刑法》第68条规定，立功分为一般立功和重大立功两种形式。最高人民法院《关于处理自首和立功具体应用法律若干问题解释》中对一般立功和重大立功作了进一步的规定。

1. 一般立功

一般立功包括：犯罪分子到案后有检举、揭发他人犯罪行为，包括共同犯罪案件中的犯罪分子揭发同案犯共同犯罪以外的其他犯罪，经查证属实的；提供侦破其他案件的重要线索，经查证属实的；阻止他人犯罪活动的；协助司法机关抓捕其他犯罪嫌疑人的（包括同案犯）；具有其他有利于国家和社会的突出表现的。

2. 重大立功

重大立功包括：犯罪分子有检举、揭发他人重大犯罪行为，经查证属实的；提供侦破其他重大案件的重要线索，经查证属实的；阻止他人重大犯罪活动的；协助司法机关抓捕其他重大犯罪嫌疑人的（包括同案犯）；对国家和社会有其他重大贡献等表现的。

"重大犯罪""重大案件""重大犯罪嫌疑人"的标准，一般是指犯罪嫌疑人、被告人可能被判处无期徒刑以上刑罚或者案件在本省、自治区、直辖市或者全国范围内有较大影响等情形。

《刑法》第68条规定：犯罪分子有一般立功表现的，可以从轻或者减轻处罚；犯罪分子有重大立功表现的，可以减轻或者免除处罚。

案 例

> 甲和乙共同入户抢劫并致人死亡后分头逃跑，后甲因犯强奸罪被抓获归案。在羁押期间，甲向公安人员供述了自己和乙共同所犯的抢劫罪行，并提供了乙因犯故意伤害罪被关押在另一城市的看守所的有关情况，使乙所犯的抢劫罪受到刑事追究。
>
> 本案中甲的行为成立特别自首和重大立功。甲检举、揭发了乙的犯罪行为，并向公安机关提供线索协助其对乙追究刑事责任。同时所揭发犯罪为"入户抢劫并致人死亡"，应属重大犯罪行为，所以应认定为重大立功表现。

（六）数罪并罚

数罪并罚，是指人民法院对于行为人在法定时间界限内所犯数罪分别定罪量刑后，按照法定的并罚原则及刑期计算方法决定其应执行的刑罚的制度。适用数罪并罚必须是行为人一人犯有数罪，数罪必须发生在法定的时间界限之内，在数罪分别定罪量刑的基础上依照法定的并罚原则、并罚范围和并罚的方法决定执行并罚。

1. 我国数罪并罚的基本规则

我国《刑法》第69条规定，我国在数罪并罚的基本适用规则是：①限制加重原则：判决宣告的数个主刑均为有期徒刑、拘役或者管制的，应在总和刑期以下、数刑中的最高刑期以上，酌情决定执行的刑期。管制最高不能超过3年，拘役最高不能超过1年，有期徒刑总和刑期不满35年的，最高不能超过20年，总和刑期在35年以上的，最高不能超过25年。②吸收原则：判决宣告的数个主刑中最重刑为死刑或者无期徒刑的，只执行一个死刑或者无期徒刑。③并科原则：数罪中有判处附加刑的，附加刑仍须执行，其中附加刑种类相同的，合并执行，种类不同的，分别执行。

2. 数罪并罚的具体适用规则

根据我国《刑法》第69条、70条、71条的规定，不同法律条件下适用数罪并罚原则的具体规则分为以下三种：

（1）判决宣告以前一人犯数罪的并罚：根据《刑法》第69条规定，以前述数罪并罚的基本规则适用。

（2）判决宣告后发现漏罪的并罚：《刑法》第70条规定，判决宣告以后，刑罚执行完毕以前，发现被判刑的犯罪分子在判决宣告以前还有其他罪没有判决的，应当对新发现的罪作出判决，把前后两个判决所判处的刑罚，依照本法第69条的规定，决定执行的刑罚。已经执行的刑期，应当计算在新判决决定的刑期以内。简称之为"先并后减"的计算方法。

（3）判决宣告后又犯新罪的并罚：《刑法》第71条规定，判决宣告以后，刑罚执行完毕以前，被判刑的犯罪分子又犯罪的，应当对新犯的罪作出判决，把前罪没有执行的刑罚和后罪所判处的刑罚，依照本法第69条的规定，决定执行的刑罚。也就是说，首先应从前罪判决决定执行的刑罚中减去已经执行的刑罚，然后将前罪未执行的刑罚与后罪所判处的刑罚并罚，决定执行的刑罚。此种计算刑期的方法称为"先减后并"。

案 例

> 罪犯甲因犯抢劫罪被判处有期徒刑15年，执行10年后，又发现其服刑前犯故意伤害罪应被判处有期徒刑10年，按照"先并后减"的方法，则甲实际执行的刑期最低为15年，最高为20年。罪犯乙犯抢劫罪被判处有期徒刑15年，执行10年后又犯故意伤害罪被判处有期徒刑10年。按照"先减后并"的方法，则乙实际执行的刑期最低为20年，最高为25年。

（六）缓刑

缓刑就是对于判处拘役、3年以下有期徒刑刑罚的犯罪分子，在其具备法定条件的情况下，在一定期间附条件地不执行原判刑罚的制度。

《刑法》第72条规定："对于被判处拘役、3年以下有期徒刑的犯罪分子，同时符合下列条件的，可以宣告缓刑，对其中不满18周岁的人、怀孕的妇女和已满75周岁的人，应当宣告缓刑。"

1. 缓刑的适用条件

根据《刑法》第72条、74条规定，适用一般缓刑必须具备的条件是：第一，适用缓刑的对象必须是被判处拘役，或者三年以下有期徒刑的犯罪分子。第二，犯罪分子犯罪情节较轻，有悔罪表现，没有再犯罪的危险，宣告缓刑对所居住社区没有重大不良影响。第三，犯罪分子不是累犯和犯罪集团的首要分子。

根据《刑法》第449条，适用战时缓刑的条件是：第一，适用的时间必须是在战时。第二，适用对象只能是被判处3年以下有期徒刑的犯罪军人。第三，适用战时缓刑的基本根据，是在战争条件下宣告缓刑没有现实危险。

2. 缓刑的考验期限

缓刑犯是暂缓执行原判刑期，暂不执行原判刑罚不是一缓了之，还有一个考验的问题，即依法为缓刑犯设置一定的考验期，并在该考验期内为其设定了一定的法定义务。宣告缓刑，可以根据犯罪情况，同时禁止犯罪分子在缓刑考验期限内从事特定活动，进入特定区域、场所，接触特定的人。

根据《刑法》第73条规定，拘役的缓刑考验期为原判刑期以上1年以下，但是不能少于2个月。有期徒刑的缓刑考验期为原判刑期以上5年以下，但是不能少于1年。

3. 一般缓刑的法律后果

（1）对宣告缓刑的犯罪分子，在缓刑考验期限内，依法实行社区矫正，如果没有《刑法》第77条规定的情形,缓刑考验期满,原判的刑罚就不再执行,并公开予以宣告。

(2)被宣告缓刑的犯罪分子,在缓刑考验期限内犯新罪或者发现判决宣告以前还有其他罪没有判决的,应当撤销缓刑,对新犯的罪或者新发现的罪作出判决,把前罪和后罪所判处的刑罚,依照《刑法》第69条的规定,决定执行的刑罚。新犯之罪和漏判之罪,不受犯罪性质、种类、轻重以及应当判处的刑种、刑期的限制。

(3)被宣告缓刑的犯罪分子,在缓刑考验期限内,违反法律、行政法规或者国务院有关部门关于缓刑的监督管理规定,或者违反人民法院判决中的禁止令,情节严重的,应当撤销缓刑,执行原判刑罚。

此外,根据《刑法》第72条规定,缓刑的效力不及于附加刑,即被宣告缓刑的犯罪分子,如果被判处附加刑,附加刑仍须执行。因而,无论缓刑是否撤销,所判处的附加刑均须执行。

四、刑罚的执行制度

刑罚执行,是指有刑罚执行权的司法机关,根据人民法院已经发生法律效力的判决所确定的刑罚,将刑罚内容付诸实施的司法活动。我国刑法典规定了减刑和假释两种刑罚具体执行制度。

(一)减刑

根据《刑法》第78条规定,减刑是指对被判处管制、拘役、有期徒刑、无期徒刑的犯罪分子,根据其在刑罚执行期间的悔改或者立功表现,而适当减轻其原判刑罚的制度。

1. 减刑的适用条件

减刑的适用条件是:①减刑的适用对象是被判处管制、拘役、有期徒刑、无期徒刑的犯罪分子。②减刑只能适用于在刑罚执行过程中确有悔改表现或者立功表现的犯罪分子。"确有悔改表观"是指同时具备以下四个方面的情形:认罪伏法;认真遵守监规纪律,接受教育改造;积极参加政治、文化、技术学习;积极参加劳动,完成生产任务。"立功表现"是指具有下列情形之一的:检举、揭发监狱内外犯罪活动,或者提供重要的破案线索,经查证属实的;阻止他人犯罪活动的;在生产、科研中进行技术革新,成绩突出的;在抢险救灾或者排除重大事故中表现积极的;有其他有利于国家和社会的突出事迹的。"重大立功表现"是指具有下列情形之一的:阻止他人重大犯罪活动的;检举监狱内外重大犯罪活动,经查证属实的;有发明创造或者重大技术革新的;在日常生产、生活中舍己救人的;在抗御自然灾害或者排除重大事故中,有突出表现的;对国家和社会有其他重大贡献的。

2. 减刑的限度

减刑要有一定的限度。减刑以后实际执行的刑期,被判处管制、拘役、有期徒刑的不能少于原判刑期的1/2,被判处无期徒刑的不能少于13年。

(二)假释

根据《刑法》第81条规定,假释是指被判处有期徒刑、无期徒刑的犯罪分子,经过法定期间的执行,确有悔改表现,没有再犯罪危险的,附条件地予以提前释放的刑罚制度。

1. 假释的条件

假释是附条件的提前释放,因此,假释必须符合下列条件:①假释的对象是被判处有期徒刑、无期徒刑的犯罪分子。②被判处有期徒刑的犯罪分子,必须执行原判刑期的1/2以上；被判处无期徒刑的犯罪分子，必须实际执行 13 年以上，才能适用假释。③犯罪分子在刑罚执行期间认真遵守监规，接受教育改造，确有悔改表现，没有再犯罪的危险的。④对累犯以及因故意杀人、强奸、抢劫、绑架、放火、爆炸、投放危险物质或者有组织的暴力性犯罪被判处 10 年以上有期徒刑、无期徒刑的犯罪分子，不得假释。

2. 假释的考验期限

假释的考验期限，是犯罪分子被适用假释以后，对其进行考察的一定期限。根据《刑法》第 83 条规定，有期徒刑的假释考验期限，为没有执行完毕的刑期；无期徒刑的假释考验期限为 10 年。

3. 假释的法律后果

（1）对假释的犯罪分子，在假释考验期限内，依法实行社区矫正，如果没有《刑法》第 86 条规定的情形，假释考验期满，就认为原判刑罚已经执行完毕，并公开予以宣告。

（2）被假释的犯罪分子，在假释考验期限内犯新罪，应当撤销假释，依照《刑法》第 71 条的规定实行数罪并罚。在假释考验期限内，发现被假释的犯罪分子在判决宣告以前还有其他罪没有判决的，应当撤销假释，依照《刑法》第 70 条的规定实行数罪并罚。

（3）被假释的犯罪分子，在假释考验期限内，有违反法律、行政法规或者国务院有关部门关于假释的监督管理规定的行为，尚未构成新的犯罪的，应当依照法定程序撤销假释，收监执行未执行完毕的刑罚。

五、刑罚消灭制度

刑罚消灭，是指由于某种法定原因与事实原因，致使国家对犯罪人的刑罚权的某项内容归于消灭。

刑罚消灭制度是对刑罚权的一种限制，它表明刑罚权不是无限的，而是要受到一定的限制。刑罚消灭意味着国家的追诉权、量刑权或者行刑权的消灭，意味着犯罪分子刑事责任的终结。我国刑法所规定的刑罚消灭制度内容比较分散。本节讲述时效和赦免制度。

（一）时效

时效，是指刑法所规定的国家对犯罪人行使刑罚请求权或刑罚执行权的有效期限。据此，刑法中的时效可以分为追诉时效和行刑时效两种。追诉时效，是指刑法所规定的，对犯罪人追究刑事责任的有效期限。行刑时效，则是指刑事法律所规定的，对判处刑罚的犯罪人执行刑罚的有效期限。我国刑法中所规定的时效，仅指追诉时效，而不包括行刑时效。

1. 追诉时效期限

我国《刑法》第 87 条规定基于追诉时效期限的长短与犯罪的社会危害性相一致之精神，以法定最高刑为标准，确定了四个不同档次的追诉时效期限：①法定最高刑为不满 5 年有期徒刑的，追诉时效为 5 年；②法定最高刑为 5 年以上不满 10 年有期徒刑的，追诉时效为 10 年；③法定最高刑为 10 年以上有期徒刑的，追诉时效为 15 年；④法定最高刑为无期徒刑、死刑的，追诉时效为 20 年。如果 20 年后认为必须追诉的，须报请最高人民检察院核准。

2. 追诉期限的计算

根据《刑法》第 89 条之规定，追诉时效期限从犯罪之日起计算；对于连续犯和继续犯，其追诉时效期限从犯罪行为终了之日起计算。

我国《刑法》第89条第2款"在追诉期限以内又犯罪的，前罪追诉的期限从犯后罪之日起计算"是对追诉时效的中断的规定。

根据我国《刑法》第88条之规定，导致追诉时效延长的法定事由有两种：一是在人民检察院、公安机关、国家安全机关立案侦查或者在人民法院受理案件以后，逃避侦查或者审判的，不受追诉期限的限制；二是被害人在追诉期限内提出控告，人民法院、人民检察院、公安机关应当立案而不予立案的，不受追诉期限的限制。

（二）赦免

赦免，是指国家以政令的形式，免除或者减轻犯罪人的罪责或者刑罚的一种制度。赦免分为大赦和特赦两种。

（1）大赦是指国家元首或者国家最高权力机关，对某一范围内的罪犯一律予以赦免的制度。

大赦的效力很大，它不仅免除刑罚的执行，而且使犯罪也归于消灭。经过大赦之人，其刑事责任完全归于消灭。尚未追诉的，不再追诉；已经追诉的，撤销追诉，已受罪刑宣告的，宣告归于无效，不再执行。

（2）特赦是指国家元首或者最高国家权力机关对已受罪刑宣告的特定犯罪人免除其全部或部分刑罚的制度。

我国刑法没有详细规定赦免制度，但从我国宪法来看，我国的赦免制度仅指特赦，而不包括大赦。特赦由全国人大常务委员会决定，由国家主席发布特赦令。

第四节　刑法分则与常见犯罪

一、刑法分则概述

刑法分则是对各类、各种犯罪的罪刑作出具体规定。

（一）犯罪的分类与排列

我国刑法分则以同类客体为标准将具体犯罪分为十类，每一章规定一类犯罪。第一章危害国家安全罪；第二章危害公共安全罪；第三章破坏社会主义市场经济秩序罪；第四章侵犯公民人身权利、民主权利罪；第五章侵犯财产罪；第六章妨害社会管理秩序罪；第七章危害国防利益罪；第八章贪污贿赂罪；第九章渎职罪；第十章军人违反职责罪。

同类客体揭示出同一类犯罪在客体方面的共同本质，并在相当程度上反映出各类犯罪不同的危害程度。根据犯罪的同类客体对犯罪进行分类，有利于把握各类犯罪的性质、特征和社会危害程度，便于司法机关正确定罪量刑。各类犯罪中的具体罪名的排列，一般也是按照各罪的社会危害性和程度，并适当考虑各罪之间的关系，基本上从重到轻依次排列。

（二）具体犯罪条文的构成

我国刑法分则的基本表现形式是具体犯罪条文。规定具体犯罪条文一般由罪状和法定刑两部分组成。

罪状，就是刑法分则条文对具体犯罪基本构成特征的描述。法定刑，是指刑法分则条文对具体犯罪所规定的适用刑罚的种类和幅度。例如《刑法》第144条规定"在生产、销售的食品中掺入有毒、有害的非食品原料的，或者销售明知掺有有毒、有害的非食品原料的食品的,处五年以下有期徒刑或者拘役,并处或者单处销售金额百分之五十以上二倍以下罚金",其中"在生产、销售的食品中掺入有毒、有害的非食品原料的,或者销售明知掺有有毒、有害的非食品原料的食品的"是罪状,"处五年以下有期徒刑或者拘役,并处或者单处销售金额百分之五十以上二倍以下罚金"是法定刑。

二、常见的具体犯罪

(一) 间谍罪

间谍罪是指参加间谍组织或者接受间谍组织及其代理人的任务,或者为敌人指示轰击目标的行为。

本罪的构成特征是:

(1) 本罪的客体是中华人民共和国的国家安全。

(2) 本罪的客观方面表现在参加间谍组织或者接受间谍组织及其代理人的任务,或者为敌人指示轰击目标危害国家安全的行为。间谍组织是指外国政府或者境外敌对势力建立的,旨在搜集我国情报,进行颠覆破坏活动等,危害我国国家安全和利益的组织。接受间谍组织及其代理人的任务,是指行为人受间谍组织(不管其是否正式加入)及其代理人的命令、派遣、指使、委托为间谍组织服务,进行危害国家安全的活动。

(3) 本罪的主体是一般主体,即年满16周岁,具有刑事责任能力的自然人。中国人、外国人和无国籍人均可构成本罪。

根据《刑法》的规定,间谍罪是行为犯,并不以实际上发生法定的危害结果作为犯罪成立的要件,只要实施了间谍行为,即构成本罪。

关于间谍罪的处罚,根据《刑法》第110条、113条和第56条规定,犯本罪,处10年以上有期徒刑或者无期徒刑;情节较轻的,处3年以上10年以下有期徒刑;对国家和人民危害特别严重、情节特别恶劣的,可以判处死刑。可以并处没收财产,应当附加剥夺政治权利。

案 例

某国家机关工作人员甲借到A国探亲的机会滞留不归。一年后甲受雇于B国的一个专门收集有关中国军事情报的间谍组织,随后受该组织的指派潜回中国,找到其在某军区参谋部工作的战友乙,以1万美元的价格从乙手中购买了3份军事机密材料。

甲参加国外间谍组织并接受间谍组织及其代理人的任务,从事危害我国国家安全的活动,其行为符合间谍罪的构成要件,因此甲构成间谍罪。

(二) 交通肇事罪

交通肇事罪,是指违反交通运输管理法规,因而发生重大事故,致人重伤、死亡或者使公私财产遭受重大损失的行为。

本罪的构成特征是:

(1) 本罪的客体是交通运输的安全。交通运输,是指与一定的交通工具与交通设备相联系的铁路、公路、水上及空中交通运输。

（2）本罪客观方面表现为在交通运输活动中违反交通运输管理法规，因而发生重大事故，致人重伤、死亡或者使公私财产遭受大损失的行为。所谓交通运输法规，是指保证交通运输正常进行和交通运输安全的法律、法规和规章制度，包括交通运输规则、操作规程和劳动纪律等。违反交通法规的行为既可以表现为作为也可以表现为不作为，前者如酒后开车、闯红灯等，后者如岔路口不减速等。

（3）本罪的主体为一般主体，即凡年满16周岁、具有刑事责任能力的自然人均可构成。

（4）本罪在主观方面是出于过失，包括疏忽大意的过失和过于自信的过失。即行为人明知自己违反交通运输管理法规的行为可能造成严重后果，因为疏忽大意没有预见或者虽然预见但轻信能够避免的心理态度。

《刑法》规定，行为人违反交通运输管理法规，构成交通肇事罪的条件是：行为人行为必须造成发生重大事故，致人重伤、死亡或者使公私财产遭受大损失的严重后果。根据最高人民法院《关于审理交通肇事刑事案件具体应用法律若干问题的解释》，衡量其后果的法定情形是：第一，死亡1人或者重伤3人以上，负事故全部或者主要责任的。第二，死亡3人以上，负事故同等责任的；第三，造成公共财产或者他人财产直接损失，负事故全部或者主要责任，无能力赔偿数额在30万元以上的。另外，交通肇事行为如果致1人以上重伤，负事故全部或者主要责任，并且具有下列情形之一的，也以交通肇事罪定罪处罚：酒后、吸食毒品后驾车的；无证驾驶；明知车辆安全装置不全或机件失灵而驾驶的；驾驶无牌证或者已报废的车辆；严重超载驾驶的；为逃避法律追究逃离事故现场的。

关于交通肇事罪的处罚，修正后的《刑法》第133条规定，犯本罪，情节一般的，处3年以下有期徒刑或者拘役；交通运输肇事后逃逸或者有其他特别恶劣情节的，处3年以上7年以下有期徒刑；因逃逸致人死亡的，处7年以上有期徒刑。

根据最高人民法院《关于审理交通肇事刑事案件具体应用法律若干问题解释》规定，

"交通运输肇事后逃逸"是指行为人在交通肇事，发生事故后，为逃避法律追究而逃跑的行为。"因逃逸致人死亡"，是指行为人在交通肇事后为逃避法律追究而逃跑，致使被害人因得不到救助而死亡的情形。交通肇事后，单位主管人员、机动车辆所有人、承包人或者乘车人指使肇事人逃逸，致使被害人因得不到救助而死亡的，以交通肇事罪的共犯论处。行为人在交通肇事后为逃避法律追究，将被害人带离事故现场后隐藏或者遗弃，致使被害人无法得到救助而死亡或者严重残疾的，以故意杀人罪或者故意伤害罪定罪处罚。

案 例

> 甲系某公司经理，乙是其司机。某日，乙开车送甲去洽谈商务，途中因违章超速行驶当场将行人丙撞死，并致行人丁重伤。乙欲送丁去医院救治，被甲阻止。甲催乙送其前去洽谈商务，并称否则会造成重大经济损失。于是，乙打电话给120急救站后离开肇事现场。但因时间延误，丁不治身亡。
>
> 本案中，乙违章超速驾驶，应对事故负全部或主要责任，造成一人死亡、一人重伤的严重后果，后又逃逸，其行为已构成交通肇事罪。《最高人民法院关于审理交通肇事刑事案件具体应用法律若干问题的解释》第5条第2款规定："交通肇事后，单位主管人员、机动车辆所有人、承包人或者乘车人指使肇事人逃逸，致使被害人因得不到救助而死亡的，以交通肇事罪的共犯论处。"正是因为甲在乙交通肇事后对其的"阻止"和"催促"，使甲成为交通肇事罪的共犯。

（三）重大责任事故罪

重大责任事故罪，是指在生产、作业中违反有关安全管理的规定，或者强令他人违章冒险作业，因而发生重大伤亡事故或者造成其他严重后果的行为。

本罪的构成特征是：

（1）本罪的客体是生产、作业安全。作为重大责任事故罪所侵犯的客体的生产、作业安全，是公共安全的重要组成部分。

（2）本罪的客观方面表现为在生产、作业中违反有关安全管理规定，或者强令他人违章冒险作业，因而发生重大伤亡事故或者造成其他严重后果的行为。"违反安全管理规定"是指违反保障生产、作业安全的法律、法规，以及与生产、作业安全管理有关的劳动纪律、操作规定和施工管理方面的规章制度等。刑法规定，行为人的违反有关安全管理规定行为要造成严重后果才能承担刑事责任。参照最高人民法院和最高人民检察院《关于办理危害矿山生产安全刑事案件具体应用法律若干问题的解释》第4条规定，属于重大伤亡事故或者其他严重后果的情形是：造成死亡1人以上，或者重伤3人以上的；造成直接经济损失100万元以上的；造成其他严重后果的情形。

（3）本罪的主体是一般主体，一般包括对生产、作业负有组织、指挥或者管理职责的负责人、管理人员、实际控制人、投资人等人员，以及直接从事生产、作业的人员。

（4）本罪的主观方面为过失。包括疏忽大意的过失和过于自信的过失。即行为人明知自己违反安全管理规定的行为可能造成严重后果，因为疏忽大意没有预见或者虽然预见但轻信能够避免的心理态度。

关于重大责任事故罪的处罚，《刑法》第134条规定，犯重大责任事故罪的，处3年以下有期徒刑或者拘役；情节特别恶劣的，处3年以上7年以下有期徒刑。强令他人违章冒险作业，因而发生重大伤亡事故或者造成其他严重后果的，处五年以下有期徒刑或者拘役；情节特别恶劣的，处五年以上有期徒刑。参照最高人民法院和最高人民检察院《关于办理危害矿山生产安全刑事案件具体应用法律若干问题的解释》的规定，"情节特别恶劣"是指造成3人以上死亡，或者重伤10人以上的，或者造成直接经济损失300万元以上的，或者具有其他特别恶劣情节的。

案 例

> 2010年2月11日下午，上海市闵行区人民法院对"莲花河畔景苑"倒楼案6名被告人作出一审判决，分别以重大责任事故罪判处秦永林有期徒刑5年、张耀杰有期徒刑5年、夏建刚有期徒刑4年、陆卫英有期徒刑3年、张耀雄有期徒刑4年、乔磊有期徒刑3年。
>
> 法院认为，作为工程建设方、施工单位、监理方的工作人员以及土方施工的具体实施者，6名被告人在"莲花河畔景苑"工程项目的不同岗位和环节中，本应上下衔接、互相制约，却违反安全管理规定，不履行、不能正确履行或者消极履行各自的职责、义务，最终导致"莲花河畔景苑"7号楼整体倾倒、1人被压死亡和经济损失1900余万元的重大事故的发生。6名被告人均已构成重大责任事故罪，且属情节特别恶劣。鉴于6名被告人均具有自首情节，故依法作出上述判决。

（四）生产、销售伪劣产品罪

生产、销售伪劣产品罪是指生产者、销售者以牟取非法利润为目的，违反国家产品质量法规，在产品中掺杂、掺假、以假充真、以次充好或者以不合格产品冒充合格产品，销售金额在5万元以上的行为。

本罪的构成特征有：

（1）本罪侵犯的客体是国家的产品质量监督管理制度和市场管理制度，同时也侵犯了广大消费者的合法权益。犯罪对象是伪劣产品。

（2）本罪在客观方面表现在生产者、销售者违反国家产品质量法规，在产品中掺杂、掺假、以假充真、以次充好或者以不合格产品冒充合格产品，销售金额在5万元以上的行为。

（3）本罪的主体是一般主体。包括产品的生产者和销售者。个人和单位均可构成。

（4）本罪的主观方面是故意。且一般具有牟取非法利益的目的。

关于生产、销售伪劣产品罪的处罚，《刑法》第140条、第150条规定，犯本罪，销售金额5万元以上不满20万元的，处2年以下有期徒刑或者拘役，并处或者单处销售金额50%以上2倍以下罚金；销售金额20万元以上不满50万元的，处2年以上7年以下有期徒刑，并处销售金额50%以上2倍以下罚金；销售金额50万元以上不满200万元的，处7年以上有期徒刑，并处销售金额50%以上2倍以下罚金；销售金额200万元以上的，处15年有期徒刑或者无期徒刑，并处销售金额50%以上2倍以下罚金或者没收财产。单位犯罪的，对单位判处罚金，并对其直接负责的主管人员和其他直接责任人员，依照上述规定处罚。

案 例

> 赖某、宣某经商量决定用化工原料二氧化硒掺假后当作纯二氧化硒（含量95%以上，市场价为每公斤630元）出售。由赖某以假名"张某"在网上与湖南某实业公司业务员彭某取得联系后，赖某、宣某向彭某提供了纯二氧化硒（含量在95%以上）样品，当彭某确信检测样品符合要求后，便决定从赖某、宣某处购买500公斤的纯二氧化硒。赖某、宣某随后以平均约7公斤二氧化硒与约18公斤过硫酸铵（两者均为白色粉末）的比例掺和，共掺假二氧化硒17桶（每桶25公斤），共计425公斤。将经掺假后的425公斤二氧化硒（经鉴定二氧化硒含量为28.1%）当作纯二氧化硒以每公斤430元的价格出售给彭某，得款18万元。
>
> 本案中，赖某、宣某的行为构成生产、销售伪劣产品罪。赖、宣二人符合该罪的主体，主观上具有故意，且具有追求非法利润的目的，客观上实施了以假充真，销售伪劣产品的行为，在双方约定的二氧化硒的交易过程中，产品质量与样品不相符合，且销售金额在5万元以上，完全符合生产、销售伪劣产品罪的构成要件。

（五）偷税罪

偷税罪是指纳税人故意违反税收法律、法规，采取欺骗、隐瞒手段，进行虚假纳税申报或者不申报，不缴或者少缴应纳税款；扣缴义务人采取欺骗、隐瞒手段不缴或者少缴已扣、已收税款，数额较大或者情节严重的行为。

本罪的构成特征有：

（1）本罪侵犯的客体是国家的税收征收管理制度。

（2）本罪的客观方面表现为违反税收法律、法规，采取欺骗、隐瞒等各种虚假手段，不缴或少缴应纳税款或已扣、已收税款，数额较大或者情节严重的行为。"数额较大"是指纳税人偷税数额占应纳税额的10%以上并且偷税数额在1万元以上的以及扣缴义务人不缴或者少缴应缴税额10%以上并且偷税数额在1万元以上的。"情节严重"是指五年内因逃避缴纳税款受过刑事处罚或者被税务机关给予2次以上行政处罚的。

（3）本罪的主体是特殊主体，即只有纳税人和扣缴义务人才能构成本罪。

（4）本罪的主观方面为故意，并且具有逃避缴纳应缴税款获取非法利益的目的。

关于偷税罪的处罚，《刑法》第201条规定，犯本罪的，处3年以下有期徒刑或者拘役，并处罚金；数额巨大并且占应纳税额30%以上的，处3年以上7年以下有期徒刑，并处罚金。单位犯偷税罪的，对单位判处罚金，并对其直接负责的主管人员和其他直接责任人员，依照上述法定刑处罚。对多次实施偷税行为，未经处理的，按照累计数额计算。

案 例

> 某公司经理王某为逃避税费，在某日员工下班后，将会计室的账本全部烧毁。第二天，王某指使会计重新作假账。致使公司少缴税款15万元，占应纳税额的25%。不久，税务监管部门通过审计发现了此事。公司被控犯偷税罪判处罚金，王某个人也被判处有期徒刑3年。

（六）侵犯著作权罪

侵犯著作权罪，是指以营利为目的，违反著作权管理法规，未经著作权人许可，侵犯他人的著作权，违法所得数额较大或者有其他严重情节的行为。

本罪的构成特征有：

（1）本罪侵犯的客体是著作权人的著作权和国家关于著作权的管理制度。

（2）本罪的客观方面表现为侵犯著作权的违法所得数额较大或者有其他严重情节的行为。《刑法》第217条规定了四种侵犯著作权的行为：其一，未经著作权人许可，复制发行其文字作品、音乐、电影、电视、录像作品、计算机软件及其他作品的；其二，出版他人享有专有出版权的图书的；其三，未经录音录像制作者许可，复制发行其制作的录音录像的；其四，制作、出售假冒他人署名的美术作品的。

（3）本罪主体是一般主体，包括自然人和单位。

（4）本罪的主观方面是故意，并且具有营利目的。根据最高人民法院、最高人民检察院、公安部《关于办理侵犯知识产权刑事案件适用法律若干问题的意见》规定，关于侵犯著作权犯罪案件，除销售外，具有下列情形之一的，可以认定为"以营利为目的"：以在他人作品中刊登收费广告、捆绑第三方作品等方式直接或者间接收取费用的；通过信息网络传播他人作品，或者利用他人上传的侵权作品，在网站或者网页上提供刊登收费广告服务，直接或者间接收取费用的；以会员制方式通过信息网络传播他人作品，收取会员注册费或者其他费用的。

关于侵犯著作权罪的处罚，《刑法》第217条规定，个人犯侵犯著作权罪，处3年以下有期徒刑或者拘役，并处或者单处罚金；违法所得数额巨大或者有其他特别严重情节的，处3年以上7年以下有期徒刑，并处罚金。

《刑法》第220条规定，单位犯侵犯著作权罪，对单位判处罚金，并对其直接负责的主管人员和其他直接责任人员，依照个人犯该罪的规定处罚。

案 例

> 1993年年底，《邓小平文选》第三卷刚问世，全国出现学习《邓小平文选》热。武汉钢铁公司工会职工因学习急需，委托所属的钢花书店购买《邓小平文选》三卷1.5万册，个体书商任某从这一信息中嗅到了发财气味，他以惊人的效率与钢花书店签订了购书协议。任某顺便从书店买回一本正版《邓小平文选》第三卷，找到湖北省委党校印刷厂，委托该厂依样制版、印制封面。任又叫三家印刷厂承办内页印刷和装订工作，印刷装订完毕，任某向钢花书店交货，非法所得达2万余元。1994年5月30日，任某被某公安局依法逮捕，他成为新中国成立以来，首个盗印国家领导人著作案件的案犯。

（七）故意杀人罪

故意杀人罪，是指故意非法剥夺他人生命的行为。

本罪的构成特征有：

（1）本罪侵犯的客体是他人的生命权利。其犯罪对象是具有生命的人。人的生命始于出生终于死亡。

（2）本罪的客观方面表现为非法剥夺他人生命的行为。

（3）本罪的主体是一般主体，即凡年满 14 周岁，具有刑事责任能力的自然人，都可以成为本罪的主体。

（4）本罪的主观方面是故意，即行为人在主观上具有非法剥夺他人生命的目的。也就是说，行为人明知自己的行为会发生致人死亡的后果，并且希望或者放任这种结果的发生。

关于故意杀人罪的处罚，《刑法》第 232 条规定，故意杀人的，处死刑、无期徒刑或者 10 年以上有期徒刑；情节较轻的，处 3 年以上 10 年以下有期徒刑。情节较轻，一般是指出于激愤或义愤杀人的、防卫过当杀人的，因不堪被害人长期迫害或虐待杀人的，出于情有可原的动机杀害亲生婴幼儿的等。

案 例

> 甲、乙共谋杀害在博物馆工作的丙，两人潜入博物馆同时向丙各开一枪，甲击中丙身边的国家重点保护的珍贵文物，造成文物毁损的严重后果；乙未击中任何对象。在本案中，甲、乙二人有共同的杀人故意，亦有共同的杀人行为，二人成立故意杀人罪的共犯，甲和乙的打击错误是由于行为本身的差误，导致其所欲攻击的对象与实际受害的对象不一致，但并不影响故意杀人罪的成立。因此，对甲、乙只能以故意杀人未遂论处。

（八）故意伤害罪

故意伤害罪，是指故意伤害他人身体的行为。

本罪的构成特征有：

（1）本罪侵犯的客体是他人的身体健康。所谓损害他人的身体健康，主要是指损害人体组织的完整或者破坏人体器官的正常功能。

（2）本罪的客观方面表现为非法损害他人身体健康的行为。伤害的结果，可能是轻伤、重伤、也可能是致人死亡。

（3）本罪的主体是一般主体，是已满 16 周岁具有刑事责任能力的自然人。已满 14 周岁不满 16 周岁的人，犯故意伤害致人重伤或者死亡的，也应负刑事责任。

（4）本罪的主观方面是故意，包括直接故意和间接故意。犯罪动机不影响故意伤害罪的成立。

关于故意伤害罪的处罚，《刑法》第 234 条规定，故意伤害他人身体的，处 3 年以下有期徒刑、拘役或者管制；致人重伤的，处 3 年以上 10 年以下有期徒刑；致人死亡或者以特别残忍手段致人重伤造成严重残疾的，处 10 年以上有期徒刑、无期徒刑或者死刑。

（九）强奸罪

强奸罪，是指违背妇女意志，使用暴力、胁迫或者其他手段，强行与妇女性交，或者明知是不满 14 周岁的幼女而与之发生性交的行为。

本罪的构成特征有：

（1）本罪侵犯的客体是妇女的性的自由的权利，即妇女按照自己的意志自由决定正当性交的权利。

（2）本罪的客观方面表现为使用暴力、胁迫或者其他手段，使妇女处于不敢抗拒、不能抗拒或者不知抗拒的状态下,强行与妇女性交的行为。如对于14周岁以上的妇女,行为人采取殴打、捆绑等方式使妇女不能抗拒、以扬言行凶报复使妇女不敢抗拒或者以麻醉、假冒治病方式使妇女不知抗拒,违背妇女意志强行与之性交,即构成本罪;对于14周岁以下的幼女,行为人不管采取何种手段,不管幼女是否同意,只要与之发生性交行为,即构成本罪。

(3)本罪的主体是年满14周岁,具有刑事责任能力男性。妇女可以成为强奸罪的共犯,如帮助他人强奸、教唆他人强奸等。

(4)本罪的主观方面是故意,并且具有违背妇女意志与之发生性交的目的。

关于强奸罪的处罚,《刑法》第236条规定,犯本罪,处3年以上10年以下有期徒刑;奸淫不满14周岁的幼女的,从重处罚;有下列情形之一的,处10年以上有期徒刑、无期徒刑或者死刑:①强奸妇女、奸淫幼女情节恶劣的;②强奸妇女、奸淫幼女多人的;③在公共场所当众强奸妇女的;④2人以上轮奸的;⑤致使被害人重伤、死亡或者造成其他严重后果的。

案 例

> 王某与钱某原是夫妻,因感情不和1997年10月8日,由上海市青浦县①人民法院判决离婚,在离婚判决送达尚未生效期间,王某以暴力强行与钱某发生了性关系,导致钱某多处受伤。青浦县人民法院于1999年12月以强奸罪判处王某有期徒刑3年缓刑3年。
>
> 通常认为,夫妻之间因婚姻关系确立即夫妻承诺共同生活,相互有同居的义务,丈夫不能成为强奸罪的主体。司法实践中一般也不能将"婚内强奸"行为作为强奸罪处理。但在特殊情况下,婚姻关系处于非正常期间,如夫妻长期分居,已经进入离婚诉讼期间或已经进入法定的解除程序,虽然夫妻婚姻关系还存在,但已不能再推定女方对性行为是一种承诺并负有同居的义务。本案在这种情形下,王某的行为就符合了强奸罪的构成要件,成了强奸罪的主体。②

(十)绑架罪

绑架罪,是指以勒索财物为目的绑架他人,或者偷盗婴幼儿的,或者绑架他人作为人质的行为。

本罪的构成特征有:

(1)本罪侵犯的客体是公民的人身权利,包括人身自由权、身体健康权和生命权,绑架勒索财物还会侵害公民的财产权利。

(2)本罪的客观方面表现为绑架他人勒索财物,或者偷盗婴幼儿勒索财物,或者绑架他人作为人质的行为。绑架他人,是指以暴力、胁迫、麻醉或者其他手段将他人控制的行为。偷盗婴幼儿是指秘密窃取不满5周岁儿童的行为。

(3)本罪的主体是一般主体,是已满16周岁具有刑事责任能力的自然人。

(4)本罪的主观方面是只能是直接故意。并且有勒索财物或者满足其他不法要求的

---

① 青浦县:今为青浦区。
② 最高人民法院刑事审判第一庭:《刑事审判参考》,2000年第2期,法律出版社,第28页。

目的。

关于故意绑架罪的处罚,《刑法》第 239 条规定,犯本罪,处 10 年以上有期徒刑或者无期徒刑,并处罚金或者没收财产;情节较轻的,处 5 年以上 10 年以下有期徒刑,并处罚金。致使被绑架人死亡或者杀害被绑架人的,处死刑,并处没收财产。

案 例

> 赵某拖欠张某和郭某 6 000 多元的打工报酬一直不付。张某与郭某商定后,将赵某 15 岁的女儿甲骗到外地扣留,以迫使赵某支付报酬。在此期间(共 21 天),张、郭多次打电话让赵某支付报酬。根据《刑法》第 238 条第 2 款的规定,为索取债务非法扣押、拘禁他人的,依照非法拘禁罪定罪处罚。
>
> 本案中,郭某和张某为索取打工报酬非法剥夺甲的人身自由的,不能认定为绑架罪,只能认定为非法拘禁罪。

(十一)抢劫罪

抢劫罪是指以非法占有为目的,对财物的所有人、保管人当场使用暴力、胁迫或其他方法,强行劫取公私财物行为。

本罪的构成特征有:

(1)本罪侵犯的客体是公私财物的所有权和公民的人身权利。侵犯的对象是国家、集体、个人所有的各种财物和他人的人身。

(2)本罪的客观方面表现为行为人对公私财物的所有者、保管者或者守护者当场使用暴力、胁迫或者其他对人身实施强制的方法,立即抢走财物或者迫使被害人立即交出财物的行为。

(3)本罪的主体是一般主体,为年满 14 周岁并具有刑事责任能力的自然人。

(4)本罪的主观方面为直接故意,并具有将公私财物非法占有的目的。

根据刑法规定,下列情形以抢劫罪定罪处罚:①携带凶器抢夺的;②犯盗窃、诈骗、抢夺罪，为窝藏赃物、抗拒抓捕或者毁灭罪证而当场使用暴力或者以暴力相威胁的。

关于抢劫罪的处罚，《刑法》第263条规定，犯本罪，处3年以上10年以下有期徒刑，并处罚金；有下列情形之一的，处10年以上有期徒刑、无期徒刑或者死刑，并处罚金或者没收财产：①入户抢劫的；②在公共交通工具上抢劫的；③抢劫银行或者其他金融机构的；④多次抢劫或者抢劫数额巨大的；⑤抢劫致人重伤、死亡的；⑥冒充军警人员抢劫的；⑦持枪抢劫的；⑧抢劫军用物资或者抢险、救灾、救济物资的。

（十二）盗窃罪

盗窃罪，是指以非法占有为目的，秘密窃取数额较大或者多次盗窃、入户盗窃、携带凶器盗窃、扒窃公私财物的行为。

本罪的构成特征有：

（1）本罪侵犯的客体是公私财物的所有权。侵犯的对象是国家、集体或公民所有的财物。

（2）本罪的客观方面表现为行为人实施了秘密窃取数额较大的公私财物的行为，或者多次盗窃、入户盗窃、携带凶器盗窃、扒窃公私财物的行为。所谓秘密窃取，通常指行为人采用自以为不被他人发觉的方法来取得财物。"多次盗窃"，是指对于1年内入户盗窃或者在公共场所盗窃3次以上的，"数额较大"是指个人盗窃公私财物价值人民币500~2 000元以上的。各省，自治区，直辖市高级人民法院可根据本地区经济发展状况，并考虑社会治安状况在前款规定的数额幅度内，分别确定本地区执行的标准。

（3）本罪的主体是一般主体，为年满16周岁并具有刑事责任能力的自然人。

（4）本罪的主观方面为直接故意，并具有将公私财物非法占有的目的。

根据刑法规定，下列情形以盗窃罪定罪处罚：①盗窃信用卡并使用的；②盗窃增值税发票或者可以用于骗取出口退税、抵扣税款的其他发票的。根据有关司法解释规定，盗窃发票数量在25份以上为数额较大；③以牟利为目的，盗接他人通信线路、复制他人电信码号或者明知是盗接、复制的电信设备、设施而使用的。

关于盗窃罪的处罚，《刑法》第264条规定，犯本罪，处3年以下有期徒刑、拘役或者管制，并处或者单处罚金；数额巨大或者有其他严重情节的，处3年以上10年以下有期徒刑，并处罚金；数额特别巨大或者有其他特别严重情节的，处10年以上有期徒刑或者无期徒刑，并处罚金或者没收财产。

案　例

甲在2003年10月15日见路边一辆面包车没有上锁，即将车开走，前往A市。行驶途中，行人乙拦车要求搭乘，甲同意。甲见乙提包内有巨额现金，遂起意图财。行驶到某偏僻处时，甲谎称发生故障，请乙下车帮助推车。乙将手提包放在面包车座位上，然后下车。甲乘机发动面包车欲逃。乙察觉出甲的意图后，紧抓住车门不放，被面包车拖行10余米。甲见乙仍不松手并跟着车跑，便加速疾驶，使乙摔倒在地，造成重伤。乙报警后，公安机关根据汽车号牌将甲查获。在本案中，甲见路边一辆面包车没有上锁，即将车开走，前往A市的行为是以非法占有为目的，采用秘密窃取的方式窃取他人财物，构成盗窃罪。

本案中，甲对乙的行为构成抢劫罪，甲虽然开始打算实施抢夺，但在乙抓住车门不放时，甲加速行驶的行为已经属于暴力行为，因而不是转化型抢劫，而应直接认定为抢劫罪，而且属于抢劫罪的结果加重犯。

（十三）诈骗罪

诈骗罪，是指以非法占有为目的，以虚构事实，隐瞒真相的方法，骗取数额较大的公私财物的行为。

本罪的特征有：

（1）本罪侵犯的客体是公私财物的所有权。

（2）本罪的客观方面表现为行为人以虚构事实，隐瞒真相的方法，骗取数额较大的公私财物的行为。"虚构事实"，是指捏造客观上并不存在的事实。虚构事实可以是全部，也可以是部分虚构。"隐瞒真相"，是指对受害人掩盖某种客观事实，使之陷入错误认识，从而交出财物。骗取的财物数额较大的才构成犯罪。

（3）本罪的主体是一般主体，为年满16周岁并具有刑事责任能力的自然人。

（4）本罪的主观方面为直接故意，并具有将公私财物非法占有的目的。

关于诈骗罪的处罚，《刑法》第266条规定，诈骗公私财物，数额较大的，处3年以下有期徒刑、拘役或者管制，并处或者单处罚金；数额巨大或者有其他严重情节的，处3年以上10年以下有期徒刑，并处罚金；数额特别巨大或者有其他特别严重情节的，处10年以上有期徒刑或者无期徒刑，并处罚金或者没收财产。

案 例

乙与丙因某事发生口角，甲知此事后，找到乙，谎称自己受丙所托带口信给乙，如果乙不拿出2 000元给丙，丙将派人来打乙。乙害怕被打，就托甲将2 000元带给丙。甲将钱占为己有。

本案中，初看起来，甲的行为完全符合敲诈勒索罪的犯罪构成——甲威胁乙，乙因为害怕而给了甲2 000元。但仔细分析，此案还是更符合诈骗罪的犯罪构成。在敲诈勒索罪中，受害人并没有被骗，他是因为害怕而迫不得已交付财物的。而在本案中，受害人其实是被骗了，他虽然也是因为恐惧而被迫交付的财物，但他以为这是丙所要求的，而事实上，丙并不知道此事。所以，甲还是通过欺骗方式获得他人财物的。因此，甲构成诈骗罪而非敲诈勒索罪。

（十四）组织、领导、参加黑社会性质组织罪

组织、领导、参加黑社会性质组织罪是指组织、领导或者参加以暴力、威胁或者其他手段，有组织地进行违法犯罪活动，称霸一方，为非作恶，欺压、残害群众，严重破坏经济、社会生活秩序的黑社会性质的组织的行为。

本罪的特征有：

（1）本罪侵犯的客体是社会管理秩序。

(2) 本罪的客观方面表现为组织、领导、参加黑社会性质组织的行为。

"黑社会性质组织"应当同时具备的特征是：①形成较稳定的犯罪组织，人数较多，有明确的组织者、领导者，骨干成员基本固定；②有组织地通过违法犯罪活动或者其他手段获取经济利益，具有一定的经济实力，以支持该组织的活动；③以暴力、威胁或者其他手段，有组织地多次进行违法犯罪活动，为非作恶，欺压、残害群众；④通过实施违法犯罪活动，或者利用国家工作人员的包庇或者纵容，称霸一方，在一定区域或者行业内，形成非法控制或者重大影响，严重破坏经济、社会生活秩序。

在客观行为表现中，"组织"即为倡导、发起黑社会性质组织而进行的活动。"领导"是指行为人策划、指挥、率领黑社会性质组织进行违法犯罪活动的行为。"参加"指行为人为进行黑社会性质犯罪活动而加入黑社会性质组织，包括积极参加和一般性参加。

(3) 本罪的主体是一般主体，为年满16周岁并具有刑事责任能力的自然人。

(4) 本罪的主观方面为直接故意，即明知是黑社会性质组织而决意组织、领导和参加。

关于组织、领导、参加黑社会性质组织罪的处罚，《刑法》第294条规定，组织、领导黑社会性质的组织的，处7年以上有期徒刑，并处没收财产；积极参加的，处3年以上7年以下有期徒刑，可以并处罚金或者没收财产；其他参加的，处3年以下有期徒刑、拘役、管制或者剥夺政治权利，可以并处罚金。

《刑法》294条同时规定：国家机关工作人员包庇黑社会性质的组织，或者纵容黑社会性质的组织进行违法犯罪活动的，处5年以下有期徒刑；情节严重的，处5年以上有期徒刑。

案 例

2010年4月22日，重庆市高级人民法院发布了《重庆的"涉黑"案件审判》白皮书，2009年6月重庆开展"打黑除恶"专项斗争以来，该市法院一审受理以"涉黑"罪名起诉案件41件687人。一审审结的以黑社会性质组织犯罪定罪的29件案件中，涉案的512人以黑社会性质定罪383人，有45人被判处无期徒刑至死刑的刑罚，被判处5年以上有期徒刑的共有254人，重刑率达49.6%，较同期刑事案件重刑率高出近4成。上述案件中，并处罚金或没收财产共计约9.82亿元人民币。白皮书称，当地法院认定"涉黑"的29件案件共涉及24个黑社会性质组织，其中有13个注册成立公司或企业，公司规模达到3家以上的有5个，资产亿元以上的达5个。黑社会性质组织以公司面目向合法经济领域渗透，或表面以合法企业形式存在，实际从事黄赌毒、高利放贷等违法犯罪活动，或以违法犯罪手段实现垄断经营，是"涉黑"犯罪的新特征。在上述涉黑案件中，54%的"涉黑"组织有"保护伞"，24名国家工作人员因涉嫌包庇、纵容黑社会性质组织犯罪被审查起诉。"保护伞"涉及多个公权力部门，其中公安干警17人，党政及其他部门具有一定社会管理职能的人员5人。"保护伞"包庇、纵容行为主要包括不履行查禁职责、泄露办案信息、安排自首立功掩盖"涉黑"组织犯罪事实、直接运用手中权力阻挠他人查禁等。

(十五) 走私、贩卖、运输、制造毒品罪

走私、贩卖、运输、制造毒品罪是指违反国家毒品管理法规,走私、贩卖、运输、制造毒品的行为。

本罪的特征有:

(1) 本罪侵犯的客体是国家对毒品的管理制度。

毒品是指鸦片、海洛因、甲基苯丙胺、吗啡、大麻、可卡因等国家严格管制的麻醉药品和精神药品。

(2) 本罪的客观方面表现为行为人进行实施了走私、贩卖、运输、制造毒品的行为。走私的行为方式主要是输入毒品与输出毒品。此外,对在领海、内海运输、收购、贩卖国家禁止进出口的毒品,以及直接向走私毒品的犯罪人购买毒品的,也应视为走私毒品。

(3) 本罪的主体是一般主体,为年满16周岁并具有刑事责任能力的自然人或单位。已满14周岁未满十六周岁的未成年人贩卖毒品的,应当负刑事责任。

(4) 本罪的主观方面为直接故意。行为人明知是假毒品而贩卖的,应当以诈骗罪论处,行为人误将假毒品认为是毒品而贩卖的,以本罪论处。

关于走私、贩卖、运输、制造毒品罪的处罚,《刑法》第347条规定,犯本罪,有下列情形之一的,处15年有期徒刑、无期徒刑或者死刑,并处没收财产:①走私、贩卖、运输、制造鸦片1 000克以上、海洛因或者甲基苯丙胺50克以上或者其他毒品数量大的;②走私、贩卖、运输、制造毒品集团的首要分子;③武装掩护走私、贩卖、运输、制造毒品的;④以暴力抗拒检查、拘留、逮捕,情节严重的;⑤参与有组织的国际贩毒活动的。走私、贩卖、运输、制造鸦片200克以上不满1 000克、海洛因或者甲基苯丙胺10克以上不满50克或者其他毒品数量较大的,处7年以上有期徒刑,并处罚金。走私、贩卖、运输、制造鸦片不满200克、海洛因或者甲基苯丙胺不满10克或者其他少量毒品的,处3年以下有期徒刑、拘役或者管制,并处罚金;情节严重的,处3年以上7年以下有期徒刑,并处罚金。单位犯本罪的,对单位判处罚金,并对其直接负责的主管人员和其他直接责任人员,依照上述规定处罚。

利用、教唆未成年人走私、贩卖、运输、制造毒品,或者向未成年人出售毒品的,从重处罚。

对多次走私、贩卖、运输、制造毒品,未经处理的,毒品数量累计计算。

(十六) 贪污罪

贪污罪是指国家工作人员、受国家机关、国有公司、企业、事业单位、人民团体委托管理、经营国有财产的人员利用职务上的便利,侵吞、窃取、骗取或者以其他手段非法占有公共财物的行为。

本罪的特征有:

(1) 本罪侵犯的客体是复杂客体,即同时侵犯了国家工作人员公务行为的廉洁性和公共财产所有权。

(2) 本罪的客观方面表现为行为人利用职务上的便利,以侵吞、窃取、骗取或者以其

他方法非法占有公共财物的行为。"利用职务上的便利",是指国家工作人员利用职务范围内的权力和地位所形成的主管、管理、经手公共财物的有利条件。"侵吞",是指国家工作人员利用职务上的便利,将暂时由自己合法管理、支配、使用或者经手的公共财物非法据为己有。"骗取",是指国家工作人员利用职务上的便利,采用虚构事实、隐瞒真相的方法,非法占有公共财物。"盗窃",是指国家工作人员利用职务上的便利,秘密窃取由本人暂时合法管理、支配、使用或者经手的公共财物,即通常所说的监守自盗。

(3) 本罪的主体是特殊主体,即必须是国家工作人员或者受国家机关、国有公司、企业、事业单位、人民团体委托管理、经营国有财产的人员。

(4) 本罪的主观方面为故意,并且具有非法占有的目的。

关于贪污罪的处罚,《刑法》第383条规定:对犯贪污罪的,根据情节轻重,分别依照下列规定处罚:①个人贪污数额在10万元以上的,处10年以上有期徒刑或者无期徒刑,可以并处没收财产;情节特别严重的,处死刑,并处没收财产。②个人贪污数额在5万元以上不满10万元的,处5年以上有期徒刑,可以并处没收财产;情节特别严重的,处无期徒刑,并处没收财产。③个人贪污数额在5千元以上不满5万元的,处1年以上7年以下有期徒刑;情节严重的,处7年以上10年以下有期徒刑。④个人贪污数额在5千元以上不满1万元,犯罪后有悔改表现、积极退赃的,可以减轻处罚或者免予刑事处罚,由其所在单位或者上级主管机关给予行政处分。⑤个人贪污数额不满5千元,情节较重的,处2年以下有期徒刑或者拘役;情节较轻的,由其所在单位或者上级主管机关酌情给予行政处分。

对多次贪污未经处理的,按照累计贪污数额处罚。

案 例

> 被告人李某自1997年起任某村电工。2008年1月至2009年5月,利用职务之便,采取收取"黑户"电费不上交和多收用户电费少上交的手段侵占电费合计39 092.14元。赃款现已全部退还镇平县电业局。
>
> 本案中,被告人李某身为受国有企业委托管理、经营国有财产的人员,利用其职务便利,非法侵吞国有财产,其行为完全符合贪污罪的犯罪构成要件,构成贪污罪。

(十七) 受贿罪

受贿罪是指国家工作人员利用职务上的便利,索取他人财物的,或者非法收受他人财物,为他人谋取利益的行为。

本罪的特征有:

(1) 本罪侵犯的客体是国家工作人员公务行为的廉洁性。

(2) 本罪的客观方面表现为利用职务上的便利,索取他人财物的,或者非法收受他人财物,为他人谋取利益的行为。其行为还有两种特殊表现形式:其一是国家工作人员利用本人职权或者地位形成的便利条件,通过其他国家工作人员职务上的行为,为请托人谋取不正当利益,索取请托人财物或者收受请托人财物的行为。其二是国家工作人员在经济往来中,违反国家规定,收受各种名义的回扣、手续费,归个人所有的行为。

根据最高人民法院的司法解释,国家工作人员利用职务上的便利为请托人谋取利益,并与请托人事先约定,在其退休后收受请托人财物,构成犯罪的,以受贿罪定罪处罚。

(3) 本罪的主体是特殊主体,即必须是国家工作人员。

(4) 本罪的主观方面是故意。

关于受贿罪的处罚,《刑法》第386条规定,犯本罪的,按照刑法第383条关于贪污罪的处罚规定处罚。索贿的从重处罚。

思考:

现实生活中,行贿人为了谋取利益,除了以金钱、礼品进行贿赂外,还有提供低价房产和附送装修,提供出国考察名额,代为子女缴纳重点学校赞助费和出国留学费用或性贿赂等。司法实践中,一般公民不可能单独犯受贿罪,但当其教唆或者帮助国家工作人员受贿时,则成立受贿罪的共犯,也应以受贿罪论处。

第九章

诉讼法：正义的"路径"

> 一次不公的裁判比多次的违法行为更严重。因为这些违法行为不过弄脏了水流，而不公的裁判则把水源败坏了。
>
> ——【英】培根《论司法》

第一节　概述

一、诉讼与诉讼法的含义

（一）诉讼的含义

诉讼一词，是由"诉"和"讼"两个字构成的。"诉"是由一个"言"字和一个"斥"字所组成，从字面意思上讲，"诉"指"言辞斥责"。"讼"是由一个"言"字和一个"公"字组成，字面意思是指"向公家讲述一些事情，希望能够得到公家的支持或帮助"。古时候，公家就是"官府"的代名词。"向公家讲述一些事情"实际是向"官府"讲述一些事情。在法律文件中，"诉"字具有"告诉""告发"和"控告"的意思；"讼"字具有"争曲直于官府"的内容。

在元朝以前，中国古代的法律文件，在涉及诉讼等司法活动时，不是曰"诉"就是曰"讼"，很少将"诉""讼"两个字连用。如《论语·颜渊》记载孔子说："听讼，吾犹人也，必也使无讼乎。"这里的"听讼"意思是审判案件，即进行诉讼活动。"讼"即"诉讼"。元朝的一个著名法律《大元通制》将"诉"与"讼"连用，出现了"诉讼"一词。从那时起，"诉讼"一词广泛应用于法律文件和司法实践中。

从现代法学意义上讲，诉讼是一种重要的法律现象，它是指国家的司法机关在原告、被告等当事人和其他诉讼参与人的参加下，依照法律的规定处理各种案件的活动。案件因涉及的法律部门不同，可以分为三种类型，即刑事案件、民事案件和行政案件。当发生纠纷时，人们可以选择诉讼的方式寻求解决，也可以选择适用其他解决手段，比如当事人和解、第三人调解、行政处理、仲裁等。

诉讼具有以下几个特征：首先，诉讼是人类社会中的一种法律现象，是阶级社会的产物。它的功能之一是在一定范围内强行地实施法律。其次，诉讼的直接目的是为了解决公民之间，法人（其他组织）之间，公民、法人（其他组织）、国家相互之间发生的激烈的法律纠纷和社会矛盾。再次，诉讼活动是国家实现司法权的活动。没有诉讼，就无法实现国家的司法权。国家的司法权通过一个又一个诉讼活动得以体现。诉讼活动由

（最高人民法院）

国家的司法机关主持进行，有关的公民、法人（其他组织）参加。最后，诉讼活动是法定的，最讲究程序性，法律为每项诉讼活动都设定了具体详细的诉讼方式、方法和步骤。

如前所述，诉讼案件包括三种：民事案件、刑事案件和行政案件，诉讼也相应地被分为民事诉讼、刑事诉讼和行政诉讼。调整这三种诉讼活动的程序法律分别对应地称为民事诉讼法、刑事诉讼法、行政诉讼法，又被统称为三大诉讼法。

（二）诉讼法的含义

诉讼法是国家按照统治阶级的意志制定或认可的，司法机关、当事人及其他诉讼参与人进行诉讼活动必须遵守的行为规范的总称。诉讼法的性质可以从以下三个方面来理解：①诉讼法是部门法。即调整独立的诉讼关系的专门法律。②诉讼法是程序法。程序法，即规定具体的诉讼程序和诉讼法律关系主体的诉讼权利和义务的法律。诉讼法是与实体法相对的概念，在处理法律纠纷时，解决程序问题适用诉讼法，解决权利义务关系适用实体法。与民事诉讼法、刑事诉讼法、行政诉讼法相对应的实体法是民法、刑法、行政法。③诉讼法是基本法。

二、民事诉讼法、刑事诉讼法、行政诉讼法的关系

（一）三大诉讼法的联系

三大诉讼法都是调整和规范诉讼的法律，它们之间的联系表现在以下几个方面：

①协同性。三大诉讼法用于保证三种类型社会冲突的解决，从而保障三大类实体法的有效实施。这种分工在对于控制社会冲突上，具有彼此协同的作用。例如，甲抢劫了乙的5 000元，抢劫过程中导致乙身体受伤，产生医疗费1 000元。这个抢劫案中，抢劫犯罪由刑事诉讼法和刑法调整，医疗费的赔偿由民事诉讼法和侵权责任法调整。也就是说，针对同一客观的社会冲突，不同诉讼法并非完全分立，而是互相包容，由此产生诉讼的合并，如刑事附带民事诉讼、行政附带民事诉讼。该案就适用刑事诉讼法中规定的刑事附带民事诉讼程序来解决。

②互补性。所有的社会冲突都应当能够通过诉讼途径获得解决，因此，三大诉讼法在保证解决社会冲突方面，不应存在空白地带。如果一种社会冲突诉诸某种诉讼方式被否决后，可以通过另一种诉讼方式求得解决，这就是不同诉讼法在调控社会冲突上的互补作用。例如，某公民以诽谤罪自诉另一公民，以求通过刑事诉讼途径解决冲突，若该自诉被人民法院驳回后，不会妨碍该公民以名誉侵权为由求得民事诉讼途径解决。

③共同性。由于三大诉讼法都是调整诉讼活动和诉讼关系的法律规范，因而它们必然具有一定的共同性。其一表现为基本原则相同，即三大诉讼法在多数基本原则上是相同的，

如，都实行司法机关依法独立行使职权原则，以事实为根据、以法律为准绳的原则，使用本民族语言、文字进行诉讼原则等；其二表现为基本制度相同，即都实行公开审判制度、两审终审制度、合议制度、回避制度等；其三表现为基本的审判程序相同，如都包括第一审程序、第二审程序、审判监督程序，一审程序都包括起诉与受理、开庭审理前的准备、开庭审理和裁判等程序。

(二) 三大诉讼法的区别

1. 各自的任务不同

根据民事诉讼法、行政诉讼法、刑事诉讼法的规定，民事诉讼的直接任务是解决地位平等的主体之间在人身关系、财产关系等方面所发生的纠纷。行政诉讼是解决行政行为相对人因不服行政机关具体的行政行为而发生的纠纷。刑事诉讼所解决的是犯罪人的刑事责任问题，其直接任务是揭露犯罪、证实犯罪、惩罚犯罪，保护公民的人身权利、财产权利、民主权利和其他权利。

2. 参加三种诉讼的国家机关不同

根据刑事诉讼法的规定，参加刑事诉讼的国家机关，包括人民法院、人民检察院、公安机关、国家安全机关、军队的保卫部门、监狱等，它们在刑事诉讼中都依法享有各自的权力。而根据民事诉讼法的规定，参加诉讼的国家机关只有人民法院，没有其他的国家机关。在行政诉讼中，有的国家机关从形式上看是参加了诉讼，例如，公安机关被某公民起诉，要求法院撤销它的某个行政决定，但是，此时国家机关并不行使国家赋予的权力，不是以司法机关的身份而是以当事人的身份出现在诉讼中。

3. 各自的构成内容不同

根据我国刑事诉讼法的规定，刑事案件分为自诉案件和公诉案件。刑事诉讼相应分为自诉案件的诉讼和公诉案件的诉讼。自诉案件的诉讼由三个阶段构成，即立案（起诉和受理）、审判和执行。公诉案件的诉讼由五个阶段构成，它们是立案、侦查、提起公诉、审判和执行。而民事诉讼、行政诉讼的构成内容相对简单一点，它们都只由三个诉讼阶段构成，即立案（起诉和受理）、审判、执行。

4. 审判程序的设置不同

民事诉讼法设置的审判程序除第一审普通程序、简易程序、第二审程序、审判监督程序以外，还设置有特别程序、督促程序、公示催告程序。刑事诉讼法设置的审判程序包括：公诉案件的审判程序、自诉案件的审判程序以及死刑复核程序、审判监督程序等。行政诉讼法则只规定有第一审程序、第二审程序和审判监督程序。

5. 执行程序不同

三大诉讼法所规定的执行程序的区别，主要表现为：执行程序开始的方式不同；执行的机关不同；执行的对象不同；执行的措施不同。

第二节 诉讼法中通用的基本原则

一、司法机关依法独立行使职权原则

在我国诉讼中确立司法独立行使职权原则，具有极重要的意义。在中国漫长的封建社会中，司法与行政不分，行政长官一直兼理司法。新中国成立前夕，在中国共产党领导的各革

命根据地,由于客观条件的制约,行政权、审判权、检察权划分得不十分清楚,行政官员兼任司法官员的情况十分常见。正因如此,新中国成立后最初的一段时间,行政机关、社会组织和个人非法干涉审判、检察工作的现象还比较严重,成为干扰社会主义法制建设、影响刑事法律正确实施的重要因素。在诉讼中确立司法机关依法独立行使职权原则(我国的司法机关指的是人民法院和人民检察院),才能在实践中克服上述不良现象,排除一切干扰,做到以事实为根据,以法律为准绳,提高办案质量,为司法公正提供有力保证。

司法机关独立行使职权原则包括以下几方面内容:

(1) 人民法院、人民检察院依照法律规定,独立地对诉讼案件行使审判权、检察权,不受行政机关、社会团体和个人的干涉。

这段话包括两层意思:第一,人民法院、人民检察院办理具体刑事案件,除了服从法律以外,不服从任何行政机关、社会团体和个人的指示和命令。第二,任何行政机关、社会团体和个人不仅不得参与人民法院、人民检察院处理诉讼案件的活动,而且不得干涉人民法院、人民检察院对具体诉讼案件的审判和检察。

应当明确,这里所说的"干涉",是于法无据的干预活动。比如,以领导身份对审判人员施加压力,为被告人开脱罪责等。但是,人民代表大会依照宪法和法律对法院、检察院的审判、检察工作实行的监督,公安机关依照法律规定对检察院检察工作实行制约,则不属于"干涉"的范畴。

(2) 按照我国现行法律的规定,独立行使审判权、检察权的主体主要是法院、检察院,而不是法官、检察官。

也就是说,是法院独立行使审判权,检察院独立行使检察权。因此,法院院长和审判委员会,检察院检察长和检察委员会,依照法律规定的职权讨论案件,对案件处理工作作决定、发指示,不是干涉独立行使审判权、检察权的行为,而是贯彻民主集中制原则,是保证独立行使审判权得以实现的重要条件。

(3) 我国现行法律规定的独立行使审判权、检察权,与西方国家法律规定的司法独立是有原则区别的。

西方资本主义国家的司法独立,是指司法权独立,它是相对于立法权、行政权而言的,是资本主义"三权分立"原则的组成部分,是资本主义制度的主要内容。我国法律规定的独立行使审判权、检察权,不是说审判权、检察权与立法权、行政权相鼎立,而是指法院、检察院行使审判权、检察权时不受非法干涉。它是一种司法工作原则,而非一项政治原则。我国实行议、行合一的政治制度。人民法院、人民检察院由同级的权力机关产生,对其负责,受其监督,与权力机关不是分权制衡的关系。

> 司法不公的"根本原因在于法院不能够独立地裁判案件"。
> ——贺卫方[①]

---

① 贺卫方,1960年生于山东,中国当今法学界最有影响力的法学家之一。他所主张的很多思想演变成为现实。他抨击"复转军人进法院",几年后的统一司法考试给了他积极的回应;他曾建议司法人员脱掉专政色彩的制服,后来法官也以法袍加身。

二、以事实为根据、以法律为准绳原则

以事实为根据，是指司法机关不论作出什么样的决定，采取什么样的措施，不论是解决实体问题，还是解决程序问题，都必须以查证属实的证据和凭借这些证据认定的案件事实为基础，而不能以主观想象、推测和查无实据的"设想"及大家的议论作为根据。

以法律为准绳，是指必须以实体法、诉讼法和其他法律的有关规定作为处理案件的标准，而不能以某领导的态度、某个人的言论或者其他东西作为标准，也不能由司法机关及其工作人员随心所欲地处理诉讼中的实体问题和程序问题。司法机关及其工作人员应当根据已查明的案件事实，用实体法的规定作尺度，只有违反法律的，才能判决或裁定其承担法律责任。没有构成违法行为则不能追究其法律责任。在刑事诉讼中，当认定存在犯罪行为时，还需进一步明确：构成此种犯罪的，就定此种罪名，而不能混淆罪与非罪、此罪与彼罪的界限，更不能乱定罪名，滥施刑罚。解决程序问题，应以刑事诉讼法的规定为标准。

以事实为根据、以法律为准绳。如鸟之两翼，车之两轮，缺一不可。如果不以事实为根据，不查明案件的客观事实，就根本不可能正确适用法律，更谈不上以法律为准绳。如果不以法律为准绳，就无法按照法律规定的条件去取证，去认定案件事实，因而也无法查明事实真相。即使查清了案件事实，也不能正确处理案件，完成诉讼法的任务。

三、使用本民族语言、文字进行诉讼原则

我国是个多民族的社会主义国家，各民族在国家中的政治地位、法律地位一律平等，各民族公民都有使用和发展本民族语言文字[①]的权利。贯彻实行这项原则，有助于切实维护各民族诉讼参与人的合法权益，有助于司法机关准确、及时查明案件事实，有利于对各民族群众进行法制教育。

各民族公民有权使用本民族语言文字进行诉讼的原则，包括以下三方面内容：

（1）各民族公民都有用本民族语言文字进行诉讼的权利，不论他是作为当事人还是作为其他诉讼参与人。各民族公民都有权用本民族的语言回答公安司法人员的询（讯）问，在法庭上发表意见，用本民族文字书写证人证言、鉴定意见、上诉书、申诉书及其他诉讼文书。

（2）如果诉讼参与人不通晓当地通用的语言文字，人民法院、人民检察院和公安机关有义务指定或者聘请翻译人员为他们翻译。这条规定不仅适用于我国公民，而且适用于参加诉讼的外国人（无国籍人）。

（3）在少数民族聚居区或者多民族共同居住的地区，对案件的审理，应当用当地通用的语言进行；起诉书、判决书、布告及其他诉讼文书，应当使用当地通用的一种或几种文字；对于不通晓当地通用文字的诉讼参与人，在有条件的情况下，向他送达的诉讼文书，应当用他所通晓的文字，或者聘请翻译人员，向他翻译诉讼文书的内容。

使用本民族的语言文字进行诉讼，是各民族公民依法享有的诉讼权利，公安司法机关不但不能随便予以剥夺，而且有义务为各民族公民享有这项诉讼权利提供保障。从司法实践来看，各民族公民能否切实享有这项诉讼权利，关键在于公安司法机关是否能够履行法律规定

[①] 我国56个民族有120多种少数民族语言，50多种少数民族文字，实际使用的少数民族文字22种。使用人数最多的少数民族文字包括：蒙古文、藏文、维吾尔文、壮文。

的义务。为了保证这条原则得以贯彻实施，在少数民族聚居区或多民族共同居住的地区，各级各类公安司法机关应当不断培养或吸收一定的通晓当地通用语言文字的少数民族公民担任司法干部或专职翻译人员。

第三节 诉讼法中通用的基本制度

在三大诉讼法中，通用的基本制度有四项：合议制度、回避制度、公开审判制度、两审终审制度。

一、合议制度

（一）合议制度的含义和意义

合议制度，是指人民法院审理案件实行集体审理和评议的制度。具体来讲，就是由 3 名以上的审判员或人民陪审员组成合议庭，对具体案件进行审理并作出裁判的制度。

实行合议制，有利于防止审判人员独断专行，有利于充分发挥审判人员的集体智慧，弥补个人知识上的缺陷和认识上的不足，对保证人民法院公正、正确的审判案件有重要意义。

（二）审判组织

审判组织是法院内部设立的直接从事审判工作的机构。根据三大诉讼法和法院组织法的规定，审判组织有合议庭、独任庭和审判委员会三种。

独任庭，是基层人民法院适用简易程序审判第一审案件时设立的由审判员（或助理审判员）一人组成的审判机构。由一名审判员独立地对案件进行审理和裁判的制度称为独任制。

合议制是一项基本的审判制度，适用于各级人民法院审理所有案件，而独任制仅适用于基层人民法院审理简单的诉讼案件，以及在民事诉讼中按照特别程序审理的非讼案件。

我国各级人民法院均设立有审判委员会。审判委员会是人民法院内部设立的由院长、庭长和资深法官组成的对审判工作实行集体领导的组织机构。其工作任务是总结审判经验，讨论重大的或者疑难的案件和其他有关审判工作的问题。

（三）合议庭的活动原则

合议庭由一名审判员担任审判长，主持合议庭的工作。法院院长或者庭长参加审判时，由院长或者庭长担任审判长；院长与庭长不参加审判时，由院长或庭长指定审判员一人担任审判长。

民主集中制是合议庭的基本活动原则。在合

（合议庭成员为 3~7 名，由审判员或审判员和人民陪审员组成，且须为单数，合议庭的活动贯穿少数服从多数的原则）

议庭内部，合议庭的成员，不论是审判长、审判员还是陪审员都享有同等的权利，对案件进行评议或作出决定时，各自均有充分发表意见的权利。合议庭成员的意见不一致时，按照少数服从多数的原则作出决定，少数的意见允许保留。评议应当制作笔录，由合议庭成员签名。评议中的不同意见，必须如实记入笔录。

合议庭的审判工作要接受法院审判委员会的指导和监督。当合议庭成员对案件的认定和处理不能形成多数意见时，应由院长提交审判委员会讨论决定。如果院长认为合议庭对案件的处理意见不当的，可以要求合议庭重新合议，也可以提交审判委员会讨论决定。

二、公开审判制度

（一）公开审判制度的概念和意义

公开审判制度，是指人民法院审理案件，除法律另有规定的情况外，一律公开进行。这里的"公开"，主要是指对社会公开，允许其他公民旁听，允许新闻媒介报道。

公开审判制度将人民法院的审判活动置于广大群众的监督之下，既有助于审判人员严格依法办案，提高办案质量，又可以约束当事人和其他诉讼参与人依法行事，如实陈述事实和提供证言，为人民法院查明案情提供可靠的依据。同时，通过公开审判，以真实的案情教育公民，增强他们的法制观念，提高广大群众遵纪守法的自觉性。

> **思考：**
> 　　中国自古有将罪犯游行示众的做法，以震慑犯罪，彰显司法权威，引来万民叫好，时至今日，仍然有此做法。那么该不该对罪犯游行示众呢？
> 万人叫好能否证明游街示众的合法性？不能。因为在人权观念尚未被国人普遍接受的情况下，这类明显涉嫌侵犯人格尊严、侵犯隐私权和肖像权的行为总能招来群众的喝彩，这并不奇怪。但是，文明社会应该抵制这种执法方式。公安机关要达到震慑犯罪分子、教育大众的目的，完全可以通过正常的司法渠道，严格按照司法程序来办到，大可不必借助游街示众的执法方式来完成。因为这种古老的野蛮方式与建设文明社会的宗旨大相径庭，也与向民众普及法律常识及人权理念不相符合。

（二）公开审判制度的内容

公开审判制度的主要内容包括：①人民法院审理各类案件，除法律另有规定的情况外，一律公开进行，允许公民旁听和新闻记者采访报道。②为保证公开落到实处，人民法院应当在开庭前按照法律的规定公告当事人姓名、案由和开庭的时间、地点，以晓示社会。③即使依照法律规定不公开审理的案件，判决的宣告也应和公开审理的案件一样，一律公开进行。

（三）不公开审理的规定

根据法律的规定，公开审判不是绝对的。对一些特殊类型的案件，如果公开审判，可能会产生不良的社会效果，甚至会给国家或当事人造成难以弥补的损失。因此不宜公开审理。不公开审理的案件包括：

（1）涉及国家秘密的案件。国家秘密包括党的秘密、政府的秘密和军队的秘密。为保守国家秘密，维护国家政治、经济和社会公共利益，这类案件一律不公开审理。

（2）涉及个人隐私的案件。公民的隐私权应当属于法律保护的范围。为维护当事人个人的名誉和避免给社会造成不良的影响，这类案件也一律不公开审理。

（3）审判的时候被告人不满18周岁的案件，不公开审理。

（4）离婚案件和涉及商业秘密的案件，当事人申请不公开审理的，可以不公开审理。离婚案件涉及夫妻感情和当事人的私生活，为尊重当事人的个人意愿，当事人申请不公开审理的，可以不公开审理。商业秘密，主要是指技术秘密、商业情报及信息等，如生产工艺、配方、贸易联系、购销渠道等。由于商业秘密本身具有价值，如果向社会公开，会直接损害当事人的经济利益，影响当事人在商业竞争中的实力，为维护当事人的合法利益，此类案件当事人申请不公开审理的，可以不公开审理。

三、回避制度

（一）回避制度的概念和意义

回避制度，是指审判人员或其他有关人员，遇有法律规定的情形时，不参与或退出对某一具体案件审理的制度。

回避制度是为了保证案件公正审理而设立的一种审判制度，它对于消除当事人的顾虑，解除某些审判人员的思想牵挂，保护当事人的合法权益，提高人民法院的信誉，客观公正地审理案件，都具有重要意义。

（二）回避的适用对象和法定事由

根据三大诉讼法的规定，回避的适用对象是在司法活动中具有一定司法职权或从事某些职务活动的人员，包括侦查人员、检察人员、审判人员（包括审判员、人民陪审员）、书记员、翻译人员、鉴定人以及勘验人员。

回避的法定事由，就是法律规定的应当回避的具体情形。根据三大诉讼法的规定，回避的法定事由有以下三方面：

（1）回避的适用对象是本案当事人或者当事人、诉讼代理人、辩护人的近亲属。所谓近亲属，在民事诉讼中指配偶、父母、子女、兄弟姐妹、祖父母、外祖父母、孙子女、外孙子女，刑事诉讼中的近亲属范围较窄，包括夫妻、父母、子女、同胞兄弟姐妹。

（2）回避的适用对象与本案有利害关系。所谓利害关系，是指上述适用回避的人员与案件的审理结果有法律上的利害关系。

（3）回避的适用对象与本案当事人有其他关系，可能影响对案件的公正审理。所谓其他关系，是指除上述两种关系外还可能影响公正审理案件的其他社会关系或仇嫌关系，如邻居、师生、同学、同事、朋友、仇人等关系。

除此之外，刑事诉讼法中还规定了两种特别的回避事由：一是回避的适用对象担任过本案的证人、鉴定人、辩护人、诉讼代理人；二是回避的适用对象是参加过本案侦查、起诉、审判的有关司法人员以及在同一审判程序中参与过本案审判工作的合议庭组成人员。

（三）回避的方式和程序

回避的方式有三种：第一种是回避对象主动提出的自行回避；第二种是当事人及其诉讼代理人、辩护人申请回避；第三种是存在应当回避的情形，但未自行回避和申请回避时，由有决定权的院长或审判委员会决定回避。

在刑事诉讼中，法院院长的回避，由本院的审判委员会决定，检察长和公安机关负责人的回避，由同级人民检察院检察委员会决定，其他人员的回避分别由院长、检察长、公安机关负责人决定。在民事诉讼和行政诉讼中，法院院长担任审判长时的回避，由审判委员会决定；审判人员的回避，由院长决定；其他人员的回避，由审判长决定。当事人或其诉讼代理人、辩护人对决定不服的，可以申请复议。

四、两审终审制度

(一) 两审终审制度的概念和意义

两审终审制度,是指一个民事案件经过两级人民法院的审判就宣告终结的制度。我国的人民法院组织体系包括普通法院和专门法院。普通法院的层级按照行政区划设置,分为四级,从高到低依次为:最高人民法院、高级人民法院、中级人民法院、基层人民法院。最高人民法院是最高级别的审判机关,负责出台司法解释、核准死刑等。高级人民法院设在省一级,中级人民法院设在较大的市一级,基层人民法院设在县一级。专门人民法院包括军事法院、海事法院、铁路运输法院、森林法院、农垦法院、石油法院等。与地方法院不同,专门法院是按照自身业务或地域的特点设置的。

司法实践中,由于一个案件经过两级法院审理后,仍然存在大量的再审情形,其原因主要是当事人对原审中案件事实的认定不服。因此学界目前普遍存在一种观点,即借鉴国外的先进经验,改两审终审制为三审终审制,其中,第二审简化为只负责审查案件事实的认定是否准确,改变了现行法中规定的全面审查原则(即对案件事实和适用法律都要进行审查),加大了对案件事实审查的力度,以有针对性地解决上述问题。根据三审终审制,第三审主要审查适用法律是否准确。这种观点值得立法机关认真思考。

(二) 两审终审制度的适用范围

按照人民法院组织法规定,我国人民法院分为四级,上一级人民法院受理对自己下一级法院一审判决、裁定不服提起上诉的案件。不过,并不是所有的民事案件都适用于两审终审制度,有些案件实行一审终审制。

两审终审制度排除适用的案件表现为以下三类:①最高人民法院审理终结的第一审案件。②某些民事诉讼案件。具体包括:适用特别程序审理的案件;申请支付令的案件;申请公示催告的案件。③对以裁定方式终结的一审案件,只有三类可以上诉,即:不予受理的裁定、驳回起诉的裁定和对管辖权异议的裁定。对除此之外的其他裁定,当事人不得上诉。

第四节　证据制度

一、证据的概念和特征

诉讼证据,是审判人员、检察人员、侦查人员、当事人等依照法定的程序收集并审查核实,能够证明案件真实情况的根据。证据是认定案件事实的客观依据,是诉讼活动的核心,一切诉讼活动,从搜集证据、举证、质证、认证、采证,无不是围绕证据而展开。

诉讼证据具有客观性、关联性和合法性三个基本特征。

(一) 客观性

客观性,是指一切诉讼证据都必须是客观存在的、不依人的主观意志为转移的真实情况。证据的客观性与提供、搜集证据之间的关系是:作为证据事实的客观存在是第一性的,当事人和人民法院提供、搜集证据的认识是第二性的。证据的客观性对审判人员的要求,就是要忠于事实真相,必须以客观存在的事实作为认定案件真实情况的根据,而不能凭想象、猜测、推测证据事实或凭感情好恶来定案。

在美国著名的辛普森杀妻案中，尽管警方掌握并出具了大量证据，包括DNA鉴定结论，但因控方愚蠢地伪造了一双"辛普森作案时戴着的"血手套最终功亏一篑，12名陪审团成员一致认为辛普森无罪，辛普森被无罪释放。为什么伪造的材料不能成为根据？就是因为这样的材料不是真实、客观的。

（二）关联性

关联性，是指诉讼证据必须与其所证明的案件事实有内在的联系。所谓关联性，有两种情况：一是证据要与待证的案件事实有证明与被证明的关系；二是与其他证据之间有相互印证的关系。就一个具体的客观事实而言，只有与案件事实有内在的联系，才能成为证据，否则不能作为证据使用。证据与案件事实之间的关联性，不仅能反映出案件发生的内在规律性，而且还能够反映出证据证明力的大小。证据与案件事实的内在联系越紧密，其证明力越大，反之，其证明力就小。证据与案件事实的关联性是客观的，不是人们主观猜测或假设的结果。

（手套太小，辛普森无法戴上手套。这为他无罪获释找到了强力证据）

证据的关联性要求当事人和人民法院要遵循证据与案件事实内在联系的规律性。当事人提供证据要有针对性，不要盲目地提与本案无关的事实材料。人民法院审查证据时要摒弃一切与本案无关的事实材料，客观地认识证据与案件事实的关系，以求正确运用证据。

> **思考：**
> 　　某薰衣草山庄发生名画失窃案，警方锁定了4名犯罪嫌疑人，在讯问时，警犬对其中的一名嫌疑犯狂吠，后经警方查实，该嫌疑犯正是偷画贼。原来这只警犬有鼻炎，对薰衣草过敏，而该嫌疑犯的身上有很重的薰衣草气味，其他三人身上没有。那么这只警犬能否成为作为本案诉讼的证据来使用呢？本案中，警犬在侦破案件时为侦查人员提供了重要的证据线索，但它本身与案件的事实无关，不能成为证据。

（三）合法性

合法性，是指证据必须符合法律规定和依照法定程序进行提供、收集、调查和审查核实。证据的合法性具有两层含义：一是指某些民事诉讼证据必须具备实体法所要求的特定形式，才能证明相应的法律事实存在或相应的法律关系有效，如，非婚姻登记机关发给的结婚证，就不能证明婚姻关系的合法有效。凡实体法规定某些法律行为必须采用特定形式的，当事人欲证明这一法律事实已发生，就须提供该特定形式的证据。二是指当事人、人民法院必须依法定程序提供、收集、调查和审查核实证据，才具法律效力。当事人、人民法院违反法定程序提供和收集的证据材料，不能成为有效的诉讼证据。人民法院对证据材料未依法定程序审查核实，就不能作为定案的根据。证据的合法性，是使客观的并具有关联性的事实材料能够成为认定案件事实根据的有效条件。

> **思考：**
> 　　2010年5月，沉冤11年之久的"河南赵作海杀人案"得以昭雪，这又是一起因刑讯逼供导致的冤案。为什么刑讯逼供取得的口供不能作为证据使用？我国法律明确规定：严禁刑讯逼供。司法工作人员采用肉刑或变相肉刑方法折磨被讯问人的肉体或精神，以获取供述，明显属于违法行为，因此取得的口供不能成为证据。虽然法律明令禁止，但是刑讯逼供仍然是我国司法实践中的痼疾之一。

诉讼证据的上述三个特征相互联系，缺一不可。任何事实材料只有同时具备这三个特征，才能成为诉讼证据。

二、证据的种类

证据的种类是指法律规定的证据的类别。三大诉讼法对此的规定大同小异。《民事诉讼法》第63条规定了证据有以下八种：当事人的陈述；书证；物证；视听资料；电子数据；证人证言；鉴定意见；勘验笔录。《行政诉讼法》第31条在此基础上增加一项，将"现场笔录"列为证据种类。《刑事诉讼法》第48条中也规定了八种证据，与《民事诉讼法》的规定相比，因当事人的称谓不同，没有"当事人的陈述"，代之以"被害人陈述"和"犯罪嫌疑人、被告人供述和辩解"，另外增加了检查笔录、辨认笔录、侦查实验笔录为证据种类。以上证据必须查证属实，才能作为认定事实的根据。

（一）物证、书证

物证是指能够证明案件真实情况的一切物品和痕迹。物证在诉讼中运用最为广泛。物证是以其本身所具有的物质特征来证明案件真实情况的，这是物证区别于其他证据的特征。物质特征包括物理结构、化学成分、本质属性、形状、数量、重量、存在的位置等。如刑事案件中的凶器、血迹、指纹、脚印、赃款等；民事案件中的发生权属争议的房屋、牲畜、侵犯肖像权的照片、欠条等；行政案件中，如环境污染案中被污染的庄稼、交通肇事中被损坏的汽车等。

书证是以文字、图画、符号所记载的内容证明案件真实情况的书面材料或其他物品。例如，日记、贪污案件中伪造的账本、单据，行政处罚决定书等。司法实践中，书证的载体多是纸张，但也有竹、木、金、石、布、革等物。

物证与书证的区别在于：①物证是以其物质特征来证明案件事实，书证则以其记载的内容来证明案件事实，二者的证明方法不同；②在某些情况下，书证可以直接证明案件主要事实（例如，犯罪分子作案后写的记载犯罪活动的日记、遗书等），是直接证据，而物证无论在何时均不能直接证明案件主要事实，它只能是间接证据。

> **思考：**
> 　　侦查人员在犯罪现场找到一封信。根据信封上的地址，找到了犯罪嫌疑人；根据书信的笔迹，认定为某犯罪嫌疑人所写。问：这封信是物证还是书证？
> 　　信封上的地址表明了犯罪嫌疑人的所在地点，是地址的内容发挥了作用，所以是书证；笔迹是一种痕迹，属于物证。因此这封信既是书证，也是物证。

（二）证人证言

证人证言是指知道案件真实情况的人，向办案人员所作的陈述。至于证人对案件情况的分析、判断、评论等，都不能作为证据使用。证人证言具有不稳定性和多变性，容易受各种因素的影响而出现失真情况。证人还具有不可替代性。当一个人同时具备证人和其他诉讼主体的身份时，只能作证人，不再以其他身份参与诉讼，这就是"证人优先"原则。比如，一名法官在下班途中目睹了一起凶杀案的过程，那么在审判该案时，该法官应当做证人，而不再担任审判员。

作为刑事诉讼法的特殊规定，证人有强制出庭作证的义务，否则会面临拘留的处罚。如果证人的身份特殊，当他是被告人的配偶、父母、子女时，则免除强制到庭作证的义务，这叫做近亲属的出庭作证豁免权。豁免权的设立对于维护家庭成员之间必要的伦理和亲情价值具有重大作用。

担任证人须具备三个条件：①知道案件情况。这是证人的首要条件。知道案件情况才能提供证人证言，否则无法作证。②是自然人。司法实践中，机关、团体和企事业单位（法人）也可以以单位的名义提供有关案情的证明，但不将其作为证人证言对待，而作为书证处理。③具备辨别是非和正确表达意志的能力。生理上、精神上有缺陷或者年幼的人，只要能辨别是非，有正确表达意志的能力，就可以做证人。

> **思考：**
> 　　常有人说小孩子不能作证，这种说法对不对呢？
> 　　如上文所言，这种说法是错误的。虽然证人年幼，但只要他能够辨别是非，具备正确表达意志的能力，就可以成为证人。

（三）当事人陈述

当事人陈述，是指民事诉讼和行政诉讼的当事人就有关案件的事实情况向人民法院所做的说明。当事人的陈述不仅包括当事人所发表的对案件事实的认识，还包括当事人所发表的对案件处理的意见。

当事人陈述在诉讼中的证明作用是十分明显的。它是最容易搜集的证据，便于法院了解案件的真实情况，可以提供证据及搜集证据的线索，有利于迅速查清案情和结束诉讼。

（四）被害人陈述

被害人陈述是指遭受犯罪行为直接侵害的人就自己了解到的案件事实向司法人员所作的

叙述。被害人陈述一般具有下列特点：①被害人陈述有可能比较清楚地反映案件事实，尤其是能清楚地反映犯罪结果。②被害人陈述可能夸大犯罪事实。被害人由于是遭受犯罪行为直接侵害的人，往往具有严惩犯罪的偏激情绪，故其陈述极有可能夸大犯罪事实、特别是犯罪情节和结果。

（五）犯罪嫌疑人、被告人供述和辩解

犯罪嫌疑人、被告人供述和辩解，俗称口供，它指犯罪嫌疑人、被告人就案件事实向司法人员所作的叙述。犯罪嫌疑人、被告人述和辩解一般具有下列特点：①有可能比较全面地反映案件事实。②供述和辩解真假混杂，难以辨别。③具有不稳定性。表现为犯罪嫌疑人、被告人时而供认、时而翻供、时而作供述、时而作辩解。

（六）鉴定意见

鉴定意见是指有专门知识的鉴定人对案件中的专门性问题进行鉴定后所提出的书面意见。如法医鉴定报告、笔迹鉴定报告、指纹鉴定报告、血迹鉴定报告等。鉴定的结果不是最终结论，仍然要经过司法机关结合全案情况和其他证据进行审查判断，查证属实之后，才能作为定案的根据。

（七）勘验、检查笔录、辨认、侦查实验笔录、现场笔录

勘验、检查笔录是指办案人员对于与案件有关的场所、物品、人身进行勘验、检查时所作的文字记载，并由勘验、检察人员和现场见证人签名的一种书面文件。

我国刑事、民事、行政诉讼法中关于勘验、检查笔录的概念略有不同，不论名称如何，其性质是相同的，都是一种固定保全证据的方法和手段。对这种证据的基本要求是要客观、全面、准确地加以固定，不能有任何疏漏。

辨认笔录和侦查实验笔录是刑事诉讼活动中特有的两种笔录。辨认笔录是指侦查人员让被害人、犯罪嫌疑人或者证人对与犯罪有关的物品、文件、尸体、场所或者犯罪嫌疑人进行辨认所做的笔录。侦查实验笔录是指侦查人员在必要的时候按照某一事件发生时的环境、条件，进行实验性重演的侦查活动形成的笔录。现场笔录是指国家行政机关及其工作人员在进行当场处罚或其他紧急处理时，对有关事项当场所作的记录，如交通事故现场勘查笔录等。

（八）视听资料、电子数据

视听资料亦称音像资料，它是指以录音带、录像带以及电子计算机存储设备储存的资料来证明案件真实情况的证据。与其他种类的证据相比较，视听资料有以下特点：直感性比较强；科技含量比较高；容易被伪造。电子数据是指与案件事实有关的电子邮件、网上聊天记录、电子签名、访问记录等电子形式的证据。电子数据的产生与互联网的广泛运用密不可分。这两种证据在内容上可能与前几项规定的证据有重合之处，如证人作证的录像、电子版的合同等。

三、证据的分类

与证据的种类是由法律规定的不同，证据的分类指学理上对证据的分类。

（一）原始证据与传来证据

依证据的来源不同为标准，证据可以分为原始证据和传来证据。

原始证据，是指直接来源于案件事实或原始出处的证据。如合同原本、证人亲眼所见、亲耳所闻的事实等。传来证据，是指间接来源于案件事实，由原始证据衍生出来的证据。传

来证据不是原始形成的事实,而是经过一定的传替形式而形成的事实,属于"第二手材料",如复印件、节录本、原物的复制品等。原始证据比传来证据可靠,证明力更强。

(二) 言词证据与实物证据

根据证据形成的方法、表现形式等不同为标准,证据可以分为言词证据和实物证据。言词证据,是以人的陈述为存在表现形式的证据,又称为人证。当事人的陈述、证人证言、鉴定结论等都是言词证据。实物证据是以实物形态为存在和表现形式的证据。如物证、书证、音像证据、勘验笔录等属于实物证据。

(三) 直接证据与间接证据

根据证据与待证事实之间的证明关系为标准,证据分为直接词据和间接证据。

直接证据,是指能够直接证明案件事实的证据。直接证据的最本质特征就是仅凭单独一个证据,便能证明案件的某一事实,而不需要其他证据作旁证。比如在一起故意杀人案件中,被告人供述其于某月某日于某地杀害了被害人,这个供述能直接证明被告人有故意杀人事实,属于直接证据。间接证据,是指不能单独直接证明案件事实,只有与其他证据结合起来才能推论出案件事实的证据。如在一离婚案件中,某甲作证:原告与被告经常吵架;某乙作证:原告与某丙关系暧昧。这些证人证言均属于间接证据。无论是某甲的证言还是某乙的证言,单独使用时都不能直接证明原告与被告感情确已破裂。

(四) 本证与反证

在民事诉讼和行政诉讼中,根据诉讼证据与当事人主张的事实的关系,证据还可以分为本证与反证。

本证,是指当事人用以证明自己所主张的事实的证据。本证的本质特征,就是从正面肯定自己主张的事实是真实的。反证,是指当事人用以推翻对方当事人所主张的事实的证据。反证既可能由被告提出,也可能由原告提出。无论是哪一方当事人,只要提出的证据是用以推翻对方当事人所主张的事实的,就是反证。

(五) 有罪证据与无罪证据

在刑事诉讼中,根据证据的内容和作用,证据还可以分为有罪证据和无罪证据。

有罪证据是指能够证明犯罪事实存在,犯罪嫌疑人、被告人有罪,或者是加重犯罪嫌疑人、被告人刑事责任的证据。无罪证据,是能够证明犯罪事实不存在,或者是证明犯罪嫌疑人、被告人无罪、罪轻以及减轻他们刑事责任的证据。

需要注意的是,这种分类并不是根据诉讼当事人哪一方提供证据来划分的。例如犯罪嫌疑人的自首属于有罪证据,而不是无罪证据。

四、证明责任

证明责任,是指司法机关或者当事人收集或者提供证据证明主张的案件事实成立或者有利于自己的主张的责任,否则,将承担其主张不能成立的危险(也可以叫作败诉的危险)。

(一) 民事诉讼中的举证规则

在民事诉讼中,举证的一般规则是:谁主张,谁举证。即当事人对自己提出的主张,有责任提供证据。如果不能提供证据,则主张无法成立,可能承担败诉的风险。举证不是原告单方负有的责任,如果被告提出了诉讼主张,他也要提供相应的证据加以证明。比如,李四拖欠张三5万元,超过了借款期半年仍然迟迟不还,张三忍无可忍,把李四告到了法院,要求李四还他5万。李四却说:我只欠了3万,不是5万,有2万已经在春节前还给了张三。

那么，被告方李四对其主张的"春节前已经还了2万元"事实就应当提供证据来加以证明。

在特殊的侵权案件中，实行举证责任倒置规则。在这类案件中，将本属于原告应负的部分举证责任，分配给被告承担。例如有一名孕妇在医院生产，因大出血死亡。关于孕妇的死因是什么？医生对孕妇采取的医疗措施是否及时和恰当？是不是因为医疗行为不当才导致孕妇死亡的？医生在接生和治疗时是否存在疏忽大意或者过于自信等主观过错？简单归纳一下，也就是说医疗人员主观上有无过错，医疗行为是否不恰当，医疗行为和孕妇死亡的后果之间是否存在因果关系，这三个案件事实本来应该由原告举证，但是因为原告不具备医学知识，手里也没有医疗过程的记录资料，所以很难提出证据。可以因为原告举不出这些证据判他败诉吗？如果这么判了，对原告是非常不公平的。所以，法律规定，不要求原告举证了，而应当由被告方医院证明，证明其主观上没有过错，对孕妇的医疗行为也符合规范等等。

举证责任倒置规则主要适用于环境污染、高度危险作业、产品缺陷、医疗行为等引起的八类侵权案件中。

(二) 刑事诉讼中的举证规则

刑事诉讼是追究犯罪的诉讼。举证规则在公诉案件和自诉案件中不同。在公诉案件中，举证责任由公安机关和检察机关承担，由他们证明犯罪事实成立，犯罪嫌疑人没有证明自己无罪的义务和责任，但是犯罪嫌疑人享有说明自己无罪的权利。法院是中立的裁判者，不负有证明责任。在自诉案件中，适用谁主张谁举证的规则。

公安机关和检察机关在收集和审查判断证据时，应当坚持重调查研究，严禁刑讯逼供和以威胁、引诱、欺骗以及其他非法方法收集证据，重证据，不轻信口供的原则。

思考：

我们都知道口供是重要的直接证据，但是在"零口供"情况下，能否定罪呢？下面这个案例会告诉我们答案。

2009年7月，重庆、江苏等地发生一起涉案金额达百万余元的重大跨地毒品贩卖案件，犯罪嫌疑人之一龚卫星被捕后拒不供认，妄图以"零口供"逃脱罪责。然而，监控录像、电话记录、银行汇款单，还有同案犯的供述相印证等，一系列确凿证据表明：龚卫星有购买6 000余克毒品的事实，最终，经南京市中级人民法院依法审判，龚卫星因犯贩卖毒品罪被判处死刑。

综上，"零口供"情况下，只要其他证据确凿，且所有证据形成了完整的证据锁链，仍然可以定罪。

在刑事侦查中要严禁刑讯逼供，切实保障犯罪嫌疑人的人权。

（三）行政诉讼中的举证规则

在行政诉讼中，原告不承担证明责任，由被告方，即行政主体承担举证责任。

第五节 民事诉讼法

一、民事诉讼法概述

民事诉讼法，是指国家制定或认可的，调整人民法院与当事人以及其他诉讼参与人之间的诉讼活动和诉讼关系的法律规范的总和。

民事诉讼活动的主体包括人民法院和一切诉讼参与人。诉讼参与人包括当事人、诉讼代理人、证人、鉴定人、翻译人员等。人民法院在审判中居于主导地位，引导审判的全过程。

当事人是指因民事权利义务关系发生纠纷，以自己的名义进行诉讼，并受人民法院裁判或者调解协议拘束的利害关系人。当事人需具备诉讼权利能力和诉讼行为能力。诉讼权利能力与民事权利能力相适应。诉讼行为能力包括两种：有诉讼行为能力与无诉讼行为能力。完全民事行为能力人、法人、其他组织具有诉讼行为能力，无民事行为能力人和限制民事行为能力人不具备诉讼行为能力。

当事人包括：原告、被告、共同诉讼人、诉讼代表人。原告，指认为自己的或者依法受其管理支配的民事权益与他人发生争议，以自己的名义向人民法院提起诉讼，从而引起民事诉讼程序发生的人。被告是被原告诉称与其发生民事纠纷，由人民法院通知应诉的人。

二、民事诉讼法特有的原则

（一）诉讼权利平等原则

当事人诉讼权利平等，是指民事诉讼双方当事人在进行民事诉讼时享有平等的诉讼权利。

（1）当事人在诉讼权利上一律平等。当事人诉讼权利平等的基础是他们在民事法律关系中地位完全平等。当事人诉讼权利平等，主要表现为在有均等的机会和手段维护自己的请求和主张，而不是说双方的诉讼权利的内容或者行使诉讼权利的手段完全一样。

（2）人民法院有责任保障和便利当事人行使诉讼权利。这是保证当事人双方真正实现平等诉讼权利的关键。比如开庭审理，人民法院应当提前将开庭日期与诉讼事项通知当事人，使当事人有充足的时间准备出庭参加诉讼。当事人书写诉状有困难的，可以允许他们口头起诉等。

（3）诉讼权利平等原则在涉外民事诉讼中表现为：外国人、无国籍人、外国企业和组织在人民法院起诉、应诉，同中华人民共和国公民、法人和其他组织有同等的诉讼权利义务。外国法院对中华人民共和国公民、法人和其他组织的民事诉讼权利加以限制的，中华人民共和国人民法院对该国公民、企业或者组织的民事诉讼权利，也同样加以限制，实行对等原则。

（二）辩论原则

辩论原则，是指当事人双方在案件审理过程中有权就案件有关的问题各自阐述自己的观点和意见，并相互反驳和答辩，以维护自己的实体权益。辩论原则也是审判制度民主化、文明化的重要标志。辩论原则贯穿于民事诉讼案件审理的全过程，即自人民法院受理案件时起，直到合议庭评议之前，当事人都有权进行辩论。当事人不仅在第一审诉讼中享有辩论权，在二审中以及再审中也同样享有辩论权。

民事诉讼中的辩论原则有别于刑事诉讼中的辩护原则，它们之间的区别主要表现在以下方面：第一，辩论原则的成立基础是当事人的诉讼地位完全平等，而在刑事诉讼中，公诉人与被告人在刑事诉讼中的地位并不平等。第二，辩论的范围比辩护的范围广泛。第三，民事诉讼中的双方当事人在辩论中的诉讼地位就可能互换。例如，被告若提起反诉，就会成为反诉的原告。但刑事诉讼中的辩护权不可能发生转移。

（三）处分原则

处分原则，是指当事人有权在法定范围内自主决定行使或者放弃享有的诉讼权利和实体权利。表现为三个方面：一是在起诉时可以自由确定诉讼请求的范围和选择保护方法；二是在诉讼过程中，当事人可以变更或增加诉讼请求；三是在诉讼过程中，当事人可以放弃诉讼请求，可以在实体问题上让步从而达成调解或和解协议。处分原则以当事人的实体权利为基础，适用于民事诉讼的全过程。当事人有在处分自己的民事权利和诉讼权利时，不得损害社会、国家和他人的合法权益。

（四）诚实信用原则

诚实信用原本属于道德范畴。诉讼中的诚实信用原则是以法律形式吸收和适用道德规范，使道德规范法律化，在诉讼中对当事人、法院和其他诉讼参与人实行法律和道德手段的双重调节。诚实信用原则是民法长久以来所采用的一项原则，因其重要地位被称为民法的"帝王原则"。2012年民事诉讼法在修改时引入了这项原则，这有利于民事诉讼法确认并实现民事实体法上的权利和义务，促进民事程序法与民事实体法之间的紧密结合。

诚实信用原则对民事诉讼参与人和人民法院均构成了约束。一方面，对诉讼参与人而言，诚实信用原则禁止其滥用诉讼权利、禁止反言。诉讼参与人在民事诉讼中要以事实为依据，诚实善意地做出陈述和提供证据，没有正当理由不得滥用诉讼权利、故意拖延诉讼或阻挠诉讼的进行。例如，滥用回避申请权、反诉权、提供虚假证言、做歪曲本意的翻译、在诉讼程序将要结束时要求传唤新的证人，以干扰诉讼正常进行等等。禁止反言即不允许当事人在诉讼中故意作相互矛盾的陈述。另一方面，对人民法院而言，诚实信用原则要求法院审理和裁判民事案件时应当公正合理。法官在行使自由裁量权时要以诚实善意的心态公平地对待双方当事人，对双方提出的证据一视同仁。法官不能只收集有利于其中一方的证据，而应以证据的真实性作为判断的标准，以求得司法的公正合理。

三、审判管辖制度

民事诉讼中的审判管辖，是指人民法院内部确定上下级法院之间以及同级法院之间受理第一审民事案件的分工和权限。

民事案件的审判管辖分为级别管辖、地域管辖、指定管辖和专属管辖。确定管辖的原则包括下列五项：便于当事人进行诉讼，便于人民法院行使审判权，考虑各级人民法院的职能和工作负担的均衡性，有利于维护国家主权，原则性和灵活性相结合。

人民法院组织如下图所示。

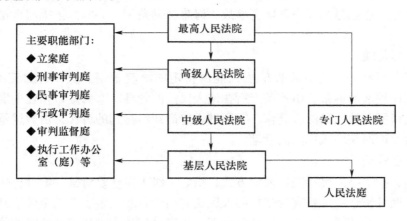

(一) 级别管辖

级别管辖,是指各级人民法院审判第一审民事案件的职权范围。我国民事诉讼法划分级别管辖的主要依据是:案件的性质;案件的繁简程度;案件的影响范围等。

民事诉讼法对各级人民法院管辖的第一审民事案件,作了下述明确的规定。

(1) 基层人民法院管辖的第一审民事案件。普通民事案件的第一审原则上由基层人民法院管辖。基层人民法院分布地区广,数量也最多,证据最为集中,便于法院就地审理案件和诉讼参与人就近参加诉讼活动。

(2) 中级人民法院管辖下列第一审民事案件:重大涉外案件,主要指争议标的额大,或者案情复杂,或者居住在国外的当事人人数众多的涉外案件;在本辖区内有重大影响的案件;最高人民法院确定由中级人民法院管辖的案件,具体包括专利纠纷案件及海事、海商案件。

(3) 高级人民法院管辖的第一审民事案件,是全省(自治区、直辖市)性的重大民事案件。

(4) 最高人民法院管辖的第一审民事案件,是在全国范围内有重大影响的案件。

(二) 地域管辖

地域管辖,是指确定同级人民法院之间对第一审民事案件的分工和权限。民事诉讼法确定地域管辖的依据有两个:一是以行政区域为依据,二是当事人所在地或诉讼标的与人民法院辖区相关联。

1. 一般地域管辖

一般地域管辖实行"原告就被告"原则,即以被告住所地法院管辖为原则,被告住所地与经常居住地不一致的,由经常居住地法院管辖。住所地指的是户口所在地,经常居住地指的是住所地以外,当事人连续居住一年以上的地方,但医院除外。在四种情形下由原告住所地的人民法院管辖,即对不在中华人民共和国领域内居住的人提起的有关身份关系的诉讼;对下落不明或者宣告失踪的人提起的有关身份关系的诉讼;对被采取强制性教育措施的人提起的诉讼;对被监禁的人提起的诉讼。

2. 特殊地域管辖

特殊地域管辖是以被告、诉讼标的或者法律事实所在地为标准所确定的管辖,适用于因一般合同、保险合同、票据、运输合同纠纷、公司的设立和解散等纠纷、侵权行为、交通事故请求损害赔偿、船舶碰撞等海事损害事故、海难救助费用、共同海损提起诉讼的十类民事案件。

（三）专属管辖

专属管辖，指某些特定的案件依法只能由特定的法院管辖。主要针对三类民事案件：①因不动产纠纷提起的诉讼，由不动产所在地人民法院管辖。②因港口作业中发生纠纷提起的诉讼，由港口所在地人民法院管辖。③因继承遗产纠纷提起的诉讼，由被继承人死亡时所在地或者主要遗产所在地人民法院管辖。

（四）指定管辖

指定管辖，指上级人民法院以裁定方式，指定下级人民法院对某一案件行使管辖权。指定管辖适用于两种情形：一是有管辖权的人民法院由于自然灾害、本院全体审判人员集体回避等特殊原因不能行使管辖权。在这种情形下，指定管辖的实现还需要获得有管辖权法院的上级法院的批准。二是两个以上的同级人民法院因管辖权发生争议，无法协商解决的，由其共同的上级法院指定由某个法院管辖。

（五）协议管辖

协议管辖，指当事人在纠纷发生前或发生后，可以以书面形式约定管辖法院，又称为约定管辖或合意管辖。协议管辖需满足四个条件：①该管辖只适用于国内的合同纠纷案件或者其他财产权益纠纷案件。②只能协议变更第一审的地域管辖，不能协议变更级别管辖或专属管辖。③只能在合同履行地、合同签订地、被告住所地、原告住所地、标的物所在地等与争议有实际联系的地点的法院的范围内选择一个法院，选择两个以上法院的无效。④必须使用形式，口头协议无效。

四、民事诉讼代理制度

民事诉讼代理，是由法定代理人和委托代理人代理当事人进行的民事诉讼活动。民事诉讼代理的特点表现在：第一，诉讼代理人以被代理人的名义进行诉讼活动；第二，诉讼代理人基于法律直接规定和当事人的委托产生；第三，诉讼代理人只能在代理权限内进行诉讼活动；第四，诉讼代理人的代理事项很广，既可以代为一般的诉讼行为，还可以在经特别授权后，代为处分实体权利的行为。

民事诉讼代理人有两类，即法定诉讼代理人和委托诉讼代理人。法定诉讼代理人，是指根据法律的规定，代理无诉讼行为能力的当事人进行民事诉讼的人。委托诉讼代理人，是指受当事人、诉讼代表人的授权委托，代理当事人进行诉讼行为的人。

五、民事诉讼程序

民事诉讼程序包括审判程序、执行程序、特别程序、特殊程序。审判程序又分为第一审程序、第二审程序、审判监督程序。

（一）第一审程序

第一审程序包括普通程序和简易程序。普通程序实行合议制，由审判员或者由审判员和陪审员共同组成合议庭进行审理。合议庭的成员人数，必须是单数。简易程序是基层人民法院及其派出法庭审理简单民事案件和简单民事纠纷案件所使用的程序，由审判员一人独任审理。这里重点介绍普通程序。

1. 起诉和受理

起诉是公民、法人和其他组织在其民事权益受到侵害或与他人发生争议时，向人民法院提起诉讼，请求人民法院通过审判予以司法保护的行为。起诉是当事人获得司法保护的手段，也是人民法院对民事案件行使审判权的前提。起诉必须符合以下条件，人民法院才会受理：①原告是与本案有直接利害关系的法人、其他组织和公民；②有明确的被告；③有具体的诉讼请求和事实、理由；④属于人民法院受理民事诉讼范围和受诉人民法院管辖。起诉的方式以书面起诉为原则，以口头起诉为例外。

受理是人民法院通过对当事人的起诉进行审查，对符合法律规定条件的，决定立案审理的行为。法院受理案件就意味着民事诉讼程序的开始。

原告起诉应向人民法院递交起诉书，并按照被告人数提出副本。人民法院经过审查，认为符合条件的，应当在7日内立案，并通知当事人；认为不符合条件的，应当在7日内裁定不予受理；原告对裁定不服的，可以提起上诉。

2. 审理前的准备

审理前的准备工作主要有：

（1）送达起诉状副本和提出答辩状。人民法院应当在立案之日起5日内将起诉状副本送达被告，被告应当在收到起诉状副本之日起15日内提出答辩状，法院在收到答辩状之日起5日内将答辩状副本送达原告。被告不提出答辩状的，不影响人民法院审理。

（2）告知当事人诉讼权利义务及合议庭组成人员。为了保障当事人申请回避的权利，合议庭组成后，法院应当在3日内把合议庭的组成人员告知当事人。

（3）审阅诉讼材料，调查收集必要的证据。

（4）更换和追加当事人。法院发现原告或被告不是案件的利害关系人时，应当将不合格的当事人换成合格的当事人。在共同诉讼中，如果法院发现应当参加诉讼的当事人没有参加诉讼，应当通知其参加诉讼，或者由当事人向人民法院申请追加。

3. 开庭审理

开庭审理是人民法院在当事人和其他诉讼参与人的参加下，依照法定形式和程序，查清案件事实、分清是非责任，对案件做出处理决定的诉讼活动。人民法院开庭审理，按照以下六个阶段依次进行：

（1）开庭准备阶段。主要完成三项任务：确定开庭审理的日期；通知当事人和诉讼参与人出庭参加审理；发布开庭审理的公告。

（2）宣布开庭阶段。

（3）法庭调查阶段。法庭调查是开庭审理的核心，也是案件进入实体审理的重要环节。法庭调查按下列顺序进行：

①当事人陈述；

②出示证据，相互质证；

③认证，合议庭对经过庭审质证之证据的效力予以确认；

④归纳总结，审判长在法庭调查结束之前，对调查结果进行概括和说明。

（4）法庭辩论阶段。法庭辩论是双方当事人及其诉讼代理人，在审判人员主持下，就案件事实和适用法律阐述自己的观点，并互相进行辩驳，以达到查明事实、分清是非责任之目的的活动。法庭辩论按照下列顺序进行：

①原告及其诉讼代理人发言；

②被告及其诉讼代理人发言；
③第三人及其诉讼代理人发言；
④互相辩论。

（5）合议庭评议阶段。合议庭评议采用秘密方式，评议情况不得对当事人和社会公开。合议庭成员内部意见不一致时，实行少数服从多数的原则，但不同意见应如实记入笔录。

（6）宣告判决阶段。宣告判决应一律公开进行。宣判方式有当庭宣判和定期宣判两种。宣判时，必须告知当事人上诉权利、上诉期限和上诉的法院。宣告离婚判决的，必须告知当事人，在判决未发生法律效力之前不得另行结婚。

4. 延期审理、诉讼中止和诉讼终结

延期审理是人民法院开庭审理后，由于发生某种特殊情况，使开庭审理无法按期或继续进行从而推迟审理的制度。延期审理的法定情形有：①必须到庭的当事人和其他诉讼参与人有正当理由没有到庭的；②当事人临时提出回避申请的；③需要通知新的证人到庭，调取新的证据，重新鉴定、勘验或者需要补充调查的；④其他应当延期的情形。

诉讼中止是在诉讼进行过程中，因发生某种法定中止诉讼的原因，诉讼无法继续进行或不宜进行，因而法院裁定暂时停止诉讼程序的制度。发生诉讼中止的原因有：①一方当事人死亡，需要等待继承人表明是否参加诉讼的；②一方当事人丧失诉讼行为能力，尚未确定法定代理人的；③作为一方当事人的法人或者其他组织终止，尚未确定权利义务承受人的；④一方当事人因不可抗拒的事由，不能参加诉讼的；⑤本案必须以另一案的审理结果为依据，而另一案尚未审结的；⑥其他应当中止诉讼的情形。

诉讼终结是在诉讼进行中，由于一方当事人死亡而出现的特定情况，使诉讼程序的继续进行成为不可能或失去意义，从而结束诉讼程序。

5. 判决和裁定

判决是法院通过对民事案件的审理，在查明事实的基础上，依照法律、法规的规定，对当事人之间的实体问题所作的结论性断定。裁定是法院在审理民事案件的过程中，为了保证审判工作的顺利进行，就诉讼程序方面的有关事项所作的断定。

判决书、裁定书应当写明判决、裁定结果和作出该判决、裁定的理由。判决书、裁定书由审判人员、书记员署名，加盖人民法院印章。口头裁定的，记入笔录。已经发生法律效力的判决书、裁定书向社会公开，公众有权利进行查阅；但判决书、裁定书涉及国家秘密、商业秘密和个人隐私的内容除外。

（二）第二审程序

第二审程序是由于当事人不服地方各级人民法院生效的第一审裁决而在法定期间内向上一级人民法院提起上诉而引起的诉讼程序。第二审程序也称为上诉审程序、终审程序。与第一审程序不同，第二审程序由审判员组成合议庭，合议庭的成员人数，必须是单数。发回重审的案件，由原审法院按照第一审程序另行组成合议庭。二审程序有利于上级人民法院检查和监督下级法院的审判程序；有利于保护当事人的合法权益；有利于加强上下级法院的联系；有利于克服重实体轻程序的错误倾向，提高审判人员执法水平。

第二审程序通常包括下列阶段：

1. 上诉的提起

当事人行使上诉权，必须具备以下条件：

（1）提起上诉必须是享有上诉权或可以依法行使上诉权的人；

（2）提起上诉的对象必须是依法允许上诉的判决或裁定；
（3）须在法定期限内提起，对判决提起上诉的期限为15日，对裁定提起上诉的期限为10日，从判决书、裁定书送达当事人之日起算；
（4）上诉必须递交上诉状。

原审法院在收到上诉人提出的上诉状或者第二审法院移交的上诉状后，应当在5日内将上诉状副本送达对方当事人，并告知其在15日内提出答辩状。人民法院应当在收到答辩状之日起5日内将副本送达上诉人。未提出答辩状的，不影响审理。原审法院收到上诉状、答辩状，应当在5日内连同全部案卷和证据报送第二审法院。上诉法院审查上诉人的上诉后，认为符合法定条件的，应予立案受理。

2. 上诉案件的审理和裁判

上诉案件的审理范围是第二审法院只对上诉人的上诉请求的有关事实和适用法律进行审理。审理方式既可以开庭审理，也可以依法进行裁判。二审中可以调解，调解无效的，应当及时判决。

对上诉案件分别不同情况可以做出以下裁判：
（1）原判决、裁定认定事实清楚，适用法律正确的，以判决、裁定方式驳回上诉，维持原判决、裁定；
（2）原判决、裁定认定事实错误或者适用法律错误的，以判决、裁定方式依法改判、撤销或者变更；
（3）原判决认定基本事实不清的，裁定撤销原判决，发回原审人民法院重审，或者查清事实后改判；
（4）原判决遗漏当事人或者违法缺席判决等严重违反法定程序的，裁定撤销原判决，发回原审人民法院重审。原审人民法院对发回重审的案件作出判决后，当事人提起上诉的，第二审人民法院不得再次发回重审。

（三）审判监督程序

审判监督程序即再审程序，是对已经发生法律效力的判决、裁定、调解书，人民法院发现确有错误，当事人基于法定的事实和理由认为有错误，人民检察院发现存在应当再审的法定事实和理由，而由人民法院对案件再行审理的程序。审判监督程序是纠正错误的生效裁判的法定程序，它不是案件审理的必经程序，也不是案件的必经审级。

各级人民法院院长认为需要再审的，应当提交审判委员会讨论决定。最高人民法院对地方各级人民法院已经发生法律效力的判决和裁定，上级人民法院对下级人民法院已经发生法律效力的判决和裁定，发现确有错误，有权提审或指令下级人民法院再审。当事人对已经发生法律效力的判决、裁定，认为有错误的，应当在判决、裁定发生法律效力后两年内提出。人民检察院在具备《民事诉讼法》第179条规定的情形时可以提出抗诉。

（四）执行程序

执行是人民法院根据民事诉讼法的规定，运用国家强制力，强制义务人履行生效的法律文书所确定的义务的行为。执行程序与审判程序之间有着密切的联系。审判程序是确认当事人的民事权利义务，制裁民事违法行为的程序。执行程序是实现当事人的民事权利，强制义务人承担义务的程序。执行程序不是案件的必经程序。

执行必须具备四个条件：①必须有执行根据；②执行根据必须具有给付内容；③执行根

据必须已经发生法律效力；④负有义务的一方当事人拒不履行法律文书确定的义务。执行权力由人民法院统一行使，当事人可以向被执行人住所地或财产所在地的人民法院申请执行。人民法院收到执行申请后，对有偿还能力而又拒绝履行的，予以强制执行；对于已提供了担保并经申请执行人同意的，人民法院可以决定暂缓执行以及暂缓执行的期限。

第六节　刑事诉讼法

一、刑事诉讼法概述

刑事诉讼法，是指国家按照统治阶级的意志制定或者认可的，司法机关、当事人及其他诉讼参与人进行刑事诉讼活动必须遵守的行为规范的总称。刑事诉讼法的任务主要是保证准确及时地查明犯罪事实，正确适用法律；惩罚犯罪分子，保障无罪的人不受刑事追究。

刑事诉讼活动的主体包括国家机关和诉讼参与人。诉讼参与人包括当事人和其他诉讼参与人。

国家机关包括：人民法院，行使审判权；人民检察院，行使批准逮捕权、对直接受理案件的侦查权、提起公诉权和法律监督权；公安机关，行使立案、侦查和对部分刑罚的执行权；国家安全机关、监狱、军队的保卫部门，行使对特定案件的侦查权。

当事人是指在刑事诉讼中处于控告或者被告地位，同案件事实和诉讼结果有利害关系的人。其范围包括：被害人、自诉人、犯罪嫌疑人、被告人、附带民事诉讼的原告人和被告人。被害人是遭受犯罪行为侵害的人，包括自然人和单位。自诉人是自诉案件的原告人。被告人是指被自诉人或者检察机关起诉犯有某种罪行，并经法院决定对其进行审判的公民和单位。公诉案件的被告人在进入审判程序之前，即处在侦查阶段和审查起诉阶段时，称为犯罪嫌疑人。附带民事诉讼的原告人和被告人特指适用刑事附带民事诉讼程序的案件中的双方当事人。

其他诉讼参与人与刑事案件没有直接的利害关系，不独立执行诉讼职能，是为了保障刑事诉讼的顺利进行而参与诉讼的，在诉讼中享有相应的诉讼权利，承担诉讼义务。其范围包括：法定代理人、诉讼代理人、辩护人、证人、鉴定人和翻译人员。

二、刑事诉讼法特有的原则

（一）分工负责、互相配合、互相制约原则

该原则又称为"公、检、法三机关在刑事诉讼中分工负责、互相配合、互相制约"原则。

分工负责，是指公安机关、检察机关和人民法院，根据法律规定的职权，各负其责，各尽其职，严格按照分工进行刑事诉讼活动，不允许互相代替，也不允许超越各自的职责权限。公安机关的职权是侦查、拘留、预审和执行逮捕。检察机关的职权是检察、批准逮捕、检察机关直接受理案件的侦查、提起公诉。人民法院的职权是审判。

互相配合，是指公安机关、检察机关和人民法院在办理刑事案件时，在各负其责的基础上，通力协作，互相支持，以便顺利完成查明案件事实、惩罚犯罪分子、保障无罪的人不受刑事追究的任务。

相互制约，是指公安机关、检察机关和人民法院的工作互为条件，并且依照法律规定的

职权和程序，对其他机关作出的有关决定提出异议，要求其纠正错误或者重新作出决定。

公、检、法三机关分工负责、互相配合、互相制约，是一个有机的统一体。分工负责是互相配合、互相制约的基础和前提，没有分工，就谈不上配合和制约。互相配合、互相制约是相辅相成、辩证统一的两个方面。相互配合便于协调工作，相互制约有利于避免和纠正错误，二者不可偏废。

（二）未经人民法院依法判决，不得确定有罪原则

这条原则体现了无罪推定的诉讼理念。其基本含义为：

（1）只有人民法院才有确定被告人有罪的权力。公安机关和检察机关行使侦查权和检察权，属于控诉方，主要负责搜集证据。被告人是否有罪，由人民法院审理后居中裁判。

（2）在人民法院确定被告人有罪的判决、裁定发生法律效力之前，不能把犯罪嫌疑人、被告人当作罪犯看待。不仅允许他们充分行使诉讼权利，而且应由控诉方承担证明犯罪嫌疑人、被告人有罪的责任。在没有确实、充分的证据证明被告人有罪的情况下，法院只能作出被告人无罪的判决。

在司法实践中贯彻这项原则，有利于充分保护犯罪嫌疑人、被告人的合法权益不受非法侵犯，有利于保证刑事诉讼公正进行，防止出现冤案、错案，也有利于防止司法机关滥用职权，保障司法机关依法办案。

（三）犯罪嫌疑人和被告人有权获得辩护原则

辩护权是犯罪嫌疑人、被告人所享有的最基本、最重要的诉讼权利。犯罪嫌疑人、被告人所享有的其他诉讼权利，都以辩护权为核心。该权利可以由自己行使，也可以授予律师、亲友、监护人行使。公安司法机关有义务保障犯罪嫌疑人和被告人行使辩护权。

公安、检察机关和人民法院都有义务保障犯罪嫌疑人行使辩护权。如，公安、检察机关应当认真听取其申辩意见。人民法院应当在开庭的十日前将起诉书副本送达被告人，使其有充足的时间为辩护做准备等。

贯彻这项原则，有利于提高办案质量，保护犯罪嫌疑人、被告人的合法权益，体现社会主义刑事诉讼的公平、公正和民主精神。

（四）依照法定情形不予追究刑事责任原则

根据《刑事诉讼法》第15条的规定，有下列六种情形之一的，不予追究刑事责任：

（1）情节显著轻微、危害不大，不认为是犯罪的；
（2）犯罪已过追诉时效期限的；
（3）经特赦令免除刑罚的；特赦制度主要针对的是政治犯和战争犯等；
（4）依照刑法告诉才处理的犯罪，没有告诉或者撤回告诉的；
（5）犯罪嫌疑人、被告人死亡的；
（6）其他法律规定免予追究刑事责任的。

刑事诉讼开始前已经发现案件具有上述六种情形之一的，不应立案受理，在侦查阶段发现的，应当撤销案件，在审查起诉阶段，不起诉，在审判阶段发现的，如果遇到第1种情形，应当判决宣告无罪；对于第4种情形中被害人撤回告诉的，可以裁定准许撤诉；其他情形，可以裁定终止审理。

三、立案管辖与审判管辖制度

刑事诉讼中的管辖，是指公安司法机关依法在受理刑事案件方面的职权范围上的分工。

我国刑事诉讼中的管辖，是指人民法院、人民检察院和公安机关依照法律规定立案受理刑事案件以及人民法院系统内审判第一审刑事案件的权限分工制度。

管辖是刑事诉讼活动中首先要解决的问题，因为刑事诉讼程序是从立案活动开始，哪类刑事案件应当由哪一个机关立案受理以及哪一级、哪一地区的法院对此案件享有管辖权即成为最先要解决的问题。刑事诉讼中的管辖，实质上就是公安司法机关在受理刑事案件方面的权限划分。公安司法机关受理刑事案件的范围，称为管辖范围。公安司法机关在一定范围内受理刑事案件的职权，称为管辖权。对不属于自己管辖的案件，则无权受理。

刑事诉讼中的管辖可以分为两大类：立案管辖、审判管辖。

（一）立案管辖

立案管辖是刑事诉讼法中特有的管辖制度。民事诉讼法和行政诉讼法中只有审判管辖，没有立案管辖。

刑事诉讼中的立案管辖，是指人民法院、人民检察院和公安机关各自直接受理刑事案件的职权范围，也就是人民法院、人民检察院和公安机关之间，在直接受理刑事案件范围上的权限划分。立案管辖所要解决的是哪类刑事案件应当由司法机关中的哪一个机关立案受理的问题。立案管辖主要是根据公安司法机关在刑事诉讼中的职责分工以及刑事案件的性质、案情轻重、复杂程度等不同情况确定的。

1. 公安机关受理的刑事案件

在刑事诉讼中，公安机关是刑事案件的主要侦查机关，绝大多数案件由公安机关负责立案侦查。公安机关是国家的治安保卫机关，具有同犯罪作斗争的丰富经验和必要的专门侦查手段。因此，法律把绝大多数需要侦查的刑事案件交由公安机关立案侦查，是与公安机关的性质、职能和办案条件相适应的；同时，也是完全符合同犯罪作斗争的需要的。

2. 人民检察院直接受理的刑事案件

人民检察院是国家的法律监督机关，对国家工作人员是否遵守法律负有特殊的监督责任。人民检察院直接受理的主要是下述四类犯罪案件：

（1）贪污贿赂犯罪案件。包括国家工作人员贪污案、贿赂案、挪用救灾、抢险等款物案、挪用公款案、巨额财产来源不明案、隐瞒不报境外存款案、私分国有资产案、私分罚没财物案等。

（2）国家工作人员的渎职犯罪。包括国家工作人员的滥用职权案、玩忽职守案、故意泄露国家秘密案、徇私枉法案、徇私舞弊案、私放在押的犯罪嫌疑人、被告人或者罪犯案、监管人员殴打、体罚、虐待被监管人案等。

（3）国家机关工作人员利用职权实施的侵犯公民人身权利和民主权利的犯罪。具体包括：非法拘禁案、刑讯逼供案、报复陷害案、非法搜查案以及破坏选举案、非法剥夺宗教信仰自由案、侵犯少数民族风俗习惯案、侵犯公民通信自由案，等等。

（4）国家机关工作人员利用职权实施的其他重大的犯罪案件。

3. 人民法院直接受理的刑事案件

由人民法院直接受理的刑事案件，是指刑事案件不需要经过公安机关或者人民检察院立案侦查，不通过人民检察院提起公诉，而由人民法院对当事人提起的诉讼直接立案和审判。这类刑事案件，在刑事诉讼中称为自诉案件。所谓自诉案件，是指由被害人本人或者其近亲属向人民法院起诉的案件。根据《刑事诉讼法》第204条规定，自诉案件包括下列三类案件。

（1）告诉才处理的案件。所谓告诉才处理，是指只有经被害人或其法定代理人告诉人民法院才立案受理。根据我国刑法的规定，告诉才处理的案件共有四种，即侮辱、诽谤案，暴力干涉婚姻自由案，虐待案，侵占他人财物案。这四种案件，犯罪情节轻微、案情都比较简单，不需要侦查即可查清案件事实，所以适宜由人民法院直接受理。如果被害人死亡或者丧失行为能力，他的法定代理人、近亲属有权向人民法院起诉，人民法院应当依法受理。

（2）被害人（单位）有证据证明的轻微刑事案件。这类案件不仅案情比较轻微，而且事实明显，被告人明确，被害人有能力证明案件真实情况，不需要动用侦查机关的力量去侦查，只需采用一般的调查方法就可以查明案件事实，所以也适宜由人民法院直接受理。这类案件主要包括：故意伤害案（轻伤），重婚案，遗弃案，妨害通信自由案，非法侵入他人住宅案，生产、销售伪劣商品案（严重危害社会秩序和国家利益的除外），侵犯知识产权案（严重危害社会秩序和国家利益的除外），侵犯公民人身权利、民主权利、财产权利且对被告人可以判处三年有期徒刑以下刑罚的其他轻微刑事案件。

（3）被害人（单位）有证据证明对被告人侵犯自己人身、财产权利的行为应当依法追究刑事责任，而公安机关或者人民检察院不予追究被告人刑事责任的案件。这类案件从性质上说属于公诉案件范围，之所以成为自诉案件，是因为公安机关、检察机关不把它们作为刑事案件进行追究。这属于由公诉案件转化过来的自诉案件。刑事诉讼法规定这类自诉案件，是为了加强对公安、检察机关立案管辖工作的制约，维护被害人的合法权益，解决司法实践中存在的"告状难"的问题。

对上述（1）（2）类自诉案件，法院可以调解结案。第（3）类案件与所有的公诉案件一样，不能调解结案。

（二）审判管辖

刑事诉讼中的审判管辖，是指人民法院审判第一审刑事案件的职权范围，包括各级级人民法院之间、同级人民法院之间以及普通人民法院与专门人民法院之间，在审判第一审刑事案件上的权限划分。从诉讼的角度讲，审判管辖所要解决的是某个刑事案件由哪个人民法院作为第一审进行审判的问题。

根据我国《人民法院组织法》的规定，人民法院除设有最高人民法院作为国家的最高审判机关外，还设有地方各级人民法院和军事法院等专门人民法院。地方各级人民法院又分为基层人民法院、中级人民法院和高级人民法院。刑事案件的审判管辖分为级别管辖、地区管辖、指定管辖和专门管辖。

1. 级别管辖

我国刑事诉讼法划分级别管辖的主要依据是：案件的性质；罪行的轻重程度和可能判处的刑罚；案件涉及面和社会影响的大小；各级人民法院在审判体系中的地位、职责和条件等。

刑事诉讼法对各级人民法院管辖的第一审刑事案件，作了下述明确的规定。

（1）基层人民法院管辖的第一审刑事案件。普通刑事案件的第一审原则上由基层人民法院管辖。基层人民法院分布地区广，数量也最多，最接近犯罪地，也最接近人民群众，因此，把绝大多数的普通刑事案件划归它管辖，既便于法院就地审理案件，便于诉讼参与人就近参加诉讼活动。

（2）中级人民法院管辖下列第一审刑事案件：危害国家安全案件、恐怖活动案件；可能判处无期徒刑、死刑的普通刑事案件。这两大类刑事案件，属于性质严重、危害极大、案情重大复杂或者影响较大的案件，难度也往往比较大，这就需要法律、政策水平更高、业务能力更强的司法工作人员。由中级人民法院为这类案件的第一审法院，是适宜的，也是必要的，有利于保证案件的正确处理。2010年在重庆打黑除恶中被判处死刑的文强案，就是由重庆市第五中级人民法院做的一审判决。

（3）高级人民法院管辖的第一审刑事案件，是全省（自治区、直辖市）性的重大刑事案件。

（4）最高人民法院管辖的第一审刑事案件，是全国性的重大刑事案件。最高人民法院是全国的最高审判机关，除核准死刑案件外，由最高人民法院作为第一审审判的刑事案件，只应当是极个别的、在全国范围内具有重大影响的、性质及情节都特别严重的刑事案件。只有这样，才有利于它集中主要精力监督、指导全国人民法院的审判工作。

由于刑事案件的情况十分复杂，人民法院的审判工作由于主、客观因素的影响，也可能遇到这样那样难于解决的问题，因此法律对级别管辖所作的变通性的规定：上级人民法院在必要的时候，可以审判下级人民法院管辖的第一审刑事案件；下级人民法院认为案情重大、复杂需要由上级人民法院审判的第一审刑事案件，可以请求移送上一级人民法院审判。

对于一人犯有数罪或者共同犯罪的案件，应当合并一案审理，但如果其罪行分别属于不同级别的人民法院管辖时，应采取就高不就低的办法，即只要其中一罪或者一人属于上级人民法院管辖，全案就都由上级人民法院管辖。

2. 地区管辖

（1）一般规定。

《刑事诉讼法》第24条规定："刑事案件由犯罪地的人民法院管辖。如果由被告人居住地的人民法院审判更为适宜的，可以由被告人居住地的人民法院管辖。"这一规定表明，在我国，确定刑事案件地区管辖的依据有两个，即：犯罪地和被告人居住地。但两者在地区管辖中的地位并不是并列的，而是以犯罪地作为确定地区管辖的基本原则，被告人居住地作为确定地区管辖的辅助性原则。

这里所说的犯罪地，包括犯罪预备地、犯罪行为实施地、犯罪结果地以及销赃地等。犯罪地一般是罪证最集中存在的地方，案件由犯罪地人民法院管辖，便于及时地、全面地收集和审查核实证据，有利于迅速查明案情。这里所说的被告人居住地，包括被告人的户籍所在地、居所地、经常居住地、工作或学习所在地。至于什么是"更为适宜的"，这要根据案件和被告人的具体情况来决定。例如，案件发生在两个地区交界的地方，犯罪地的管辖境界不明确，致使犯罪地的管辖法院难于确定的；被告人在居住地民愤更大，当地群众强烈要求在其居住地审判的，等等，适宜由被告人居住地的人民法院管辖。

（2）优先管辖和移送管辖。

在司法实践中，经常会遇到被告人在几个人民法院的辖区内实施犯罪行为的案件，因而就可能出现几个犯罪地的人民法院都有管辖权的复杂情况，那么，案件究竟应由哪个人民法院审判呢？《刑事诉讼法》第25条明确规定："几个同级人民法院都有权管辖的案件，由最初受理的人民法院审判。在必要的时候，可以移送主要犯罪地的人民法院审判。"对这种案件，法律规定由最初受理的人民法院审判，即优先管辖，这样规定主要是为了避免人民法院之间发生管辖争议而拖延时间的审判，提高办案效率。同时，也由于最初受理的人民法院对案件往往已进行了一些工作，由它进行审判，有利于及时审结案件。但是，为了适应各种案件的复杂情况，法律又规定，在必要的时候，最初受理的人民法院可以将案件移送主要犯罪地的人民法院审判。至于在什么情况下才能认为是"必要的时候"，一般应从是否更有利于发挥审判活动的教育作用等方面来确定。

3. 指定管辖

《刑事诉讼法》第 26 条规定："上级人民法院可以指定下级人民法院审判管辖不明的案件，也可以指定下级人民法院将案件移送其他人民法院审判。"法律的这一规定表明，有些刑事案件的地区管辖是根据上级人民法院的指定而确定的，这在诉讼理论上称为指定管辖，是相对法定管辖而言的。指定管辖一般适用于两类刑事案件：

（1）地区管辖不明的刑事案件。例如刑事案件发生在两个或两个以上地区的交界处，犯罪地属于哪个人民法院管辖的地区不明确，在这种情况下，应由上级人民法院指定某一个下级人民法院审判，这样就可以避免案件无人管辖或者因管辖争议而延误案件的处理。

（2）由于各种原因，原来有管辖权的法院不适宜或者不能审判的刑事案件。例如，有管辖权的人民法院因案件涉及本院院长需要回避，不宜行使管辖权。为了排除干扰，保证审判活动的顺利进行，上级人民法院可以指定下级人民法院将其管辖的某一案件移送其他人民法院审判，以保证案件能够得到正确、及时的处理。

4. 专门管辖

目前已建立的受理刑事案件的专门人民法院有军事法院、铁路运输法院。在司法实践中，军事法院管辖的刑事案件，主要是现役军人和军内在编职工，违反《刑法》分则第十章，犯军人违反职责罪的刑事案件。铁路运输法院管辖的刑事案件，主要是铁路运输系统公安机关负责侦破的刑事案件，如危害和破坏铁路交通和安全设施的犯罪案件，在火车上发生的犯罪案件，铁路职工违反规章制度、玩忽职守造成严重后果的犯罪案件等。铁路运输检察院、铁路运输法院都从属于国家司法管理体系，并与铁路运输企业相分离。具体由驻在地的省一级党委和省一级人民检察院、高级人民法院对其实行属地管理。

四、辩护制度

辩护是刑事诉讼中的重要制度，对于保护当事人的合法权益、防止司法专横有很重要的意义。

（一）辩护与辩护制度

辩护是指犯罪嫌疑人、被告人及其辩护人为了反驳控诉，根据事实和法律，提出有利于犯罪嫌疑人、被告人的证据材料，论证犯罪嫌疑人、被告人无罪、罪轻或者应当减轻、免除处罚的诉讼活动。辩护是与控诉相对应的一种诉讼活动。辩护随着控诉的出现而出现，以控诉为自己存在的前提，与控诉活动相始终。辩护是犯罪嫌疑人、被告人实现辩护权及其他诉讼权利的基本方式。它能够反驳错误和不实的控告，防止司法机关及其工作人员出现主观片面性。法律关于辩护活动的规定，构成辩护制度。

（二）辩护的分类

依据辩护活动产生的根据不同，刑事辩护分为自行辩护、委托辩护和指定辩护。

自行辩护，是指犯罪嫌疑人、被告人为自己所做的申辩活动。委托辩护是犯罪嫌疑人、被告人或其法定代理人与可以充当辩护人的公民或律师订立委托协议，有关公民或律师根据该协议而进行的辩护活动。指定辩护是指在某些案件中，如果犯罪嫌疑人、被告人没有委托辩护人，则由法律援助机构和办案机关（包括公安机关、人民检察院、人民法院）指定承担法律援助义务的律师为被告人进行的辩护活动。

适用指定辩护的案件主要有三类：

(1) 犯罪嫌疑人、被告人因经济困难或者其他原因没有委托辩护人。为了充分保障犯罪嫌疑人、辩护人的辩护权利，出现前述原因时，其本人和近亲属都可以向法律援助机构提出申请。对符合法律援助条件的，法律援助机构应当指派律师为其提供辩护。

(2) 犯罪嫌疑人、被告人是盲、聋、哑人或者是尚未完全丧失辨认或者控制自己行为能力的精神病人或者是未成年人而没有委托辩护人的案件。由于身心发育不全，缺乏健全的辩护能力，如果没有辩护人的帮助，他们很难实现辩护，合法权益难以得到有效保障。因此办案机关应当通知法律援助机构指派律师为其提供辩护。

(3) 犯罪嫌疑人、被告人可能被判处无期徒刑、死刑而没有委托辩护人的案件。为了全面维护被告人的合法权益，保证这类案件判决的正确性，办案机关应当为他们指定辩护人。

(三) 辩护人

1. 辩护人的概念

所谓辩护人，是指在刑事诉讼中，根据犯罪嫌疑人、被告人或者他们的法定代理人的委托，或者根据人民法院的指定，为犯罪嫌疑人、被告人进行辩护的人。辩护人包括律师和没有律师身份的其他公民。犯罪嫌疑人、被告人可以自己行使辩护权，但他们不属于辩护人。犯罪嫌疑人、被告人可以委托1至2人作为辩护人。下列的人可以被委托为辩护人：律师；人民团体或者犯罪嫌疑人、被告人所在单位推荐的人；犯罪嫌疑人、被告人的监护人、亲友。正在被执行刑罚或者依法被剥夺、限制人身自由的人，不得担任辩护人。

2. 辩护律师——最佳辩护人

辩护律师是以律师身份担任的辩护人。律师是指依法取得律师执业证书，接受委托或者指定，为当事人提供法律服务的执业人员。律师担任辩护人为犯罪嫌疑人、被告人进行辩护，是其一项主要的业务。与其他几种可以充当辩护人的人相比较，律师具有丰富的法律专业知识和辩护实践经验，有其他辩护人所没有的广泛的诉讼权利，是最理想的辩护人。而自行辩护和律师以外的其他公民的辩护在实践中常常带有一定的局限性。

施洋律师像①

3. 辩护人的权利与义务

辩护人在侦查阶段享有以下诉讼权利：①为犯罪嫌疑人提供法律帮助；②代理申诉、控告；③申请变更强制措施；④向侦查机关了解犯罪嫌疑人涉嫌的罪名和案件有关情况，提出意见；⑤与在押的犯罪嫌疑人、被告人通信和会见的权利。律师在案件进入审查起诉阶段以后享有以下诉讼权利：①依据事实和法律独立辩护；②到检察院和法院查阅、摘抄、复制本案的案卷材料的权利（普通辩护人需要经过检察院或法院许可才能查阅，律师则不需要）；③与在押的犯罪嫌疑人、被告人通信和会见的权利；④律师专

---

① 施洋（1889—1923年），中国20世纪伟大的律师。他把个人收入大都用来保障人权，伸张公理，积极捍卫工人自由结社等权利，被称誉为"劳工律师"。1923年于"二七大罢工"中牺牲，牺牲后，整个武汉三镇"万口齐声哭，哭声直遏八荒外"。

享调查搜集证据的权利；⑤申请法院、检察院依职权收集、调查证据或者通知证人出庭作证的权利；⑥在适当时间获得开庭通知的权利；⑦参加法庭调查的权利；⑧在法庭上发表辩护意见的权利；⑨对司法机关人员的非法诉讼行为的控告权；⑩当委托人利用律师提供的服务从事违法活动或者向律师隐瞒事实时，律师有拒绝辩护的权利。

辩护人的义务是：根据事实和法律，提出证明犯罪嫌疑人、被告人无罪、罪轻或者减轻、免除其刑事责任的材料和意见，维护犯罪嫌疑人、被告人的诉讼权利和其他合法权益。

另外，需要说明的是，除了辩护制度，代理制度也是维护刑事诉讼当事人合法权益、防止司法专横的重要手段。与民事诉讼法一样，刑事诉讼法也设立了诉讼代理制度。刑事诉讼代理制度，是指除了犯罪嫌疑人、被告人以外的当事人或者他们的近亲属、法定代理人，与法律允许担任诉讼代理人的人订立协议，由他们代理这些当事人实施刑事诉讼行为的一种制度。在刑事诉讼的代理中，只有委托代理而没有指定代理。刑事诉讼代理制度的特点等基本问题，与民事诉讼代理制度是相通的，大家可以参阅本章第五节中关于民事诉讼代理制度的介绍。

五、刑事诉讼程序

刑事诉讼程序包括四种程序，一是立案、侦查和提起公诉程序；二是审判程序；三是执行程序；四是特别程序。其中需要我们重点关注和把握的是审判程序和执行程序。审判程序又分为第一审程序、第二审程序、死刑复核程序、审判监督程序。

（一）第一审程序

第一审刑事案件有公诉案件和自诉案件，这两种案件是依据不同的控诉主体来划分的，由人民检察院向人民法院提起公诉的案件叫公诉案件，由被害人或其法定代理人向人民法院起诉、由人民法院直接受理的案件叫自诉案件。自诉案件与公诉案件相比，主要区别是：自诉案件可以进行调解，自诉人可以撤诉，被告人一方可以提起反诉。刑事诉讼的第一审程序包括公诉案件的第一审程序、自诉案件的第一审程序、简易程序等。这里重点介绍公诉案件的第一审程序。

如前所述，刑事诉讼经过立案、侦查、起诉阶段后，与民事诉讼一样，进入审判阶段。对公诉案件，公安机关和检察机关主要发挥了搜集证据的作用。人民检察院向人民法院提起公诉后，法院要对案件进行形式审查，只要起诉书中有明确的指控犯罪事实，就应当决定开庭审理。

经过一系列准备工作，法院开庭审判，审判程序如下：

1. 开庭

审判长宣布开庭后，应当宣布案由、传唤被告人到庭并问明被告人的基本情况，然后宣布案件的来源、起诉的案由、附带民事诉讼当事人的姓名以及是否公开审理，接着宣布合议庭组成人员、书记员、公诉人和其他诉讼参与人的名单，告知被告人享有申请回避权、辩护权等。

2. 法庭调查

（1）公诉人宣读起诉书；

（2）被告人、被害人就受指控的犯罪事实发表意见；

（3）公诉人讯问被告人；经审判长许可，被害人、附带民事诉讼的原告人及辩护人、诉讼代理人可以讯问被告人；最后由审判人员讯问；

（4）向被害人发问；

(5) 核查证据。首先由控方举证、辩方质证，然后由辩方举证，控辩双方依次当庭进行质证、辨认和辩论。

3. 法庭辩论

先由控方发言，然后是被害人一方，接着是被告人一方陈述和辩护。双方可以反复互相辩论。附带民事部分的辩论在刑事部分的辩论结束以后进行，先是原告方发言，然后由被告方答辩。

4. 被告人最后陈述

由被告人充分陈述自己对案件的意见，或者向法庭表明他对自己所犯罪行的认识和态度。

5. 评议和宣判

（二）第二审程序

第二审程序适用全面审查原则和上诉不加刑原则。

全面审查原则，指第二审人民法院应当就第一审判决认定的事实和适用的法律进行全面审查，不受上诉或者抗诉范围的限制。共同犯罪的案件只有部分被告人上诉的，应当对全案进行审查，一并处理。

上诉不加刑原则，是指第二审人民法院审判只有被告人一方上诉、公诉方未提起公诉的案件，不得以任何理由加重被告人刑罚的审判原则。这一原则有利于消除被告人的思想顾虑，使其大胆申述上诉理由，保证上诉制度的切实实行。

关于第二审程序的审理方式，对于被告人提出的上诉案件，二审的审理方式是以开庭审理为原则，以调查讯问式审理为补充。对于检察院提起的抗诉案件，二审法院必须开庭审理。

（三）死刑复核程序

死刑是剥夺犯罪分子生命的刑罚，是刑法所规定的诸刑种中最严厉的一种，称为极刑。我国法律除了在实体法中规定了死刑不适用于未成年人、怀孕妇女等限制性要求外，还在程序法中对判处死刑的案件规定了一项特别的审查核准程序——死刑复核程序。死刑复核程序是指对判处被告人死刑的案件进行审查核准的一种特别审判程序。

死刑复核程序有利于保证死刑适用的正确性。死刑案件通常较为复杂，往往更需要经过多次检验。不仅如此，人死不可复生，死刑一旦被执行就无法补救，因而更需要保证死刑判决的正确无误。死刑复核程序的设置使死刑案件在一审和二审程序的基础上又增加了一道检验和保障机制，这对于保证死刑的正确适用具有非常重要的意义。死刑复核程序有利于贯彻实现少杀、慎杀的刑事政策，有利于防止错杀无辜者和罪不当死的罪犯，切实保障公民的人身权利。

死刑立即执行案件，由最高人民法院核准，死刑缓期两年执行案件，由高级人民法院复核。复核程序有两个步骤：报请复核、复核。死刑复核，由作出死刑判决、裁定的人民法院逐级上报，由有权的人民法院复核。复核死刑案件由三名法官组成合议庭进行，采取书面审查与讯问被告人相结合的方式进行。阅卷是书面审查最重要的方式，对认为应当核准死刑的案件原则上都要提审被告人，当面听取被告人的意见。

在复核中，审查的重点包括：①认定的事实是否清楚，证据是否确实、充分；②审查犯罪情节、后果和危害程度，衡量该犯罪是否达到了罪大恶极的程度；③审查适用的法律是否正确、定性是否准确、是否必须判处死刑；④必须查明被告人犯罪时的年龄和其他个人情况，注意犯罪时不满18周岁的人不适用死刑，审判时怀孕的妇女不适用死刑，查清被告人有无刑事责任能力；⑤审查有无法定、酌定从轻或者减轻处罚的情节等。

经过复核，合议庭应当根据案件不同情况，作出核准或者不核准的裁定。裁定不核准的，视案件具体情况，裁定发回重新审判或者予以改判。

（四）执行程序

与民事诉讼中的执行主体仅有人民法院不同，刑罚的执行主体涉及人民法院、公安机关、监狱等。具体而言，死刑立即执行、罚金、没收财产的判决由原审人民法院执行；死刑缓期二年执行、无期徒刑、有期徒刑（1年以上）的判决，由监狱执行；交付执行时不满1年的有期徒刑、拘役、管制、一般缓刑、剥夺政治权利的判决，由公安机关执行。

此外，刑事诉讼法针对特殊主体和特殊性质的案件还规定了四类特别程序，分别是：未成年人刑事案件诉讼程序，当事人和解的公诉案件诉讼程序，犯罪嫌疑人、被告人逃匿、死亡案件违法所得的没收程序，依法不负刑事责任的精神病人的强制医疗程序。

参 考 文 献

[1] 刘星. 法律是什么 [M]. 北京：中国政法大学出版社，1998.
[2] 卓泽渊. 法学导论 [M]. 北京：法律出版社，2003.
[3] 卓泽渊. 法理学 [M]. 北京：法律出版社，2004.
[4] 舒国滢. 法理学 [M]. 北京：中国人民大学出版社，2008.
[5] 叶晓川，曲广娣. 法理学法制史：2010年国家司法考试一本通 [M]. 北京：法律出版社，2009.
[6] 韩大元. 宪法 [M]. 北京：中国人民大学出版社，2008.
[7] 焦洪昌. 宪法学 [M]. 北京：北京大学出版社，2006.
[8] 胡锦光，刘飞宇. 行政法与行政诉讼法 [M]. 北京：中国人民大学出版社，2008.
[9] 杨立新. 物权法 [M]. 北京：中国人民大学出版社，2009.
[10] 王利明. 物权法研究（上卷）[M]. 北京：中国人民大学出版社，2007.
[11] 梁慧星. 中国物权法研究 [M]. 北京：法律出版社，1998.
[12] 王利明主. 合同法要义与案例析解 [M]. 北京：中国人民大学出版社，2001.
[13] 韩世远. 合同法总论 [M]. 北京：法律出版社，2008.
[14] 崔建远. 合同法 [M]. 北京：法律出版社，2007.
[15] 来奇. 供用电、水、气、热力合同 [M]. 北京：中国民主法制出版社，2003.
[16] 吴国平，张影. 婚姻家庭法原理与实务 [M]. 北京：中国政法大学出版社，2010.
[17] 江平. 民法学 [M]. 北京：中国政法大学出版社，2000.
[18] 李开国. 中国民法学教程 [M]. 北京：法律出版社，1997.
[19] 王卫国，李东方. 经济法学 [M]. 北京：中国政法大学出版社，2008.
[20] 李昌麒. 经济法学 [M]. 北京：中国政法大学出版社，1998.
[21] 张守文. 经济法学 [M]. 北京：北京大学出版社，2006.
[22] 单飞跃. 经济法教程 [M]. 北京：法律出版社，2006.
[23] 麻昌华. 消费者保护法 [M]. 北京：中国政法大学出版社，2006.
[24] 李景森，贾俊玲. 劳动法学 [M]. 北京：北京大学出版社，2001.
[25] 郑尚元. 劳动法学 [M]. 北京：中国政法大学出版社，2004.
[26] 约翰·H·威格摩尔. 世界法系概览（上册）[M]. 上海：上海人民出版社，2004.
[27] 陈兴良. 刑法的格致 [M]. 北京：法律出版社，2008.
[28] 贝卡里亚. 论犯罪与刑罚 [M]. 北京：中国大百科全书出版社，1993.
[29] 陈兴良. 刑事法评论 [M]. 北京：中国政法大学出版社，1998.
[30] 赵秉志. 刑法学 [M]. 北京：中央广播电视大学出版社，2003.
[31] 陈卫东. 刑事诉讼法学研究 [M]. 北京：中国人民大学出版社，2008.
[32] 王新清，甄贞. 刑事诉讼法 [M]. 北京：中国人民大学出版社 2008.
[33] 汤维建. 民事诉讼法学原理与案例教程 [M]. 北京：中国人民大学出版社，2006.
[34] 樊崇义. 证据学 [M]. 北京：中国人民公安大学出版社，2003.
[35] 指南司法考试研究中心. 司法考试名师讲义 [M]. 北京：中国法制出版社，2007.